朱志先　著

明代史学批评研究

本书为教育部人文社会科学研究青年基金项目『明代史学批评研究』（项目编号：12YJC770079）成果

武汉大学出版社
WUHAN UNIVERSITY PRESS

图书在版编目(CIP)数据

明代史学批评研究/朱志先著.—武汉:武汉大学出版社,2023.12
ISBN 978-7-307-23369-0

Ⅰ.明… Ⅱ.朱… Ⅲ.史学史—研究—中国—明代 Ⅳ.K092.48

中国国家版本馆 CIP 数据核字(2023)第 096951 号

责任编辑:李 程 责任校对:李孟潇 版式设计:马 佳

出版发行:**武汉大学出版社** (430072 武昌 珞珈山)
(电子邮箱:cbs22@whu.edu.cn 网址:www.wdp.com.cn)
印刷:武汉中远印务有限公司
开本:720×1000 1/16 印张:26.5 字数:381 千字 插页:2
版次:2023 年 12 月第 1 版 2023 年 12 月第 1 次印刷
ISBN 978-7-307-23369-0 定价:139.00 元

目　　录

绪言·· 1

　一、选题意义······································· 1

　二、学术史回顾与前瞻····························· 3

　三、研究方法与思路······························· 10

　四、创新点和难点································· 12

上编　明代中叶文学复古运动下史学审美性研究

第一章　明人《史》《汉》批评研究
　　　　——以《史》《汉》评林为中心··············· 17

　一、"《史记》以风神胜"：《史记》著作风格评析········ 19

　二、"《汉书》以矩矱胜"：《汉书》著作风格评析········ 29

　三、构文与征实：班马优劣，各得其是··············· 32

　四、明代《史》《汉》批评诸因素探析··············· 43

第二章　义例与考据：杨慎史学批评研究··············· 56

　一、史学审美：杨慎对《史》《汉》的批评············· 57

　二、"有意求瑕"：杨慎对宋代史学的批评············· 62

　三、史料与编纂：杨慎对其他史著之批评············· 66

　四、杨慎史学批评的内在理路······················ 69

第三章　忠于实而激于义：陈霆史学批评研究··········· 77

　一、春秋大义，华夷之辨：以历史正统观的角度
　　　评判史著··································· 78

二、自为书法，系以史断：以历史编纂学的角度
　　评判史著 ……………………………………………… 82

三、作史之法，取凭为上：以史料采择的角度
　　评判史著 ……………………………………………… 87

第四章　史学审美视野下凌稚隆史学批评研究 ……………… 92
一、《史记》之审美批评 ……………………………………… 94
二、《汉书》之审美批评 …………………………………… 102
三、《史》《汉》异同之批评 ……………………………… 106
四、《史》《汉》评林在明代史学批评史上之影响 ……… 112

中编　明代晚期多元化思想影响下史学批评研究

第一章　史职·史料·史笔：焦竑史学批评研究 …………… 121
一、"史之职重矣"：从史家主体论析史官职责 ………… 122
二、"未有无因而作者"：从史料学的角度论史籍 ……… 126
三、注重章法：从历史编纂学的角度论史著 …………… 131
四、余论……………………………………………………… 137

第二章　瑕瑜不掩，纵评众史：黄凤翔史学批评研究 …… 141
一、黄凤翔生平稽考 ……………………………………… 141
二、黄凤翔与诸史批评 …………………………………… 145
三、黄凤翔史学批评之特点 ……………………………… 163

第三章　"箴砭俗学，原本雅故"：钱谦益史学批评研究 … 170
一、"明其指意"：评析《史》《汉》之异同 ……………… 171
二、着眼史法：批评《五代史记》《宋》《金》《元》诸史 … 177
三、"穷其源流，审其津涉"：评析明代诸史籍 ………… 181
四、余论……………………………………………………… 189

下编 明代史学批评专题研究

第一章 明代学者《史通》批评研究 ················· 199

  一、明代《史通》刊本序跋对刘知幾及其

    《史通》的批评 ··················· 204

  二、明代学者对刘知幾及其《史通》的批评 ········· 209

  三、郭孔延对刘知幾及其《史通》的批评 ········· 216

第二章 明代学者历代正史批评研究 ··············· 231

  一、明代学者与历代正史批评 ··············· 232

  二、明代学者与《宋史》批评研究 ············· 248

  三、明代学者批评历代正史的影响

    ——以《宋史》为例 ················ 265

第三章 明代学者对当代史家史著批评研究 ············ 276

  一、对《世史正纲》《季汉书》等义理化史著的批评 ··· 277

  二、对《吾学编》《皇明通纪》等"类正史"的批评 ··· 287

  三、明代学者对明代私人修史的整体批评 ········· 299

  四、明代史家对明代私人修史批评诸问题探析 ········ 304

余论 多元视野下的明代史学批评 ················ 317

  一、明代科举策论与史学批评的相互影响 ········· 318

  二、明代史学批评对史书编纂之影响 ············ 328

  三、中国传统史学理论与明代史学批评的互动关系 ······· 333

附录 ···································· 348

  一、明代有关史学批评专篇论文索引 ············ 348

  二、明代学者对当代史家史著批评一览 ··········· 353

参考文献…………………………………………………………… 398

后记……………………………………………………………… 417

绪　言

一、选 题 意 义

在中国古代史学发展史上，随着史学的萌芽、发展，史学批评犹如一股潜流随之涌动，鞭策着史学的发展形态，使其日趋完善。不同的历史发展时期，史学批评以不同的姿态展现在史学舞台上，像刘勰《文心雕龙·史传篇》、刘知幾《史通》、郑樵《通志·总序》、章学诚《文史通义》等，集中地展现了作者对以往史家、史著、史学现象、史学思潮的批评。亦有更多精湛深邃的史学批评散见于文人、史家的笔记、文集、序跋等著述中，如朱熹《朱子语类》、何乔新《椒丘文集》、陆深《俨山文集》、胡应麟《少室山房笔丛》、赵翼《廿二史劄记》、王鸣盛《十七史商榷》等。并非如西方学者所言中国仅有史料而无史学，更谈不上史学批评了。

在明朝近三百年的发展过程中，虽有思想禁锢的时期，但更多的时候思想较为自由，学术呈现多元发展的趋向。史学方面虽然没有产生像《史通》《文史通义》这样专门的史学批评著作，但以史论见长。四库馆臣认为"明代史论至多，大抵徒侈游谈，务翻旧案，不能核其终始"①。四库馆臣此论，仅是反映出明代史论丰富的一面，而以"大抵徒侈游谈"完全否定之，似乎不妥。明代史论虽层

---

① 《钦定四库全书总目(整理本)》卷八十八，中华书局 1997 年版，第1170 页。按：以下源自是书者均为此版本，仅注出卷数及页码。

次高下不一，但其作为中国史学史、中国思想史上一个重要链条，可谓起着承上启下之作用。另外，明代中叶后，私人修史的风气日益兴盛，正如喻应益所言"三代而后，国家之盛，是非之明，未有隆比我明者，故野史之繁，亦未有多于今日者，然见闻或失之疏，体裁或失之偏，纪载或失之略，如椽缺焉"①。由于著者自身的水平及史料占有度等因素，明代史著的质量出现参差不齐的现象，从而激发了明代学者的批评热情，序跋或文集、笔记中存在着大量明人史学批评的资料。因此，对明代史学批评进行研究，有如下作用：

第一，有助于了解明代史学的实际生存状态。根据明代不同时期史学批评的特点，既可以发掘明代对以前史学发展的批判与整理，又可以洞悉明代史学自身的价值，不至于简单追捧清人、民国学人对明代史学的抨击。

第二，可以更好把握明代社会思潮与史学发展的关系。社会思潮常常是社会主流思想的趋向所在，史学著作、史书体例、史家思想等无形中会受其影响，而史学批评则会对史学发展中的波动起到标尺作用，使史学尽可能沿着常规的途径发展下去，所以通过对相关史学批评资料的梳理，可以从另一个侧面探析社会思潮与史学发展的关系。

第三，既有助于考究明代史学对以前史学成就的继承与发展，又可探明其对清初乃至后世史学的影响。明代的史著虽然相比于以前没有开创性的体例，也不及清初史学考据辩驳的严谨，但其间对《史记》《汉书》《宋史》等正史以及明代当代史家史著，皆有批评与建设，可借以考察明代史学批评的表现及其价值。

第四，有助于了解明代史学批评与史学理论的互动关系。通过对明代史学批评资料的归纳分析，可以了解明代史学理论及史学批评史的发展情况。史学理论是史学批评实践的凝练和升华，同时，又推动史学批评向更深处发展。

---

① 《喻应益序》，谈迁：《国榷》，古籍出版社1958年版。

二、学术史回顾与前瞻

在史学发展史上，随着史学意识的产生，史学批评亦随之产生，其内容涉及批评史家、史书、史学现象、史学功能、史学思潮等。梁启超曾言："批评史书者，质言之，则所评即为历史研究法之一部分，而史学所赖以建设也。自有史学以来二千年间，得三人焉：在唐则刘知幾，其学说在《史通》；在宋则郑樵，其学说在《通志·总序》及《艺文略》、《校雠略》、《图谱略》；在清则章学诚，其学说在《文史通义》。"①杜维运更是明确指出："中国的史学批评，自成体系，自刘知幾到章学诚，将比次之道，考证之法，著述之原则，以及经学史学文学三者之间的关系，剖析条陈，多能发凡起例，为后世史学开山。"②梁启超、杜维运所言史学批评，乃系统之批评，而史学批评之产生在先秦已有之。

中国古代史学批评伴随着史学的产生而产生，遍及史学发展的不同时期，体现于不同的著作之中。瞿林东指出："中国古代虽有《史通》、《文史通义》这样系统的史学评论著作，而且有很大影响，但是它们并不能反映中国古代史学批评的全貌。在古代的历史撰述、史学论著、文集、笔记当中，有许多史学评论的闪光思想，而我们对它们缺乏系统的发掘、整理、阐释。这是需要我们花大力气来做的事。我在研读古代各种史学论著中，深切感受到中国古代史学的发展，除了历史和社会的推动之外，史学评论或史学批评也是史学反省的一个重要原因。从这个意义上看，对中国古代史学批评或史学评论的探讨也会有助于全面认识中国

---

①　梁启超：《中国历史研究法》，河北教育出版社 2003 年版，第 26 页。（按：文中涉及大量学界先贤及前辈师长，笔者为行文方便，均直书其名，非有不敬）

②　杜维运：《与西方史家论中国史学》，台湾东大图书股份有限公司1981 年版，第 227 页。

古代史学发展的过程和规律。"①而"研究和总结中国古代史学评论实践，攫取其成果，为丰富和发展当代史学评论理论提供借鉴，这是史学评论理论建设上的继承和创新所不可或缺的"②。瞿林东所言甚是，明代的史学批评成果就像天空的繁星，散落在明人的相关著述之中，需要积极挖掘整理，方可展现明代史学批评的真正面貌。

(一) 研究成果

目前学界对明代史学批评的研究，主要分两个方面，即微观研究和宏观研究。在微观研究方面，主要是对个体史家史学批评理论、史学批评成就及史学批评思想的探讨，如对杨慎、归有光、王世贞、胡应麟、钱谦益等人的史学批评予以研究；在宏观研究方面，主要是从整体上论析明代史学批评的某些现象以及明代史学批评中的理论观照。

有关王世贞史学批评的研究。瞿林东《中国史学史纲》第七章第六节"晚明史学的崛起"中有"王世贞的史学批评理论"一目，分析了王世贞有关国史、家史、野史的批评理论③；钱茂伟主要从王世贞批评春秋笔法，否定正统论，用历史主义与道家思想重新解读宋儒史论等方面论析其对义理化史学的批评④；孙卫国在《王世贞研究》第三章第二节"王世贞之历史编纂学理论与史学批评思想"，第四章"王世贞之明代史学批评与考证"，论述了王世贞的史学批

---

① 参见邹兆辰：《把中国史学史和史学理论研究提升到新的高度——访瞿林东教授》，《首都师范大学学报》2006年第1期。

② 周祥森：《史学的批评与批评的史学》，河南大学出版社2007年版，第269页。

③ 瞿林东：《中国史学史纲》，北京出版社1999年版，第646~654页。

④ 钱茂伟：《论王世贞对理学化史学的批评》，《华东师范大学学报》2002年第3期。按：又见于《明代史学的历程》(社会科学文献出版社2003年版，第116~127页)。

评思想及其内容①；向燕南在《王世贞的史学批评及其理论贡献》中指出"王世贞史学批评中最有价值的史学思想是他对当代史学的批判，及其对各种史料的相对史学价值的分析"②。白云主要分析王世贞对经史关系的辨析，国史、家史及野史关系的辩证认识，以及对历代正史的批评，分析其史学批评思想③。

有关杨慎、归有光、胡应麟、李贽等史家的史学批评研究。毛春伟《杨慎评〈史通〉二题》论析杨慎对《史通》的批评④，《论杨慎史学批评及其学术意义》主要论析杨慎对史料采撰、历史叙事、史文表述、修史工作与史家心术的批评，并进而论析杨慎史学批评对学术发展的积极意义⑤；王培华《归有光的史学批评及其意义》指出归有光的史学批评思想表现在对当朝官修志书、史馆及史官的批评，对官修当朝史志体裁的建议，并进一步分析归有光史学批评的社会政治意义⑥。王嘉川认为胡应麟不仅继承刘知幾的观点，同时对刘知幾的观点予以补弊纠偏及批评指正⑦；白云《胡应麟的史学批评》从胡应麟宽容不苛求前人的史学批评观，强调"公心"和"直笔"的史家修养论，文字表述"约而该，赡而整"的史文追求，来论析胡应麟的史学批评思想⑧；俞宏杏指出胡应麟史学批评的方法是

---

① 孙卫国：《王世贞研究》，人民文学出版社 2006 年版。

② 参见瞿林东、葛志毅主编：《史学批评与史学文化研究》，黑龙江人民出版社 2009 年版，第 168~175 页。

③ 白云：《中国古代史学批评史论纲》，人民出版社 2010 年版，第 297~307 页。

④ 参见瞿林东主编：《史学理论与史学史学刊》2009 年卷，社会科学文献出版社 2009 年版，第 257~264 页。

⑤ 毛春伟：《论杨慎史学批评及其学术意义》，《四川师范大学学报》2018 年第 4 期。

⑥ 王培华：《归有光的史学批评及其意义》，《史学史研究》1999 年第 6 期。

⑦ 王嘉川：《胡应麟论刘知幾》，《史学月刊》2006 年第 4 期。

⑧ 白云：《胡应麟的史学批评》，《红河学院学报》2009 年第 1 期。按：此文又见于《中国古代史学批评史论纲》（人民出版社 2010 年版，第 314~320 页）。

"尊古不贱今""举其全齐其本""比较评论"①；张信丽从经史关系、史学功用论、史家修养论及史学批评的原则与方法等四个方面，论述卜大有《史学要义》中的史学批评思想②；白云认为李贽的史学批评成就体现在对经史关系的探究、独具风格的史学批评观、是非无定的史学批评原则及客观的史学批评态度③；段晓亮主要分析了钱谦益对明代"三史"（国史、家史、野史）、明代的学风及对王世贞、郑晓的批评④。

　　在明代史学批评的宏观探讨方面，钱茂伟《明代史学的历程》第九章《史学理论的受人重视》论析明代前期对信史的认识，《史通》刊刻对史学理论的影响，李梦阳、瞿景淳、梁梦龙、卜大有在史学批评方面的贡献⑤。杨艳秋《明代史学探研》第三章主要论析嘉靖、万历以来的史学批评及史学理论，分别以《史通会要》《史通评释》《史通训故》为例分析了明代对《史通》的批评及《史通》对明代史学的影响。另外，又以朱明镐《史纠》、梁梦龙《史要编》、卜大有《史学要义》为例简要分析了明代学人对历代正史的批评⑥。向燕南、张林从宏观方面论述了明代中后期的历史批

---

　　①　俞宏杳：《胡应麟〈史书占毕〉及其史学理论》，云南师范大学 2013 届明清史硕士学位论文，第 35~41 页。

　　②　张信丽：《〈史学要义〉及其史学思想研究》，云南师范大学 2013 届明清史硕士学位论文。但此论文中以卜大有完整选录他人之序，而非卜大有自己的语言来论析其史学批评思想，似乎不妥。

　　③　白云：《中国古代史学批评史论纲》，人民出版社 2010 年版，第 307~314 页。

　　④　段晓亮：《略论钱谦益对明代史学的认识》，《史学史研究》2012 年第 2 期。

　　⑤　钱茂伟：《明代史学的历程》，社会科学文献出版社 2003 年版，第 149~170 页。

　　⑥　杨艳秋：《明代史学探研》，人民出版社 2005 年版，第 89~119 页。按：杨艳秋关于嘉靖、万历以来史学批评及史学理论的论析，对于研究明代史学批评颇有裨益。

判活动及其对清代学问的影响①。毛春伟指出明代学者以"心术"与"公议"为标准来评析明代的历史撰述,"增加了史学批评的概念,丰富了史学批评的内容"②。谢贵安《中国史学史》中论析明代学者对史学本身的思考与评论,且以胡应麟、何乔新、张燧为例予以探究,并分析了《史通》对明代学者的影响及其他学者对明代史学的评述③。

近二十年来明代史学批评研究已经取得一定的成就,具体体现在:其一,在微观方面,学者们已经关注一些重要史家的史学批评成就,如王世贞、胡应麟、杨慎、李贽等;其二,在宏观方面,学界已经就《史通》对明代史学批评的影响有所论析,并探讨了明代学者以"心术"和"公议"为标准予以评史;其三,在史料整理方面,2007 年上海古籍出版社出版了由北京师范大学史学研究所编纂的《中华大典·历史典·史学理论及史学史分典》,历史理论所涉的四个方面,史学批评即是其中之一,这对于了解和研究明代史学批评提供很大的帮助;其四,在研究成果的宣传方面,一些专门学术杂志开辟相关研究专栏,有利于相关研究成果的交流与传播。如《求是学刊》2010 年第 5 期"中国古代史学批评探索"视点栏目,《江海学刊》《郑州大学学报》《河南师范大学学报》也相继刊登有关史学批评的系列文章,有力地推动了史学批评研究的发展。

另外,北京师范大学史学研究所在史学批评研究方面属于一个重镇,从 20 世纪 90 年代以来,在访问学者、硕士、博士学位论文选题及相关重大项目的立项方面,关于史学批评研究的较多。学位论文有任宝菊《〈史通〉之史学批评新探》(1992 届硕士

① 向燕南、张林:《历史批判与学术总结:明清史学发展中相互联系的两个方面》,《廊坊师范学院学报》2009 年第 6 期。

② 毛春伟:《明代学者论历史撰述中的"心术"与"公议"》,《求是学刊》2010 年第 5 期。

③ 谢贵安:《中国史学史》,武汉大学出版社 2012 年版,第 352~364 页。

学位论文)、江湄《中国古代史学批评范畴举例研究》(1997 届博士学位论文)、刘开军《乾嘉考史学家的正史批评》(2010 届博士学位论文)①、陶晓珊《南宋史学批评研究》(2011 届博士学位论文)、赵海旺《刘知幾史学批评》(2011 届博士学位论文)。重大研究项目有教育部人文社科重点研究基地重大项目"中国古代史学批评范畴研究""中国古代史学批评研究",国家社科基金西部项目"中国史学批评的传统与转型",国家社科基金一般项目"清代中期史学批评研究",教育部社科基金项目"晚清史学批评研究"等。瞿林东先生主编,由其诸多弟子参与撰写《中国古代史学批评史》(七卷)②,分别为:第一卷《中国古代史学批评的开端》(先秦秦汉时期)、第二卷《中国古代史学批评的初步发展》(魏晋南北朝时期)、第三卷《中国古代史学批评的深入》(隋唐时期)、第四卷《中国古代史学批评的兴盛》(五代两宋时期)、第五卷《中国古代多民族史学发展与史学批评》(辽夏金元时期)、第六卷《中国古代史学批评的拓展》(明时期)③、第七卷《中国古代史学批评的集大成》(清时期),该系列著述可谓系统探讨中国古代史学批评的相关问题。北京师范大学史学研究所在中国古代史学批评研究方面取得的成果,对明代史学批评研究,提供了有益借鉴。

---

① 按:刘开军对于晚清史学批评亦有大量研究,见《晚清史学批评研究》(上海古籍出版社 2017 年版)。

② 瞿林东主编:《中国古代史学批评史》,湖南人民出版社 2020 年版。

③ 按:该卷由中国历史研究院历史理论研究所廉敏和云南大学毛春伟撰写,共分六章:第一章"关于前朝史修撰的评论"、第二章"关于修撰本朝史的批评"、第三章"关于历史撰述的评论"、第四章"关于史官史职与史家修养的评论"、第五章"关于史学功用的认识"、第六章"史学批评著述的研究和整理"。从目录可以看出该著以专题来论析明代史学批评的相关状况,对于明代史学批评而言是一种深层次的探讨。

(二) 研究不足及未来方向

1. 研究不足

目前有关明代史学批评研究存在的不足：

首先，从研究的对象和内容上来看，国内学界对明代史学批评虽有一定的研究，但基本是着眼于"大家""名著"，对其他的文集、笔记、序跋等资料关注不够，而这些文集、笔记、序跋中确有大量史料存在。这种忽视对于研究明代的史学思想、史学理论、史学史来说，是一个缺憾。对于研究整个中国古代史学批评史而言，亦是一大损失。正如瞿林东所言，"这是一笔丰厚的史学遗产，只因我们注意不够，或是缺乏自觉的系统发掘、整理、阐释，故这一宝藏尚未显露出它的光华"①。本书尝试将明代的史学批评资料予以系统、深入地梳理、探讨，以期对明代的史学理论有一个更新、更全面的认识，进而形成一部较为完整的明代史学批评史。

其次，从研究的视角来看，长期以来，学者一般是从史学发展史的角度来看待明代史学批评现象的存在，较少论及明代史学批评与明代社会思潮变迁、历史著述编纂之间的关系，这种孤立地分析历史现象的研究视角显然不符合历史实际。所以从明代社会思潮变迁的角度，分析明代史学批评变化的理路及其对明代历史著述编纂的影响，应是此问题在学术研究上的一个必要转型。

2. 未来的方向

上述明代史学批评研究存在的不足即是明代史学批评研究未来

---

① 瞿林东：《中国古代史学批评纵横·后记》（增订本），重庆出版社2016年版，第336页。

须努力的方向。此外，从学术论争的角度来看，在已有的研究中，各位方家多是自言其说，缺少必要的学术争鸣，其原因不在于研究对象太少，而是因为研究成果太少，缺乏细致、系统的研究，导致许多研究领域处于被遗忘、被忽视的境遇。

三、研究方法与思路

（一）概念界定及研究方法

1. 概念界定

本书既名为"明代史学批评研究"，自当对相关概念予以界定。本书中所言及的"史学批评"包括如下含义：一是，明人对明以前史著、史家、史学现象、史学思潮的批评；二是，明人对明代史著、史家、史学现象、史学思潮的批评。上述均不包括对历史史实的评析。本书以明代史学批评为中心，主要从明代不同历史阶段，史学批评产生的原因、特征及其影响，以及史学批评与社会政治、社会思潮、历史编纂之间的关系等方面展开，即进行史学批评史的考察①。另外，在研究内容的时间跨度上，鉴于明代前期史学受官方政治影响较大，在史学批评方面建树不多，本书在研究时以明代中后期为主。

2. 研究方法

第一，文献整理法。在研究的视角和资料搜集方面，不仅关注"大家""名篇"中的史学批评，还要搜集其他文集、札记、序跋、

---

① 按：刘开军在《晚清史学批评研究》中指出史学批评，"是关于史家、史书、史学思想、史学现象、史学潮流、史学机制、史学宗旨与功能等问题的各种鉴赏与判断、评论与商榷。而史学批评史则是对批评者的有关言论和批评活动的总结、提炼和再批评"（上海古籍出版社2017年版，第7页）。刘开军所言颇具借鉴意义。

书牍等包含的史学批评资料。

第二，多学科交叉的方法。在构思与写作中，充分考虑史学批评与社会政治、社会思潮、历史撰述、文学创作之间的关系，同时，借鉴哲学批判、文学批评的理论，在史学批评视野下，审视明代史学的发展。

第三，运用归纳法，从具体到一般。尽管前人对明代的史学批评有一定研究，形成了一定的假说和理论，可以作为本书的演绎依据，但笔者仍觉得应更广泛地搜集史料，通过归纳得出更为扎实稳妥的结论，形成独特的学术观念和理论体系。

第四，运用比较法，通过资料的搜集、分类，从纵向将明代中期、晚期史学批评的情况进行比较，了解不同时段史学批评的状况。

(二) 基本思路

(1)揭示明代各个时期史学批评与社会思潮变迁的关系，探求明代史学批评的演进路径。即考察明中叶文学复古运动的影响下，学者们如何以评点《史记》《汉书》的方法来批评史著，在史学审美方面有哪些体现？万历以后，随着政府对舆论的控制日趋松弛，以及实录逐渐为学人所接触，在官修史著不兴的情况下，私修史著日益兴盛，明代学者又是如何批评这些史著的？

(2)梳理明人对明代史学生态状况的批评，考察明代史学批评的成就。即梳理明人对私修当代史及历代正史的批评，探讨明人史学批评的特点及史学批评的价值。

(3)分析明代史学批评中存在的相关因素，如考察批评主体的差异性对史学批评的影响，明代史学批评对明代史著撰述的影响，明代科举策论与史学批评的互动关系，传统史学理论与明代史学批评之间的关系，以及明代史学批评对清代史学的影响。

(4)对于学界有关明代史学批评的优秀成果，笔者予以充分吸收并规范注出。对于学界研究比较充分之处，为避免不必要的重复劳动，笔者在著中予以指明，不再进行重复研究。

四、创新点和难点

（一）重点、难点及拟解决的问题

1. 重点、难点

本书的重点在于分析明代不同时期史学批评的特点及其理论特色。难点是如何恰当把握社会思潮的变化与史学批评、史学批评与明代史著编纂之间的互动关系。

2. 拟解决的关键问题

其一，明代各时期史学批评的特点及其价值标准如何？史学批评中个人恩怨、学术趋向、社会思潮等对史学批评的表现有何影响？同时，史学批评对当时的学术创作有何影响？本书拟对此作出回答。

其二，明代史学批评的整体理论水平如何？明代史学批评对明代的史学发展有何影响？明代史学批评对清初的史学批评有何影响？亦将是本书所要解决的问题。

（二）创新之处

本书的研究特色：通过系统梳理散见于明人文集、笔记、序跋及其他著述中的史学批评观点，进而归纳不同历史阶段史学批评的特点。在进行个案分析时，充分考虑其所处的社会背景、文化氛围等，并从心理学角度分析史学批评的内在原因和价值趋向。对于不同学术流派间的史学批评，着重考察不同学术倾向对其史学批评的影响。另外，还从宏观方面把握社会思潮与史学批评的相互关系。

本书在前人研究的基础上有如下突破：在研究视角上，将宏观的阶段把握和微观的个例分析相结合，发掘明代史学批评的实践表象和理论价值；在研究资料上，系统梳理明代著述中有关史学批评的文献资料，注意研究的原创性；在研究方法上，尽量做到将史学批评与史学史及史学理论的有机结合，将史学批评研究与社会政治、社会思潮变化相结合。另外，对一些存有争议的问题作出历史的合理解释。

上编

明代中叶文学复古运动下史学审美性研究

　　明代中叶在文学方面，以李梦阳、何景明为代表的"前七子"首倡文学复古，学习秦汉的风格，掀起轰轰烈烈的文学复古运动。在这种大环境的熏陶下，不仅出现文学的复古，在史学方面也对《史》《汉》倍加关注，表现为对《史记》《汉书》的批评与吸收。诸如杨慎《史记题评》、归有光《归评史记》、茅坤《史记抄》《汉书抄》、王世贞《精选史记汉书》、王慎中《史记评抄》《汉书评抄》、王维桢《汉书评抄》等。俨然对《史》《汉》的各种评点已蔚然成风，其风格各异，气象万千，层次高下，各有千秋。对《史》《汉》的史学审美，引起《史》《汉》之比较，并

导致文学写作和史书编著对《史》《汉》的模拟①，由此引发对其他
史著的审美性研究②。

---

① 明中叶，学人对《史》《汉》的文学性借鉴可分为两个层面：一是鉴赏性，即对《史》《汉》章法和史实的探讨；二是崇拜性，即在谈学为文中对《史》《汉》的模拟。

② 按：关于史学审美系史学批评的表现之一，瞿林东对此论之甚析，且颇具启发性。他指出史学审美包括真实之美，即直笔、曲笔及史料的采择；秩序之美，即史书的体例及篇章结构；文字表述之美，即善叙事（参见瞿林东：《史学的审美：史书的体裁体例和文字表述》，《文史知识》1991年第9期）。白云称"史学审美是对史学现象和史学著作（主要是对史学著作）的价值评判，它是用一定的标准和尺度对史学论著和史学现象的真与伪、是与非、善与恶、美与丑、优与劣、新与旧、正与邪、崇高与卑下、高雅与庸俗等多方面进行裁决与判定，是史学批评的重要内容之一"（白云：《史学审美——略论中国古代史学批评的重要标尺》，《淮阴师范学院学报》1999年第2期）。

第一章　明人《史》《汉》批评研究

——以《史》《汉》评林为中心

明代前期，明太祖、明成祖在思想上通过《性理大全》《四书大全》等著作定朱学于一尊①，在士人的选拔上通过八股文程式定文体于一格，导致雍容典雅而又空洞无物的"台阁体"盛行于世。明中叶，阳明学说的兴起，对朱子之学地位产生很大的冲击，学人纷纷效仿心性之学，提倡个体自由②。在文学方面，以李梦阳、何景明为首"前七子"的复古运动，掀起"言必秦汉，诗必

---

①　何良俊认为："今之学者，读《四书》本经之外，要读《性理》《纲目》，何暇及此？亦由上之表率，不逮于古耳。岂独学者之过哉？"（《四友斋丛说》卷三十六，上海古籍出版社 2012 年版，第 240 页）按：由何良俊之言，可知当时政治对学术的影响。

②　林文恪《福州府志》曰："'嘉靖中，姚江之书虽盛行于世，而士子举业尚谨守程、朱，无敢以禅窜圣者。自兴化、华亭两执政尊王氏学，于是隆庆戊辰《论语程义》首开宗门，此后浸淫，无所底止。科试文字大半剽窃王氏门人之言，阴诋程朱。'"（顾炎武著，黄汝成集释：《日知录集释》卷十八《举业》，上海古籍出版社 2006 年版，第 1055 页）林文恪《福州府志》曰："'正德末，异说者起，以利诱后生，使从其学，毁儒先，诋传注，殆不啻弁髦矣。由是学者伥伥然莫知所从。欲从其旧说则恐或主新说，欲从其新说则又不忍遽弃传注也。己不能自必，况于人乎？呜呼！士之怀瑾握瑜，范驰驱而不遇者，可胜道哉！是故射无定鹄，则羿不能巧；学无定论，则游、夏不能工。'"（顾炎武著，黄汝成集释：《日知录集释》卷十八《举业》，上海古籍出版社 2006 年版，第 1053~1054 页）由上可知，当时"心学"对程朱学说的冲击，使学人的观念逐渐趋向崇尚个性，不再墨守成规。

盛唐"之学风①。在此影响下，学界出现评《史》②《汉》③的热潮，万历初年，凌稚隆将众家批评《史》《汉》的观点汇聚于《史记评林》与《汉书评林》中④。目前学界对《史》《汉》著作风格的评析较多，

---

① 钱茂伟指出"复古风的直接后果之一是史学古籍重刊风的兴起"，而对《史》《汉》及相关作品的刊刻，仅正德时期，正德十年，白鹿洞书院刊刻《史记》，十六年《汉纪》重刊；正德十六年，崇正书院刊刻《汉书》《后汉书》，《史记题评》刊刻；二十年，柯维骐《史记考要》刊刻；二十七年刊刻《两汉纪》；二十八年《汉书》重刊(《明代史学的历程》，社会科学文献出版社 2003 年版，第 108 页)。仅据钱茂伟的统计可知，上述史学古籍的刊刻，为《史》《汉》研究或是借鉴，提供了资料载体，为"《史》《汉》风"的兴起提供了必备条件。

② 据拙著《明人汉史学研究》附录六(湖北人民出版社 2011 年版)，可知当时对《史记》的评抄情况如下：王鏊《王守溪史记评抄》、何孟春《何燕泉史记评抄》、王韦《王钦佩史记评抄》、杨慎《史记题评》、陈沂《陈石亭史记评抄》、许应元《史记选要》、王慎中《王遵严史记评抄》、王维桢《王槐野史记评抄》、凌约言《凌藻泉史记评抄》、茅瓒《茅见沧史记评抄》、董份《董浔阳史记评抄》、茅坤《茅鹿门史记评抄》、张之象《张王屋史记评抄》。按：仅明中叶，就有十多家评点《史记》，从评点者的学术风格来看，无论是"秦汉派"或是"唐宋派"以及其他学派，对《史记》皆有浓厚的兴趣，他们的出发点基本是从文体上解读《史记》，鉴赏太史公著《史记》之手法。因此，贺次君称"明人于《史记》一书之研考颇勤，刻《史》者多至数十家，或宗议论，或诠义法，或讲训释，或重体裁，或有专以钩玄文义圈点句读为事者，不一而足。当时好尚评论，但其品题《史记》文字，亦以评时文之法评之，故多荒诞不经之论，而于史实之考订，疑难之诠释，则多视为畏途，乃其风尚使然耳"(《史记书录》，商务印书馆 1958 年版，第 188 页)。

③ 据拙著《明人汉史学研究》附录七(湖北人民出版社 2011 年版)，可知当时对《汉书》的评抄情况如下：许应元《许茗山汉书评抄》、王慎中《王遵岩汉书评抄》、王维桢《王槐野汉书评抄》、凌约言《凌藻泉汉书评抄》、徐中行《徐天目汉书评抄》、茅坤《茅鹿门汉书评抄》、卢舜治《卢志庵汉书评抄》。按：以"后七子"扬名的徐中行和反对前后七子的王慎中、茅坤等对《汉书》皆有评点，指出《汉书》在著述上之优缺。

④ 参见拙文《凌稚隆〈史记评林〉探析》(《古籍整理研究学刊》2009 年第 4 期)、《〈汉书评林〉探微》(《史学史研究》2011 年第 3 期)。按：《史记评林》《汉书评林》汇集了万历初年以前明代对《史》《汉》进行评点的优秀成果，故本章主要以《史记评林》《汉书评林》中所收录的明人研究成果为中心，分析明代学者的《史》《汉》批评成就。

但大部分是建立在自己与《史》《汉》的对话上，对明人的研究成果关注不多①，这样常常会出现重复劳动的现象，明人已有所论及的内容，后人还在津津乐道。而史学界对明人众多《史》《汉》评抄本，关注较少②。鉴于此，笔者从史学审美的角度，论析明人对《史》《汉》的批评。

一、"《史记》以风神胜"：《史记》著作风格评析

明代学者喜好《史记》者甚多，茅坤称"世之读其书，而好之者众矣"③。因此，明人对《史记》的评析成果亦非常丰厚。据《史记评林》所列，正德至隆庆间，就有六十多家。其表现形式有如下四个方面：一是评历史人物，二是评历史事实，三是评编纂体例，四是评文学手法④。本章主要涉及的是后两个方面，即明人对《史记》著作风格的评析。明代科举程式讲究文章之笔法、立意，无形中对当世学人产生莫大影响。另外，明中叶的学者厌恶"台阁体"的空洞无物，希望言之有文，如归有光曾言："士大夫不可不知文，能知文而后能知学古。故上焉者能识性命之情，其次亦能达于治乱之际，以通当世之故，而可以施于为政。顾徒以科举剽窃之学以应世务，常至于不能措手。"⑤归有光以反对前后七子的复古运动

---

① 按：学界主要关注明人对《史记》的接受与传播，王齐《〈归评史记〉对〈史记〉的接受》（《文艺研究》2005 年第 6 期）、《〈史记〉在明代的接受与传播》（北京师范大学 2005 届中国古典文献学专业博士学位论文），邓国光《古文批评的"神"论——茅坤〈史记钞〉初探》（《首都师范大学学报》2006 年第 1 期）。以上文章的主要特点是从文学的角度入手探讨明人对《史记》的研究。

② 张新科、俞樟华《史记研究史略》从明人论析《史记》文章的审美价值、人物形象的刻画及其艺术风格三个方面，探究明代评点《史记》的成就（三秦出版社 1990 年版，第 120 页）。

③ 茅坤：《茅鹿门先生文集》卷十四《史记评林序》，《续修四库全书》第 1344 册，上海古籍出版社 2002 年版，第 641 页。

④ 张新科、俞樟华等：《〈史记〉研究史及〈史记〉研究家》，华文出版社 2005 年版，第 137 页。

⑤ 归有光：《震川先生集》卷二，上海古籍出版社 1981 年版，第 25 页。

而著称，但从其所言可以看到，他所倡导的是先知文，而后学古，才能有所用，不能靠模拟、剽窃之举。归有光这种想法，在明中叶亦有许多学人付诸实践。诸如对《史记》的研究，不仅仅是模拟其字句，更多是从笔法、文理上予以探究，其中用功较多的如杨慎①、茅坤②、董份、归有光③、唐顺之、徐中行等人。他们主要从以下五点来评析《史记》的著作风格。

（一）评析《史记》撰写之"精神"

对于司马迁《史记》中人物风情的描写，明代学人以同情之心，体会其撰写人物的手法，及其文贵于传"神"的表现。

茅坤对《张耳陈馀列传》评析道："楚之王，诸侯不平，岂独张耳、陈馀哉？而陈馀之客及陈馀自怒，独指及张耳，以二人衅深于生平之交故也。此是太史公点缀精神处"④；凌约言在评价《匈奴列传》的笔法时，指出"其畜一段言畜产，其俗一段言俗尚，连用五'其'字起，而中以'其天性也'一句断之，句法长短，章法参差，是太史公着精神处"⑤；陈仁锡点评《史记》诸世家时论道："楚、赵、韩、魏、田齐诸《世家》，多《战国策》所遗漏之文，可见今之

---

① 按：有关杨慎对《史记》的研究，参见拙文《杨慎汉史考据学探论》，《西华大学学报》2010 年第 5 期。

② 按：有关茅坤对《史记》的研究，可见王晓红《茅坤〈史记抄〉的文学价值探微》（《社会科学辑刊》2015 年第 3 期）指出茅坤对《史记》叙事艺术、写人艺术及文章风格的评析。

③ 按：有关归有光对《史记》的研究，见贝京《归有光〈史记〉评点研究》（《中国文学研究》2005 年第 2 期）、杨昊鸥《明代史学转向与〈史记〉的文章学接受：以宋濂和归有光为中心》（《广东第二师范学院学报》2013 年第 2 期）及拙文《明代"〈史〉、〈汉〉风"与归有光著述探析》（《湖南科技学院学报》2011 年第 9 期）。

④ 凌稚隆：《史记评林》卷八十九，第五册，天津古籍出版社 1998 年版，第 708~709 页。按：以下源自是书者均为此版本，仅注出卷数、册数及页码。《史记评林》中有关茅坤对《史记》的评点，皆引自茅坤《史记抄》。

⑤ 凌稚隆：《史记评林》卷一百一十，第六册，第 283 页。

《战国策》非完书，太史公删润，却多畅朗。信谗杀将，史公恶之，故特揭出。凡《世家》立论，俱有着精神处，此类是也"①。

因此，茅坤称《史记》中的传记的描写，"文特精悍""俱极摩画""文多感唏""详画以差"，"此皆太史公溉于心者言，人人殊各得其解，譬如善写生者，春华秋卉，并中神理矣"②。进而茅坤指出他读《史记》传记的体会：

　　读太史公传记，如与其人从游而深交之者，此等处须痛自理会，方能识得真景。且太史公所擅，秦汉以来文章之宗者，何惟以独得其解云耳。每读其二三千言之文，如堪舆之家，千里来龙，到头只求一穴。读其小论，或断言只简之文，如蜉蝣蠓蠓之生，种种形神无所不备。③

　　西京以来，独称太史公迁，以其驰骤跌宕、悲慨鸣咽，而风神所注，往往于点缀指次外，独得妙解。譬之览仙姬于潇湘洞庭之上，可望而不可近者。④

凌约言、陈仁锡、茅坤对太史公撰写《史记》的点睛之笔，归结为"精神""神理""形神"等，他们在鉴赏《史记》的同时，亦点出《史记》的撰写之妙，可谓是深入其间，论出其质。另外，茅坤在《史记抄》中对太史公笔法之"神"，多有论述⑤。这是以艺术欣赏的眼光，以史家鉴识的功力来领悟《史记》之笔。

---

①　杨燕起等编：《历代名家评〈史记〉》，北京师范大学出版社 1986 年版，第 480 页。

②　凌稚隆：《史记评林》第一册，第 175～176 页。

③　凌稚隆：《史记评林》第一册，第 177～178 页。

④　茅坤：《茅鹿门先生文集》卷三十一《欧阳文忠公文钞引》，《续修四库全书》第 1345 册，上海古籍出版社 2002 年版，第 129 页。

⑤　邓国光在文中从文学的主体性出发，探讨茅坤《史记抄》中有关"神""本色"的含义，并指出此是清代古文"神理"的源头（《古文批评的"神"论——茅坤〈史记抄〉初探》，《首都师范大学学报》2006 年第 1 期）。

（二）论析《史记》的"史法""文法""书法"

凌约言、何良俊、杨慎、茅坤等人，以"文法""史法""书法"等字眼，来概括太史公之笔法，即批评司马迁是如何撰写《史记》的。凌约言曰："太史公叙事每一人一事，自称一片境界，自用一等文法。观此叙褒姒一段可见"①；杨慎评析《封禅书》时，认为"篇端起语二节，一正说，一反说，此篇之纲要也。其应在后。曰：'自古受命帝王曷尝不封禅。'后所引管仲对齐桓公二君曰：'皆受命，然后得封禅。'应此句意曰：'盖有无其应而用其事者矣。'后所论秦始皇云'岂所谓无其德而用其事者耶！'……篇终赞语又兼封禅神鬼等事，而总括之文法，关键之妙也"②；柯维骐论析《樊郦滕灌列传》则曰："太史公各传，文法各异，《哙传》叠用'先登'字，及'斩首若干级'字；《商传》则叠用'以'字……斯子长文章者也"③；何良俊对范蠡之事附见于《货殖列传》，论道："范蠡列在《货殖传》，本传只载货殖事。若霸越诸谋画，与越事相联者，则附见《越世家》中。其救中子杀人事，亦附其后，此皆太史公作史法也"④；茅坤对《李斯列传》言李斯辅佐始皇，定天下事用墨较少，而叙述赵高乱秦之事着力颇多，评论道："《李斯传》传斯本末，特佐始皇定天下，变法诸事仅十之一二。传高所以乱天下而亡秦特十之七八。太史公恁地看得亡秦者高，所以酿高之乱者并由斯为之，此是太史公极用意文，极得大体处。学者读《李斯传》，不必读《秦纪》矣"⑤。

由上述几例，可见明人评《史记》，并不是凭空指画，而是以心领会，颇得太史公撰写之法。对于明人所言太史公的"文法""书法"，其含义基本相同，主要是指太史公的文采及所叙内容的跌宕

---

① 凌稚隆：《史记评林》卷四，第一册，第225页。
② 凌稚隆：《史记评林》卷二十八，第三册，第533~535页。
③ 凌稚隆：《史记评林》卷九十五，第五册，第856页。
④ 何良俊：《四友斋丛说》卷五，上海古籍出版社2012年版，第33页。
⑤ 凌稚隆：《史记评林》卷八十七，第五册，第627页。

起伏处，而"史法"主要是指《史记》所载史实的布局，如附见法、互见法等。

(三) 评析《史记》寓论于叙的写作手法

太史公在撰写《史记》时，出于史官所处的特殊位置，既要秉笔直书，又要想方设法避免不必要的麻烦，所以对于一些事件的描述，运用"寓论于叙"之法。赵翼在《廿二史劄记》中指出太史公有"寓论于序事之中"的手法。其实明人在研读《史记》时，亦注意到此点[1]。

凌稚隆对太史公屡次详述秦斩首之数，论道："按太史公纪秦斩首之数，凡十一处，以秦之尚首功也，不言其暴而其暴自见"[2]；董份对《秦楚之际月表》所载内容论曰："前言商、周以德，秦用力，皆历十余世，积数君而后一统，可谓甚难。汉独五年而成帝业，乃复甚易。盖由秦无尺土之封，败坏即极，而汉为大圣，受天命而兴，故其难易顿殊耳。然不明言其故，使读者自得之，所以深妙"[3]；茅坤认为在《平准书》中，"太史公只叙武帝兴利，而其精神融会处，真见穷兵黩武，酷吏兴作，败俗偾事，坏法乱纪，俱与兴利相为参伍，相为根抵，故错综纵横，摹写曲尽。篇首自军旅粮饷起论，正此义也。而结按以'诛弘羊，天乃雨'终之，其意尤可见"[4]。

凌稚隆评析《史记》叙秦之尚首功，"不言其暴，而其暴自见"；董份所言秦汉之易世，"不明言其故，使读者自得之"；茅坤所论只言汉武帝之兴利，其穷兵黩武自见，及"'诛弘羊，天乃雨'终

---

[1] 按：陈子龙《史记序》中言"太史公之书，每不立正辞，往往见于抑扬之中，疑似之说，自非博学，不能深知其意，徒信其诡激宏肆之辨，溺其旨矣"（陈子龙撰，孙启治校点：《安雅堂稿》卷四《史记序》，辽宁教育出版社2003年版，第59页）。

[2] 凌稚隆：《史记评林》卷五，第一册，第308页。

[3] 凌稚隆：《史记评林》卷十六，第二册，第543页。

[4] 凌稚隆：《史记评林》卷三十，第三册，第650~651页。按：沈懋孝《读货殖传》中所论与此相同（《长水先生文钞》，《四库禁毁书丛刊》集部第159册，北京出版社2000年版，第304页）。

之，其意尤可见"，此类分析无不指明太史公"寓论于叙"之手法，这也体现明人之"史识"能力，并非如清人所言皆无可取的肆意之谈。

(四)指出《史记》文章之变体①

太史公为文叙事，跌宕起伏，此长彼短，变化万千。明人在析辨《史记》文体时，对此各抒己见。

王维桢评道："迁史之文，或由本以之末，或操末以续颠，或繁条而约言，或一传而数事，或从中变，或自旁入，意到笔随，思馀语止，若此类不可毛举，竟不得其要领。"②司马迁之文在本与末、繁与约、传中变体等方面运用自如，以文学著称当世之王维桢亦自叹"竟不得其要领"。何孟春以文章之长短，评析太史公之为文，指出"太史公文字如《封禅》《平准》之类极长，《货殖》《儒林》之类极短。长短各自成章，鹅胫不可剪，凫颈不可续"③。

而茅坤对《史记》传记的整体评价道："列传七十，凡太史公所本《战国策》者，文特嫖姚跌荡，如传刺客，则聂政、荆轲；如传公子则信陵、平原、孟尝；他如传谋臣战将，则商鞅、伍胥、苏秦、张仪……虽不尽出《战国策》，而秦汉相间不远，故文献犹足章章著明，太史摹画绝佳。而伯夷、屈原，则太史公所得之悲歌感慨者尤多，故又别为变调也。"④他对《史记》各传进行归类，指出

---

① 赵翼据《史记》之《曹参世家》《樊郦滕灌列传》等指出《史记》为文"变体"之法(《廿二史劄记》卷一《〈史记〉变体》，中华书局2005年版，第11页)。

② 凌稚隆：《史记评林》，第一册，第171页。

③ 凌稚隆：《史记评林》，第一册，第172页。

④ 凌稚隆：《史记评林》，第一册，第174~175页。按：对于茅坤所言《史记》"嫖姚跌荡""别为变调"，张所望则称其为"跌宕纵横，自成绝调"。张所望《阅耕余录》卷二《史记三传》载"《史记》列传中伯夷、屈原、孟轲三篇，皆别创一体，而机轴又各不同。《伯夷传》全篇皆自出议论，《屈原传》叙事议论错杂成文，《孟子传》则旁及他事，以客形主，可谓极尽文字之变。盖伯夷洁行而饿死，屈原竭忠而被逐，孟子怀仁义而不遇，皆古今恨事。子长恨人也，借彼三贤摅其愤结，故精神溢于笔端，跌宕纵横，自成绝调。后之作者，殆难为工"(《四库全书存目丛书》子部第110册，齐鲁书社1995年版，第159~160页)。

《史记》文体的"嫖姚跌荡""别为变调"，进而分析《史记》变体的感情影响："今人读《游侠传》即欲轻生；读《屈原贾谊传》即欲流涕；读《庄周》《鲁仲连传》即欲遗世；读《李广传》即欲立斗；读《石建传》即欲俯躬；读信陵、平原君《传》即欲养士。若此者何哉？盖各得其物之情而肆于心故也，而固非区区句子之激射者也"①。茅坤认为太史公文字之巧妙，文体之多变，在于其以心著文，引起读者的共鸣②。鲁迅对此段描述亦大为赞赏，称太史公"不拘于史法，不囿于字句，发于情，肆于心而为文"③，这和茅坤对《史记》文体的不拘一格的辨析，如出一辙。

对于《史记》叙中夹议，议中有叙，这种叙议结合的写法，明代学者多有关注。余有丁指出："序事本末详，中间杂以论断，与《伯夷传》略同，盖传之变体也。唯伯夷、屈原，太史所重慕，故详论之"④；王鏊认为《货殖列传》"议论未了忽出叙事，叙事未了又出议论，作文奇亦甚矣"⑤；董份谓："迁答任少卿书，自伤极刑，家贫不足自赎，故感而作《货殖传》，专慕富利。班固讥之，是也。然其纵横自肆，莫知其端，与《游侠传》并称千古之绝矣。先叙述古之富者，中又杂论海内土俗，而极言人欲富之情性，末又撰次汉兴以来富者，又别为一体"⑥。

王维桢、何孟春、茅坤、余有丁、王鏊、董份等，分别从《史记》之文的本末、繁约、长短、文体特色、叙议变化等方面来论述《史记》中的"变体"现象，实开清人之先河。

---

① 凌稚隆：《史记评林》，第一册，第176~177页。
② 按：对于《李将军列传》，杨慎曰："此传综叙其事，实以著其才略，意气之所以然，又旁及军吏，士卒之得志，以致其畸世不平之意，读之使人感慨"（见凌稚隆《史记纂》卷二十一《李将军列传》，商务印书馆2013年版，第421页）。
③ 鲁迅：《汉文学史纲要》第十篇，人民文学出版社1973年版，第59页。
④ 凌稚隆：《史记评林》卷八十四，第五册，第539页。
⑤ 凌稚隆：《史记评林》卷八十四，第五册，第539页。
⑥ 凌稚隆：《史记评林》卷一百二十九，第六册，第891~892页。

(五) 归结《史记》合传的表现

《史记》中有两人或两人以上纳入一传的写法，被称为合传，明人对此议论较多。

归有光针对《老庄申韩列传》论道："太史公列传或数人合传，皆连书不断，今合读之，尤见其奇，自此以下，每人界断提头，必小司马之陋也。"①茅坤认为《卫将军骠骑列传》"两将军为一传，太史公用意摹写处，其传大将军也，所当战功益封由姊子夫为皇后，及姊子去病之从大将军而为骠骑也。骠骑将略殊无可指点处，特以子夫姊子遂从大将军勒战而有成功，并附公孙贺篇末，尤可印证"②；《汲郑列传》"两人行旨不同，而犹意气相合，其废也，宾客并落，故太史公合为一传，以摹写之"③。而《廉颇蔺相如列传》"两人合为一传，中复附赵奢，已而复缀以李牧，合为四人传，须详太史公次四人线索，才知赵之兴亡矣"④；王维桢则曰："廉蔺同传，而廉尚勇有战功，蔺多智有口辨，卒并保赵，两人者相资也"⑤；何良俊对魏其、武安的合传，评曰："魏其、武安，其事相联，故并作一传，然终始只一事。"⑥

以上数例，明人对太史公合传的理解，主要从书法或史法的角度来诠释，纷纷点明《史记》合传的用意，可以解释为虽人异而事趋同，或者是事异而相得益彰，故进行合传。

---

① 凌稚隆：《史记评林》卷六十三，第四册，第 862 页。
② 凌稚隆：《史记评林》卷一百十一，第六册，第 351 页。
③ 凌稚隆：《史记评林》卷一百二十，第六册，第 647 页。
④ 凌稚隆：《史记评林》卷八十一，第五册，第 461 页。卢文弨云："史汉数人合传，自成一篇文字，虽间有可分析者，实不尽然。盖数人同一事，彼此互见，自无重复之弊。即如《史记》廉、蔺《列传》，首叙廉颇事，无几即入蔺相如事独多，而后及二人之交欢，有间以赵奢，末复以颇之事终之，此必不可分也。"（司马迁著，泷川资言考证：《史记会注考证》卷八十一，文学古籍刊行社 1955 年版）卢文弨亦从一事相类出发来分析《史记》的合传之法。
⑤ 凌稚隆：《史记评林》卷八十一，第五册，第 461 页。
⑥ 何良俊：《四友斋丛说》卷五，上海古籍出版社 2012 年版，第 33 页。

明人不仅有对《史记》各篇章进行的论析，亦有从整体上评析《史记》之文的，但论断的角度却迥异。

王世贞对《史记》本纪、世家、列传、书等评道：

> 太史公之文有数端焉，帝王纪以己释《尚书》者也，又多引图纬子家言，其文衍而虚；春秋诸世家以己损益诸史者也，其文畅而杂；仪、秦、鞅、睢诸传以己损益战国者也，其文雄而肆；刘项纪、信越传，志所闻也，其文宏而壮；河渠、平准诸书，志所见也，其文核而详，婉而多风；刺客、游侠、货殖诸传，发所寄也，其文精严而工笃，磊落而多感慨。①

王世贞是以艺术欣赏的眼光来审视《史记》内容的，因此，他主要关注的是《史记》的文采，如其形容太史公为文，"衍而虚""畅而杂""雄而肆""宏而壮""核而详，婉而多风""精严而工笃，磊落而多感慨"，这可以说是一个文学大师从文辞造句方面，对《史记》行文的整体评价②。

何良俊则从司马迁开创《史记》体例和《史记》行文的严密性角度，来评价《史记》，其言曰：

> 太史公《史记》，为历代帝王作十二本纪，为朝廷典章作八书，为年历作十表，为有土者作三十世家，为贤士大夫作七十列传。其凡例皆以己意创立，而后世作史者举不能违其例，盖甚奇矣。《史记》起自五帝，迄于汉武，盖上下二千四百一十三年之中，而为诸人立传，仅仅若此。今观书中诸传欲去一

---

① 凌稚隆：《史记评林》，第一册，第178~179页。

② 张新科、俞樟华等认为王世贞的评析，"是很有价值的，能启发读者从多角度、多层次去欣赏《史记》的文章美，挖掘《史记》的艺术价值"（《〈史记〉研究史及〈史记〉研究家》，华文出版社2005年版，第152页）。张、俞此等说法，颇有道理，面对《史记》之文本，各家所得各异，可谓"横看成岭侧成峰，远近高低各不同"，不同的角度、不同的价值立场，对《史记》文本的解读，自然众像横生、百花齐放，但这对《史记》的研究来说是不无裨益的。

人，其一人传中欲去一事，即不可得，真所谓一出一入，字挟千金。其藏之石室，副在人间，实不为过。若后人作史，芜秽冗滥，去一人不为少，增一人不为多。今宋、元史中，苟连去数十传，一传中削去数事，亦何关于损益之数哉。①

何良俊认为司马迁开创《史记》的体例为后世著史之法则，且其为文严整，去一人一事，则会影响对《史记》的整体理解，并以此讥评后世著史之"芜秽冗滥"。何氏的论说从对司马迁的钦佩与叹服之情来论《史记》，所以对后世之文颇为不屑，这应该是受当时复古运动的影响，但其议论亦颇有可取之处。

何乔新对《史记》的五种体例安排，皆有所论，但他认为司马迁是以对人物的褒贬为准则，进行内容安排的。何乔新解读《史记》体例的安排情况，有一定道理。但体例的安排应与历史发展线索、变化过程等因素有关，不应仅从褒贬的角度来论析。②

明中叶，学人对《史记》的评点，可谓百花齐放，众说纷呈，其评点有切中义理之处，亦有肆意批评之误。这既与学人本身的鉴识有关，另外也与《史记》本身内容之博大、司马迁撰述之精奥有密切联系。正如程余庆在《史记集说序》中所言："迄于有明，说者愈众，凌氏《评林》一编可按也，然要皆不能有得而无失，良由《史记》一书，有言所及而意亦及者，有言所不及而意已及者；有正言之而意实反者，有反言之而意实正者；又有言在此而意则起于彼，言已尽而意仍缠绵而无穷者。错综迷离之中而神理寓焉，是非求诸言语文字之外，而欲寻章摘句以得之，难矣。"③程余庆既揭示了明代评点《史记》的观点之多，以及凌稚隆的搜罗之功，也指出历代

---

① 何良俊：《四友斋丛说》卷五，上海古籍出版社 2012 年版，第 33 页。
② 张新科、俞樟华等：《〈史记〉研究史及〈史记〉研究家》，华文出版社 2005 年版，第 141 页。按：张、俞等对何乔新有关《史记》诸体例的评析的界定，有一定的道理，但何乔新身居明世，受朱学正统的影响，颇关注对人物的褒贬，因此，在评析《史记》时，潜意识就把自己的价值观念转嫁于太史公。
③ 杨燕起等编：《历代名家评〈史记〉》，北京师范大学出版社 1986 年版，第 34 页。

评点《史记》不能很好符合司马迁原意的原因，在于从字眼上来点评《史记》，只能指出《史记》之"形"，而不能有效发掘《史记》之"神"。

二、"《汉书》以矩矱胜"：《汉书》著作风格评析

明代中叶，文人墨客不仅对《史记》有浓厚的兴趣，而且对《汉书》亦评点甚多①。诸如当世文豪茅坤、王世贞、陈文烛等，对《汉书》皆有批评，他们主要以著作风格来评析《汉书》。

(一) 从文笔的运用上批评《汉书》

王世贞作为明代复古运动"后七子"的代表人之一，与李攀龙一起在文坛声誉颇高。在李攀龙死后，他独霸文坛二十年，"才最高，地望最显，声华意气笼盖海内。一时士大夫及山人、词客、衲子、羽流，莫不奔走门下。片言褒赏，声价骤起。其持论，文必西汉，诗必盛唐"②。王世贞之所以主张"文必西汉"，因为他对《史》《汉》之文皆有深厚的研究，深悉《史》《汉》之魅力，在评析班固的行文时，其言曰："孟坚叙事，如霍氏、上官之郤，废昌邑王奏事，赵、韩史迹，京房术败，虽不得如化工肖物，犹是顾恺之、陆探微写生。东京以还重可得乎？陈寿简质，差胜范晔，然宛缛详，至大不及也。"③王世贞在形容班固叙事的活灵活现时，以顾恺之、陆探微的写生比拟之，并且和范晔、陈寿进行比较，字里行间透露出其对班固为文的赞美之辞。

以工诗著称的陈文烛，在阅读《汉书》时，指出："余读《李陵传》，其文觥觫，皆得其意，至与卫律等语，如在当时所云丈夫不

---

① 据凌稚隆《汉书评林·引用书目》(日本东京明治年间印刷会所版本，按：以下源自是书者均为此版本，下引不再注明版本信息)，可知有 68 位明代学者对《汉书》进行过评点。

② 张廷玉等：《明史》卷二百八十七《王世贞列传》，中华书局 1974 年版，第 7381 页。

③ 凌稚隆：《汉书评林》，第一册，第 20 页。

能再辱，李陵答苏武，太史公报任少卿之旨尽矣。太史附陵事于李广之后，而恨陇西之名败。至孟坚悉发之，如杨子云、东方曼倩诸传，使子长为之，又何加焉？"①陈文烛主要从文意的发掘入手，指出班固能言司马迁所未言。

曾著有《王槐野汉书评抄》的王维桢和著《古文类抄》的林希元，从文章的手法上评析《汉书》。王维桢认为《汉书》"叙救鸿门一节，与帝纪语不相犯，最得删润之法"②；林希元则曰："此书是当吴王逆谋未露之先而谏之，故全不露出事情。而长喻远譬，曲尽利害，文字起伏变化，百态横生，真古之善言者"③。王维桢指出班固描述鸿门宴一节与《高帝纪》没有互相抵牾，颇得行文之法。而林希元则从文字的起伏跌宕中，洞悉《汉书》用文的优美之处。

（二）从内容的安排上批评《汉书》

陈文烛对班固记述西汉一朝之事，成一家之言，评曰："班史究西都之首末，究刘氏之兴废，包举一代，撰成一家，言皆精炼，事甚该密。"④著有《卢志庵汉书评抄》的卢舜治，从体例的安排上评析《汉书》，指出"首十二帝纪，而斥王莽于末传，所以为汉家立纲纪，正名分，炳焉一《班氏春秋》也"⑤，他认为班固在纪传的安排上，扬善惩恶，有春秋笔法之意。

反对前后七子，提倡唐宋古文的茅坤，对《史》《汉》皆有精湛的研究，并著有《茅鹿门汉书评抄》⑥，在这本书中，他对《汉书》内容的鳞次，评价较多，其主要论识如下：

---

① 凌稚隆：《汉书评林》，第一册，第20页。

② 凌稚隆：《汉书评林》卷四十一。

③ 凌稚隆：《汉书评林》卷五十一。

④ 凌稚隆：《汉书评林》，第一册，第20页。

⑤ 凌稚隆：《汉书评林》，第一册，第26页。

⑥ 按：笔者固陋未能见到茅坤《汉书抄》原本，仅能依据凌稚隆《汉书评林》中对茅坤观点的收录，借以窥探茅坤对《汉书》的批评。目前学界有黄卓颖《茅坤〈汉书抄〉及其评点价值》（《新世纪图书馆》2017年第6期）对茅坤《汉书抄》予以论析。

淮南书疏佳，然不以入《淮南王传》，而以载于此，盖以此则纪(严)助，论淮南本末，而彼则特传淮南叛逆耳，事各以类序，亦记家体，览者当识之。①

(唐)荆川云此传(霍光传)头绪最多。予谓此传止本(霍)光之起家微，以小心被宠任之故，其秉政三十余年，所及点缀者，止诏增符玺郎秩与沮予外人求封一二事耳。中间废昌邑，立宣帝处，此其功。案而擅宠太过，卒召大祸。光之功过不相掩处，传中一一指次如画，岂得称头绪多耶？当是《汉书》第一传。②

日磾受而子赏。已后国除，其降弟伦之后安上，安上再传而常、敞、岑、明，又三传而敞三子涉、参、饶，又四传而涉两子汤、融。别又有涉之从父弟曰钦，必参、饶之后。班固并按世家鳞次如指掌，可谓得史家详而不紊之体。③

隽不疑多大略，班掾叙次，亦多风神有书意，《汉书》列传为最。④

文翁守蜀郡，于文学上注精神，故其治行多当世，而篇中亦能摹写种种，风神特相称。⑤

茅坤认为淮南王书疏不入《淮南王传》而载于《严助传》，是班固在内容安排上"事各以类序"；《霍光传》的叙述，唐顺之认为杂乱无章，头绪太多，而茅坤经过分析，称其"指次如画"，对金日磾家世的撰述亦称其"鳞次如于指掌"；而对《隽不疑传》和《循吏传》，茅坤则以"风神"文词进行喻称。可见，茅坤尽管倡言唐宋之文，但其对《汉书》的研治亦颇精深，且评析符合情理。他在《刻汉书评林序》中对《汉书》的撰述风格概括道："惟其以矩矱胜，故其

---

① 凌稚隆：《汉书评林》卷六十四。
② 凌稚隆：《汉书评林》卷六十八。
③ 凌稚隆：《汉书评林》卷六十八。
④ 凌稚隆：《汉书评林》卷七十一。
⑤ 凌稚隆：《汉书评林》卷八十九。

藻画布置如绳引，如斧剿，亦往往于其复乱庞杂之间，而有以极其首尾节凑之密，令人读之鲜不擢筋而洞髓者。"①

茅坤不仅赞誉《汉书》内容安排方面的得当，同时也批评其不足之处。茅坤在《读班固〈汉书·古今人物表〉》中指出，班固自上古到秦二世时期，"不知其几千百年之间，而乃臆为差别贤否之际，叙列九品"，这期间的史事已不可考，而班固"谬取讹口残简百家所混载之名氏，而一一妄第之"，"其他蠢驳繁衍不可尽论"，"（班）固何不自量其力而欲以一人之闻见，取数千百年所不可尽闻与见之行事，而品列次第之以取信于后世也，其可得乎?"②

三、构文与征实：班马优劣，各得其是

《史记》《汉书》问世后，历代学者对这两部巨著都有所比较，可谓是智者得智，仁者见仁，众口不一，甚至还出现一些专门评判班马的著作，像宋代倪思的《班马异同》、刘辰翁《史汉异同》③，明代许相卿在《班马异同》的基础上撰成《史汉方驾》④。《史》《汉》

---

① 凌稚隆：《汉书评林》，第一册，第5页。

② 茅坤：《茅鹿门先生文集》卷三十《读班固〈汉书·古今人物表〉》，《续修四库全书》第1345册，上海古籍出版社2002年版，第113~114页。

③ 杨士奇称"《史汉异同》，庐陵刘会孟先生作，欲知西汉文章之妙者，必考于此。盖先生用功迁、固最深，前所未有"（《东里集》续集卷十七《史汉异同》，《景印文渊阁四库全书》，台湾"商务印书馆"1986年版）。刘会孟即宋代刘辰翁，字会孟，号须溪。

④ 许闻造在《史汉方驾·凡例引》中曰："《文献通考》云：'《班马异同》三十五卷。'撰自倪思，夫班仍马旧，中多删改，务趋简严，而删或遗其事实，改或失其本意。著异同而辨优劣，思之用心盖其勤哉！乃思以标识巨细，分别同异。家大人以为不便疾读，撰为此书，义取并驾，旨若列眉。斯家大人所自谓奇绝者乎。万历乙酉岁，爰副剞劂，而发其凡例如左：史汉同者从中大书；史汉异者分左右行书，左史右汉；纲领处大标；劣句意细抹……"（《史汉方驾》，《四库全书存目丛书》史部第1册，齐鲁书社1996年版，第311页）由上可知，许相卿认为《班马异同》不便于阅读，于是撰写《史汉方驾》，希望能与倪思之书并驾齐驱。但遗憾之处是，许相卿评《史》《汉》的眉批，由于印刷不清，不易辨认其内容，无法对此书进行深入的研究。

比较可谓是一个古老而又新颖的课题，其古老在于，如胡应麟所言"《史》《汉》二书，魏晋以还纷无定说"①，即对《史》《汉》进行判析者众多；其新颖在于，通过考察《史》《汉》两书的异同，"可以探寻出司马迁与班固对政治、经济、文化等社会变迁的不同的思想观点。这恰是中国史学史研究的一项重要内容"②。

明中叶，评判《史》《汉》的学人，绝大部分在文学和史学方面有较深造诣，这些大家研读《史》《汉》时，主要关心文章的文体、辞色及史实正谬，从笔法及叙事方面鉴赏《史》《汉》③，即对《史》《汉》予以审美批评，其批评的结果分四种情况。

(一)《汉书》劣于《史记》

明代中叶，从文体方面对《史》《汉》予以深究的，茅坤应该属于其中之一，他倡导唐宋之文，反对前后七子的泥古之风，但他对《史》《汉》亦颇下功夫，对《史》《汉》皆有抄评。茅坤非常欣赏司马迁之文，指出："屈、宋以来，浑浑噩噩。长川大谷探之不穷，揽之不竭，蕴藉百家，包括万代者，司马子长之文也。"④茅坤从总体上认为司马迁为文，包罗万代，涵盖百家。而他分析班固之文劣于司马迁之处，既有微观方面的直陈，亦有宏观方面的把握。

《汉书·张耳陈余传》中张耳、陈余的对话，茅坤评曰："两人对处不如《史记》原文多烟波澹宕。"⑤《史》《汉》中有关张良劝汉高

---

① 胡应麟：《少室山房笔丛》卷五《史书占毕一》，上海书店出版社 2001年版，第 131 页(按：以下源自是书者均为此版本)。按：刘知幾言《史》《汉》问世后，"王充著书，既甲班而乙马；张辅持论，又劣固而优迁。然此二书，虽互有修短，递闻得失，而大抵同风，可为连类"(浦起龙通释，王煦华整理：《史通通释》卷七《鉴识》，上海古籍出版社 2009 年版，第 190 页)。

② 易孟醇：《从比较史学论〈史记〉和〈汉书〉》，《贵州社会科学》2003年第 5 期。

③ 诚如徐孚远所言《史》《汉》评品中，"夫构文之家重神简，征实之家采事迹，此二者所为折衷也"(杨燕起等编：《历代名家评〈史记〉》，北京师范大学出版社 1986 年版，第 25 页)。

④ 凌稚隆：《史记评林》，第一册，第 173 页。

⑤ 凌稚隆：《汉书评林》卷三十二。

封韩信、彭越之事，茅坤论道："《史记》于此，以留侯所计许封信、越两人处有生色，而《汉书》删去信一边，故文不窨。"①《汉书·高五王传》载"太尉勃等乃尽诛诸吕，而琅邪王亦从齐至长安，大臣议欲立齐王"一事，茅坤谓："《史记》大臣议欲立齐王，而琅邪王怨齐之诈夺其兵，故曰母家云云，方与上文相照应紧严，今止曰'大臣议'似索然。"②关于《汉书·薛宣传》则评曰："薛宣之以两县令相更，今亦有之，而班掾所点次处煞觉甚废辞色，假令史迁为之，数言而特邕矣。……（薛）宣之为郡本意，故班掾尽力点缀在此，然亦煞觉费辞色，较之史迁还退一步。"③针对《汉书·匈奴传》，他指出："自武帝太初以前则多本之太史公，故其指次刻画而邕，昭元以后则并《汉书》所自续矣，其指次五单于处稍稍略相似。而哀平以后，则多泪乱庞杂，而风神少矣，予于此颇获《史》《汉》优劣之概云。……予览宣帝以后《匈奴传》本末创自班固为之，窃以指次不如前《史记》明邕。"④关于《汉书·外戚传》有关孝成赵皇后的叙述，茅坤论曰："赵后怙宠胁权浊乱中宫甚，且妒，绝后嗣，罪案如山，而《汉书》所载详而不邕，假令子长为之，当必益然若冰壶秋水，眉发可数也。"⑤茅坤从文章的起伏，"生色""辞

---

① 凌稚隆：《汉书评林》卷三十四。

② 凌稚隆：《汉书评林》卷三十八。按：卢舜治曰："郦生就烹时，犹有迂阔大言，真疏宕不检，有志愿成自外于身世者也，天地间生此一等人，类太史公笔力。班氏删就烹数语，遂觉郦生之狂，索然以无气终尔。"（《汉书评林》卷四十三）可见，曾撰有《卢志庵汉书评抄》的卢舜治，亦指出班固对《史记》的删减确有不当之处。

③ 凌稚隆：《汉书评林》卷八十三。

④ 凌稚隆：《汉书评林》卷九十四上。"胡缵宗曰：予尝谓太史公叙事，如冒顿袭破东胡始末之类，其所谓化工肖物，色色有情。班孟坚本之而删润，仅四十余字，便觉减法半神一半。"对田广明、范明友、韩增、赵充国、田顺五将出击匈奴，王维桢曰："以下班史次五将军战功始末，极整密可诵，然较之《史记》，似少一段奔风逐电之执，二家手笔之不同类如此。"胡缵宗撰有《胡可泉汉书评抄》、王维桢撰有《王槐野史记评抄》，他们亦认为班固对《史记》的删改，使《汉书》之文缺乏《史记》之风神。

⑤ 凌稚隆：《汉书评林》卷九十七下。

色""风神""指次"等方面，认为《汉书》之文似劣于《史记》。因此，他对《史》《汉》的总体评价是：

> 太史公所为《史记》一百三十篇，除世所传褚先生别补十一篇外，其他帝王世系或多舛讹，制度沿革或多遗佚，忠贤本末或多放失。其所论大道而折中于六艺之至，固不能尽如圣人之旨而要之，指次古今，出入风骚，譬之韩白提兵而战河山之间，当其壁垒部曲，旌旗钲鼓，左提右挈，中权后劲，起伏翱翔，倏忽变化。若一夫剑舞于曲斿之上，而无不如意者。西京以来，千年绝调也。即如班掾《汉书》，严密过之。而所当疏荡迢逸，令人读之杳然神游于云幢羽衣之间，所可望而不可挹者。予窃疑班掾犹不能登其堂而洞其窍也，而况其下者乎！①

茅坤指出《史记》在内容上确有瑕疵，如帝王世系的舛讹、制度沿革的遗佚等，但《史记》在文风、笔法上，可谓"千年绝调"。《汉书》虽然在内容上比较"严密"，而文法上与《史记》相比是"可望而不可挹"，其因在于班固还未能真正传承司马迁之文笔②。另外，

---

① 凌稚隆：《史记评林》，第一册，第 173~174 页。

② 按：对于班马优劣，陈继儒《史记定本序》中言"班之病病在袭，《史记》之妙妙在创；班之病病在密，《史记》之妙妙在疏"（陈继儒：《白石樵真稿》卷一《史记定本序》，《四库禁毁书丛刊》集部第 66 册，北京出版社 2000 年版，第 24 页）；何良俊则指出："《史记·游侠传序论》，至取季次、原宪读书怀独行之君子，义不苟合当世者，以此两者相形以较短长，似为太过，世亦以此非之。然其文章之抑扬出入，若神龙变幻，有非人之可能捉摸者，盖甚奇矣。《汉书·游侠传序》，其说稍近正，文章则去太史公远甚。二篇不可并观矣"（《四友斋丛说》卷五《史一》，上海古籍出版社 2012 年版，第 33~34 页）。可见，陈继儒认为《史记》的优点在于创新，而《汉书》的缺点是因袭。何氏认为《汉书》在史实的记载上可与《史记》相媲美，但从"文章"的角度考虑，是相差甚远的。清代学者浦起龙对班马异同，亦有类似之论述，"要而论之，文章议论之高，班不及马，而后人无迁之才，则宁学固，不可学迁，以迁书变化无方，而固书有规矩可遵也"（参见杨燕起等编：《历代名家评〈史记〉》，北京师范大学出版社 1986 年版，第 271 页）。而陆深在《史通会要·家法》（转下页）

茅坤还从创作的难易程度上予以比较，指出《史记》虽有疏漏，贵在首创，而《汉书》多有借鉴。"其间创述难易，夐自不同，太史公则劉去史氏编年以来之旧，突起门户，首为传记，且以一人之见，而上下五帝三王数千百年之间，故其文已散亡，而所闻易泪，所自表见者固多，而其所蔽且舛者亦时有之；班掾则仅起汉氏，非其里巷长老之所传习，即其令甲耳目之所睹记。况武帝以前，则按《史记》故本为之表里。夫既缀其所长而避其所短，而昭宣以后则又有刘向《东观汉书》为之旁佐，羽翼其际，补其阙遗，而惩其固陋，此则两家者所值之异也。"①

何乔新《史迁谬误是非辨》一文，更是以《游侠传》《货殖传》为例，详细辨析《汉书》改写《史记》之谬。"班固谓子长是非谬于圣人，故所论著《汉书》多准子长，独《游侠》《货殖》二传自为之序，推本于先王治世之道以为正则。噫，圣人是非是则然矣，抑非知子长者也。"何乔新接着指出司马迁作《游侠列传》"未尝退处士"，作《货殖列传》"未尝取作奸犯科者"，"予尝论古人为文，未有骂题者。子长自序其《游侠》之意，则曰救人于厄，振人不赡，仁者有乎，不既信，不倍言，义者有取焉。其序作《货殖》之意则曰：布衣匹夫之人，不害于政，不妨百姓，取与以时，而息财富，智者有取焉。亦犹叙《酷吏》曰：民倍本多巧，奸猏弄法，善人不能化，惟一切严削为能齐之。此皆明其有为而作之意。班固不知此法，于《货殖》序则结语曰：此大乱之道也。于《游侠》序则曰：罪不容于

（接上页）中指出《史记》"创新义例，解散编年，微而显，绝而续，正而变，文见于此而义起于彼，勒成一家，可谓豪杰特起之士。班书嗣兴，不幸失其会通之旨，而司马氏之门户衰矣"（陆深：《史通会要·家法》，参见钱茂伟：《明代史学的历程》，社会科学文献出版社2003年版，第155页）。学者们评判角度不一，其观点各异。

①　茅坤：《茅鹿门先生文集》卷十四《刻汉书评林序》，《续修四库全书》第1344册，上海古籍出版社2002年版，第651页。按：明代徐中行亦有类似观点，"迁实史之狂简，而班固又其次也，《史记》体裁既立，固因之而成书，不过稍变一二，诚易为力者耳"（《天目先生集》卷十三《史记百家评林序》，《续修四库全书》第1349册，上海古籍出版社2002年版，第728页）。

诛，杀身忘家，非不幸也。真骂题矣"。"子长卫青一传，深明大将军谦恭不伐、仁善退让之美，而天子不益封，天下未有称骠骑将军，贵不省士而天子亲之，多属之深入敢战之士，令其秩禄与大将军等，于是骠骑将军益贵，举大将军几落寞无色，所以为大将军叹惋，意在言外。固乃分为二传，且一字不易，其何以知子长之意也。""固曰史迁是非谬于圣人，予曰班固去取谬史迁。"①

(二)《汉书》继承《史记》

明代文人不仅看到《汉书》文章手法的不足之处，也发掘了《汉书》在叙事手法上对《史记》的模拟与继承。

明中叶著名藏书家何良俊对《汉书·东方朔传》和《汉书·霍光传》评曰："《汉书·东方朔传》不承袭褚先生之语，而自立论。其序董偃事，亦周匝顿挫，宛如画出，能用太史公法。取其《说客难》与《非有先生论》二篇，文章亦甚奇伟。如谏罢上林苑与对武帝'朕何如主'诸语，其剪裁去取皆妙，便可与《史记》角立"②；而"《霍光传》废昌邑王一事，序得舒徐，详委亦得太史公法"③。著有《徐天目汉书评抄》的徐中行对《汉书·霍光传》亦论曰："孟坚宪章子长，殚精悉虑以拟议之。盖已得其声貌，与其步骤。如《霍光传》杂而不乱，事详词整，叙事最优。"④而归有光称司马迁之文"雄健，有战国文气象"，班固之文"文亦雄健，深得司马氏家数"⑤。

何良俊、徐中行、归有光从对人物事迹的描绘上，指出班固撰写《汉书》时，参考和模拟司马迁叙事的手法，称其"得太史公法"

---

① 何乔新：《史迁谬误是非辨》，《中华大典·历史典·史学理论与史学史分典》第二册，上海古籍出版社2007年版，第884~885页。

② 何良俊：《四友斋丛说》卷五《史一》，上海古籍出版社2012年版，第34页。

③ 何良俊：《四友斋丛说》卷五《史一》，上海古籍出版社2012年版，第34页。

④ 凌稚隆：《汉书评林》卷六十八。

⑤ 归有光：《文章指南》，《四库全书存目丛书》集部第315册，齐鲁书社1997年版，第624页。

"宪章子长""得司马氏家数"等。可见，班固不仅对《史记》所载史实进行借鉴，而且对司马迁叙事的艺术性亦有所继承。

(三)《汉书》超越《史记》

班固编撰《汉书》，汉武帝以前的史实基本是依《史记》进行删润，但不是简单的剪裁修补，而是根据断代史的特点，灵活运用叙事的技巧，将西汉一朝的历史严整而又明晰地展现于世人。

茅坤评抄《史》《汉》时，对此深有体会，尽管偏爱《史记》，可其对《汉书》的赞美之词亦露于言表。他认为："《史记》详缀鸿门本末千余言，而《汉书》并删之入《高帝纪》，而仅撮数十言。大指于此，可谓得详略法。"①对《史》《汉》有关淮南王之死，记载各异，评道："《史记》以县传者不敢发车封缀于令复之句下，不如《汉书》缀于此为彊。……大略淮南王之衅，由宾客佻谲所致，《史记》不能载，而《汉书》补之，可谓工矣。"②对《汉书·贾谊传》和《汉书·窦田灌韩传》也有褒奖："贾谊本汉才臣，与屈原异指，而史迁特以谊尝为书吊原，故并为一传，而其序本末处尤略。《汉书》特载治安诸疏所区画汉得失，三代以下罕见者，于今千载之间种种，若几上事也，兹则《汉书》之功为多。"③评述《汉书·食货志》曰："《汉书·食货志》所缀次上古及汉以来一切得失盈缩处，并有明法，而文亦典雅，《史记》所不及也。"④茅坤

---

① 凌稚隆：《汉书评林》卷三十一。对于《汉书》中的《高帝纪》，王维桢亦曰："此纪指次楚汉得失兴亡处，间多撮籍纪而并入之，以故较《史记》更详而整。"(《汉书评林》卷一上)

② 凌稚隆：《汉书评林》卷四十四。

③ 凌稚隆：《汉书评林》卷四十八。按：早于茅坤的王鏊在《震泽长语》卷下对《史记》中贾谊、屈原合传和《汉书》中分为两传，论道："《史记·董仲舒传》不载《天人三策》，贾谊与屈原同传，不载《治安》等疏，视《汉书》疏略矣。盖《史记》宏放，《汉书》详整，各有所长也。"比较而言，王鏊的分析更为客观。

④ 转引自黄卓颖：《茅坤〈汉书抄〉及其评点价值》，《新世纪图书馆》2017年第6期。

主要是从《汉书》对《史记》的继承与超越的角度出发，论析《汉书》对《史记》的增删，以及进行合传与分传的成就。

何良俊称"太史公以贾谊与屈原同传。故但载其《吊屈原文》与《鵩赋》二篇而已。然谊所上政事书，先儒称其通达国体，以为终汉之世，其言皆见施用，又其所论贮积与铸钱诸事，皆大有关于政理，是何可以不传？班固取入《汉书》传中，最是。或者太史公未及整齐汉事，故但取其似屈原者附入耳"①。何良俊主要从史料价值出发，认为《汉书》将贾谊所上奏疏载入传中"最是"。

(四)《史》《汉》旗鼓相当，各得其优②

明人在评析班马时，对二者的优缺点关注较多，评点中往往会出现非班是马，或褒班抑马的现象，但亦有从宏观或微观方面辨析

---

① 何良俊：《四友斋丛说》卷五《史一》，上海古籍出版社 2012 年版，第 35 页。

② 万历时期，陈子龙称"俊逸之士以龙门为宗，淹雅之儒以兰台为法，二者虽互有短长，要之体裁整密，辞章典瞻，则班氏独也。若夫奇情卓识，莫测其际，即何得过司马氏哉。或以马之为文无方而近谐，固不若班之雅正。然如班史之东方、霍光、赵、张、韩、王诸传，称最善者，其工叙述，致媺刺，往往谓得太史公遗意，此固跂而及者也"(陈子龙撰，孙启治校点：《安雅堂稿》卷二《陆鲲庭旃凤堂文稿序》，辽宁教育出版社 2003 年版，第 30 页)。清人沈德潜在论述班马异同时，指出"司马迁《史记》，班固《汉书》，并推良史，旧矣。宋倪思为《班马异同》一书，刘辰翁加以论断，而有明许相卿作《史汉方驾》，大意皆扬马抑班，无异旨也。愚平心以求之，有马之胜于班者，有班与马各成其是者，有班之胜于马者……大抵论古人之书，必平允至当，而后可以服古人之心。倪思、许相卿等之论，意在推《史记》而屈《汉书》矣，而前此刘知几、郑夹漈、苏子由之徒，并《史》《汉》而概斥之，此殆《书》所云责人期无难者夫"(参见杨燕起等编：《历代名家评〈史记〉》，北京师范大学出版社 1986 年版，第 268~270 页)。乾嘉学者邱逢年在《史记阐要·班马优劣》中论道，"故夫甲班乙马，与夫甲马乙班之已甚，皆非平心之论也。然则二史无所为优劣乎？又非也。分而观之各有得失之互见，合而观之量其得失之多少，吾知其得之多者必在马，失之多者必在班。吾非恶夫甲马而乙班，特恶夫乙之已甚耳"(参见杨燕起等编：《历代名家评〈史记〉》，北京师范大学出版社 1986 年版，第 275~276 页)。沈德潜、邱逢年所云即评说班、马不能厚此薄彼，班马皆有允当，应该据实而论，实际上在明代已有众多客观评价班马的观点。

二者皆优之处。

1. 从宏观方面，即文章的整体笔法来说，指出班马皆优

王维桢指出："太史公之文，以愤而奇；孟坚之文，以整而奇"①；凌约言则曰："子长之文豪，如老将用兵，纵骋不可羁，而自中于律；孟坚之文整，方之武事，其游奇布列，不爽尺寸，而布勒雍容可观，殆有儒将之风焉。虽诸家机轴，变幻不同，然要皆文章之绝技也"②；何良俊称："班孟坚书虽无太史公之奇，然叙

---

① 凌稚隆：《汉书评林》总论，第21页。
② 凌稚隆：《史记评林》，第一册，第172~173页。按：王畿《精选史记汉书序》中亦有类似之观点，"夫子长法《国语》《左传》，孟坚法《史记》，固也。然其文皆自为机轴，而不相沿袭，殆师其意者非耶！子长之文博而肆，孟坚之文率而整。方之武事，子长如老将用兵，纵横荡恣，若不可羁而自中于律。孟坚则游奇布置，不爽尺寸，而部勒雍容，密而不烦，制而不迫，有儒将之风焉。要之，子长得其大，孟坚得其精，皆古文绝艺也"（参见杨燕起等编：《历代名家评〈史记〉》，北京师范大学出版社1986年版，第202页）。相比之下，凌约言与王畿的说法，有很多相同之处，且二者为同时代之人，疑其二人应该有一人是参考另人之说，此处有待考证。万历年间，费元禄在《史汉选》自序中言"世称《史》《汉》尚矣，皆古今绝笔命世奇才。第《史》《汉》微旨，略有不同。太史公书疏爽，《汉书》密塞；太史公著作微情妙旨，寄之文字蹊径之外，必越浮言者始得其意，超文字者乃解其宗。《汉书》情旨尽露于文字蹊径之中，一览俱尽。譬之名将，子长之才豪而不羁，李广之射骑也。孟坚之才瞻而有体，程不识之部伍也。非子长无以启孟坚之门，非孟坚无以成子长之后。余每读其叙一事传一人，不独颠末功德言语了了无遗，并其形态而得之。如项羽巨鹿之战，霍光昌邑之废，真化工肖物，探微写生。诸如此类，不可枚举。而要之言人人殊，各底其极，咸英韶濩之奏，听者心融青黄黼黻之采，观者目眩。盖太史之文以愤奇，孟坚之文以整奇"（《甲秀园集》卷二十五《史汉选序》，《四库禁毁书丛刊》集部第62册，北京出版社2000年版，第449页）。费元禄亦是从《史记》《汉书》叙事风格上评析其异同。钱基博在《古籍举要》中亦言："《史记》积健为雄，疏纵而奇，以为唐宋八家散行之称。《汉书》植骨以偶，密栗而整，以开魏晋六朝骈体之风。文章变化，不出二途，故曰文章之大宗也。"（钱基博：《古籍举要》，岳麓书社2010年版，第83页）可见，对《史记》笔法一般认为放荡纵横为奇，而《汉书》则以严整规范为优。

事典赡，亦自成一家之言。故世之言史者，并称《史》《汉》，盖以为《史记》之后便有《汉书》”①。而茅坤从文风上对《史》《汉》整体评曰：“太史公与班掾之材，固各天授，然《史记》以风神胜，而《汉书》以矩矱胜。惟其以风神胜，故其遒逸疏宕，如餐霞如啮雪，往往自眉睫之所及，而指次心思之所不及，令人读之解颐不已；惟其以矩矱胜，故其规画布置如绳引如斧剸，亦往往于其杂乱之间，而有以极其首尾节凑之密，令人读之鲜不擢筋而洞髓者。”②茅坤还以领兵打仗比喻《史》《汉》，在排篇布局方面各有所得，《史记》系“百战百胜者”，《汉书》“先为不可胜以待敌之可胜”③。许孚远则从著史的影响而言，称“太史公之作，私史之宗矩也；班掾之作，国史之准的也”④。

王维桢、凌约言、何良俊、茅坤主要从《史》《汉》的整体文风上来考虑，指出司马迁之文奇而不乏老练，班固之文整而不乏雍容，皆得文章之妙⑤。

---

① 何良俊：《四友斋丛说》卷五，上海古籍出版社 2012 年版，第 34 页。

② 茅坤：《茅鹿门先生文集》卷十四《刻汉书评林序》，《续修四库全书》第 1344 册，上海古籍出版社 2002 年版，第 651 页。

③ 按：茅坤言“予尝谓《史记》譬之白起韩信之兵，无列垒无留行，而百战百胜者。至于《汉书》则譬之诸葛武侯，其所为天地风云、龙鸟蛇虎本之风，后握奇经而参之以八卦之变，张弛二广，犄角四奇，大略先为不可胜以待敌之可胜。纪表志传较之《史记》，钩考品画审矣。故文之节制处其细如茧抽，而文之嫖姚疏宕而遒逸处，抑或不逮。予并镌次之。两家长短曲直，相为雌雄，胜负盖犁然矣”（《茅鹿门先生文集》卷十八《刻汉书钞序》，《续修四库全书》第 1344 册，上海古籍出版社 2002 年版，第 651 页）。

④ 徐孚远：《史记测议序》，《中华大典·历史典·史学理论与史学史分典》第二册，上海古籍出版社 2007 年版，第 892 页。

⑤ 章学诚亦从《史》《汉》的整体着眼，论其笔法，“史氏继《春秋》而有作，莫如马、班，马则近于圆而神，班则近于方以智也”（章学诚著，叶瑛校注：《文史通义校注》卷一《内篇一·书教下》，中华书局 2005 年版，第 49 页）。章氏所论基本上继承了茅坤《史》以“风神胜”、《汉》以“矩矱胜”的说法。

2. 从微观方面，即针对每个篇章，评析班马行文之特点

茅坤对《史》《汉》之《酷吏传》评道："《史记·酷吏传》绝佳，而《汉书》特本之，其所稍异者，《汉书》以张汤、杜周多贤子孙，故曲为覆之，不以入酷吏，故与《史记》原文稍为出入，先后而田延年、严延年、尹赏以下则宣帝以后事，故《汉书》自为传其文，亦与《史记》相伯仲矣。"①茅坤在分析班马叙事的手法时，认为二者在某种程度上，可谓不分伯仲，亦《史》亦《汉》，这种具有针对性的分析，还是有一定的道理。

对于《史记》纳项羽入本纪，《汉书》则变其为列传的做法，古今学人论之较多，多为厚此薄彼。胡应麟则指出"史迁列羽纪也，班氏列羽传也，各有当焉"②。

班马之比较，孰优孰劣，诸家评判，观点各一，这与评点者的学识、评判的侧重点有极大关系。当然其间有许多弊病，有的学者择《史》《汉》中的一些篇章，没有考虑《史》《汉》的整体结构，便对《史》《汉》进行抨击，其所得观点自然会有以偏概全之嫌疑。有的学者沉醉于《史》《汉》的文风笔墨之间，而忽略了《史》《汉》作为史书载事的功能，所下之结论便有张冠李戴的错觉。晚明的徐孚远对《史》《汉》评品中各执己见的现象，指出其中的玄机，"夫构文之家重神简，征实之家采事迹，此二者所为折衷也"③。班马之异同，历代皆有评析，钱谦益认为这种评判是有必要，"班马之异同，学者之所有事也。由吾言而求之，庶几大书特书，发凡起例，得古人作史之指要，而不徒汩没于句读行墨之间乎？书之以俟好学深思者政焉"④。"读班马之书，辨论其同异，当知其大段落、大关键，来龙何处，结局何处，手中有手，眼中有眼，一字一句，龙脉历

---

① 凌稚隆：《汉书评林》卷九十。

② 胡应麟：《少室山房笔丛》卷十三《史书占比一·内篇》，第134页。

③ 杨燕起等编：《历代名家评〈史记〉》，北京师范大学出版社1986年版，第25页。

④ 钱谦益：《牧斋初学集》卷八十三《书史记项羽高祖本纪后》，上海古籍出版社1985年版，第1751页。

然。又当知太史公所以上下五千年纵横独绝者在何处？班孟坚所以整齐《史记》之文而瞠乎其后不可几及者又在何处？"①钱氏主要从作史的角度，指出在辨析班马异同时，应该学会古人作史的要领，不能仅满足于讨论《史》《汉》的文辞。对于《史》《汉》之比较，钱谦益所论甚当，不仅要知其然，还应知其所以然，这样才能全面客观地对《史》《汉》作出比较。

四、明代《史》《汉》批评诸因素探析

明代中叶以后，学界出现研究和批评《史记》《汉书》的风气，"自弘、正、嘉、隆，言文者争治《左》《国》《史》《汉》"②。胡应麟对此有所评论，"《史》《汉》二书，魏晋以还纷无定说，为班左祖盖十七焉。唐自韩、柳始一颂子长，孟坚稍诎。至宋郑渔仲、刘会孟又抑扬过甚，不足凭也。至明，诸论骘差得其衷。班马之书，晋隋以前习其义者，不啻百家，而于词忽焉；唐、宋以后习其词者亦且百家，而于义疏焉。故《史》《汉》之学盛于六代之前，而其文贵于六代之后，盖至明而极矣"③。胡应麟指出明代研习《史记》《汉书》之文甚多，可以说达到鼎盛时期。当然对其进行批评者亦甚多，如对《史记》进行评点的有王鏊《王守溪史记评抄》、何孟春《何燕泉史记评抄》、王韦《王钦佩史记评抄》、杨慎《史记题评》、陈沂《陈石亭史记评抄》、许应元《史记选要》、王慎中《王遵严史记评抄》、王维桢《王槐野史记评抄》、凌约言《凌藻泉史记评抄》、茅瓒《茅见沧史记评抄》、董份《董浔阳史记评抄》、茅坤《茅鹿门史记评抄》、归有光《归评史记》、柯维骐《史记考要》、张之象《张王屋史记评抄》等，对《汉书》进行评点的有许应元《许茗山汉书评抄》、王慎中《王遵岩汉书评抄》、王维桢《王槐野汉书评抄》、凌约言《凌藻泉汉书

---

① 钱谦益：《牧斋有学集》卷三十八《再答苍略书》，上海古籍出版社2009年版，第1310页。
② 汪道昆：《太函集》卷二十六《尚友堂文集序》。
③ 胡应麟：《少室山房笔丛》卷十三《史书占毕一》，第131页。

评抄》、徐中行《徐天目汉书评抄》、茅坤《茅鹿门汉书评抄》、卢舜治《卢志庵汉书评抄》等，还有比较《史》《汉》的许相卿《史汉方驾》等①。明代批评《史》《汉》蔚然成风，自然是有一定原因的。这种批评不但有助于明代对《史》《汉》研究的进一步深化，且对明代著述情况及清人的《史》《汉》研究产生深远影响。

（一）明代《史》《汉》批评的原因，为多重因素

凌稚隆的《史记评林》《汉书评林》刊于万历初年，从其征引书目，可见明代批评《史》《汉》者甚多。学界一般认为系当时的文学复古运动所致②，高津孝对此进一步引申，"说到明代评点的新动向，不能不提到对史书的评点，而其中最重要的就是评点本《史记》的刊行。说起来，《史记》的价值正是在明代为人们所发现，具体说，其功绩应归于古文辞派。由于这一派的努力，人们才认识到《史记》不仅是历史史实的汇集，更是文章写作的优秀范本"③。高津孝认为倡导文学复古者促使明代的评点关注《史记》，并以此为蓝本予以批判、模拟。实际上，文学复古运动中的门派之争，以及科举考试中对时文的重视④，亦是引发对《史》《汉》批评的因素之一。

杨慎在批评明代科举考试的弊病时，指出"本朝以经学取人，

---

① 按：以历代对《史记》的刊印为例，贺次君《史记书录》中共绍述六朝到民国时期的《史记》刊本 64 种，明代刊刻《史记》的本子就有 30 种，其中刻于正德、嘉靖时期的有 11 种。因此，贺次君《史记书录·自序》称《史记》"明代刻本最多"（贺次君：《史记书录》，商务印书馆 1958 年版，第 2 页）。大量《史记》载体的出现一方面说明社会需求量大，另一方面也为《史记》内容的传播提供了丰富载体，无形中激励世人对《史记》的批评。

② 张新科、俞樟华：《史记研究史略》，三秦出版社 1990 年版，第 100 页。

③ 高津孝著，潘世圣等译：《明代评点考》，《科举与诗艺：宋代文学与士人社会》，上海古籍出版社 2005 年版，第 131 页。

④ 按：高军强《论〈史记〉评点与明清时文风气转换》（《渭南师范学院学报》2016 年第 21 期）指出明清时期评点《史记》对考试文风的影响。从另外一个角度来说，也表明科举时文对《史记》批评亦有推动作用。

士子自一经之外，罕所通贯。近日稍知务博以哗名苟进，而不究本原，徒事末节。五经诸子，则割取其碎语而诵之，谓之蠡测。历代诸史，则抄节其碎事而缀之，谓之策套。其割取抄节之人，已不通经涉史，而章句血脉皆失其真"①。可见当时士子为了应付考试中的策论部分，必然要对历代正史有所了解，并能予以评析。"当时讲求时文之风大盛，所刻《史记》，多尚评论"②，"明代评论家多以评时文之法评《史》，而其所谓匠心独造者，则不免穿凿附会，甚有于《史》文有讹夺难通之处，乃反指为新奇，叹为绝响，诩诩然以为能得司马迁文章之神髓，真所谓郢人燕说矣"③。科举所需引起读书人对正史的评点，而文学复古运动中，文豪们强调《史》《汉》的重要性，诸如茅坤、唐顺之、归有光等选文大家，对《史》《汉》均有评点，更是推动了评《史》《汉》之风的兴起。

另外，不同学派之间的学术论争，竞相高下，一定程度上促进对《史》《汉》的不同评点。何良俊曾言"相传谓欧阳公不喜《史记》，此理之不可晓者。观苏子瞻与黄山谷，亦只称班固书，不常道着《史记》。盖子瞻出欧公之门，而山谷则苏公之友也"④。何良俊反映的是宋代学界一个师门的喜好对学术研究的影响。而明代学者承袭宋人之风，亦是如此。以孙鑛、王世贞与他人的书信可以见之。

> 兄前告弟，谓宁为真韩、柳，不欲为假《史》《汉》，此论良是。此论在夫人亦皆能言之，不为独得……兄前又谓凤洲之《史》《汉》，数年后必衰。弟彼时方理他语，不及细对。近时《史》《汉》，惟槐野系真派。⑤
> 愿足下多读《战国策》《史》《汉》，韩、欧诸大家文意，不

---

① 杨慎：《升庵集》卷五十二《举业之陋》，《影印四库全书文渊阁》第1270册，上海古籍出版社1987年版，第447～448页。

② 贺次君：《史记书录》，商务印书馆1958年版，第134页。

③ 贺次君：《史记书录》，商务印书馆1958年版，第182页。

④ 何良俊：《四友斋丛说》卷五《史一》，上海古籍出版社2012年版，第35页。

⑤ 孙鑛：《居业次编》卷三《与李于田论文书》。

　　必过抒王道思、唐应德、归熙甫，旗鼓在手，即败军之将，偾
　　群之马，皆我役也。①

　　按：李化龙（字于田）给孙鑛写信时称王世贞（号凤洲）对《史》
《汉》的研究，过几年便会落伍，孙鑛回信称自己还没来得及仔细
看王世贞的相关研究，但指出当时对《史》《汉》研究颇有成就的属
王维桢（号槐野）。王世贞给颜廷愉的信中建议他多读《战国策》
《史》《汉》及韩愈、柳宗元的文章，而称王慎中、唐顺之、归有光
皆为"败军之将"，"皆我役也"。

　　私人之间的书信往来，带有一定的私密性，其内容基本可以代
表写信者的观点。王世贞属于当世文豪，对《史》《汉》颇有研究，
当李化龙对其有所评价时，《史记》研究专家孙鑛称其还没有仔细
看过王世贞的东西，但却称誉王维桢的《史》《汉》研究成就。其因
在于，孙鑛对王世贞的学问不甚看好。如孙鑛给外甥写信时指出
"世人皆谈汉文唐诗，王元美亦自谓诗知大历以前，文知《西京》而
上。愚今更欲进之，古之诗则建安前，文则七雄"②。古文研究中，
王慎中、唐顺之、归有光属于唐宋派代表人物，均对《史》《汉》深
有研究，而王世贞属于后七子。因不在同一学派，故而文人之间竞
相争胜属于常情。亦如《明史》所载，"有光为古文，原本经术，好
《太史公书》，得其神理。时王世贞主盟文坛，有光力相抵排，目
为妄庸巨子"③。而孙鑛、王世贞、王慎中、唐顺之、归有光等人，
在研究《史》《汉》时，为了显示自己的水平高于其他学派，自然纷
纷著书立说批评《史》《汉》，评点比考据、训故要简单，且易见成
效，这也是明代中叶为何会出现众多《史》《汉》评点本的原因，亦
是批评《史》《汉》风气所成的原因之一。对此种现象，明人冯梦祯

---

　　①　王世贞：《弇州山人四部续稿》卷一百八十二文部《颜廷愉》。
　　②　吴文治主编：《明诗话全编》（五），江苏古籍出版社 1997 年版，第
4708 页。
　　③　张廷玉等：《明史》卷二百八十七，中华书局 1974 年版，第 7383 页。

在《史记序》中言明人"兢为割裂，妄著题评"①，《史记》研究专家贺次君则称"明人避难就易，以为训故之家，传闻异辞，习之者不得于事，则傅会以文之；不得其旨，则穿凿以逆之；故不取训故而趋评论，且以评时文之法评《史》，于是持门户，矜影响，诩诩然自谓入龙门之室，而不知其与司马迁文章实相背而驰者。明自杨慎、凌稚隆而后，评论之风日烈，钟伯敬辈其实无学，但好为高论，所以不惜重资以刻《史记》者，乃投合时尚，顾求名之一闻耳"②。

(二) 明代《史》《汉》批评的结果，对明人著述影响较大

明代学者对《史记》《汉书》纷纷展开相关批评，一定程度上对当时的著述产生很大影响③。如何良俊所言"今人作文，动辄便言《史》《汉》"④，陈子龙称"近世北地、娄江，皆好称司马迁。然其为文也，李伟而未隽，王雅不尚奇，是乃涉孟坚之堂奥者也，子长则未也"，而其称陆鲲庭之文，"大约在司马氏，简而能该，放而能准，隐而能章，诡而能法，俳谑而能庄，怨悱而能悟。虽或间出

---

① 贺次君：《史记书录》，商务印书馆 1958 年版，第 171 页。
② 贺次君：《史记书录》，商务印书馆 1958 年版，第 179 页。
③ 按：张鹤翔《重刻何椒丘先生集序》言"明兴，文集之盛无若弘、正、嘉、隆，其时闻人才士，后先辈出，如云蒸霞蔚，要或失则纤，或失则杂。先生(何乔新)杰然自峙，其间隶役百家，雄视千古，经论本程朱，史传法迁、固，奏疏齐陆贾"(何乔新：《策府群玉文集》，《四库全书存目丛书》子部第 174 册，齐鲁书社 1995 年版，第 475~476 页)。而周复俊称杨慎写文"扶疏浩荡，考订精密……为文宪章迁、固，翱翔晁、贾，总辔于屈、宋，染指于王、刘，濯缨于权、柳，而扶摇纵恣，有其似之不必摹拟而始工"(周复俊：《泾林诗文集》，《四库全书存目丛书》集部第 98 册，齐鲁书社 1997 年版，第 131~132 页)。何乔新、杨慎对《史》《汉》皆有批评，张鹤翔、周复俊则指出何乔新、杨慎著述中对《史》《汉》的借鉴。
④ 何良俊：《四友斋丛说》卷二十三，上海古籍出版社 2012 年版，第 151 页。

魏晋之清言，以示不拘，然要于司马者近是"①。陈子龙认为李梦阳、王世贞虽好称《史记》，但其文风尚未达到司马迁的水平，仅能追踪班固，而陆鲲庭之文风则类似司马迁。何良俊、陈子龙所论体现了明代《史》《汉》批评的效果，即在阅读中批评《史》《汉》，在批评中接受《史》《汉》。下面分别以王世贞和归有光为例，探析明代学者如何在史书编纂中对《史》《汉》风格进行借鉴，及如何在文学创作中对《史》《汉》风格进行模拟的。

王世贞作为复古运动的"后七子"之一，提倡"文必秦汉"，对《史》《汉》批评较多。当杨士奇以欧阳修的《五代史》与《史》《汉》并举时，王世贞直陈自己的想法，认为欧阳修"文辞尤索寡"，"何以齿《史》《汉》哉？"②因而，陈文烛称王世贞"其于子长，以意师之，不可称龙门之大宗乎？"③王世贞对司马迁的佩服，不是盲目追捧，而是建立在对《史》《汉》精深研究的基础上。仅在其《读书后》中就有对《史记》公孙杵臼、程婴、伍子胥、乐毅、司马穰苴、孙武、吕不韦、黄歇、蔡泽、项羽、贾谊、司马相如、霍光、淮南厉王、张安世、汉武帝时功臣侯年表，以及《汉书》中《酷吏传》《凉州三明传》《扬雄传》等的评论④。

在史学撰述方面，王世贞受《史》《汉》的影响，体现在《弇山堂别集》和《嘉靖以来内阁首辅传》等史著中，可以说是《史记》传播过

① 陈子龙撰，孙启治校点：《安雅堂稿》卷二《陆鲲庭旃凤堂文稿序》，辽宁教育出版社2003年版，第30~31页。
② 王世贞：《读书后》卷三《书五代史后》，《影印文渊阁四库全书》第1285册，上海古籍出版社1987年版，第44页。
③ 陈文烛：《弇山堂别集序》，参见杨翼骧编著：《增订中国史学史资料编年》（元明卷），商务印书馆2013年版，第371页。
④ 其具体内容见王世贞《读书后》卷一至卷五。王世贞在《史记评林·序》中谈到明代对《史记》的机械模拟时指出，"余读《史记》者三，尝掩卷而叹其未逮也"（《弇州续稿》卷四十《史记评林·序》，《影印四库全书文渊阁影印》第1282册，上海古籍出版社1987年版，第532页）。此语反映王氏在精研《史记》的基础上，反对当时机械模拟《史记》之风。

程中，文化增值效应的一个例证①。在王世贞的史著中，《史记》笔法②随处可见。在史著编写体例上，王世贞对《史》《汉》的体裁多有借鉴之处③。《弇山堂别集》卷三十一的帝系、帝历表，是模仿《史记》之体，其《同姓诸王表》是借鉴班固之作④，《弇山堂别集》中所列六十七表，《高帝功臣公侯伯表》《永乐以后功臣公侯伯年表》《恩泽公侯伯表》《追封王公侯伯表》《赠公孤宫臣表》《内阁辅臣年表叙》《翰林诸学士表》《六部尚书表》等，是借鉴《史》《汉》诸表的体例，概括明代诸王、公、侯、伯的事迹，以及各种典制的沿革。而《嘉靖以来首辅传》中，各内阁首辅的传记，是采用《史记》纪传体的写法，详细叙述众阁老的事迹。如其所言："仆生平不自

———————

① 按：有关王世贞著述中借鉴《史》《汉》的情况，参见拙著《明人汉史学研究》，湖北人民出版社 2011 年版，第 95~105 页。

② 孙卫国在其书中指出王世贞《史传》十卷和《弇山堂别集》是模拟《史记》之作，并具体分析了《弇山堂别集》在本纪、诸表、考等方面对《史记》的模仿（《王世贞史学研究》，人民文学出版社 2006 年版，第 171~184 页）。

③ 孙卫国认为王世贞《弇山堂别集》之所以称"别集"，其因为"王世贞之志是法司马迁而作一部纪传体的明代史，但迟至暮年依然未见希望，只得退而求其次，编成《别集》"。并认为王世贞此书"考""述""表"三大体例，是对《史记》纪传体的模拟，颇得太史公的精髓（《论王世贞〈弇山堂别集〉对〈史记〉的模拟》，《南开学报》1998 年第 2 期）。孙卫国此文对《弇山堂别集》中"考""述""表""序"模拟《史记》之体，进行了详细的阐述，对笔者有很大启发。王燕指出"王世贞极为推崇司马迁，在历史编纂方面对司马迁多有模仿，对司马迁的模仿主要表现在人物传记的写作中。王世贞模仿司马迁而作宗室表与中央职官表。模仿司马迁，将开国功臣中被封为王者，列入世家"（《王世贞史学研究——兼论明代中后期的私人修史》，苏州大学硕士学位论文，2003 年，第 27 页）。并且如王世贞所言"窃亦欲借薛萝之日，一从事于龙门、兰台遗响，庶几昭代之盛不至忞忞尔"（《弇山堂别集·小序》，上海古籍出版社 2017 年版，第 1 页）。说明王世贞也非常希望能依班马之体编撰史著，保存明代之历史。

④ 王世贞在撰写《同姓诸王表》时言"旨哉班固之引《诗》曰：'介人惟藩，大宗惟翰。怀德惟宁，宗子惟城。'夫岂直以昭展亲敦睦之义，盖首广树肺腑，以夹辅王室，有深长思焉"（《弇山堂别集》卷三十二《同姓诸王表》，上海古籍出版社 2017 年版，第 724 页）。

量，妄意欲整齐一代史事，以窃附于古作者之后，于国家大纲及名公卿、将相、忠义、孝友、儒林、文苑之类十已庶几七八……"①在提倡信史、据实直书的修史原则上，追随司马迁和《史记》。司马迁秉承先人之志，秉笔直书，撰成《史记》，刘知幾称其为"实录"之作。王世贞受《史记》实录笔法的影响，在其评析明代史著时，随时随处流露出来②；在叙事手法上模仿司马迁，在叙事中运用"详近略远""寓论于叙""互见法"等，将历史事实详略得当地记述下来。

归有光的成就主要在文学创作上，尽管他在文风上倡导"唐宋"风格，但其"为古文，原本经术，好《太史公书》，得其神理"③。他对《史记》的研究主要体现在《归评〈史记〉》上，"是以文章家而不是历史学者的眼光去阅读评论《史记》，他一般倾向于从文章气脉、结构、义法的角度，而不是从内容的角度加以圈点"④。从接受学的角度来看，长时期研习某一人的著作，尤其是伟人之作，且带有浓厚的同情心去探讨，潜意识地便会受到他的感染。⑤如归有光所言："夫典籍天下之神物也，人日与之居，其性灵必有能自开发者。玉在山而草木润，渊生珠而崖不枯，书之所聚，

---

① 王世贞：《弇州续稿》卷一百九十《徐孺东》，《影印文渊阁四库全书》1284 册，上海古籍出版社 1987 年版，第 708 页。

② 钱茂伟言"王世贞在理学笼罩史坛的明中期，重新高举司马迁派实证史学的旗帜，强调考信、直书"（《明代史学的历程》，社会科学文献出版社 2003 年版，第 141 页）。

③ 张廷玉等：《明史》卷二百八十七《归有光列传》，中华书局 1974 年版，第 7383 页。按：林纾在评归有光的《归氏二孝子传》时亦指出"似孝友之事，不能责之市人，而华伯以市人孝友之事，即俗流中亦安得有此人物！无尽钦迟，无尽慨叹，真得太史公之神髓"（《林纾选评古文辞类纂》卷七《传状类·归氏二孝子传》，浙江古籍出版社 1986 年版，第 281 页）。

④ 贝京：《归有光散文与〈史记〉关系辨析》，《中国文化研究》2006 年夏之卷。

⑤ 按：林纾曾言"震川读《史记》《汉书》'外戚传'极熟，故叙家庭及朋友间琐细事，极有情致"（林纾选评，慕容真点校：《林纾选评古文辞类纂》卷七《传状类·筠溪翁传》，浙江古籍出版社 1986 年版，第 282 页）。

当有如金宝之气，如卿云轮囷，覆护其上，被其润者，不枯矣。"①

　　归有光幼时精通"三史"，汉代历史及《史》《汉》文风对其影响颇深②。明代中叶研治《史》《汉》者众多，但受熏染的程度不一，有的是机械模拟，即为东施效颦，颇不可取；有的吸收其精神，灵活变通，转化为自己的财富。而归有光没有仅仅满足于崇拜司马迁、班固，而是精研《史》《汉》，提出"夫知《史记》之所以为《史记》，则能《史记》矣"③，并且能巧妙地把班马的风格融入自己的作品之中④，进而形成自己的风格。如归有光所撰的经典篇章《项脊轩志》和《书张贞女死事》，是对《史》《汉》传记体例的绝佳借鉴。所以，清人张谦宜对此评曰，"归先生作忠臣、孝子、义士、长者与夫贞媛烈妇文字，皆与之疼痒相关，肝胆相照，然后用苦心细笔，一一搜抉而出，故全得神理，对之如生。史公撰名相、大将、酷吏、循良，皆用此法。读得熟，拈得出，提起放倒，快心得手，久久肠胃相合，神情逼俏，是谓得髓，岂在字句倔奥，段落零星，辄自负为古文乎？"⑤

（三）明代《史》《汉》批评的地位，为清人批评提供借鉴

　　明代《史》《汉》批评著述甚多，但清人对此不甚满意，言其为

---

　　①　归有光：《震川先生集》卷九《送童子鸣序》，上海古籍出版社 1981 年版，第 209 页。

　　②　参见拙文《明代"〈史〉〈汉〉风"与归有光著述探析》，《湖南科技学院学报》2011 年第 9 期。

　　③　归有光：《震川先生集》卷二《五岳山人前集序》，上海古籍出版社 1981 年版，第 27 页。

　　④　对于《史》《汉》与归有光散文之间的关系众说不一，大部分认为归氏是吸收班马之精神。但贝京依章学诚之言，在《归有光散文与〈史记〉关系辨析》（《中国文化研究》2006 年夏之卷）指出归氏仅是模仿了《史》《汉》之风格，未得其神。

　　⑤　王水照：《历代文话》第四册，复旦大学出版社 2007 年版，第 3900 页。

肆意评点。清人的说法有一定道理，但亦不全正确。在《史》《汉》风的影响之下，明代学者无论唐宋派，抑或复古派，均参与《史》《汉》批评，且不少学者在《史》《汉》方面深有研究，对清代学者的《史》《汉》批评亦产生一定的影响。如内藤湖南所言，归有光的《史记》评点，"不单在古文即文章的研究上，而且在史学观点上得到了继承。即桐城派学者祖述此人所称为的文章义法，考虑了如何将文章笔法与史学笔法结合的方法"①。

　　清代学者赵翼、钱大昕、章学诚、汤谐等，对《史》《汉》的评析观点和明代学者的观点多有相近（见表2.1.1）。虽然我们不能断定清人是否参依了明人的著述，但一定程度上说明明代学者在《史》《汉》批评方面的成就是值得肯定的。如张新科所言"许相卿、杨慎、唐顺之、茅坤、归有光、钟惺、陈仁锡等人对《史记》的评论、评点颇有新意，邓以瓒《史记辑评》、凌稚隆《史记评林》汇集了历代评论精华，为《史记》文学评论提供了丰富资料。这些积累成为清人《史记》文学评论的宝贵财富"②。

表2.1.1　　　　　　清人与明人《史》《汉》批评对照表

清人批评《史》《汉》	明人批评《史》《汉》	备　注
司马迁《报任安书》谓："身遭腐刑而隐忍苟活者，恐没世而文采不表于后世也。"论者遂谓："迁遭李陵之祸，始发愤作《史记》。"而不知非也（赵翼：《廿二史劄记》卷一《司马迁作史年表》）	赵汸（元末明初，曾参与撰写《元史》）曰："《货殖传》当与《平准书》参看。……后人但谓子长陷于刑法无财可赎，故发愤作《货殖传》，岂为知太史哉？（凌稚隆：《史记评林》）	从太史公撰写《史记的原因上，皆否定太史公因李陵之祸而发愤作《史记》

　　① 内藤湖南著，马彪译：《中国史学史》，上海古籍出版社2008年版，第222页。
　　② 张新科：《论清代的〈史记〉文学评论》，《陕西师范大学学报》2016年第1期。

清人批评《史》《汉》	明人批评《史》《汉》	备　注
史记所缺十篇，张晏谓"礼书、乐书、兵书"。颜师古据史记目录"但有律书而无兵书"以驳张晏之误。不知律书即兵书也。迁自序云："非兵不强，非德不昌。司马法所从来尚矣。太公、孙、吴、王子能绍而明之，故作律书"云云。是迁所作律书即兵书也(赵翼：《廿二史劄记》卷一《〈史记·律书〉即兵书》)	太史公之为律书，其始不言律而言兵，不言兵之用而言兵之偃。及言兵之偃，而于文帝尤加详焉，可谓知制律之时，而达制律之意也(杨慎：《丹铅总录》卷二十三《瑑语》)	皆认为《史记》中的"律书"即"兵书"
贾谊传。史记与屈原同传。以其才高被谪，有似屈原，故列其《吊屈赋》《鵩鸟赋》，而治安策竟不载。案此策皆有关治道，经事综物，兼切于当日时势。文帝亦多用其言，何得遗之？汉书全载(赵翼：《廿二史劄记》卷二《汉书多载有用之文》)	何良俊曰：太史公以贾谊与屈原同传，故但载其《吊屈原》与《鵩鸟赋》二篇而已，然谊所上政事书，先儒称其通达国体，以为终汉之世，其言皆见施用，其所论储积与铸钱诸事，皆大有关于政理，是何可以不传。班固取入《汉书》传中最是，或者太史公未及整齐汉事，故但取其似屈原者附入耳(何良俊：《四友斋丛说》卷五《史一》)	分析《史记》中贾谊与屈原同传及载《吊屈赋》《鵩鸟赋》的原因相同
《光武纪》开首即称"光武"，至即位后称"帝"。此仿班书高祖纪，初称"高祖"，继称"沛公"，称"汉王"，即位称"帝"之例也。惟光武曾封萧王，此纪乃省却称萧王一节，稍不同耳(赵翼：《廿二史劄记》卷四《后汉书编次订正》)	对"高祖本纪"，凌稚隆指出，按篇首书高祖，追称之也；及叙其始事，则称刘季；及得沛，则称沛公；及王汉，则称汉王；及即皇帝位，则称上。此太史公用意缜密处(凌稚隆：《史记评林》卷八《高祖本纪》)	对于《史》《汉》中刘邦称谓的变化有一致的分析

清人批评《史》《汉》	明人批评《史》《汉》	备　　注
西汉开国功臣多出于亡命无赖。至东汉中兴，则诸将帅皆有儒者气象，亦一时风会不同也。光武少时，往长安受《尚书》，通大义。及为帝，每朝罢，数引公卿郎将讲论经理。故樊准谓"帝虽东征西战，犹投戈讲艺，息马论道"。是帝本好学问，非同汉高之儒冠置溺也。而诸将之应运而兴者，亦皆多近于儒（赵翼：《廿二史劄记》卷四《东汉功臣多近儒》）	西汉将才，东汉将德。高以才胜，故将亡非才者；光以德胜，故将亡非德者。声气之感，捷桴鼓哉！夫西汉诸将多群盗，高之起亦三尺也；东汉诸将多儒生，光之起亦一经也。德也、才也，咸有自也。唐之将以才胜，近西汉而弗如其雄也；宋之将以德胜，近东汉而弗如其雅也。太宗之才过其德，艺祖之德过其才，甚矣下之促上也（胡应麟：《少室山房笔丛》卷十四《史书占毕二》）	对两汉功臣、将帅特点的归纳比较相似
《史记·曹参世家》，叙功处，绝似有司所造册籍。自后樊哙、郦商、夏侯婴、灌婴、傅宽、靳歙、周䵣等传记功，俱用此法，并细叙斩级若干、生擒若干、降若干人，又分书身自擒斩若干、所将卒擒斩若干，又总叙攻得郡若干、县若干，擒斩大将若干、裨将若干、二千石以下若干，纤悉不遗，另成一格。盖分封时所据功册，而迁料简存之者也然亦可见汉初起兵，即令诸将各立简牍以纪劳绩，无枉无滥，所以能得人死力以定大业也。又张苍、任敖、周昌合为一传。窦婴、灌夫、田蚡亦合为一传，似断不断，似连不连，此又是一体。汉书皆全用之（赵翼：《廿二史劄记》卷一《史记变体》）	史之体制迁实创之，而其义例纤悉班始备也，然雄伟跌宕之气衰焉。子长列传，一人始末，或述其名，或称其字，或兼其姓，或举其官，既匪《春秋》之义，奚取左氏之规也。孟坚概自篇端总其姓字，后但著名，遂以定体，百世咸遵。此类颇众，举例其余，大概作者在前，易于损益故也。《史记》如廉蔺、窦田、刺客、货殖，数人合传，亦史变体。班始人自为传，后世因之（胡应麟：《少室山房笔丛》卷十三《史书占毕一》）	有关《史记》变体现象的分析比较一致

续表

清人批评《史》《汉》	明人批评《史》《汉》	备　　注
按申韩之学，皆自谓本于老子，而实失老氏之旨。《史公自序》，述其父说，道德与名法各为一家，而于此赞又明辨之，言其似同而实异也。说者讥韩非不当与老子同传，盖未谕史公微旨（钱大昕：《二十二史考异》卷五《史记》五）	凌约言曰：太史公作史以老子与韩非同传，世或疑之，今观韩非书中解老、喻老二卷，皆所以明老子也。故太史公赞中有皆原于道德之意，老子深远之句，则知韩非无出于老子（凌稚隆：《史记评林》）	对《史记》中老子、韩非同传原因的推断比较一致
史氏继《春秋》而有作，莫如马、班，马则近于圆而神，班则近于方以智也（章学诚著，叶瑛校注：《文史通义校注》卷一《内篇一·书教下》）	太史公与班掾之材，固各天授，然《史记》以风神胜，而《汉书》以矩矱胜（茅坤：《茅鹿门先生文集》卷十四《刻汉书评林序》）	从整体方面论《史记》《汉书》笔法
《史记》之文，一篇自有一法，或一篇兼具数法（汤谐：《史记半解·杂述》）	太史公叙事每一人一事，自称一片境界，自用一等文法（凌稚隆：《史记评林》卷四）	论析《史记》之笔法

第二章　义例与考据：杨慎史学批评研究

杨慎(1488—1559)，字用修，号升庵，四川新都人。正德六年状元，授翰林修撰。杨慎属于博学强记之士，曾言"自束发以来，手所抄集，帙成逾百，卷计越千"①。四库馆臣赞誉杨慎"博览群书，喜为杂著。计其平生所叙录，不下二百余种"，"博洽冠一时"②。清人称明代"记诵之博，著作之富，推(杨)慎为第一"③。

明代中叶，在文学复古运动的冲击下，学人们争相模拟秦汉、唐宋之文，文风趋于空疏。鉴于"学者循声吠影，徒知圣人之所与，而不知圣人之所裁也"④，杨慎提出学贵有疑，成于善疑⑤。正是基于这种善于质疑的求实精神，杨慎对经史百家之说皆有考析⑥，兹以其对相关史家、史著的批评为例⑦，探析杨慎史

---

① 杨慎：《升庵集》卷一《丹铅别录序》，《景印文渊阁四库全书》第1270册，台湾"商务印书馆"1986年版，第25页。本章以下引用《升庵集》皆为此版本，不再注明版本信息。

② 《钦定四库全书总目》(整理本)卷一百十九，第1591页。

③ 张廷玉等：《明史》卷一百九十二，中华书局1974年版，第5083页。

④ 杨慎：《升庵集》卷四十五《夫子与点》，第339页。

⑤ "信信，信也；疑疑，亦信也。古之学者，成于善疑，今之学者，画于不疑"(《丹铅续录序》，转引自林庆彰：《明代考据学研究》，华东师范大学出版社2015年版，第50页)。

⑥ 陈文烛《杨升庵太史慎年谱》言杨慎"凡宇宙名物，经史百家，下至稗官小说，医卜、技能、草木、虫鱼，靡不究心多识，阐其理，博其趣，而订其讹谬焉"。

⑦ 按：焦竑辑编杨慎著述中有关"考证论议"之书为《升庵外集》一百卷，共分二十七类，其中卷三十八至四十五为"史说"类，这些内容又见于《升庵集》。

学批评的特点及其内在理路①。

一、史学审美：杨慎对《史》《汉》的批评

刘知幾曾言"史之称美者，以叙事为先"②，即以史学审美的角度来评析史著③。明代中叶兴起的"《史》《汉》风"，更是推动了史家们以审美的角度来评析《史》《汉》，杨慎曾撰有《史记题评》专门对《史记》予以评析④，主要涉及两个方面，其一是对《史记》所载内容的评析⑤，其二是对《史记》写作手法的评论，前者属于历史批评，后者则为史学批评的范畴之一。另外，杨慎《升庵集》中亦有许多条目涉及对《史》《汉》的研究，如《汉书列于纪年》《太史公律书》《平准书食货志同异》等。

————————

① 按：目前学界对杨慎史学进行研究的成果比较少。林庆彰《明代考据学研究》认为杨慎在史学方面的成就主要是"其一论《史记》体例及其文字之妙；其二是史事之论评，尤着重于战事之议论；其三考史事之作"（华东师范大学出版社 2015 年版，第 106 页）；丰家骅《杨慎评传》主要从史事求实、用人唯贤、客观评价历史人物及重视民族史与自然史的研究等方面论析杨慎的史学思想（南京大学出版社 1998 年版，第 266~304 页）；伍成泉《杨慎史学述略》（《湖南科技学院学报》2011 年第 10 期）从史官制度、体裁体例、采撰、文体文辞四个方面对杨慎的史学批评予以简要归结。

② 刘知幾著，浦起龙通释，王煦华整理：《史通通释》卷六，上海古籍出版社 2009 年版，第 152 页。

③ 按：白云《史学审美——略论中国古代史学批评的重要标尺》（《淮阴师范学院学报》1999 年第 2 期）称史学审美系中国古代史学批评的一个重要标准，具体体现在"是非据《春秋》""简要宗《左传》""实录崇《史记》""周赡重《汉书》"。

④ 按：笔者寡闻未能见到《史记题评》一书，但明代凌稚隆所编《史记评林》里收录有《史记题评》相关内容，从中可以对杨慎批评《史记》的风采窥豹一斑。

⑤ 按：笔者在《杨慎汉史考据学探论》（《西华大学学报》2010 年第 5 期）探析杨慎考究汉代名物、探究汉史、补充汉史文本注释之所未及、驳正改窜之所讹谬及考辨汉代史学著作之误。

1. 从叙事审美的角度评《史记》之美

司马迁在《史记》中的叙事之法，历代学人皆有探究，亦是目前学界研究《史记》的一个着力点①。杨慎在阅读《史记》时，对司马迁的叙事之法，倍加赞扬。杨慎称《史记·平准书》"此篇叙事错综全在缴结呼唤，结前生后，为之血脉"②。杨慎评《史记》叙事之美举例见表 2.2.1。

表 2.2.1　　　　　　　　杨慎评《史记》叙事之美举例

《史记》所载内容	杨　慎　评　析
《史记》卷六《秦本纪》载"襄公立，享国十二年，初为西畤，葬西垂"。对于此句，《史记索隐》注曰："此已下重序列秦先君立年及葬处，皆当据《秦纪》为说，与正史小有不同，今取异说重列于后。襄公，秦仲孙，庄公子，救周，周始命为诸侯，初为西畤，祠白帝。立十三年，葬西土。"	此段《秦纪》也，其事虽略，而其文法最古。太史公所以谨录之，欲以互证而备遗也。亦如《郦生传》又附郦生书之例。《索隐》注亦昧此，惟魏了翁《古今考》仅存其说③
《史记》卷二十八《封禅书》开篇言"自古受命帝王曷尝不封禅，盖有无其应而用事者矣……"	篇端起语二节，一正说一反说，此篇之纲要也……篇终赞语又兼封禅鬼神等事而总括之，文法关键之妙也④

---

①　按：刘宁《〈史记〉叙事学研究》主要从《史记》叙事视点、叙事情节、叙事时间、叙事情节、叙事结构等方面对《史记》的叙事予以研究(陕西师范大学博士学位论文，2006 年)。

②　凌稚隆：《史记评林》卷三十，第三册，第 649 页。

③　凌稚隆：《史记评林》卷六，第一册，第 435～436 页。

④　凌稚隆：《史记评林》卷二十八，第三册，第 533～534 页。

续表

《史记》所载内容	杨 慎 评 析
《史记》卷五十三《萧相国世家》	萧相国留侯陈平世家书法大概同，森然、灿然；《萧相国世家》"书法严整"①
《史记》卷九十二《淮阴侯列传》之"太史公曰"	多见评者以一两语囊括郑重或取其大者为赞，不知赞在传外直补所不足，或寄訾笑非必如后人书法与史评也②
《史记》卷三十《平准书》的"太史公曰"	《平准书》先叙汉事，而赞语乃述自古以来，而微寓词于武帝，叙事之变体也③；"如以富者不佐县官，而故告缗以民奸，法而用酷吏，皆事势相激使然也。既曰无异，又曰曷足怪焉。不平之意见于言外，可谓曲而有直体矣"④
《史记》卷六十二《管晏列传》	此传凡三段，俱有缴结，首叙管仲之出处，而以致君之功结之。次言受鲍叔之知，而以天下多其知人结之。又次言其致伯之相略，而以所以为谋者结之。而一传毕矣，亦传之一体⑤
《史记》卷九十六《张丞相列传》之"太史公曰"	按此因张苍并及其时代之相者，又因周昌及申屠等戆直，与陈平传王陵同，皆变体之妙者⑥

如表 2.2.1 在叙事方面，杨慎主要关注《史记》的作文之法，叙事中的艺术之美。杨慎用"文法最古""文法关键""书法严整"及"变体之妙"等词汇来修饰自己对《史记》叙事之美的赞赏。

2. 从史事求实的角度论《史记》之瑕

杨慎从史书叙事真实性的角度，评析《史记》中所载之误。如

① 凌稚隆：《史记评林》卷五十三，第四册，第 623 页。
② 凌稚隆：《史记评林》卷九十二，第五册，第 788 页。
③ 凌稚隆：《史记评林》卷三十，第三册，第 688~689 页。
④ 凌稚隆：《史记评林》卷三十，第三册，第 691 页。
⑤ 凌稚隆：《史记评林》卷六十二，第四册，第 825 页。
⑥ 凌稚隆：《史记评林》卷九十六，第五册，第 875 页。

《史记·周本纪》载后稷至文王有"十五王"之说，杨慎称"后稷始封至文王即位凡一千九十余年，而止十五世，可疑也。或曰上古人多寿考，然而父子相继三十年为一世常理也，以十五世而衍为一千九十余年，即使人皆百岁亦必六十而娶，八十始生子而后可叶其数，岂有此理邪。稷与契同封，契至成汤四百二十余年，凡九十四世，而稷至文王年倍而世半之，何稷之子皆长年，而契之子孙皆短世乎，此又可证也"①。"又他碑所载后稷生台玺，台玺生叔均，叔均而下数世，始至不窋，不窋下传季历，犹十有七世，而太史公作《周纪》拘于《国语》，十有五王之说，乃合二人为一人。又删缩数人以合十五之数，不知《国语》之说十五王，皆指其贤而有闻者，非谓后稷至武王千余年，而止十五世也，太史公亦迂哉。"②杨慎根据碑刻所载及合理推断，指出《史记·周本纪》中所言"十五王"之误。林庆彰引用梁玉绳《史记志疑》中所载证明杨慎之说为确③。再如，《史记·齐世家》云顷公朝晋，欲尊王晋景公，景公不敢当。《晋世家》亦云齐顷公欲上尊景公为王，景公让不敢。对于《史记》中有关齐顷公尊晋景公为王一事，杨慎曰："按《左传》齐侯朝于晋，将授玉。司马迁误读玉为王。故遂节为此谬说耳。孔颖达《正义》云吾取之。"④关于齐侯尊晋景公为王，宋代王应麟指出系司马迁将"授玉"误为"授王"⑤。

3. 从史书编纂体例的角度褒《史记》贬《汉书》

对《史》《汉》的本纪、世家、列传、书、表，杨慎从编纂学的角度，考察其体例编排，审视其结构。如《史记》中"年表"的编纂，杨慎称"太史公'年表'于帝王则叙其子孙，于公侯则纪其年月，列

①　杨慎：《升庵集》卷四十七《周后稷世》，第377页。
②　杨慎：《升庵集》卷四十七《吕梁碑》，第375页。
③　林庆彰：《明代考据学研究》，华东师范大学出版社2015年版，第107页。
④　杨慎：《丹铅余录》卷三，《景印文渊阁四库全书》第855册，台湾"商务印书馆"1986年版，第19页。
⑤　王应麟：《困学纪闻》卷十一，四部丛刊三编景元本。

行索以相属，编字戢而相排，虽燕越万里而于径寸之内犬牙可接，虽昭穆九代而于方寸之中雁行有序，使读者简便举目可详，此其所以为快也"①。杨慎引用刘知幾《史通·杂说》中所言，评析《史记》年表的编纂方法，使繁复庞杂的历史变得条理清晰、简单明了。而对于《汉书·古今人表》，杨慎则论曰：

> 班史《古今人表》，予反复论之，其谬有四：一曰识见之谬，二曰荒略之谬，三曰名义之谬，四曰妄作之谬……予以为固作《汉书》纪汉事也，鸿荒以来非汉家之宇，上古群佐非刘氏之臣，乃总古今以著《人表》，既已乖其名，复自乱其体，名义谬矣……班史文词世所深好，盖有爱忘其丑者矣。注家之说曰六家之论，轻重不同，百行所同，趋舍难一，班史所论，未易挤摭陋哉！②

按：杨慎认为《汉书·古今人表》在编纂体例方面失误太多，如"识见之谬""荒略之谬""名义之谬""妄作之谬"，并详述其错谬之因③。

---

① 杨慎：《升庵集》卷四十七《史评》，第 369 页。
② 杨慎：《升庵集》卷五《古今人表论》，第 62~63 页。
③ 按：有关《汉书·古今人表》，刘知幾著，浦起龙通释，王煦华整理《史通通释》卷三《表历》言"其书上自庖牺，下穷嬴氏，不言汉事，而编入《汉书》，鸠居鹊巢，茑施松上，附生疣赘，不知剪裁，何断而为限乎"（上海古籍出版社 2009 年版，第 49 页）；宋代陈埴《木钟集》卷十一言"《古今人表》专说古而不说今，自悖其名，先辈尝讥之"（《景印文渊阁四库全书》第 703 册，台湾"商务印书馆"1986 年版，第 741 页）；明代骆问礼《万一楼集》卷五十二《古今人表》言"人疑班孟坚《汉书》不当作《古今人表》。愚谓此必另一书，因作《汉书》并作未成，而杂置诸表中，后人不得其意，以混于《汉书》，反致疑谤。既曰《古今人表》而只列古人，岂为成书？既列古人即成亦岂得混入汉史，此不待与智者道也"（清嘉庆活字本）；赵翼言"《古今人表》，既非汉人，何烦胪列。且所分高下亦非定评，殊属赘设也"（赵翼著，王树民校证：《廿二史劄记校证》卷一《各史例目异同》，中华书局 1984 年版，第 4 页）。

对于《史记》"年表"、《汉书·古今人表》，杨慎从编纂体例是否得当予以褒贬，喜则赞之，恶则抑之。对此两表，宋人郑獬早有论曰："自三代迄于秦汉，世系年月不齐，故司马迁错综今古，以为十表，班固因之，纯用汉世，亦为八篇。然其《古今人表》吾不知其所作也，善恶谬戾，不足以传信，又无与于汉事，固苟欲就其为八篇，然则削之可也。"①

二、"有意求瑕"：杨慎对宋代史学的批评

在中国传统社会里，宋代是一个学术的繁荣期，各种体例、各种风格的著述杂陈于世，陈寅恪曾言"中国史学，莫盛于宋"②。杨慎对宋代学问关注颇多，诸如欧阳修《新五代史》《新唐书》、司马光《资治通鉴》、朱熹《资治通鉴纲目》等，尤其专门评阅过欧阳修的《五代史》③，故而对欧阳修的史著论析较多。

宋代学者对欧阳修所撰《五代史》评价较高，认为其撰述水平可与《史记》相媲美。杨慎认为"欧阳氏《五代史》誉之太过其实，至云胜于《史记》，此宋人自尊其本朝人物之言，要其实未也。《史记》自左氏而下，未有其比，其所为独冠，诸史非特太史公父子笔力，亦由其书会萃左氏、《国语》、《战国策》、《世本》，及汉代司马相如东方朔辈诸名人文章以为桢干也"④。杨慎指出《史记》荟萃

---

① 郑獬：《郧溪集》卷十八《读史》，《景印文渊阁四库全书》第 1097 册，台湾"商务印书馆"1986 年版。按：丁毅华《〈汉书·古今人表〉识要》(《华中师范大学学报》1987 年第 5 期)、王记录《〈汉书·古今人表〉撰述旨趣新探》(《山西师大学报》1996 年第 2 期)对《汉书·古今人表》论之较详。

② 陈寅恪：《明季滇黔佛教考序》，《陈寅恪先生全集》，台湾里仁书局1979 年版，第 685 页。

③ 按：辛德勇《从〈四库全书总目〉的著录看清人对〈欧史〉本名的隔膜》中言"明朝末年，还刻有一个杨慎评阅的《欧史》，也像北监本一样，是题作《五代史》"(《那些书和那些人》，浙江大学出版社 2016 年版，第 121 页)。

④ 杨慎：《升庵集》卷四十七《五代史》，第 370 页。

《左传》《国语》《战国策》等众家之长，而《五代史》则"笔力萎靡，不足窥司马迁藩篱，而云胜之，非公言也"①。杨慎为了论证自己的观点，进一步举证：

> 司马温公《通鉴》载吴越王钱镠佐年十四即位，温恭好书礼士。问仓吏今蓄积几何，曰十年。王曰：军食足矣，可以宽吾民，乃命复其境内税三年。欧阳永叔《五代史》乃云钱氏自武穆王镠常重敛以事奢侈，下至鱼鸡卵鷇，必家至日取，每笞一人以责其负，则诸案吏各持簿于庭，凡一簿所负唱其多少，量为笞数。笞已则以次唱，而笞之少者犹积数十，多者百余人，不堪其苦。欧阳史、司马鉴所载不同，可疑也。胡致堂曰司马氏记佐复税之事，《五代史》不载，欧阳修记钱氏重敛之虐，《通鉴》不取，其虚实有证矣。予按宋代别记载欧阳永叔为推官时昵一妓，为钱惟演所持，永叔恨之。后作《五代史》乃诬其祖以重敛民怨之事。若然，则挟私怨于褒贬之间，何异于魏收辈耶。②

按：对于《资治通鉴》与《五代史》对钱镠收税一事载之各一，杨慎认为是欧阳修挟私愤所致。

有关学者认为欧阳修《五代史》胜出韩愈《顺宗实录》，杨慎曰："李耆卿谓公之《五代史》比《顺宗实录》有出蓝之色，似矣。然不知《五代史》本学《史记》非学韩也。古云学乎其上仅得其中。俗云：

---

① 杨慎：《升庵集》卷四十七《五代史》，第 370 页。
② 杨慎：《升庵集》卷四十七《钱镠》。方弘静《千一录》卷二十一云："《五代史》以为胜于《史记》固妄，而用修谓不足为司马家奴，诋之为欺天罔人，何甚也！抑亦《三国志》之亚乎。钱氏之重敛，《五代史》志之，而弘佐复境内税三年《通鉴》记之，前后不相掩也，惟其蓄积十年故可宽其民耳。用修乃谓挟私怨为褒贬，何异魏收辈，毋乃喜于指摘耶。"

'埘高一丈，墙打八尺。'信其然乎。"①进而指出"宋儒乃以《五代史》并迁，此不足以欺儿童而可诬后世乎"②。

同样，欧阳修所撰《唐书》传世之后，有关新旧《唐书》之优劣，逐渐成为学人的论题之一。杨慎称："《旧唐书》人罕传，不知其优劣。近南园张公《漫录》中载其数处以旧书证新书之谬，良快人意。余又观姚崇十事，要说此其大关键，而旧书所传问答具备，首尾照映，千年之下，犹如面语。新书所载则剪截晦涩，事既失实，文又不通，良可慨也。欧为宋一代文人，而刘乃五代，不以文名者，其所著顿绝如此。宋人徒欲夸当代以诬后世，不知可尽诬乎。"③杨慎认为与刘昫所修《唐书》相比，欧阳修之《唐书》出现剪截晦涩，史实乏陈等缺憾。杨慎为了比较新旧《唐书》之差异，论说欧阳修《唐书》之弊，专门选录了《旧唐书》与《新唐书》中关于元崇担任宰相的记载④。

有关晋废帝被桓温废为海西公，又想杀其子，便造谣于世。《晋书》卷二十八载："海西公太和中，百姓歌曰：'青青御路杨，白马紫游缰。汝非皇太子，安得甘露浆。'"对于此事，杨慎论曰：

---

① 杨慎：《丹铅总录》卷十一《〈五代史〉学〈史记〉》，《景印文渊阁四库全书》第 855 册，台湾"商务印书馆"1986 年版，第 446 页。

② 杨慎：《升庵集》卷四十七《老泉公论》，第 380 页。按：对于欧阳修《五代史》与《史记》之间的比较，明代学人亦多论之。王世贞《读书后》卷三《书五代史后》称"欧阳公作《五代史》而欲自附于春秋之笔削，创立义例，而其文辞颇为世所喜，杨士奇称之以为与司马迁《史记》、班固《汉书》并，而义例胜之。予亟考其所谓义例者，亦不为甚当"；胡应麟认为"欧阳氏之史五代也，当时尊之，谓出太史公上，历宋至元，无弗以上，接班书余子弗论也。乃本朝杨用修列之司马氏奴，王元美拟之下里学究，胡毁誉悬殊至于斯极哉。余尝以西京而下，史有别才，运会所钟，时有独造，故文之高下，虽以世殊，而作者递兴，主盟不乏。自春秋以迄胜国，概一代而置之，无文弗可也"（《少室山房集》卷九十八《史论五·欧阳修》，《景印文渊阁四库全书》第 1290 册，台湾"商务印书馆"1986 年版，第 715 页。以下所引是书者皆为此版本，不再注明）。

③ 杨慎：《升庵集》卷四十七《二唐书》，第 371 页。

④ 见杨慎：《升庵集》卷四十七《旧唐书文》《新唐书文》，第 371~372 页。

晋废帝为桓温所废，降为海西公，崇德太后诏数其昏浊溃乱，动违礼度，有此三孽，不知谁子，人伦道丧，丑声遐布。温之矫诏，盖皆诬辞。又造谣言谓海西公不男，使内人与向龙交而生子，所谓本言是马驹，今诬成龙子也。又欲杀海西三子，乃造谣云：'青青御路杨，白马紫游缰。汝非皇太子，安得甘露浆。'谣言传布人遂以为实矣。温既杀君，不厚诬其恶，何以为辞。按臧荣《晋书》云废帝深虑横祸，乃杜塞聪明，既废之后，终日酣畅，耽于内，有子不育，以保天年。时人怜之，为作歌焉。以此证之，桓温矫诏之辞，奸党伪造之谣，其可信乎。海西公可谓受诬千载矣。①

按：关于史著中对海西公的记载，杨慎认为属于造谣之辞，当予以考辨，而谓司马光《资治通鉴》"书此亦不分别，史氏之言其可尽信乎"②。以此批评司马光没有仔细辨析，难使信史传于后世。同样，天宝末年，毕炕任广平太守抗击安禄山的军队，最终城陷家亡。但《新唐书》未将其列于《忠义传》，对于此事，杨慎感叹道："呜呼！河北二十四郡，岂独一颜平原乎。温公《通鉴》亦失书。"③

朱熹认为司马迁作《伯夷传》，满腹是怨，此言殊不公。杨慎指出，"今试取《伯夷传》读之，始言天道报应差爽，以世俗共见闻者叹之也。中言各从所好决择死生，轻重以君子之正论折之也。一篇之中错综震荡，极文之变，而议论不诡于圣人，可谓良史矣"④。接着杨慎评曰："宋人不达文体，是以不得迁之意，而轻为立论。"⑤

杨慎对宋代史学的批评，尤其是对欧阳修《五代史》的评析，

---

① 杨慎：《升庵集》卷四十七《桓温诬海西公》，第382页。
② 杨慎：《升庵集》卷四十七《桓温诬海西公》，第382页。
③ 杨慎：《升庵集》卷四十七《毕炕死节比颜平原》，第385页。
④ 杨慎：《升庵集》卷四十七《伯夷传》，第373页。
⑤ 杨慎：《升庵集》卷四十七《伯夷传》，第373页。

多含有意气之争，主要论及史家主体之误。

三、史料与编纂：杨慎对其他史著之批评

除了《史》《汉》及宋代史学外，杨慎对《史通》《古史考》《路史》《续宋元纲目》《晋书》《宋史》等史著亦多有评析。

1. 在史料方面，杨慎主要涉及正史、野史之间的关系及野史的史料价值

陈桱《续宋元纲目》中有王庭珪送胡铨诗遭到秦桧的怨怒，"分注云贬辰州以死"①。宋代罗大经《鹤林玉露》载王庭珪在秦桧死后，89岁告老还家，受到孝宗的接见。杨慎认为"以此考之，庭珪未尝死于辰州也。后世多以正史证小说之误，小说信多诋讹，然拜官召见，昭昭在当时耳目，必不敢谬书。如此是小说亦可证正史之误也。缘定宇一时信笔，辰州下多增'以死'二字尔"②。

对于宋代虞允文建议守唐邓牵制敌军，则可以收取长安之事。杨慎论曰："允文城唐邓欲取长安事，不见于史，而见于任燮之文。健武，遗民之忠勇，亦不见于史，而见于范成大之《北辕录》，予特表之。"③

另外，关于唐代李泌曾为肃宗收复两京出谋划策，贡献甚多，而"史多逸其事，惟《邺侯家传》为详。司马公《通鉴》多载之。至朱子《纲目》，乃以家传出其子孙门生，疑非实录善"，眉山史炤亦称"家传诚不可尽信"，杨慎认为家传作为史料，"岂得尽不信哉"④。

---

① 杨慎：《升庵集》卷四十七《王庭珪》，第383页。

② 杨慎：《升庵集》卷四十七《王庭珪》，第383页。

③ 杨慎：《升庵集》卷四十七《虞雍国忠肃公守唐邓，欲取长安事》，第384页。

④ 杨慎：《升庵集》卷四十七《李泌家传》，第381页。

　　陈桱《续宋元纲目》等相关史著存在缺漏，而罗大经《鹤林玉露》、范成大《北辕录》及李繁《邺侯家传》等野史、家乘对正史有补正作用，杨慎对于国史及野史发表自己的看法，"古今政治之盛衰，人物之贤否，非史不足以纪治乱，示褒贬，故历代皆有国史，而往往不无舛漏。于是岩穴之士，网罗散失，捃摭逸事，以为野史可以补正史之阙。然野史不可尽信，如唐之《河洛春秋》诬颜杲卿上禄山降表，而郭子仪、陆贽之贤，皆加诬焉。宋代尤多，如诬赵清献娶倡司焉。温公范文正公奔竞，识者已辩之。至于国史亦难信，则在秉笔者之邪正也。如两朝国史贬寇准而褒丁谓，盖蒲宗孟之笔也。蔡京及卞又诬司马而谤宣仁太后，非杨中立与范冲，孰为正之"①。杨慎辩证地分析国史、野史的史料价值，同时又指出"野史不可尽信"及"国史亦难信"。

2. 史书编纂方面，主张一人撰史、史得其人及史文繁简适宜

　　史书撰写从修撰者而言，有一人之独立撰写，亦有多人参与的众人修史。刘知幾《史通》中对众人修史多有批评，倡导一人修史②。杨慎以《宋史》为例论析自己对修史的理解。

　　《宋史》"表"首称相阿鲁图，其实欧阳玄之笔也。其为卷六百，文百万言，自有史册以来未有若是多者也。其自谓辞之烦简以事，文之今古以时，盖欲自成一代书，而不强附昔人是也。其可憾者，有纪一事而先后不同，一人而彼此不同，由修之者非一手也。愚观自古史籍至宋而憾焉，非憾乎人也，所憾于上之人坏古修史之法也。史始于《尚书》《春秋》，大抵皆一人之笔。《尚书》虽杂出，然而纪一事自一

----

　　① 杨慎：《升庵集》卷四十七《野史不可尽信》，第372~373页。
　　② 刘知幾著，浦起龙通释，王煦华整理：《史通通释》卷二十《忤时》，上海古籍出版社2009年版，第554~556页。

篇，一篇自一人。《春秋》则孔子特笔，而门人一辞不能赞者矣。《春秋》三传，各以其意释经，而其事传焉。若《国语》、若《世本》、若《战国策》，皆一家言。自《史记》下十七代之书，亦皆一人成之。《唐书》虽文忠与景文共之，然而卷帙互分，两美相合。至元修宋、辽、金三史，此法坏矣。原其所以，大臣寡学。又不欲令下之有学者得擅其所长，故不惟其人惟其官，不惟其实惟其名。其长不知所美，其短不知所委，其先后矛盾，复何怪哉。虽然岂始于宋哉，后汉《东观》大集群儒，著述无主，条章靡立，由是伯度讥其不实，公理以为可焚。张、蔡二子纠之于当代，傅、范两家嗤之于后叶，其传卒亦不广。唐中宗世，史司取士，每记一事载一言，皆阁笔相视，含毫不断，义禀监修，辞从指授。由是刘知几谓头白可期，汗青无日，卒不能成其书也。原《宋史》一书，其实类此。盖汉唐皆文人相聚，元则文武相参，其形迹之拘忌，义例之蒙昧，岂特如汉唐人所讥而已。呜呼！元所坏者，宋一代史，犹之可也，而其法遂使嗣代袭用之。今曰一代之史，可以一人成，不以为骇，则以为狂矣。其贻害于后学，祸于斯文者，可重为慨也夫。[①]

按：杨慎此文主要评析《宋史》修撰中的种种弊端，其一，内容过于庞杂，"自有史册以来未有若是多者也"；其二，众人修史，导致出现一事两现、一人两传的矛盾；其三，修史才非其人，元代修史没有选用合适的修史人才，"不惟其人惟其官，不惟其实惟其名"，导致《宋史》的修撰体例及史事撰写方面都有许多不当之处。杨慎从编纂者入手，广征博引，论析《宋史》被人诟

---

① 杨慎：《丹铅余录》卷十四，《景印文渊阁四库全书》第855册，台湾"商务印书馆"1986年版，第91~92页。

病的表现及其原因。

另外，杨慎就史文繁简问题，批评了宋元时期为文冗杂的表现，"吾观在昔文弊于宋，奏疏至万余言。同列书生，尚厌观之。人主一日万几，岂能阅之终乎。其为当时行状墓铭，如将相诸碑，皆数万字。朱子作《张魏公浚行状》四万字，犹以为少，流传至今，盖无人能览一过者，繁冗故也。元人修《宋史》，亦不能删节，如反贼李全一传，凡二卷六万余字，虽览之数过，亦不知其首尾，何说起没何地，宿学尚迷焉，能晓童稚乎"①。但对于为文繁简，杨慎并不是简单的非此即彼，"予曰繁非也，简非也，不繁不简亦非也。或尚难或尚易，予曰难非也，易非也，不难不易亦非也。繁有美恶，简有美恶，难有美恶，易有美恶，惟求其美而已"，"论文者当辨其美恶，而不当以繁简难易也"②。

四、杨慎史学批评的内在理路

杨慎一生著述甚多，经史子集皆有涉猎，在其研究的相关领域里，杨慎大多是以挑剔的眼光审视相关问题，对史学亦然。杨慎史学批评主要表现在对《史》《汉》的史学审美、对宋代史学的有意求瑕及对其他史著基于史料和编纂方面的批评，其史学批评呈现如此特点的原因，主要有以下三个方面。

1. 明代中叶的《史》《汉》风激发杨慎对《史》《汉》的批评

明代正德、嘉靖间，李梦阳、何景明、康海等七子在学界声誉

---

① 杨慎：《升庵集》卷五十二《辞尚简要》，第 450~451 页。另外，杨慎在《班彪说春秋》亦论及史文繁简问题，"班彪曰杀史见极，平易正直，《春秋》之义也。杀史见极，言杀其繁辞，以成简严之体。平易正直，言直书其事，而褒贬自见。彪之说《春秋》可谓得其髓矣"(《升庵集》卷四十三《班彪说春秋》，第 313 页)。

② 杨慎：《升庵集》卷五十二《论文》，第 441 页。

甚隆，言必秦汉，"教天下无读唐以后书"，嘉靖八才子之一的王慎中"亦高谈秦汉，谓东京以下无可取"①。张鹤翔《重刻何椒丘先生集序》称何乔新"史传法迁固，奏疏齐陆贾"②。风向所趋，学界掀起一股研习《史》《汉》的高潮，诸如归有光③、王鏊等学问大家对《史》《汉》皆有评点。万历初年，凌稚隆所编订的《史记评林》《汉书评林》中收录了大量此时期学人研习《史》《汉》的成果④。在此氛围下，杨慎作为当时的学问大家，对《史》《汉》更是用功颇深⑤，专门撰写《史记题评》一书，可谓深得司马迁、班固之文法，周复俊称杨慎写文"扶疏浩荡，考订精密……为文宪章迁、固，翱翔晁、贾，总辔于屈、宋，染指于王、刘，濯缨于权、柳，而扶摇纵恣，有其似之不必摹拟而始工"⑥。虽然杨慎在《史》《汉》研究中，对其所载史事多有批驳，但整体还是心向往之，自觉成为《史》《汉》的维护者。当宋人认为欧阳修《五代史》胜过《史记》时，杨慎指出欧阳修"笔力亦萎靡不振，不足为司马迁家奴，而云胜之，非欺天罔人而何?"⑦"宋之琐儒乃以《五代史》并迁，此不足以

---

　　①　《钦定四库全书总目(整理本)》卷一百七十二，第2320页。

　　②　何乔新：《策府群玉文集》，《四库全书存目丛书》子部第174册，齐鲁书社1995年版，第476页。

　　③　按：有关归有光对《史》《汉》的研究，参见拙文《明代"〈史〉、〈汉〉"与归有光著述探析》，《湖南科技学院学报》2011年第9期。

　　④　按：以凌稚隆《史记评林》中征引书目可知，明代中叶专门评点《史记》的著作有：杨慎《史记题评》、唐顺之《史记选要》、王鏊《王守溪史记评抄》、茅瓒《茅见沧史记评抄》、凌约言《凌藻泉史记评抄》、茅坤《茅鹿门史记评抄》、王慎中《王遵严史记评抄》等十多家(凌稚隆：《史记评林》第一册，第137页)。

　　⑤　按：杨慎对《史记》《汉书》的研究情况，可见拙文《杨慎汉史考据学探论》，《西华大学学报》2010年第5期。

　　⑥　周复俊：《泾林诗文集》，《四库全书存目丛书》集部第98册，齐鲁书社1997年版，第131~132页。

　　⑦　杨慎：《丹铅余录》卷十二，《景印文渊阁四库全书》第855册，台湾"商务印书馆"1986年版，第76页。

欺儿童，而可诬后世乎!"①正是鉴于对司马迁的崇拜，对《史记》的喜爱，杨慎在《史记题评》中是以审美的眼光来欣赏之、评析之的。

2. 治学理路崇汉学而抑宋学引发杨慎对宋代史学的苛责

明代学者比较喜好宋代义理之学，而杨慎治学则崇尚博通及实证，"于当时定为官学之朱子，更攻诘批评不遗余力"②，针对趋于空疏的学问，杨慎指出"宋世儒者失之专，今世学者失之陋。失之专者一骋意见，扫灭前贤；失之陋者，惟从宋人，不知有汉唐前说也。宋人曰是，今人亦曰是。宋人曰非，今人亦曰非。高者谈性命，祖宋人之语录；卑者习举业，抄宋人之策论"③。且"近世学者往往舍传注疏释，便读宋儒之议论，盖不知议论之学自传注疏释出"④。治学理路的差异，导致杨慎在著述中每论及宋人、宋儒及其学问等时，多持贬斥之语(参见表 2.2.2)。

表 2.2.2　　　　　　　　**杨慎对宋人及其学问的评价**

杨慎著述	评价内容	备　　注
《升庵集》卷四十二《日中星鸟》	顾宋儒之失，在废汉儒而自用己见耳	
《升庵集》卷四十七《五代史》	宋人自尊其本朝人物之言，要其实未也	
《升庵集》卷四十七《二唐书》	宋人徒欲夸当代以诬后世，不知可尽诬乎?	

① 杨慎：《丹铅余录》卷十三，《景印文渊阁四库全书》第 855 册，台湾"商务印书馆"1986 年版，第 78 页。
② 林庆彰：《明代考据学研究》，华东师范大学出版社 2015 年版，第 49 页。
③ 杨慎：《升庵集》卷五十二《文字之衰》，第 447 页。
④ 杨慎：《升庵集》卷七十五《刘静修论学》，第 750 页。

杨慎著述	评价内容	备注
《升庵集》卷四十七《伯夷传》	宋人不达文体，是以不得迁之意，而轻为立论	
《升庵集》卷四十七《老泉公论》	宋儒乃以《五代史》并迁，此不足以欺儿童，而可诬后世乎？	宋之琐儒乃以《五代史》并迁，此不足以欺儿童，而可诬后世乎（《丹铅总录》卷二十六）
《升庵集》卷五十一《宋人议论不公不明》	宋人之议论不公不明，举世皆迷且邪矣	
《升庵集》卷五十四《宋人论诗》	宋人论诗云：今人论诗往往要出处，关关雎鸠出在何处？此语似高而实卑也	
《升庵集》卷五十四《韩退之诗》	此乃韩公平生之病处，而宋人多学之，谓之占地步，心术先坏矣，何地步之有！	
《升庵集》卷五十七《落月屋梁》	诗本浅，宋人看得太深，反晦矣，传神之说非是	
《升庵集》卷五十七《宋人绝句》	宋诗信不及唐，然其中岂无可匹休者，在选者之眼力耳……谁谓宋无诗乎？	
《升庵集》卷六十《诗史》	宋人以杜子美能以韵语纪时事，谓之诗史。鄙哉！宋人之见不足以论诗也	
《升庵集》卷六十二《郝经论书》	凡元人评书画皆精当，远胜宋人	
《丹铅总录》卷十六《周公用天子礼乐》	宋儒考究之不精，使成王伯禽受诬于千载之下，冤矣哉！	

续表

杨慎著述	评价内容	备　注
《丹铅总录》卷十八《老子论性》	汉儒取入《礼记》遂为经矣，若知其出于老氏，宋儒必洗垢索瘢，曲为讥评，但知其出于经，则护持交赞，此亦矮人之观场也	
《丹铅总录》卷二十二	宋人尚《书》，则考订《武成》《毛诗》，则尽去序说，吾未敢以为然也	
《丹铅总录》卷二十六	宋儒读古文亦似说梦，此类甚多，不能悉著也	

按：由表 2.2.2 可见杨慎论及宋儒的学问，称其"自用己见"、"自尊其本朝人物之言"、"不达文体"、"语似高而实卑"、"宋人之议论不公不明"、考究不精等，其因在于杨慎之学取向汉儒。如当学人向杨慎咨询为学之道时，杨慎的表白如下：

　　或问杨子曰：子于诸经多取汉儒，而不取宋儒，何哉？答之曰：宋儒言之精者，吾何尝不取，顾宋儒之失，在废汉儒而自用己见耳。吾试问汝：六经作于孔子，汉世去孔子未远，传之人虽劣，其说宜得其真。宋儒去孔子千五百年矣，虽其聪颖过人，安能一旦尽弃旧而独悟于心邪？六经之奥譬之京师之富丽也，河南山东之人得其十之六七。若云南贵州之人得其十之一二而已。何也？远近之异也。以宋儒而非汉儒，譬云贵之人不出里闬，坐谈京邑之制，而反非河南山东之人，其不为人之贻笑者几希。①

按：杨慎在自我对白中很清晰地表述了自己治学多取汉儒，而

① 杨慎：《升庵集》卷四十二《日中星鸟》，第 290 页。

不取宋儒，其因是宋儒学问不精，多用己见。正是基于对宋儒学问的成见，杨慎对宋人史学亦多诟病。明代胡应麟对此论道："杨生平不喜宋人，但见诸说所载则以为始于宋世，漫不更考，恐宋人有知揶揄地下矣：明人卤莽至此。"①清人阎若璩亦指出，"近代文士，务博而不明理，好胜而不平心，未有过于杨用修慎者也。杨用修平生不喜朱子，以不喜朱子故，遂并濂溪、明道、伊川、横渠、康节诸大儒，一一排诋，甚至以孟子为无稽，朱子为不识字。以不喜宋儒故，遂并宋人之文章议论为繁冗，为不公不明"②。

杨慎以其个体的主观性对宋代史学多作求瑕之论，诸如为了例证欧阳修《五代史》劣于《旧五代史》，专门找其相同部分予以比较论析。这种做法看似客观，实际渗透着主观的偏向。王世贞曾言杨慎"工于证经而疏于解经，博于稗史而忽于正史"③。杨慎对宋代史学的批评较多蕴含着个人喜好，疏于从本质上论其优劣④。

3. 博学的治学视野促成杨慎对史料采择的多元审视及对史著编纂者资质的求善求全

杨慎一生著述繁多，博涉经、史、子、集，且善于考据，"在中明心学和复古风潮笼罩中，用修之出现，无异一颗彗星。其挣脱

---

① 胡应麟：《少室山房笔丛》卷十九《艺林学山一》，第 195 页。
② 王文才：《杨慎学谱》，上海古籍出版社 1988 年版，第 458 页。
③ 王世贞：《艺苑卮言》卷六，凤凰出版社 2009 年版，第 102 页。
④ 对于杨慎学术批评之瑕疵，谢肇淛《文海披沙》卷五《杨用修》载，"国朝博物洽闻无如杨用修，其议论考订，剖击诋诃不遗余力，而其所著书纰漏误舛甚于其言。故后之人亦好纠其讹而攻之。余谓古人著作或意见之不同，或记忆之稍误，或耳目之暂遗，岂能无病？后之观者，随事纠正，不失忠臣，苛求丑诋，徒滋口业。前代订讹尚存厚道，至用修而肆骂极矣。己好攻人，而欲人之不攻己也，得乎？王元美鉴于用修，故其持论稍平"（《四库全书存目丛书》子部第 108 册，齐鲁书社 1995 年版，第 206 页）；钱谦益言其"英雄欺人，亦时有之"（《列朝诗集》之丙集卷十五《杨修撰慎》，中华书局 2007 年版，第 3778 页）；四库馆臣认为杨慎"取名太急"（《钦定四库全书总目（整理本）》卷一百十九，第 1591 页）。

宋学羁绊，倡复汉学运动，并开创数百年考据学风之贡献，正可与王阳明之心学相媲美"①。杨慎之考据是建立在广征博引的基础上，其对证据的运用不拘于正史、经传，往往会另辟蹊径，从他人忽略处探究真相。在对史料的运用上，杨慎比较重视稗官野史的补正作用，扩大了史料的征引范围，同时他也没有忽视野史之弊病，提出"野史不可尽信"之说②。如王藩臣在《重刻杨升庵先生文集叙》中所云："至其抉隐探微，砭肓发墨，抒二酉之秘，成一家之言。"③

明代所修国史系出于众人之手，史官的资质对史著的质量亦有很大影响，当时所修实录备受明人诟病，沈德符《万历野获编》屡陈其弊，悉数"实录难据"④。对于史著的编纂，曾在史馆任职的杨慎是有切身体会的⑤，他曾言"国史亦难信，则在秉笔者之邪正也"⑥"史官直书时事以垂久远，其职分也"⑦。因此，杨慎对于国史如何编纂、由何人编纂等皆提出了自己的想法，其以《宋史》为例的剖析，实际是其作为修史人的经验之谈。如杨慎论史家之笔

---

① 林庆彰：《明代考据学研究》，华东师范大学出版社 2015 年版，第47 页。

② 杨慎：《升庵集》卷四十七《野史不可尽信》，第 372~373 页。

③ 王文才：《杨慎学谱》，上海古籍出版社 1988 年版，第 473 页。

④ 沈德符：《万历野获编》卷二《实录难据》，中华书局 2007 年版，第61 页。

⑤ 按：有关杨慎在史馆任职的记载，杨慎在《玉冈诗集序》言"慎昔叨史局，绌书石室"（《升庵集》卷三《玉冈诗集序》，第 36 页）。杨慎在为内江萧氏作传记时亦言"略举大纲以为斯记，以附萧氏世谱及内江邑乘，他日国史下采，大书特笔尚有考于余言。慎也，尝从事于史局矣"（《升庵集》卷四《内江萧氏双节记》，第 59 页）。"昔年待罪史局，绌书石室，访求国初功臣姓名，不见所谓景川者"（《升庵集》卷四《景川曹侯庙碑记》，第 49 页）、"值慎在史馆"（《升庵集》卷四十六《矞宇嵬琐》，第 363 页）、"慎往年在史馆"（《升庵集》卷五十《三字姓》，第 423 页）。

⑥ 杨慎：《升庵集》卷四十七《野史不可尽信》，第 373 页。

⑦ 杨慎：《升庵集》卷二《丁丑封事》，第 12 页。

时，言"汉末之董承、耿纪，晋初之诸葛、毌丘，齐兴而有刘康、袁粲，周灭而有王谦、尉迥，斯皆破家殉国，视死犹生，而历代诸史皆书之曰逆将。何以激扬名教以劝事君者乎。古之书事也，令贼臣逆子惧，今之书事也使忠臣义士羞，若使南董有灵，必切齿于九泉之下矣"①。杨慎此论即是对史家曲笔的抨击。

---

①　杨慎：《升庵集》卷四十七《汉末史传屈笔》，第370页。

第三章　忠于实而激于义：陈霆史学批评研究

　　陈霆(1470—1564)①，字声伯，号水南，浙江德清县人，弘治十四年举人，十五年进士。曾为刑科给事中、六安州判、休宁县令、山西提学佥事等。著有《两山墨谈》《水南集》《唐余纪传》《宣靖备史》《仙潭志》《渚山堂诗话》《渚山堂词话》等，其中《两山墨谈》《唐余纪传》《宣靖备史》系陈霆史学研究方面的主要成果。缪荃孙称《两山墨谈》"考证古籍，颇为详赡，在明代已属赅博，与焦弱侯、杨升庵不相上下"②，实际上《两山墨谈》中除了考证之文，更多的是陈霆对相关史著的批评。

　　陈霆《两山墨谈》共十八卷，系陈霆的读书札记，涉及史著有《史记》《吕氏春秋》《吴越春秋》《说苑》《晋书》《隋书》《左传》《南史》《通鉴纲目》《通鉴前编》《续通鉴》《淮南子》《容斋随笔》《桯史》《周书》《五代史》等。其所载内容主要为考订史实及评析史著。《唐余纪传》共十八卷，主要载记南唐人物传记，如《家人传》《忠节传》《义行传》《隐逸传》等，相关传记后，陈霆以"论曰"的形式，展述自己对南唐历史事件、历史人物的评析；《宣靖备史》四卷，陈霆以"水南陈氏曰"发表自己对宋代相关问题的看法。陈霆在史书编纂中充满着浓厚的史评意识，目前学界对陈霆生平及其文学

---

　　①　按：有关陈霆的生平可见陈泗芬《陈霆的生平及思想》(《湖州师专学报》1989年第1期)。王磊《陈霆研究》认为陈霆生于1479年，卒于1553年(复旦大学博士学位论文，2005年，第14页)。

　　②　缪荃孙等撰，吴格整理点校：《嘉业堂藏书志》卷三，复旦大学出版社1997年版，第449页。

创作方面多有研究，而对其史学方面的研究则相对匮乏①，兹以
陈霆《两山墨谈》为中心探讨其史学批评成就。

一、春秋大义，华夷之辨：以历史正统观的角度评判史著

在中国古代社会里，何为正统，是文人史家比较关注的事情，
尤其是在非正常的朝代更迭以及少数民族入主朝廷时期，诸如楚
汉、汉晋、南北朝、宋元、明清之际。史家在书写历史时，常常通
过变易史著体例树立自己对正统的认识，其表现之一就是对华夷之
辨、夷夏之防的论争。陈霆《宣靖备史序》称金元统治时期"纲常沦
陷，天地冥晦"②。胡思敬《宣靖备史跋》称陈霆"兢兢于华夷之辨，
与王船山《读通鉴论》同一偏见"③。王磊《陈霆研究》亦言陈霆治史
偏好华夷之辨④。陈霆在《唐余纪传》《宣靖备史》中对历史人物、
历史事件的评析充满着浓厚的正统观色彩，《两山墨谈》对相关史
著的评析亦以是否符合正统观念为准。

---

① 按：有关陈霆的研究可见陈泗芬《陈霆的生平及思想》（《湖州师专学
报》1989 年第 1 期）；《陈霆学术著作述评》（《湖州师专学报》1990 年第 1 期）；
王磊《陈霆研究》（复旦大学博士学位论文，2005 年）；袁萍、罗春兰、王磊
《陈霆词与词论中的"宋人风致"》（《江西社会科学》2008 年第 12 期）；尹湘娥
《论陈霆的"隐逸词"》（《邵阳学院学报》2010 年第 4 期）；侯荣川《明陈霆〈渚
山堂诗话〉及其诗学价值》（《上海大学学报》2014 年第 6 期）。王磊《陈霆研
究》论析陈霆的治史思想时，认为陈霆喜好论华夷之辨、论史重风教名节、强
调据实直书、博洽之学（复旦大学博士学位论文，2005 年，第 41~47 页）。陈
霆之史学批评可见于其著作《宣靖备史》《唐余纪传》《山堂琐语》《两山墨谈》。
② 陈霆：《宣靖备史序》，《宣靖备史》，《丛书集成续编》史部第 23 册，
上海书店出版社 1994 年版，第 337 页。
③ 胡思敬：《宣靖备史跋》，陈霆：《宣靖备史》，《丛书集成续编》史部
第 23 册，上海书店出版社 1994 年版，第 405 页。
④ 王磊：《陈霆研究》，复旦大学博士学位论文，2005 年，第 42~43
页。

1. 对欧阳修《五代史》中有关北汉历史事实书写方面的评析

欧阳修《五代史·汉隐帝纪》载汉隐帝崩而汉亡，徐无党对此事进行注解曰："隐帝崩后四十二日，周太祖始即位，而断自帝崩书汉亡者，见帝崩而汉已亡矣，其太后临朝，湘阴嗣立，皆周所假托，非诚心也。书汉亡，所以破其奸。"①陈霆指出汉隐帝亡后，"周虽继有天下，汉固未尝亡也"，因"刘崇以高祖之弟绍立于太原，虽壤地褊小而名义则正"②。又借鉴朱熹、丘濬之论，认为朱熹、丘濬之言，"其诸异乎欧阳氏《五代史》所书汉亡者欤。呜呼！公矣，当矣"③。从而批判《五代史·汉隐帝纪》及徐无党注解之误。

另外，陈霆认为从出身而论，"五代之君，多可议者"，如"朱梁以盗贼，唐晋汉以夷狄，郭周以卒伍"，且得位多有不正，"中间名义可言者而事体稍正者，唐庄宗、汉高祖而已"，且"高祖乃自太原入主中国，其取天下于中国之人心，非若他人之篡夺者也"④。但欧阳修《五代史》对北朝刘汉历史的处理多有不当，"虽然，刘崇之汉，实绍遗绪，盖前后建号者三十余年，亦庶几蜀汉之祚，其失由作史者抑太原为北汉，故气脉实联，而名号各别，此则后世《纲目》君子之责也"⑤。有关"五代多养子继世"，如"唐庄宗之后有嗣源，愍帝之后有从珂，周太祖之后有柴荣，汉孝和之后有继恩、继元"，这几个朝代，"其外势虽全，而内脉实绝，作史者宜有特笔以表实录可也"，但欧阳修在处理这些问题时，未能从正统的角度出发，亦未能使"祚命短长，统系断续，苗胤真伪，皆昭然于千百世之下"，因而称欧阳修所著《五代史》"得其意而未尽，

---

① 陈霆：《两山墨谈》卷六，中华书局 1985 年版，第 52 页。按：以下源自是书者均为此版本，仅注出卷数及页码。
② 陈霆：《两山墨谈》卷六，第 52 页。
③ 陈霆：《两山墨谈》卷六，第 53 页。
④ 陈霆：《两山墨谈》卷七，第 55~56 页。
⑤ 陈霆：《两山墨谈》卷七，第 56 页。

《纲目》缺其例而不书，《续纲目》有见于继恩，而复遗于继元，则区区之论，似亦可备一说也"①。陈霆主要从正统观出发，评析《新五代史》《资治通鉴纲目》《续资治通鉴纲目》在历史书写方面之缺失。

2. 对《宋史》《辽史》《金史》修撰的评析

元朝灭宋后，为树立自己的正统地位，相继修撰《宋史》《辽史》及《金史》，对于三史的修撰情况，后人多有议论。陈霆指出类似宋辽金并存的状态，在南北朝时期亦然，"李延寿作南北史，南则宋齐梁陈，北则魏齐周隋。方是时，天下参隔，江南虽号正朔相承，然刘宋而下，类非东晋正统之余之比，然则南北各为史，固亦事理之当然者也"②。陈霆认为南北朝时期难以确定孰为正统，李延寿各自为史的作法颇为妥当。元代修宋辽金三史时，"一时馆阁多亡金旧臣，非不知宋为正统，私以宗国之故，耻列于夷狄僭伪，乃倡言元承金，金承辽，辽承晋，为正统所在。而所谓内外华夏之辨，不暇复论，且谓南宋为靖康游魂余魄。其无忌惮者，至谓建炎以后，尝称臣于金，遂欲附属之"③。对于这种正统偏见，会稽杨维桢专门作《正统论》，"反复千余言，冀破其说，而漫不见省，然以公论终不可泯也"。最终馆臣"略仿南北史例，三国各为纪传，俾家自为史。《金史》所载率多吠尧之言，当时不为怪也"④。随后四明陈桱作《通鉴续编》以宋为正统，"大书纪年，而辽金元分注其下，深寓《春秋》与夺之谊"⑤。明朝作《续资治通鉴纲目》时，便以陈桱《通鉴续编》为例，"然后千万世人心天理之公者，至是获明于天下矣"⑥。陈霆认为元初修史，忽略宋朝的正统地位，甚者欲以属国待之，完全是错误之举。在杨维桢等人的争取下，宋代历史在

---

① 陈霆：《两山墨谈》卷七，第57页。
② 陈霆：《两山墨谈》卷八，第65页。
③ 陈霆：《两山墨谈》卷八，第65页。
④ 陈霆：《两山墨谈》卷八，第65页。
⑤ 陈霆：《两山墨谈》卷八，第65页。
⑥ 陈霆：《两山墨谈》卷八，第65页。

书写时得以单独为纪传。随着《通鉴前编》及《资治通鉴纲目》的修撰，宋朝的正统地位才得以确立，真正实现了陈霆心目中的"天理之公"，"明于天下"。

3. 对《续通鉴节要》《续资治通鉴纲目》的评析

对于宋代何时才树立正统地位，《续通鉴节要》定于开宝六年，《通鉴续编》以朱子之说定于太平兴国四年，《续资治通鉴纲目》以武德七年的例子则定于开宝八年。陈霆认为开宝六年时江南尚未平定，太原方面仍处于对立状态，此时树立宋朝的正统，"未见有据"。有人指出周恭帝于开宝六年"告殂"，可以借此作为宋代周的例子。然而，陈霆却言"恭帝既废，天下非周久矣"，正统之接续，"固不系其存亡也"①。即宋朝正统地位的接续和北周是没有关系的。恰如陈霆对《续资治通鉴纲目》的评析：

> 《续纲目》于我太祖初起兵即夷元于列国，盖用《纲目》于胜、广起兵即夷秦于列国之例。秦人暴戾苛虐，举古帝王礼乐制度而灭裂之，其不道已极。而元人以夷狄干统，斁乱天常，腥污华夏，较之秦甚焉。故以仁易暴，内夏外夷，书法如此。凡为世道计，非有私好恶也。然秦自等夷之后，犹大书纪元至子婴降乃绝。说者谓秦虽无道，犹中国世统所在，义不得遽绝之也。若元则非族丑类，窃据中国，先王之疆土本非其所宜立者。我皇明于至正二十四年建国，二十六年纪元，则中国有主矣。于时虽未统一，然止当大书甲子，黜元之年，并以我吴元之年，并注行下，斯足示进麾之大义。而秉笔者不然，于北伐之年，元犹如秦得循正统之例，岂别有意义耶？②

按：明代土木堡之变后，统治者意识到历史借鉴的重要性，诏令以朱子《通鉴纲目》的体例，接续《通鉴纲目》编纂《续资治通鉴纲

---

① 陈霆：《两山墨谈》卷十一，第94页。
② 陈霆：《两山墨谈》卷十二，第97页。

目》，以宋朝为正统，将辽金史事附在宋史之下，借以彰显夷夏之
别①。陈霆认为朱子《通鉴纲目》载秦末暴政，导致礼崩乐坏，陈
胜、吴广在各地起义烽烟四起时，起兵灭秦。因秦"犹中国世统所
在"，其纪元在子婴降之后才予以取消。而元代以夷狄"窃据中
国"，干及正统，其危害比秦尤甚。不能像《通鉴纲目》那样来记载
元明历史，书写明朝史事应该起于群雄蜂起反元之时，于至正二十
四年建国号，二十六年开始纪元，在灭元朝之后，"并以我吴元之
年，并注行下"，这样才能显示"大义"。但《续资治通鉴纲目》在明
太祖伐元时，仍是以元朝正统纪年，故陈霆叹曰："惜予生晚，不
及踵诸公之门墙，而一叩其说也。"②

二、自为书法，系以史断：以历史
编纂学的角度评判史著

在史书编纂方面，陈霆编纂有《两山墨谈》《宣靖备史》《唐余纪
传》《仙潭志》《德清县志》等，在史书编纂中其逐渐形成自己的编纂
思想，如其在《宣靖备史序》中言"相古夷狄之祸莫惨于汴宋靖康之
季，而一时纪载亦莫繁于靖康之编。今从马氏《通考》识其书目之
详，于陶氏《说郛》得其往迹之略，至其全书未多见也。书林鬻本
偶存《南烬纪闻》《窃愤全录》《宣和遗事》三书，《遗事》所载间类夫
瞽史之谈，《南烬》《窃愤》复多谬妄媛嫚之事。私谓《遗事》失之野，
《南烬》《窃愤》涉于诬，概之史法，要为无取，乃搜猎众编，网络
遗轶，略仿《纲目》之例，别为一书"③。他在《唐余纪传跋》称此书
修成后，"南淮先生取而终读，谓其延唐病宋，盖史断系东周之
谊，审时起例盖纲目处无统之法，征文考献，尽《春秋》取宝书之

---

① 按：吴漫《明代宋史学研究》一书对明代纂修《续资治通鉴纲目》的相
关情况有专门研究(人民出版社 2012 年版，第 48~53 页)。

② 陈霆：《两山墨谈》卷十二，第 97 页。

③ 陈霆：《宣靖备史序》，《宣靖备史》，《丛书集成续编》史部第 23 册，
上海书店出版社 1994 年版，第 337 页。

意，遂出俸余付之梓"①。沈戬毅《宣靖备史跋》称"旁采稗史，揭其大纲，变纲目之例，自为书法，系以史断，风旨严毅"②。陈霆在编纂相关史著时，颇有体会，他在阅读其他史著书写札记时，笔端之间流露出其个人之评判。

1. 从编纂体例的角度论析史著

《史记》将张汤、杜周列入《酷吏传》，而班固《汉书》则未列之。元城刘氏认为"班固于此极有深意，张汤之后至后汉犹盛"，如张纯曾任大司空，故未列张汤于《酷吏传》，杜周的后人则未有此显要，为避免后人诟病，亦未列杜周入《酷吏传》③。陈霆没有认可刘氏之论，他认为班固"于此事当难免曲笔之议"，因《汉书·酷吏传》中对于张汤、杜周的事迹，"盖未尝全脱迹也"，"大抵皆沿《史记》之语，以此观之，固之论汤、周，盖未尝改马迁之旧也。赞末复云汤、周子孙贵盛，故别传，此则固自表立例之意。《春秋》之法，微而显，志而晦。固贷周而必存其迹，其自诿岂以是乎？"④

魏徵主编的《隋书》，陈霆认为其"义例欠精，而与夺殊舛"，诸如"崔宏昇治状无愆，而列之酷吏；辛彦之崇信佛道，而厕之儒林；王頍逆党也，而取其文学。崔赜登宦途以死，徐则本黄冠之流，而目为隐逸"，对于《隋书》人物传记的编排，未能真正体现以类相从、名副其实的原则，陈霆指出"凡此皆当改削者也"⑤。

陈霆在评点《史记》《隋书》时，主要是根据历史人物入传是否得当，对司马光《资治通鉴》的评析则主要从编纂意图出发。司马光编纂《资治通鉴》始于威烈王命韩魏赵为诸侯，参与编纂的刘恕

---

① 陈霆：《唐余纪传跋》，《唐余纪传》，《四库全书存目丛书》史部第162册，齐鲁书社1996年版，第618页。
② 沈戬毅：《宣靖备史跋》，陈霆：《宣靖备史》，《丛书集成续编》史部第23册，上海书店出版社1994年版，第404页。
③ 陈霆：《两山墨谈》卷十二，第101页。
④ 陈霆：《两山墨谈》卷十二，第102页。
⑤ 陈霆：《两山墨谈》卷一，第5页。

感到不解，询问司马光为何不从上古或尧舜开始。司马光答曰"事包春秋，不可。又以经不可续，不敢接夫获麟，故起此"①。陈霆认为司马光回答刘恕之言并非其本意，其因在于周王室东迁之后，齐楚秦晋逐渐强大，"号令征伐自诸侯出，春秋托始于平王四十九年，为诸侯僭天子之始。三晋受朝命之后，齐田氏援此求为诸侯。《通鉴》托始于威烈王命韩赵魏为诸侯，为大夫僭诸侯之始。然则世愈降而变愈甚矣"②。通过特殊的起始年，借以警戒世人，正是司马光编纂《通鉴》之微意。

有关《越绝书》的作者问题，古今学界论之较多③。陈霆认为"观其援引不伦，序次无法，类谫浅者所为。而所记有及西汉时事者，又其间文法间有类《吴越春秋》处，其正言无几，而杂说旁出，复疑古有是书，后人从而剿入他说，岂东汉之际如赵晔辈者所著耶？"④

三国时期的历史书写，多纠结于"三国之统系"，"陈寿帝魏而寇蜀，司马公因之，朱晦庵矫其失，乃帝蜀而贼魏，自朱子迄今，未有置异说者也"⑤。随后俞文龙作《孔明论》赞誉刘备、诸葛亮而

---

① 陈霆：《两山墨谈》卷十一，第92页。

② 陈霆：《两山墨谈》卷十一，第92页。

③ 按：宋人陈振孙《直斋书录解题》卷五《杂史类》"盖战国后人所为，而汉人又附益之耳"（中华书局1985年版，第136页）。杨慎《升庵集》卷十《跋〈越绝〉》认为是汉代的袁康、吴平。余嘉锡《四库提要辨证》卷七亦称"要之，此书非一时一人所作。《书录解题》卷五云：'《越绝书》十六卷，无撰人名氏，相传以为子贡者，非也。盖战国后人所为，而汉人又附益之耳。'斯言得之矣"（云南人民出版社2004年版，第326页）。陈桥驿《关于〈越绝书〉及其作者》（《杭州大学学报》1979年第4期）赞成余嘉锡的观点。张仲清《〈越绝书〉作者考辨》（《绍兴文理学院学报》2005年第4期）详述学界相关观点，亦认为《越绝书》"成非一人"。乔治忠《〈越绝书〉成书年代与作者问题的重新考辨》（《学术月刊》2013年第11期）认为"《越绝书》是东汉会稽一些乡土情结浓重的乡曲人士，出于对《吴越春秋》褒吴贬越倾向的反感而撰写，牵头领其事者，先是袁康，继而为吴平"。

④ 陈霆：《两山墨谈》卷十六，第131页。

⑤ 陈霆：《两山墨谈》卷十八，第150页。

贬低其他，郑如几作《魏春秋》"与朱子之见大异"，"以《三国志》纪载无法"①。对于蜀、魏孰为正统的写法，陈霆认为根据当时的事实而论，"似亦足以表暴操之功罪而愧赧乎先主之心，其言要自有谓不可尽弃也。昔欧公作《五代史》，荆公惜其不修《三国志》，因嘱东坡为之。坡恐世间议论不一，避而不承。然则昔贤于此，正自难言耳"②。

2. 从书写审美的角度论析史著

撰述中的遣词造句、用语繁简等，一定程度上会影响到史著的严谨程度及其表达效果。

陈霆对司马迁《史记》中相关方面多有批判。"项羽入秦后，封建诸侯，英布初立为九江王，至汉四年秋七月，布背楚归汉，汉更立为淮南王，使将兵从伐楚。天下既定，始剖符定王淮南。"③陈霆认为司马迁"于布未归汉之前，汉使随何说九江，录其问答之语。称'淮南王曰寡人北向而臣事之。淮南王曰请奉命'。盖追叙前事而习其后称，故不觉其谬误耳"④。《史记·六国年表》中有关秦得天下之论说，陈霆认为"盖若天所助焉"等表述，"凡此皆迁学术偏驳，识趣卑陋处。昔人讥其浅陋而少闻道，此亦其一云"⑤。对于《史记》齐王世家中有关齐悼惠王子志的记载反复出现的现象，陈霆指出"系事辞重复"，"又列传朱建事中具郦生首尾，任敖事中叙张苍始末，谓宜从刊改。而诸篇中如是者乃叠出。予固疑《史记》为太史公未脱稿之书也"⑥。

宋代江贽，号少微，对司马光《资治通鉴》予以删减，纂成《资治通鉴节要》，"学者多喜其径便"，陈霆认为学者仅知江贽对《资

① 陈霆：《两山墨谈》卷十八，第 150 页。
② 陈霆：《两山墨谈》卷十八，第 152 页。
③ 陈霆：《两山墨谈》卷十二，第 99 页。
④ 陈霆：《两山墨谈》卷十二，第 99 页。
⑤ 陈霆：《两山墨谈》卷十五，第 129~130 页。
⑥ 陈霆：《两山墨谈》卷十六，第 131 页。

治通鉴》进行删节便于阅读，"而不知以其节省字句，故多谬误"①。陈霆对此例证曰：

> 《汉书·项籍传》羽学书不成，去；学剑又不成，去。去者，罢弃之意。本谓学书学剑皆以不成而弃去。而少微节其字，谓学书不成，去；学剑又不成。遂使学者例以去学剑为句。《彭越传》上赦越为庶人，徙蜀青衣，西至郑，逢吕后从长安东。本谓徙越置蜀之青衣县，越西行至郑，道逢吕后自长安来。而少微节其句曰传处蜀青衣，西，逢吕后从长安来。遂使学者以传处蜀青衣为句。此亦因读汉史而偶举一二，他凡谬误，固未能尽摘也。②

按：陈霆认为江贽《资治通鉴节要》在字句方面对《资治通鉴》删节不当，导致读者对相关史事发生误解。

韩愈在文学上有很深的造诣，史学方面亦有很大成就，其所撰《唐顺宗实录》对后世影响颇大。韩愈"顺宗实录"载诸相会食于中书故事。丞相方食，百寮无敢谒见者。叔文是日至中书，欲与执谊计事，令直省通执谊，直省以旧事告，叔文叱直省，直省惧，入白执谊"③。陈霆认为如果明代人书写这段场景，"必曰：令直省通执谊，以旧事告，叔文叱之。直省惧，乃入白"，《唐顺宗实录》中"四句皆用'直省'字，而不觉其烦。此殆类《史记》句法，盖大手笔故能此"④。陈霆评价韩愈撰写《唐顺宗实录》的手法类似"《史记》句法"，属于大手笔。白居易《韩愈比部郎中史馆修撰制》曾言韩愈"学术精博，文力雄健，立词措意，有班、马之风"⑤。钱基博亦言"《顺宗实录》，一事之叙，必溯原委；一人之见，具详生

---

① 陈霆：《两山墨谈》卷十二，第99页。
② 陈霆：《两山墨谈》卷十二，第99~100页。
③ 陈霆：《两山墨谈》卷三，第22页。
④ 陈霆：《两山墨谈》卷三，第22页。
⑤ (唐)白居易著，丁如明、聂世美校点：《白居易全集》卷五十五《韩愈比部郎中史馆修撰制》，上海古籍出版社1999年版，第765页。

平，皮里阳秋，具见经营，与普通排比作日记簿者不同"①。白居易、钱基博所言皆是认为《唐顺宗实录》在遣词造句方面颇具艺术手法。

三、作史之法，取凭为上：以史料 采择的角度评判史著

陈霆在撰史方面对史料的采择还是比较慎重的，强调史料的真实性及关联性。如其在《复胡卫文访求实录事迹》所言：

> 作史之法，例须盖棺事定，而百年论公者，乃始登载。非此则更有待也。不肖既非其人，而所幸微躯方尔安健。然则平居虽有琐屑，其何足云。囊岁待罪言路，奏章则颇屡上矣。既于来例参错则不敢僭具也，文辞则求之拙作中。如《崇德县名宦记》一篇，似有关系，但事于彼县，于本邑无预耳。其他诗歌如《墨布袍》等作，已尝载之《仙潭志》中。此虽不为空言，所惜咏叹者非近时人物，则亦于《武宗实录》无谓也。思惟先朝以党锢废朝士，盖尝敕谕天下，亦如汴宋党籍之谓在籍者，皆一时名硕，而不肖姓名则谬列六科之首。然事关天下，而命由中出。吾意抽石室之书者或已检出，则贱名固忝厕于汗青矣。虽足下勤勤于废退之人，思欲推而纳诸忠贤之域。然以愚度之，此亦恐不须赘上也。又尝详览来例，吾邑可以应诏者，大抵鲜少。今其纂述遇不相可者，不若直阙之，以示谨严不敢苟且之意。若俯徇物情，泛滥收拾，将恐为具眼者所鄙，而重得罪于史笔也，如何？如何？率尔喋喋，然亦过矣。伏希不罪。②

---

① 钱基博：《韩愈志》，中国书店 1988 年版，第 128 页。

② 陈霆：《水南集》卷十七《复胡卫文访求实录事迹》，吴兴刘氏嘉业堂刊本。

按：陈霆给胡卫文的回信中主要强调了三点：其一，作史应严谨，史料采择应慎重，对人物史事的评判要盖棺论定；其二，采择史料应该有针对性，无关联的史料不能滥收；其三，在史料匮乏时，应慎对其事，采取存疑之态度，甚至"直阙之"，以免被"具眼者所鄙"。

陈霆给胡卫文回信中所论对于作史的看法，即是其个人史观的体现。陈霆对《史记》《晋书》《续资治通鉴纲目》等史著的评析，也多着眼于史料问题。

有关《史记》载武王克商，纣王登上鹿台自焚，"武王入商，至纣死所，自射之，三发而后下车，以轻剑击之，以黄钺斩纣头，悬太白之旗"。后世对此多有议论，甚至认为"岂有于已死之尸而复加戮之理"，陈霆言"此言真足以正史迁采择不精之失，非以存世教而曲为之辩饰也"①。

《晋书·苻坚传》中所载"八公山上草木皆类人形，若神有力焉"，《为善阴骘书》亦载此事，但朱子《通鉴纲目》仅载草木皆兵之说，其余神奇诡诞之事则未载。陈霆认为是"嫌于语怪也"②。即陈霆觉得《通鉴纲目》在史料采择方面比较慎重。

新安程克勤修撰《续通鉴纲目》，对于文天祥、陆秀夫死节事，"书文为枢密使、陆为签书院事，谓一以《填海录》等书为据。予前既论之矣。始君实居厓山时，日记二王事为一书甚悉，以授礼部侍郎邓光荐曰君后死，幸传之。后厓山平，光荐以其书还庐陵。大德初，光荐死，其书存亡无从知。故海上之事，后罕能详者，今得《填海录》，阅其间数事，与《番禺客语》《行朝录》等书参差不协，是知此书不无舛误，计非陆记手笔之比"③。陈霆认为有关文天祥、陆秀夫死节事，陆秀夫在厓山曾有专门记述，并转交给邓光荐保存，邓光荐死后，此书不知去向。但程克勤撰述此段历史时，仅以记载舛误较多的《填海录》为依据，对于此种做法，陈霆批曰："程

---

① 陈霆：《两山墨谈》卷十六，第133页。
② 陈霆：《两山墨谈》卷一，第8页。
③ 陈霆：《两山墨谈》卷十六，第137页。

氏乃据以废正史，不知其何见也。"①

再如，陈霆在《唐余纪传》卷十六《义行传》记述廖偃、彭师暠事迹时，论道：

甚哉，史之难于取凭也。廖偃、彭师暠之事，《五代史》谓马希崇遣师暠、偃囚希萼，而师暠奉希萼为衡山王。是偃同受囚希萼之旨，在师暠独能全之者也。《江表志》则谓师暠且从希崇害希萼，偃之计诱谕而寝其谋。是师暠实有害希萼之意，赖偃而仅能免者也。《南唐书》则谓师暠奉希萼至衡山，与偃护视谨立之为王。是二人同有卫希萼之功，而效忠于故君者也。夫事出于一，而词异者三，然则俾后世安据哉？②

按：陈霆指出，廖偃、彭师暠是保护、拥戴希萼为王，还是要谋害希萼，对于这同一件事情，《五代史》《江表志》《南唐书》载之各异。陈霆根据史料出处，指出"自今观之，《江表志》出其国人，《五代史》《南唐书》成于宋代，尚论其世则以本国之人而纪当时之事，耳目所逮，疑为实录"③。有关廖偃、彭师暠的事迹，《江表志》的记载当属可信。且"《春秋》之例，有所见、所闻、所传闻之别。《代史》则所闻，而《唐书》则传闻者也，二家之言，要未足据"，"然二人齐心，廖、彭同功，紫阳《纲目》亦授之同辞矣。吾又安得执己见而主他说哉？张巡、许远之事昭如日星，然两家各有异同，而朝论亦多疑信，逮昌黎之言出，然后是非会归于一，援昌黎以例《纲目》，几亦近此。《书》曰与其杀不辜，宁失不经。今故从《南唐书》，以成人之美云"④。《南唐书》所载廖偃、彭师暠携

---

① 陈霆：《两山墨谈》卷十六，第 137 页。
② 陈霆：《唐余纪传》卷十六《义行传》，《四库存目丛书》史部第 162 册，齐鲁书社 1996 年版，第 599 页。
③ 陈霆：《唐余纪传》卷十六《义行传》，《四库存目丛书》史部第 162 册，齐鲁书社 1996 年版，第 599 页。
④ 陈霆：《唐余纪传》卷十六《义行传》，《四库存目丛书》史部第 162 册，齐鲁书社 1996 年版，第 599~600 页。

手护卫希萼一事属"所传闻"，应该予以考订，因表彰忠君之举，朱子《通鉴纲目》亦采信之，遂使廖偃、彭师暠之事如张巡、许远之事一样，"是非会归于一"。陈霆此论主要从史源学角度，"所见、所闻、所传闻"来判定史著所载的可信性，但朱子《通鉴纲目》的影响力极大，后人多视朱子之说为准，故其叹曰"史之难于取凭也"。

总之，陈霆在评析史著时，虽然没有提出系统的批评理论，但在其"或折衷群言，或独出己见"的相关论述中①，依然可以看出陈霆史学批评主要着眼于正统观、历史编纂学及史料运用等方面。陈霆史学批评的方法主要是广征博引、逻辑推理，其批评的原则是求实与义理并存，其批评的特点是忠于事实而激于义理。如朱子《通鉴纲目》所载田文为相，吴起认为自己的功劳比田文大，而未能为相，感到不悦。两人之间进行相关论辩。《吕氏春秋》则载商文与吴起关于此事的对白。陈霆指出"夫是二说，即一事也。而为语不同，其颇协者，最后文之言耳。《纲目》称田文，而《吕纪》为商文，所不可晓。《纲目》本之《通鉴》，类非无据。而《吕纪》则先秦之书，要之于纪载为信也。二者未易稽决"②。对于《通鉴纲目》《吕氏春秋》存在一事而两说的现象，陈霆没有主观断定孰是孰非，而是采取存疑的态度。

另外，陈霆在对其他史著进行批评时，有时是处于矛盾之中的，诸如对《唐余纪传》记载廖偃、彭师暠的事迹，他深悉《江表志》所载更为可信，但因朱子《通鉴纲目》采用《南唐书》，故其"吾又安得执己见而主他说哉？"分明在实录与正统观方面，他更倾向于正统观。再如，陈霆在《唐余纪传》中指出将徐铉等列入别传的原因，"人臣之义有死无贰，臣之事君，犹妇之适夫也。妇从一曰贞，臣不贰曰忠，是故易主则臣为无取，改离则妇为可弃。自有天地以来，固未有能逊此义者也。……故今列其行实于伶人之后，契丹之前，而异其名曰《别传》，以为是夫也。在人品则居末，去夷

---

① 陈霆：《水南集》卷十一《绿乡笔林序》，吴兴刘氏嘉业堂刊本。
② 陈霆：《两山墨谈》卷十七，第139～140页。

狄则非远，例唐臣则不类，斯春秋责备之意也。呜呼！后有秉良史之笔者，其能异诸?"①即陈霆以春秋大义的正统观来书写历史人物，亦是其"留取胸中正气，俯仰人间今古"的人生向往写照②。

---

① 陈霆:《唐余纪传》卷十八《别传》,《四库存目丛书》史部第 162 册,齐鲁书社 1996 年版, 第 610~611 页。

② 陈霆:《水南集》卷十上《水调歌头·庚辰初度》, 吴兴刘氏嘉业堂刊本。

第四章　史学审美视野下凌稚隆
史学批评研究

　　凌稚隆，字以栋，号磊泉，浙江乌程人，万历时贡生，"承先世家学，笃于典故，所辑有《史记》《汉书》评林、《左传评注测义》、《五车韵瑞》等书行世"①。凌稚隆先辈对《史记》已有一定的研究，这使他受到潜移默化的影响。其父凌约言曾著有《史记抄》，凌稚隆对此进行潜心研究，感到《史记抄》仍有不太完备之处，便遍搜群籍，力图编纂一部较为完善的《史记》研究著作。此外，凌稚隆与《史记》研究专家凌迪知、金学曾、张之象等交流颇多，从1574 年到1576 年汇总众多史家评《史记》之珍本，撰成一部《史记》研究的集大成之作②。在此基础上于1581 年又撰成《汉书评林》一百卷。《史记评林》《汉书评林》不仅汇集万历初年以前历代研治《史记》《汉书》的精粹，其间亦渗透着凌氏研习《史记》《汉书》的真知灼见。除《史记评林》《汉书评林》外，凌稚隆还纂有《史记纂》二十四卷、《汉书纂》八卷、《史记短长说》二卷、《汉书蒙拾》三卷、《后汉书蒙拾》二卷、《春秋左传注评测义》等③。凌稚隆在《史记》《汉书》的评析方面成果颇多，目前学界对凌稚隆的研究，主要是对《史记评林》及其著述情况的研究，如，贺次君《史记书录》主要从版本学的角度对《史记评林》进行研究（商务印书馆1958 年版，第160~170 页）；覃启勋《史记与日本文化》主要介绍《史记评林》

----

　　①　《浙江通志》卷一七九《人物六·文苑二》。
　　②　凌稚隆：《史记评林·凡例》，第一册，第124~125 页。
　　③　按：有关凌稚隆的著述情况，参见周录祥：《明湖州出版家凌稚隆辑著文献考》，《湖州师范学院学报》2009 年第6 期。

对日本《史记》研究的影响（武汉大学出版社 1989 年版）；周录祥《凌稚隆〈史记评林〉研究》（南京师范大学博士学位论文，2008 年）主要从版本学的角度论析《史记评林》的撰写及其参依底本情况，从校勘学的角度对《史记评林》内容予以校勘；李黎《〈史记评林〉之〈项羽本纪〉评点探析》（《阜阳师范学院学报》2009 年第 1 期）主要论析《史记评林》中有关《项羽本纪》的评点内容及评点特色；周录祥《明湖州出版家凌稚隆辑著文献考》（《湖州师范学院学报》2009 年第 6 期）详细考证了凌稚隆的著述情况；周建渝《从〈史记评林〉看明代文人的叙事观》（《复旦学报》2010 年第 3 期）主要论析明代《史记》评点者如何运用叙事之法来评析《史记》；卜鑫《从〈史记评林〉看明代学者的〈史记〉研究》（陕西师范大学硕士学位论文，2011 年）主要论析《史记评林》中文学评论、史学评论的表现及对《史记》的考证，其中史学评论部分主要涉及三个方面，即史记书法、评历史人物和评历史事件。但是此文未能区分史学评论与历史批评之差异，后两者当属于历史批评，而不是史学评论。范文静《〈史记评林〉的文学价值研究》（安庆师范学院硕士学位论文，2011 年）主要论述《史记评林》评点内容的特点、评《史记》字法句法的表现、评《史记》篇章结构的特征、评《史记》叙事艺术的内容等；贺诗菁《〈史记〉文学评点研究从〈史记评林〉到金圣叹〈史记〉评点》（复旦大学硕士学位论文，2012 年）主要论述《史记评林》的文学研究、与小说评点的关系及《史记评林》的流传过程及其影响；师帅《〈史记纂〉：一部普及和研究《史记》的优秀选本》（《博览群书》2014 年第 1 期）中介绍了《史记纂》在编纂方法上具有选文广、体例严谨、博采众长等特点，并指出《史记纂》的价值体现在于赞扬《史记》文章的审美性、肯定《史记》人物刻画的成就及其艺术风格；华海燕《重师藏明凌稚隆〈春秋左传评林测义〉版本考》（《图书馆杂志》2015 年第 2 期）主要介绍重庆师范大学图书馆所藏凌稚隆《春秋左传评林测义》的版本情况及其与穆文熙《春秋左传评林测义》之差异；杨海峥《从〈史记评林〉到〈史记读本〉——作为教材的〈史记〉与日本汉学教育》（《文学遗产》2015 年第 4 期）主要论述了不同时期日本学界对《史记评林》的批评与接受，以及《史记评林》对日本汉学教育的影响。而在史学审美视野下，对凌稚隆史学批评成就进行系统研究的较少①。

一、《史记》之审美批评

《史记》被誉为"史家之绝唱，无韵之离骚"。在历史事实的记载方面，司马迁秉持实录精神；在历史叙事的技巧方面，司马迁兼采众家，独出己见。魏晋以来，历代学者对其评析甚多，而明代学者又嗜读《史记》，且多以史学审美的标准进行评点，诸如杨慎《史记题评》、归有光《归评史记》、茅坤《史记抄》等，都是批评《史记》的佳作。

1. 评析《史记》表现手法之含蓄性

司马迁《史记》中有个性鲜明、直抒其意的"太史公曰"来表达其观点，展示其好恶，亦有不作任何判定，仅通过直接铺叙，叙写人物事迹及事件经过，让读者在字里行间体味其含义。如顾炎武所言"古人作史，有不待论断而于序事之中即见其指者，惟太史公能之。《平准书》末载卜式语，《王翦传》末载客语，《荆轲传》末载鲁句践语，《晁错传》末载邓公与景帝语，《武安侯田蚡传》末载武帝语，皆史家于序事中寓论断法也"②。

---

① 按：瞿林东先生在总结卢奇安《论撰史》有关史学审美的原则后，指出史学审美主要表现在"真实的美""秩序之美"及"文字表述之美"（《史学的审美——史书的体裁体例和文字表述》，《文史知识》1991 年第 9 期）；郭丹认为"史传文学在美学上的要求，首先是结构之美。它包括两个方面，一是体裁，二是体例"（《先秦两汉史传文学史论》，上海古籍出版社 2014 年版，第135 页）。瞿林东所言史学审美和郭丹所述的结构之美，在凌稚隆的评点著作中皆有明显体现。

② 顾炎武著，黄汝成集释：《日知录》卷二十六《〈史记〉于序事中寓论断》，上海古籍出版社 2006 年版，第 1429 页。对于司马迁此叙事方法，白寿彝《司马迁寓论断于序事》（《北京师范大学学报》1961 年第 4 期）专门予以论述，详细分析司马迁寓论断于序事的各种表现形式。

　　凌稚隆在评点《史记》时，指出司马迁对秦汉人物、史事的评论，并非皆直抒胸臆，有时通过特定的表述方式表达自己的倾向。《史记·秦本纪》中屡次出现斩首的数量，如击败赵公子渴、韩太子奂时，斩首八万二；击败楚，俘获其将屈匄，斩首八万；攻下宜阳，斩首六万；"庶长奂伐楚，斩首二万"等。凌稚隆指出"太史公纪秦斩首之数，凡十一处，以秦之尚首功也。不言其暴，而其暴自见"。①《史记·项羽本纪》言纪信为使刘邦能够顺利逃脱，自己假扮刘邦去诈降，使项羽受骗，刘邦得以保全，而纪信则被项羽烧杀。凌稚隆称"叙事之体，有唯书其事迹而人品自见者，纪信是也"②。

　　对于《史记·孝文本纪》言陈平、周勃、张苍等劝谏文帝即皇位，连用"宜为高帝嗣""大王奉高帝宗庙最宜称""虽天下诸侯万民以为宜"及"宗室将相王列侯以为莫宜寡人"等数个"宜"字词汇，凌稚隆揭示道："按太史公连下'宜'字、'计'字，则诸大臣之慎重，代王之谦让具见之矣。"③汉武帝迷恋于神仙方士之说，隆"按自武帝有求仙之惑，今日用方士，明日遣祠官，溺志于怪诞之说，而不自知。故子长作《封禅书》以救其失。其首虽曰：'帝王何尝不封禅'，而其赞乃曰'究观方士祠官之意'，子长之意婉矣"④。凌氏认为司马迁用心颇为良苦，为使汉武帝明白沉湎于方士之术的害处，但又不能直接表于字面，只有通过《封禅书》表达自己的意思。对于《史记》揭露汉武帝四处征伐之弊的书法，凌稚隆断道："自武帝有征利之欲，今日禁盐铁，明日置平准，留意于锥刀之利，而不自知。子长欲箴其失，故作《平准》一书，往往指言弘羊致利之由，

----

　　①　凌稚隆：《史记评林》卷五，第一册，第308页。
　　②　司马迁著，凌稚隆编纂，马雅琴整理：《史记纂》卷二《项羽本纪》，商务印书馆2013年版，第34页。按：以下引自是书者均为此版本，仅注出卷数及页码。
　　③　凌稚隆：《史记评林》卷十，第二册，第193页。
　　④　凌稚隆：《史记评林》卷二十八，第三册，第629~630页。

子长之意深矣。"①通过对桑弘羊的描写，衬托汉武帝之多欲。为显示对匈奴作战的利害关系，隆"按自篇首至此将历叙匈奴强盛必先曰，'三百有余岁'，'百有余岁'者凡八书，始著匈奴侵盗，暴虐中国。又必曰，'百有余年'，'百有余年'始著昭王筑长城以拒胡。而后总结之曰：'自淳维以至头曼，千有余岁，见其传世益久，流毒益深。'是太史公叙事针线处"②。

对《史记·孟子荀卿列传》，凌稚隆认为"此叙孟子而以邹衍形之，则孔、孟之不合于时，其道可知。又举孔子，岂有意阿世苟合？则驺子之见尊礼，其道又可知。其曰'倘有牛鼎'句，则语不露而意隽永，最文字之妙者"③。对《季布栾布列传》中言季布被刑戮，"贤者重其死"；栾布哭彭越，视死如归，"不自重其死"。凌稚隆言"一则'重其死'，一则'不重其死'，要皆略有见于义者；而太史公且谓'贱妾感慨自杀，非能勇也，计画无复之者'，乃借以自述其隐忍苟活以成史书之意耳"④。

凌稚隆认为司马迁通过相关文字叙述，达到了"不言其暴，而其暴自见""书其事迹而人品自见""代王之谦让具见之矣"的效果，足以彰显司马迁想表达之意，即所谓"子长之意婉矣""子长之意深矣""太史公叙事针线处""语不露而意隽永，最文字之妙者""借以自述其隐忍苟活以成史书之意耳"等，凌稚隆指出司马迁寓论断于叙事的手法，可谓"直书其事，而其失自见，有讽意无贬辞，可为作史纪时事者之法"⑤。

另外，《史记》中互见法亦是其含蓄性表达方式的体现。有关

---

① 凌稚隆：《史记评林》卷三十，第三册，第651页。
② 凌稚隆：《史记评林》卷一百一十一，第六册，第298~299页。
③ 《史记纂》卷十三《孟子荀卿列传》，第249页。
④ 《史记纂》卷十九《季布栾布列传》，第394页
⑤ 凌稚隆：《史记评林》卷二十八，第三册，第535页。按：此论又见于《史记纂》卷五《封禅书》"此书直书其事而其失自见，有讽意，无贬词。读之，乃见太史公手笔"（《史记纂》卷五《封禅书》，第73页）。

范蠡的描述，何良俊曾评论道："范蠡列在《货殖传》，本传只载货殖事，若伯越诸谋画，与越事相联者，则附见《越世家》中，其救中子杀人事亦附其后，此皆太史公作史法也。"①凌稚隆则曰："太史公屈范蠡于《货殖传》，而功名则附之《越世家》。苏子由撷之《世家》，参之《吴越春秋》作《种蠡传》，补史迁之不及矣。"②同样，对于"建元中，武安侯田蚡为汉太尉，（韩）安国以五百金物遗蚡。蚡言安国太后……（王）恢私行千金丞相（田）蚡，（田）蚡不敢言上，而言于太后曰：'王恢首造马邑事，今不成而诛恢，是为匈奴报仇也。'"③隆"按：两受金，两言太后，蚡之宠赂章章也，太史公不载之《蚡传》，而载之《安国传》。即于《张汤传》见弘羊之意云"④。

2. 评析《史记》篇章结构之缜密性

司马迁撰写《史记》如大将领兵布阵，不仅在宏观上通过本纪、世家、列传、书、表井然有序地使相关历史事实展现于世人眼前，而且对于相关篇章亦从微观角度予以缜密安排，使读者能够领略到相关事项的来龙去脉。

对于《史记·楚世家》的撰写特点，凌稚隆指出"前既叙其王五子相篡弑矣，此复追叙其王请神决立一段，与叔向论子比一段，首尾俱用'初'字、'如'字，盖总收上文以见乎王之立不偶然也"⑤。他认为太史公叙事首尾照应，颇为严整。对于《史记·齐太公世家》，凌稚隆言"既总叙于前，而复分锁（叙）于后，首尾相应，亦一变体也。《齐悼惠王世家》分叙七王之立，亦用此法，或以为重复者，谬矣"⑥。

---

① 凌稚隆：《史记评林》卷四十一，第四册，第 222 页。
② 凌稚隆：《史记评林》卷四十一，第四册，第 219 页。
③ 《史记》卷一百八《韩长孺列传》。
④ 凌稚隆：《史记评林》卷一百八，第六册，第 253 页。
⑤ 凌稚隆：《史记评林》卷四十，第四册，第 151 页。
⑥ 《史记纂》卷七《齐太公世家》，第 116 页。

对于《商君列传》中的叙事手法，凌稚隆"按太史公首言鞅好刑名之学，则鞅所以说君而君说者，刑名也。故通篇以'法'字作骨。曰鞅欲变法，曰卒定变法之令，曰于是太子犯法，曰将法太子，而终之曰嗟乎，为法之敝。一至此，血脉何等贯串"①。对《酷吏列传》中描述杜周，凌稚隆评曰"太史公传十吏为酷处，首曰'独先严酷'，而次书曰'治效郅都'，曰'治类成由等'，曰'治酷于禹'，曰'治放郅都'，曰'声甚于宁成'，曰'治放尹齐'，曰'尽放温舒'，曰'治与宣城相放'，曰'治大放张汤'，曰'暴酷甚于温舒等'，节节血脉联络，总只一篇文字"②。对《太史公自序》论六家指要，凌稚隆评为"指陈六家得失，有若断案，历百世而不能易。又其文法贯穿，垒垒如珠，灿然夺目"③。对《高祖本纪》的描述，茅坤曰："读《高祖纪》须参《项羽纪》，两相得失处，一一入手。"④凌稚隆进而指出："按篇首高祖追称之也，及叙其始事，则称刘季；及得沛，则称沛公；及王汉，则称汉王；及即皇帝位，则称上。此太史公用意缜密处。"⑤

凌稚隆根据《史记》篇章内部的排篇布局及遣词造句，指出《史记》在篇章结构方面注重首尾呼应、文法贯穿、血脉联络等，是司马迁叙事严谨性的表现，进一步提出自己的审美倾向，"此太史公用意缜密处"。

3. 评析《史记》叙事手法的简洁曲折性

凌稚隆认为司马迁在叙事时不仅能简洁得当，而且还能通过曲折的描述展现事件的原貌。如《史记·五帝本纪》的论赞，凌稚隆称"此文古质奥雅，词简意多而断制不苟，盖赞语之首，尤为

---

① 凌稚隆：《史记评林》卷六十八，第五册，第95页。按：此文又见于《史记纂》卷十二《商君列传》，第221页。
② 《史记纂》卷二十三《酷吏列传》，第473页。
③ 《史记纂》卷二十四《太史公自序》，第500页。
④ 凌稚隆：《史记评林》卷八，第二册，第75页。
⑤ 凌稚隆：《史记评林》卷八，第二册，第75页。

超绝云"①。同样，司马迁对张叔治狱仁厚的描写较为简洁②，凌稚隆指出："张叔涕泣封狱，知其性本仁恕，所以虽治刑名，而不入也。篇中称长者凡三，太史公之文短简而多曲折者，殆此类欤！"③司马迁在短短一百二十一个字中，连用了三个"长者"，把张叔的仁厚个性描绘得淋漓尽致，凌氏认为太史公叙事短简而有曲折。

4. 评析《史记》叙事艺术之多变性

凌稚隆的《史记纂》二十四卷"与《史记评林》同为研究《史记》的著作，但两书的着重点各不相同。《史记评林》是《史记》研究的集大成之作，重在汇集历代历家研究《史记》的成果，而《史记纂》则采用节选加评点的形式，掇取《史记》之精华，重在阐发自己的真知灼见"④。此说一定程度上反映了《史记纂》的编纂特点，凌稚隆在《史记纂》中对《史记》叙事之多变性论之较多。

凌稚隆认为司马迁对相关历史人物的刻画及历史事实的叙写，属于了然于胸，依人随事，因人各异，因事不同，而采取不同的叙事方法，"随题变化，不拘定格"，于开合变化中，尽显司马迁叙事艺术之灵活多变性。

其一，于开合变化处，领悟司马迁史笔之妙。

对于《史记·秦始皇本纪》的论赞，凌稚隆评曰"太史公铺叙秦人兴亡本末，如指诸掌，行文有法度，议论有义理，开合起伏，精深雄大，真名世之作"⑤。对于《史记·项羽本纪》，凌稚隆指出"太史公叙羽立义帝以后，气魄一日盛一日，杀义帝以后，气魄一日衰一日：此是纪中大纲领主意。其开合驰骤处，真有喑呜叱咤之风"⑥。对于《史记·汉兴以来诸侯王年表》，凌稚隆言司马迁"次

---

① 《史记纂》卷一《五帝本纪》，第3页。
② 《史记》卷一百三《万石张叔列传》。
③ 凌稚隆：《史记评林》卷一百三，第六册，第102页。
④ 《史记纂·前言》，第8页。
⑤ 《史记纂》卷一《秦始皇本纪》，第15页。
⑥ 《史记纂》卷二《项羽本纪》，第24~25页。

诸国形势如掌，千古绝调也。欧阳公撰《五代史职方论》本此"①。对《史记·廉颇蔺相如列传》的叙事之法，凌稚隆认为"太史公作颇、相如传而附之奢、牧，赵之兴亡著焉。一时烈丈夫英风伟盖，令人千载兴起；而史笔之妙，开合变化，又足以曲尽形容。奇哉！"②

其二，于文法变换处，领略司马迁叙事之妙。

凌稚隆在《史记纂》中对司马迁叙事文法变化处论之甚多，兹述如表2.4.1：

表2.4.1　凌稚隆《史记纂》中对《史记》叙事之法的评析

《史记》	《史记纂》中凌稚隆之评语	备　　注
《伯夷列传》	传体前叙事，后议论，此以议论代叙事，传之变化也。势极曲折，词极工致，若断若续，超玄入妙 太史公驰骋上下数千载，欲求一节义最高者，严立于其首。有让国之高节如由、光，而不见述于圣人，是以无传。此《伯夷传》之所以作也（卷十一《伯夷列传》，第199页）	评《史记》叙事手法
《老庄申韩列传》	老子清静无为，本无事迹可考。太史公只据其语孔子与孔子语令尹喜语，以概其平生，而以"莫知所终"结之。中间连用"或曰""或言"，而又结以"莫知其然否"，以应"莫知所终"句。"隐君子"一句，乃老子断案也。"世之学老子"数句，正儒老不相能本旨。"无为"二句，一篇纲领，却以末后锁之，万钧力也。此传始终变幻，真有体哉！（卷十一《老庄申韩列传》，第204页）	该文末尾凌氏又总评云："太史公合老、庄、申、韩为一家，而推老子为深远，大较得之。"评析《史记》人物传记叙写之变化

---

① 《史记纂》卷四《汉兴以来诸侯王年表》，第62页。
② 《史记纂》卷十五《廉颇蔺相如列传》，第296页。

续表

《史记》	《史记纂》中凌稚隆之评语	备　　注
《孟子荀卿列传》中"盖墨翟，宋之大夫，善守御，为节用。或曰并孔子时，或曰在其后"	抽出墨翟，更换文法，而以一"盖"字起句，用二"或曰"字叙之，何等潇洒！（卷十三《孟子荀卿列传》，第251页）	评析《史记》变换文法处
《孟尝君列传》中有关冯驩的描述	叙驩事，大变《国策》，文自跌宕（卷十三《孟尝君列传》，第255页）	评析《史记》文体之变
《廉颇蔺相如列传》	此传只叙相如完璧、击缻二事，而廉颇独以战功称最，却于始末处略叙数句见之，极得错综轻重之法（卷十五《廉颇蔺相如列传》，第298页）	评析《史记》叙事之法
《鲁仲连列传》	以上文法凡七变，至此方收拾前面意，然不能曲尽，特举由余、子仲以见例，古人文字，不拘于此（卷十五《鲁仲连列传》，第310页）	评析《史记》文法之变
《酷吏列传》中有关郅都与宁成的记载	传（郅）都为人，插入中间；传（宁）成为人，提掇在首，随题变化，不拘定格（卷二十三《酷吏列传》，第465页）	评析《史记》传体之变
《屈原列传》	此传本淮南王词，以议论入叙事，中与《伯夷传》略同，盖传之变体也（卷十六《屈原列传》，第315页）	评析《史记》传体叙事手法之变
《李斯列传》	此传（李）斯佐秦功仅十之一二，而叙（赵）高亡秦特十之七八，见得为乱者高，而所以成此乱者，斯为之也。此是太史公极用意，文极得大体处（卷十七《李斯列传》，第331页）	评析《史记》叙事之法

按：凌稚隆《史记纂》中对《史记》相关传记分别从叙事手法、传体之变、文体之变等方面予以评析，指出其"传之变化"、"文法"之变、叙事之"错综轻重"等"随题变化，不拘定格"的表现手法。

二、《汉书》之审美批评

受"《史》《汉》风"影响，明代学者对《汉书》亦关注甚多，大多着眼于班固书法之严整。如凌约言《凌藻泉汉书评抄》、茅坤《汉书抄》、唐顺之《精选史汉书》、王维祯《汉书评抄》等，而凌稚隆则参依众家之长，撰成《汉书评林》。在《汉书评林》中，凌稚隆对《汉书》的精彩评析与诸家交相辉映①。

1. 评析《汉书》以类合传之法

对于《汉书》中出现多人同传的现象，凌稚隆认为班固此举主要是依据史意进行合传。《汉书》中张苍、周昌、赵尧、任敖、申屠嘉五人同传，凌稚隆指出"此传以'御史大夫'四字联络张、周、赵、任、申屠五人，总是一篇文字，与《酷吏传》同体"②。凌氏认为季布、栾布、田叔三人不仅有侠义之举，更有古烈士之风，所以班固没有把三人列入《游侠传》，而是专为一传③；袁盎、晁错因互相谗杀，结果都死于非命，故合为一传④；李广、苏建则因两人都曾奋击匈奴，其后人对匈奴却有不一样的态度，以此合传起到相得益彰的效果⑤。因此，凌稚隆对《汉书》中的合传原因予以归纳，

---

① 《刻汉书评林·茅坤序》认为："凌君博搜诸家之说及先大夫藻泉公所手授者，并镌引之，诸家间有醇疵，相参于班掾之旨，或合或不合者，君并柟而厘之。故君之所自疏者为独多……"
② 凌稚隆：《汉书评林》卷四十二。
③ 凌稚隆：《汉书评林》卷三十七。
④ 凌稚隆：《汉书评林》卷四十九。
⑤ 凌稚隆：《汉书评林》卷五十四。

"列传中数人一传者或以学术同，或以事功同，或以官职同，或以高洁同，或以谗谄同，或以党言获罪同。班掾虽不标立别名如儒林、循吏例，而同传之意自见"①。凌稚隆认为班固虽然没有以别名标明各种合传，但其仍是采取以类相从的原则，使具有相同特征的人物群体归于一传，从篇章结构的角度评析《汉书》的立传之法。

2. 评析《汉书》刻画人物之法

班固《汉书》中对历史人物的描述，有的是通过细节描述来刻画人物特点，有的是含蓄委婉地展现人物形象，有的则是利用己传不言而于他传见之的手法来描述人物个性。对于这些方面，凌稚隆在《汉书评林》中分别予以评析。

凌稚隆认为班固《汉书》在写法上亦是采用寓论于叙之手法。对于季布的侠义之举，凌氏认为班固没有展开宏论，而是通过细节的描述，来显示季布之"侠"②。班固在《汉书·王章传》的赞语中称其"刚直守节"，而文中叙述其抵制权贵的种种表现以显其"刚直"，并且由王章之女的语言中彰显王章的气节③。因而凌氏指出"班掾传王章不甚阐发，而死于刚直之惨，却于妻女语言中见之，殊为奇妙"④。

班固在对汉代帝王的评价中，为了显示帝王的为政之过，不是直言其过，而是假借他事以显之。对于《李广利传》中，班固详细摹写"取善马"一节，凌稚隆认为班固的主要目的在于突显"武帝以取善马之故遣贰师将军，故班掾传贰师将军前后脉络精神总只摹写取善马一节，而讥帝穷兵之意则隐然于言表云"⑤。再如称汉宣帝

---

① 凌稚隆：《汉书评林》，第一册，第 26 页。
② 凌稚隆：《汉书评林》卷三十七。
③ 《汉书》卷七十六《王章传》，中华书局 1962 年版，第 3239~3240 页。
④ 凌稚隆：《汉书评林》卷七十六。
⑤ 凌稚隆：《汉书评林》卷六十一。

"至于技巧工匠器械，自元、成间鲜能及之"①，汉元帝"鼓琴瑟，吹洞箫，自度曲，被歌声，分刌节度，穷极幼眇"②，汉成帝"善修容仪，升车正立，不内顾，不疾言，不亲指，临朝渊嘿，尊严若神，可谓穆穆天子之容者矣!"③对于班固这种颇具微意刻画人物的方法，凌稚隆赞其"寓贬意于褒中，深得史臣之体"④。

凌稚隆揭示出班固在叙写人物时，亦常用互见法⑤。班固不满贡禹之附势权贵，但在《贡禹传》中未言其过，而在他传中言之。因而凌稚隆指出："传称禹在位，数言得失。及考《刘向传》，恭显曰'逮更生'，禹因劾更生，与望之辈坐免为庶人。则禹所以进用，皆阴附恭显而得之。班史隐而不论，唯于《石显传》云'显使人致意，深自结纳，因荐禹天子'。正在望之死后。则班史不满之意已见于他传云。"⑥同样对于韦玄成的描述，凌稚隆称"传称玄成为相，守正持重而不著其有过，及考《刘向传》，恭显曰'更生系狱'，玄成劾更生诬罔不道。又《京房传》房欲行考功法，石显及玄成皆不欲行，然则玄成所以进用，皆阴附恭显而得之。班史不载本传，而附见别传中，其老泉所谓其惩恶也，直而宽者欤"⑦。

---

① 《汉书》卷八《宣帝纪》，中华书局 1962 年版，第 275 页。
② 《汉书》卷九《元帝纪》，中华书局 1962 年版，第 298 页。
③ 《汉书》卷十《成帝纪》，中华书局 1962 年版，第 330 页。
④ 凌稚隆：《汉书评林》卷九《元帝纪》。按：对于汉代外戚权盛之局面，班固没有直书其过，而是通过叙述其表现，展现其观点，凌稚隆《汉书评林》卷九十七上称"汉祚卒移外戚，由朝廷尊宠之过制，以故每传必书，为列侯若干人数，史氏盖有微意云"。
⑤ 互见法是司马迁撰写《史记》时，所创立的一种叙史方法。张大可在《论〈史记〉互见法》一文，对司马迁如何运用互见法，有详细的论述(参见《史记研究》，甘肃人民出版社 1985 年版，第 290~307 页)。班固借鉴司马迁撰史方法，在《汉书》中以互见的手法，展现人物事迹。
⑥ 凌稚隆：《汉书评林》卷七十二。
⑦ 凌稚隆：《汉书评林》卷七十三。

3. 评析《汉书》叙述史事之法

凌稚隆认为《汉书》对事件的论述，在遣词造句方面首尾相应，注重结构之完整性。在《武五子传》的赞中，班固开始把巫蛊之祸归于天时，于结尾处把车千秋之为归于天人之佑助①。凌稚隆认为："赞意谓武帝酷烈不减始皇。始皇钟二世，则武帝之祸宜钟戾太子矣。故以江充之辜归之天时，而至千秋指明蛊情，亦谓其有默佑之以遏乱者，皆以责武帝也。首尾'天'字相应。"②班固为彰显季布之侠义，在叙述其事迹时，首尾以"有名"相呼应③，凌稚隆指出："此传稍损《史记》，原文以'有名'二字为关键，惟其'有名'，故周氏匿之，朱家买之，滕公为帝言之，曹丘生欲得书请之，而高帝购之以千金，文帝欲任之以为御史大夫，皆从'有名'得来。班掾结之曰'布名所以益闻'，正与'有名'句首尾相应。"④

对《汉书·霍光传》的写法，茅坤认为传中叙事指次如画，徐中行认为此传"事详词整，叙事最优"⑤，凌氏总结《汉书·霍光传》的写法，"先曰长公主以是怨光。曰桀安由是与光争权。曰燕王旦常怀怨望。曰桑弘羊亦怨恨光。而后总括出'于是盖主、上官桀、安及弘羊皆与燕王旦通谋诈令人上书言光'等句，缜密有头绪"⑥。有关《汉书·王莽传》，凌稚隆指出"（王）莽事烦琐难叙，故班氏每叙一事则用一句收结，如曰其号令变易皆此类也，曰好为大言如此，曰其畏备臣下如此，曰制度烦碎如此，殊有条而不紊"⑦。

---

① 《汉书》卷六十三《武五子传》，中华书局 1962 年版，第 2770～2771 页。

② 凌稚隆：《汉书评林》卷六十三。

③ 《汉书》卷三十七《季布传》，中华书局 1962 年版，第 1975～1978 页。

④ 凌稚隆：《汉书评林》卷三十七。

⑤ 凌稚隆：《汉书评林》卷六十八。

⑥ 凌稚隆：《汉书评林》卷六十八。

⑦ 凌稚隆：《汉书评林》卷九十九。

对于《汉书》中有关昌邑王的记载，"何良俊曰光传废昌邑王一事，叙得舒徐详委，亦得太史公法；隆按此处止言昌邑不可以承宗庙，而不明其实，以其事具载后诏书中故也，此详略之法"①。

凌稚隆主要从班固叙事严整、缜密及详略有序方面，论述其叙事之法，评析其撰史技巧。

三、《史》《汉》异同之批评

班马之异同以及班马之优劣，自晋而下，对此作评者甚多，然而智者见智，仁者见仁，每一个论者都从不同的角度对班马进行点评，凌稚隆在总结前人的基础上，在《汉书评林》中对《史记》与《汉书》的比较着墨也颇多②。其着眼点于《史记》优于《汉书》之处、《汉书》对《史记》的继承、《汉书》对《史记》的超越和《史记》《汉书》各有所见，未遽定。

1.《史记》优于《汉书》之处

《汉书》中许多内容是依《史记》删截而成的，这不仅要体现史家对史料的驾驭，还体现史家用笔之巧妙。凌稚隆主要从笔法上探讨班马之优劣。

项羽救赵之事，《史记》叙之比较详细，而《汉书》对此事则叙之比较简单。因而凌稚隆指出"围赵于钜鹿下，《史记》有项羽往救赵句，班史削之，则下文羽既存赵，似无来历"③。同样，对叔孙

---

① 凌稚隆：《汉书评林》卷六十八。
② 朴宰雨指出，"至于明代，研读《史记》《汉书》之风大盛，评点书亦出来不少。……《汉书评林》亦汇集后汉苟悦以来各代的一百四十七家对《汉书》之评语，各堪称集其大成。尤其是《汉书评林》之评语，往往涉及《史记》，也是研究马班异同之重要资料"（《〈史记〉〈汉书〉比较研究》，中国文学出版社1994年版，第9页）。
③ 凌稚隆：《汉书评林》卷三十三。

通之论赞，凌稚隆认为班固删去"希世"二字，不能很好地体现司马迁对叔孙通的概括，似有不妥①。《汉书》中对郑当时的概括，是借鉴了《史记》对汲黯、郑当时的赞语，但不恰当。凌稚隆指出："先是下邽一段，《史记》作为赞语，盖有感而借以形友道之衰，故以汲郑亦云悲夫句结之。班史移入传尾。去汲郑亦云句，似于当时不相蒙云。"②对于《汉书·樊哙传》，凌氏言"上云吕后崩，下又云及高后崩，疑衍，不如《史记》直截"③。同样，对于《汉书·伍被传》，"（伍）被曰：臣见其祸，未见其福也，后汉逮淮南王孙建，系治之……"凌稚隆认为"《史记》于未见其福下，即以王曰左吴一段顶上，甚紧严。《汉书》却以后汉逮淮南王句移入于此接处，似欠联络"④。

凌稚隆用"似无来历""不相蒙""不如《史记》直截""似欠联络"等词语，指出《汉书》此处尽管依《史记》进行撰写，但只是形似而神不似，没有体会到司马迁作史之深意。

2.《汉书》对《史记》的继承

关于《汉书》的整体写法，凌氏认为班固借鉴《史记》，并有所创新：

> 隆按：自孝武天汉以前悉本《史记》原文而删润之，亦间附其子若孙，如楚元王益以向、歆父子之类。天汉以后，则皆班掾创而撰之者，他如儒行、循吏、酷吏、货殖、游侠、佞幸诸传则又本《史记》，而续以天汉后事而成之。⑤

---

① 凌稚隆：《汉书评林》卷四十三。其文为"隆按《史记》小论中有'希世'二字，足概通之生平，故通篇极意模写，要不出此二字，班氏此传本《史记》文而稍删之，独此二字尤不当去"。

② 凌稚隆：《汉书评林》卷五十。

③ 凌稚隆：《汉书评林》卷四十一。

④ 凌稚隆：《汉书评林》卷四十五。

⑤ 凌稚隆：《汉书评林》，第一册，第24页。

在笔法上，借鉴《史记》之手法。《汉书》中对刘向的叙述①，是模仿《史记》中对屈原的描述②，凌稚隆对此评议道："班掾书向卒后十三岁而王氏代汉，此史家书法也，然则向其系汉安危哉！太史公书屈原卒而楚灭于秦。班掾盖本之云。"③为了讥讽汉武帝之穷兵，在公卿皆议罢宛军时，武帝担心宛善马之不来，乃大张旗鼓，坚持伐宛④。凌稚隆指出："天子所以不肯罢宛军者，止虑宛善马绝不来尔，胡为发恶少发戍卒，发天下七科适与夫牛马驴橐驼之数，动以数十万计也耶，此一段起结叙次，讥刺隐然，得太史公《平准书》遗意。"⑤再者，凌稚隆认为《张敞传》"中间插入敞为人一段概论其生平，且与广汉相形，此步骤太史公处"⑥。而"班掾次原涉传，风神从太史公传郭解来"⑦。对于此一方面，凌稚隆论之较多⑧。

---

① 《汉书》卷三十六《楚元王传》："上数欲用向为九卿，辄不为王氏居位者及丞相御史所持，故终不迁，居列大夫官前后三十余年，年七十二卒。卒后十三岁而王氏代汉。"（中华书局 1962 年版，第 1966 页）

② 《史记》卷八十四《屈原贾生列传》："屈原既死之后……其后楚日以削，数十年竟为秦所灭。"

③ 凌稚隆：《汉书评林》卷三十六。

④ 《汉书》卷六十一《张骞李广利传》，中华书局 1962 年版，第 2699~2700 页。

⑤ 凌稚隆：《汉书评林》卷六十一。

⑥ 凌稚隆：《汉书评林》卷七十六。

⑦ 凌稚隆：《汉书评林》卷九十二。

⑧ 按：类似例子，对《汉书》中董仲舒的赞，"隆按此赞借刘向父子之言以断董子，而结之曰向孙龚笃论君子也，以歆之言为然，此刘子玄所谓假论赞而自见者，与霍卫赞同例，仿太史公体云"（《汉书评林》卷五十六）；"隆按此传以代为丞相联络公孙、刘、田、王、杨、蔡七人，又以代为御史大夫联络陈、郑二人，酷类太史公《张丞相传》体"（《汉书评林》卷六十六）；"隆按上言日磾子二人为帝弄儿，此复言弄儿，即日磾长子以下文有嗣子赏，故再言以明之，此子长书法"（《汉书评林》卷六十八）。

在内容上，承袭《史记》之文。凌稚隆认为《汉书·诸侯王表》"本《史记·汉兴以来诸侯年表》而成之者，大都言周可为法，秦可为鉴，而汉以剖封之过，削之太甚，所以有王莽之篡"①。"窦、田、灌三传并本《史记》文而稍删之，篇虽分而体实合，总以结宾客相倾一节为纲领。"②《汉书·地理志》中"班史所论各国风俗大都本之《史记·货殖传》中语"③。可见，凌稚隆对《史记》《汉书》内容之熟悉，以及其研究此二书所下功夫之大。

3.《汉书》对《史记》的超越

凌稚隆认为《汉书》不仅继承《史记》的写法，而且在其基础上有一定的改进。

对于人物在纪、世家、传等部分的归属，凌氏认为《汉书》中的处理更为恰当。《史记》把项籍放在本纪中，而陈胜则置于世家内；《汉书》则把陈胜、项籍皆放于传中。凌稚隆认为："班史降陈胜、项籍为传，盖善补子长之失者。而冠之为首，则以陈涉发难，项籍灭秦云。"④另外，关于《汉书·高五王传》，凌稚隆还指出："赵幽王《史记》载《吕后纪》，班史移入于此，良是。"⑤对于《汉书》中《惠帝纪》，"隆按吕后称制在孝惠崩后，《史记》遗孝惠而独

---

① 凌稚隆：《汉书评林》卷十四。
② 凌稚隆：《汉书评林》卷五十二。
③ 凌稚隆：《汉书评林》卷二十八。
④ 凌稚隆：《汉书评林》卷三十一。按：谭汉生、杨昶在《〈史〉、〈汉〉本纪世家的破与立》一文中从通史与断代史的角度出发，认为《史记》是通史，其任务是序历代帝王之兴衰。项羽为秦汉之际的霸主，故司马迁纳其入本纪。而《汉书》为断代史，西汉以前的帝王都不是他立纪的范围，因此强求《汉书》亦列项羽入本纪中似嫌不伦不类。另外，谭、杨核对《史记·项羽本纪》与《汉书·项籍传》中的内容，认为马、班对项羽的政治态度是基本一致的，司马迁笔下的项羽形象在《汉书》中没有受到埋没（参见周国林主编：《历史文献研究》总第23辑，华中师范大学出版社2004年版，第82~83页）。
⑤ 凌稚隆：《汉书评林》卷三十八。

纪吕后，将置孝惠于何地乎？班氏分为二纪甚当"①。同样，"隆按《史记》附陈皇后始末于卫皇后传中，班史为立一传是"②。

在内容的编写上，凌稚隆认为《汉书》中的一些记载要优于《史记》之所载。对《汉书·高五王传》，凌稚隆指出"此传亦先总次九王于前，而后历详其兴废始末，较《史记》更明整"③。对《汉书·儒林传》，"隆按此传大旨虽本《史记》原文而损益之，而首叙六艺兴废及后叙诸经师授受处，较《史记》更详密"④。凌稚隆比较《史记·太史公自叙》和《汉书·司马迁传》认为"太史公自叙遭李陵之祸，幽于累继，而不详其故。《史通》云似同陵陷没遂置于刑者。今得班氏详载其所《报任安书》，而后太史公遭祸之故明白"⑤。对《汉书·食货志》中"汉兴接秦之敝，民失作业，而大饥馑"。凌稚隆论曰："《史记·平准书》首突云汉兴接秦之敝，而赞中则顾备述前代事，此传写之误，非太史公旧也。班掾《食货志》间采此书，而错用之，而以汉兴接于前代之后，较之《史记》，条理尤明。"⑥同样，对于《汉书·李广传》，凌稚隆认为自李广"历七郡至此，总

---

① 凌稚隆：《汉书评林》卷二。按：泷川资言认为"史公舍惠帝而纪吕后，犹舍楚怀而纪项羽，盖以政令之所出也"（司马迁著，泷川资言考证：《史记会注考证》，文学古籍刊行社1955年版）。而谭汉生、杨昶在《〈史〉、〈汉〉本纪世家的破与立》一文中则认为太史公虽然没有专门为惠帝立纪，但在《太后本纪》中已把惠帝作为一个独立的部分展现出来，而且记叙惠帝年间的事是用惠帝的纪年。《太后本纪》的赞中，太史公更是把惠帝与太后并称。只是因为惠帝与其他立纪的帝王相比，地位稍逊，《史记》因通史体裁的限制，只好把惠帝列入《太后本纪》中，而《汉书》因断代史的缘故，纳惠帝于本纪中则是无可厚非（参见周国林主编：《历史文献研究》总第23辑，华中师范大学出版社2004年版，第84~85页）。相比而言，谭、杨此种论断，比较全面地分析了《史》《汉》对惠帝的处理。
② 凌稚隆：《汉书评林》卷九十七上。
③ 凌稚隆：《汉书评林》卷三十八。
④ 凌稚隆：《汉书评林》卷八十八。
⑤ 凌稚隆：《汉书评林》卷六十二。
⑥ 凌稚隆：《汉书评林》卷二十四。

叙广之生平——结应上文,《史记》却叙此段在射虎之后, 则不如《汉书》为妥"①。

4.《史记》《汉书》各有见地, 不遽分优劣

在比较《史记》《汉书》时, 凌稚隆并非仅判断孰是孰非, 而是依据实情进行断定, 因此在一些方面他认为"班马异同各有见, 不可优劣"②。

关于晁错的事迹,《史记》《汉书》记载有所差异,"隆按《错传》,《史记》止记错与诸大臣相谗杀始末, 班掾备载所上书疏与策对, 盖亦重怜其才"③。对"宽饶初拜为司马, 未出殿门, 断其襜衣, 令短离地……以宽饶为太中大夫, 使行风俗, 多所称举贬黜, 奉使称意……公卿贵戚及郡国吏緜使至长安, 皆恐惧莫敢犯禁, 京师为清"④, 凌稚隆指出"此一段摹写曲尽, 与太史公叙《灌夫传》相颉颃"。

《史记》《汉书》对项羽和刘邦的记载先后不一, 凌稚隆认为"《史记》先纪项籍, 次纪高祖, 乃详于楚而略于汉。《汉书》首纪高祖, 后传项籍, 乃详于汉而略于楚"⑤。胡应麟亦认为此载"各有当焉"⑥。同样,《汉书》把礼乐合为一志。"隆按《史记》分礼、乐为二书, 而班掾则合而为一志, 词旨与《史记》不同, 大概立论之意无非欲修明王制, 兴复雅乐, 施行董贾王刘辈之所论疏。"⑦无论是《史记》中的礼乐二书, 抑或是《汉书》中的《礼乐志》, 其大体立论是一样的, 即二者不分伯仲。

---

① 凌稚隆:《汉书评林》卷五十四。
② 凌稚隆:《汉书评林》卷三十五。
③ 凌稚隆:《汉书评林》卷四十九。
④ 《汉书》卷七十七《盖宽饶传》, 中华书局 1962 年版, 第 3244 页。
⑤ 凌稚隆:《汉书评林》卷一上。
⑥ 胡应麟:《少室山房笔丛》卷十三《史书占毕一》, 第 134 页。
⑦ 凌稚隆:《汉书评林》卷二十二。

有关《史记》《汉书》的长短优劣，凌稚隆并没有抱着非此即彼的态度，而是视情而论，具体篇章具体论析。诸如甘延寿谋击郅支一事，"隆按此传精神在谋击郅支一节，类太史公叙垓下之战，而详载论功诸疏结构有法，当是孟坚当意之文"①。有关《汉书·酷吏传》，"隆按汤周两人虽以子孙贵盛之故，别为立传，而赞语一仍太史公之旧，班史盖有微意存焉"②。对于《史记·食货志》与《汉书·货殖传》，凌稚隆曰："货殖一也，太史公自伤其家贫而愤于世，班孟坚推本其古制以经平财，两家词旨所以不同。"③

四、《史》《汉》评林在明代史学批评史上之影响

明代中叶以后，随着文学复古运动的影响，在归有光、茅坤、王世贞、唐顺之等名家的倡导下，言必秦汉成为一种时尚，学人研治《史记》《汉书》者众多，尤其是对《史记》《汉书》的评点。"'评点'这一形式始于宋代，开始的时候，是对古文选集和诗集进行评点；进入明代后，评点对象变为史书，以对《史记》的评点最为有名。"④张三夕在《〈史通〉研究与建设中国史学批评史的构想》一文指出"评点或批点是中国人习惯采用的一种重要批评方式，尤其是明、清以后愈来愈盛行，文学领域里的评点活动似比史学领域更普遍。明人凌稚隆辑《史记评林》一百三十卷、《汉书评林》一百卷是

---

① 凌稚隆：《汉书评林》卷七十。

② 凌稚隆：《汉书评林》卷九十。

③ 凌稚隆：《汉书评林》卷九十一。按：沈懋孝《读货殖传》言"后人但谓子长陷于法理，无货赇以赎其罪，乃发愤为此。其亦浅之乎为论矣，乌知良史苦心哉？"（《长水先生文钞》，《四库禁毁书丛刊》集部第 159 册，北京出版社 2000 年版，第 304 页）

④ 高津孝：《明代评点考》，章培恒、王靖宇主编：《中国文学评点研究论集》，上海古籍出版社 2002 年版，第 97 页。

史学领域评点中的有代表性的著作"①。明代对《史记》《汉书》的评点主要侧重于文章之法及叙事之法的讲求，因此，凌稚隆《史记评林》《汉书评林》在明代史学批评史上，对于推动审美史学的发展起着重大作用②。

1.《史记评林》《汉书评林》的刊刻，为明代《史》《汉》批评提供良好的底本

明代正德年间，《史记》尚难觅得，廖铠在正德十二年《史记》刻本的序中言"学者多尊师其文而莫得其书，有志之士憾焉！予曩游南都，观国子之所积，则年岁久远，琬琰刓蚀，盖自中统抵今，翻刻者鲜，是以良本废继，厥漏罔稽，鱼鲁益繁，豕亥靡择，斯固士大夫之责尔矣。于是困心衡虑，博采旁搜，十有余年，始得斯本，若获凤麟，奚但拱璧"③。而凌稚隆为了使《史记》有一个好的刻本传于世，仔细参校众多刻本后，"以宋本与汪本字字详对，间有不合者，又以他善本参之，反复雠校"④。同样，在刊刻《汉书评林》时，凌稚隆亦是以质量较好的宋本为底本，并与正德、嘉靖间的监本相考订。因为《史记评林》《汉书评林》底本精良，刊印后备受学

---

① 张三夕：《〈史通〉研究与建设中国史学批评史的构想》，《通往历史的个人道路：中国学术思想史散论》，社会科学文献出版社 2001 年版，第 236 页。

② 按：瞿林东在论析刘知幾的史学审美思想时，指出有叙事之美、史职之美、史学体裁之美、文章与文词之美、序例与论赞之美〔白寿彝主编，瞿林东著：《中国史学史》（第三卷），上海人民出版社 2006 年版，第 268～271 页〕。瞿林东所言史学审美思想，在凌稚隆《史记评林》《汉书评林》中有着重要体现；张齐政《西方古典史学理论与世界历史专题研究》中言"史学的审美观，也是史学批评的重要内容之一，与史学批评的其他方面紧密相关"（中南大学出版社 2013 年版，第 28 页）。

③ 傅增湘：《藏园群书经眼录》，中华书局 1983 年版，第 171 页。

④ 凌稚隆：《史记评林·凡例》，第一册，第 124 页。

界好评①，王世贞《史记纂序》称《史记评林》刊行后，"自《史记评林》成，而学士大夫好其书者，麇集于际叔（凌稚隆）之门"②。"自馆署以至郡邑学官，毋不治太史公者矣。"③《史记评林》《汉书评林》为明代的《史》《汉》批评提供了一个相对完善的刻本，众多仿效者竞相刊刻《史》《汉》全本及节选本，一定程度上又促进了明代《史》《汉》批评史的发展。

2.《史记评林》《汉书评林》完备的撰写体例，推动了明代《史》《汉》批评的发展

凌稚隆在前人的基础上，相继撰成《史记评林》《汉书评林》，其特点是：内容广博，搜集了历代点评《史记》《汉书》的专著，而且汇集了一些单篇名作；体例严谨，正文的前面列有《史记评林》《汉书评林》中所引用的作者的简介及其相应的参考书籍，类似于现在著作后面的参考文献，比较符合学术规范；版本精良，凌稚隆在对《史记》进行研究时，非常注意《史记》《汉书》版本的选择，选用最好的宋本和正德、嘉靖间善本为底本，并且将不同版本进行相互校对④。《史记评林》和《汉书评林》可谓明代万历初期研究《史记》《汉书》的集大成者，贺次君言《史记评林》"于明代末期研究

---

① 梁玉绳作《史记志疑》时以《史记评林》为底本，是因为"《史记》刻本甚众，颇有异同，世盛行明吴兴凌稚隆《评林》，所谓湖本也，故据以为说"（《史记志疑自序》）。贺次君亦认为《史记评林》"《史》文及注，往往有胜于柯本及南宋、元、明诸刻者"（《史记书录》，商务印书馆1958年版，第164页）。

② 王世贞：《弇州续稿》卷四十四《汉书评林·序》，《影印文渊阁四库全书》第1282册，上海古籍出版社1987年版，第574页。

③ 王世贞：《弇州续稿》卷四十二《史记纂序》，《影印文渊阁四库全书》第1282册，上海古籍出版社1987年版，第560页。

④ 按：有关凌稚隆《史记评林》及《汉书评林》的撰写体例、内容及版本，参见拙文《凌稚隆〈史记评林〉探析》（《古籍整理研究学刊》2009年第4期）、《〈汉书评林〉探微》（《史学史研究》2011年第3期）。

《史记》影响极大，万历邓以讚本、天启钟伯敬本、崇祯陈仁锡、邹沛德、朱东观等所为评林，悉取资于此。温陵李光缙又就凌氏原刻而增补之，称为《增补史记评林》"①。即《史记评林》《汉书评林》刊行后，在学人中间产生了很大影响，许多学者对此加以模仿，如邓以讚《史记辑评》、钟惺《史记集评》、陈仁锡的《陈太史评阅史记》（亦名《史记评林》）、焦竑与李廷机合著《两汉萃宝评林》、李光缙《增补史记评林》等。这些《史记》《汉书》的汇评、集评、辑评及评林本，主要侧重于《史记》《汉书》的叙事之法及文章之美，一定程度上形成了一股批评《史记》《汉书》的洪流。此风气对明代评点本的发展也起到推波助澜的作用，"这种形势便波及小说的批评与出版。有余象斗氏，先后推出《音释补遗按鉴演义全像批评三国志传》与《京本增补校正全像忠义水浒志传评林》"②。

3.《史记评林》《汉书评林》丰富的评点内容，为明代《史》《汉》批评提供有益参照

明代研习《史》《汉》者，因观点各异，各持己见，"肤立者持门户，皮相者矜影响。彬彬然自谓入龙门之室，而不知其辙，望砥柱之杪而背驰矣"③。而凌稚隆之《史记》研究，"其言则自注释，以至赞骂，其人则自汉以及靖、隆，无所不附载。而时时旁引它子史，以己意撮其胜而为之宣明。盖一发简而了然若指掌……自今而后有能绍明司马氏之统，而称良史至文者，舍以栋奚择哉?"④《史

---

① 贺次君：《史记书录》，商务印书馆1958年版，第169~170页。

② 陈洪：《中国小说理论史》，天津教育出版社2005年版，第50页。

③ 《史记评林·王世贞序》，第一册，第11页。

④ 《史记评林·王世贞序》，第一册，第11~13页。按：因为《史记评林》在当时影响较大，有些学者以自己的评点内容未被收录而遗憾，"盖自《史记评林》行龙门子，盖藉是赫寰中矣……读凌自评断曰白雪阳春，维寡和矣。顾又闻徐龙湾叙史评，以凌不及录其评为恨"（《史记评林》，第一册，第126页）。

记评林》收录明人研究成果甚多，诸如杨慎《史记题评》、柯维骐《史记考要》、唐顺之《史记选要》、茅坤《史记抄》、张之象《史记发微》等。程余庆《史记集说·序》中言："迄于有明，说者愈众，凌氏《评林》一编可按也。"①茅坤指出《史记评林》搜集历来对《史记》的注解之书，以及明代自宋濂以下对《史记》有所评点的文字，"兹编也，殆亦渡海之筏矣"②。

凌稚隆《汉书》研究，汇集东汉至明代一百余家评论资料，征引书目达一百余种。以《汉书评林》卷五十八《公孙弘传》为例，便引有黄震、陈仁子、茅坤、吕祖谦、真德秀、李攀龙、刘安世、卢舜治、郑晓、张时彻等对公孙弘的评论。茅坤认为凌稚隆"博搜诸家之说及先大夫藻泉公所手授者，并镌引之，诸家间有醇疵，相参于班掾之旨，或合或不合者，君并栉而厘之。故君之所自疏者为独多，予读之其所擘摩指画处，如入大都之市，烂然百物，辉映眉睫间，翩翩乎与诸家相雄长也"③。黄汝亨称"《前汉书》诸名家评注批点，各为标置详矣。注自服、应而后，重核于颜师古，而评莫备于吴兴凌氏之《评林》"④。

《史记评林》《汉书评林》不仅自身评点内容丰富，另外，学界名流王世贞、茅坤、徐中行等还为之作序，使学界视其为评点范本。如贺次君评价竟陵派代表人物钟惺的《史记集评》时，指出，其书"即从凌稚隆《评林》本出"，"明人读《史》特喜评论，此本乃投其所好，故万历、崇祯间，如邹德沛、曹学佺辈，于钟伯

---

① 参见杨燕起等编：《历代名家评〈史记〉》，北京师范大学出版社1986年版，第34页。另日本学者表野和江在《明末吴兴凌氏刻书活动考——凌蒙初和出版》一文亦指出"在明末通俗文学评点本兴盛之前，从万历初年起，以史书为中心、以'评林'为名的附有评点的书籍大量出版，《史记评林》即是其先驱"（《中国典籍与文化》2003年第3期）。

② 《史记评林·茅坤序》，第一册，第22页。

③ 《刻汉书评林·茅坤序》。

④ 黄汝亨：《寓林集》卷一《批点前汉书序》，《续修四库全书》第1368册，上海古籍出版社2002年版，第620页。

敬推崇备至"，"明自杨慎、凌稚隆而后，评论之风日烈"①。因此，明代文坛巨子王世贞对凌氏评价道"迨我明，而彬彬有闻矣，乃又有以栋（凌稚隆）者，为左提右挈，起东京乘，而颉颃于司马班氏间，可屈指觊也……今世号称右文极治，而金匮石室之副，宁无一二流人间者！有能整齐其业，以上接班氏，亦奚不可！"②

———————————

　　① 贺次君：《史记书录》，商务印书馆 1958 年版，第 178～179 页。

　　② 《汉书评林·王世贞序》。另清人汪乔年《绣园尺牍》卷一论陈仁锡《评后汉书》时指出"七子中陈仁锡本平常，书经其评者甚伙，而悉不佳，各不虚附，岂能终不水落石出耶？而凌以栋《汉书评林》则远胜后书，足下精于玩味，自能分别上中下三冷耳"。参见施蛰存：《灯下集》，开明出版社 1994 年版，第 83 页。

中编

明代晚期多元化思想影响下史学批评研究

　　晚明时期，在追求个性自由、学术自由的氛围中，以及在社会政治状况日趋颓靡的背景下，随着明代实录的散出，学人纷纷依个人的喜好著书立说，希望通过学术经世，挽救社会于不振或传信史于后世。主要表现在两个方面：其一，是对历代正史的摘抄与整理；其二，是私人修撰当代史。面对体裁各异、内容繁杂、质量参差的大量史书，明代学者纷纷对此展开批评，诸如王世贞、胡应麟、焦竑、黄凤翔、詹景凤、朱明镐等①，都留下众多不

---

　　① 按：有关王世贞史学批评的研究，可参见瞿林东《中国史学史纲》（北京出版社1999年版，第646~654页）；钱茂伟《论王世贞对理学化史学的批评》（《华东师范大学学报》2002年第3期）；孙卫国《王世贞研究》（人民文学出版社2006年版）；向燕南《王世贞的史学批评及其理论贡献》（参见瞿林东、葛志毅主编：《史学批评与史学文化研究》，黑龙江人民出版社2009年版，第168~175页）；白云《中国古代史学批评史论纲》（人民出版社2010年版，第297~307页）等。上述论著对王世贞史学批评相关问题论之甚详，故此不再赘述。（转下页）

朽的史学批评成果。焦竑从史官的职责、史料学、历史编纂学等角度来批评诸史，黄凤翔、詹景凤、朱明镐主要是从不同角度对历代正史进行批评。钱谦益于明清之际，可以说既承接明代史学批评之余风，又对明代史学批评之状况予以总结。钱谦益不仅对《史》《汉》有提纲挈领式的批评，对历代正史及明代史学亦皆有批评，可称为明代史学批评的集大成之家。

（接上页）按：有关胡应麟史学批评的研究，可参见向燕南《中国史学思想通史·明代卷》（黄山书社2002年版，第370~385页）、王嘉川《胡应麟论刘知幾》（《史学月刊》2006年第4期）、白云《胡应麟的史学批评》（《红河学院学报》2009年第1期）、俞宏杏《胡应麟〈史书占毕〉及其史学理论》（云南师范大学硕士学位论文，2013年，第35~41页）。

按：有关朱明镐史学批评的研究，参见钱茂伟《明代史学的历程》（社会科学文献出版社2003年版，第382~384页）、杨艳秋《明代史学探研》（人民出版社2005年版，第103~106页）。

第一章　史职·史料·史笔：
焦竑史学批评研究

　　焦竑（1540—1620），字弱侯，号澹园，江苏南京人，万历己丑进士，官翰林修撰。曾撰有《澹园集》《玉堂丛语》《焦氏笔乘》《国朝献征录》《国史经籍志》《皇明人物考》等著述。《国朝献征录》被清代史家万斯同誉为"搜采最广，自大臣以至郡邑吏，莫不有传。虽妍媸备载，而识者自能别之。可备国史之采择者，惟此而已"①。在《国史经籍志》中，焦竑对正史、编年、霸史、杂史、起居注、故事、职官、时令、食货、仪注、法令、传记、地里、谱系、簿录等，从史书撰写体例或史料保存等方面，提出自己的看法。尤其是焦竑的史学专论，如《论史》《修史条陈四议》更是彰显其史学批评之成就。目前学界有关焦竑的研究，关注其学术思想的相对较多②。而对焦竑史学的研究，主要侧重于史学思想、史学成就方面③。本节在梳理焦竑相关著述的基础上，从焦竑对史

---

　　①　万斯同：《石园文集》卷七《与范笔山书》，《清代诗文集汇编》第161册，上海古籍出版社2010年版，第526页。

　　②　容肇祖《焦竑及其思想》（《燕京学报》1938年第23期）；王琅《焦竑学术研究》（高雄师范大学博士学位论文，1998年）；刘海滨《焦竑与晚明会通思潮》（复旦大学博士学位论文，2005年）等。上述诸文主要从学术思想的层面，论析焦竑的学术成就及其思想特点。

　　③　按：王勇刚《焦竑的史学思想》（《殷都学刊》2001年第3期）主要从焦竑对史官职权的认识及其历史编纂学思想、目录学思想、历史考辨思想四个方面论析焦竑的史学思想；杨绪敏《论焦竑及其史学研究的成就与缺失》（《江苏社会科学》2002年第3期）主要论析焦竑主张"私家修史，反对官修史书""修史必须做到贵贱善恶必书""强调史料是史书编纂的基础，主张广泛（转下页）

官职责的认识、史料在史著中的作用及历史编纂学方面，论析焦竑史学批评的成就。

一、"史之职重矣"：从史家主体论析史官职责

万历二十一年（1593），大学士陈于陛建议修国史时，便极力推荐焦竑参与编修。焦竑亦没有让陈于陛失望，对于如何修撰国史，在编纂体例、史料搜集及人员分工等方面都提出了许多建议。虽然这次修史因其他原因而搁浅，但焦竑在这个过程中搜集了大量的资料①，同时对史官在修史中的作用有了更清晰的认识。

对于史官的职责，刘知幾曾言"史之为务，申以劝诫，树之风声。其有贼臣逆子，淫君乱主，苟直书其事，不掩其瑕，则秽迹彰于一朝，恶名被于千载"②。刘知幾强调史官为史应直书其事。焦竑认为"夫记德之史，褒功之诏，传信于天下，史氏职也"③。焦竑进而指出诸如郑晓《吾学编》等书"多载懿行，而巨憝宵人幸逃斧

（接上页）搜集图书典籍"的史学观及其在史学考据方面的成就与缺失；杨艳秋《论焦竑的史学思想——兼评其〈国史经籍志·史类〉》（《史学月刊》2002年第11期）指出焦竑的史学思想主要体现在其对学功用、史学标准、野史的价值、史馆修史的认识方面；李彬《论焦竑的史学》（华东师范大学硕士学位论文，2008年）主要论析焦竑在考据学、目录学方面的成就，并论及《国朝献征录》的编纂及学术价值。

①　按：焦竑在《书玉堂丛语》中言"迨滥竽词林，尤欲综核其行事，以待异日之参考。此为史职，非第欧阳公所云夸于田夫野老而已者。顾衙门前辈，体势辽阔，虽隔一资，即不肯降颜以相衔接。苦无从咨问，每就简册中求之，凡人品之淑慝，注厝之得失，朝廷之论建，隐居之讲求，辄以片纸志之，储之巾箱"（《玉堂丛语》，中华书局2007年版，第5页）。

②　刘知幾著，浦起龙通释，王煦华整理：《史通通释》卷七《直书》，上海古籍出版社2009年版，第179页。

③　焦竑：《澹园集》卷二十五《少司农王公传》，中华书局1999年版，第355页（按：以下源自是书者均为此版本，仅注出卷数及页码）。按：焦竑言"余故忝史职，有善而不彰，罪也。爰掇其大都表于墓，俟诸君子以次而举焉"（《澹园集》卷二十七《中宪大夫南京鸿胪寺卿凤梧张公墓表》，第398页）。

钺，史称梼杌，义不甚然"，应"善恶并存"①。焦竑认为《吾学编》
《名臣录》仅叙写善行懿德，而使恶行秽迹未能受到鞭笞，颇为不
美。对于挚友李贽《续藏书》"一于扬善不刺恶"②，"列传之中，又
独存其美者"，焦竑指出"昔楚史名《梼杌》，《春秋》则乱臣贼子之
戒，每拳拳焉。岂宏甫意不及此耶？抑有所待耶？"③对于不能善恶
必书之史家，焦竑持以遗憾之心情，而对秉笔直书者，则极力赞誉
之。如明代纂修《孝宗实录》时，顾清与董玘面对权臣，皆能据实
直书，焦竑论曰：

> 顾清与修孝庙实录，书妖人李孜省事。焦芳与彭华有隙，
> 诬其附以得进，欲清以风闻书。清云："据实直书，史职也，
> 他不敢与闻。"焦不能难，中官蒋琮诬逐台谏，涉历既久，章
> 疏杂沓。时逆瑾方炽，佥畏触其党，莫敢涉笔。清潜披精核，
> 尽载其实，有嫌而欲节略者，不为动。④
>
> 《孝宗实录》，焦芳多以意毁誉其间，而武宗朝大奸相继
> 乱政，其事棼杂，诸史官相顾不能书。董公玘于纪载详而不
> 冗，简而能尽，又因以正前录之讹谬，归之至公，其有功于国
> 史甚大。少师费公每举以语人。⑤

按：对于顾清不畏强权，"尽载其实"；董玘在众史官相互推
诿时，能驳正讹误，"归之至公"。焦竑借顾清之口吻，指出此乃
"史职也"。同时，焦竑指出"史官记注时事，略有数等"⑥。即史
官应客观记述相关史实，诸如"书榻前之厝置，有《时政记》，载柱
下之见闻，有《起居注》，类例则为《会要》，粹编则为《实录》，总

---

① 查继佐：《罪惟录》列传卷十八《焦竑》，齐鲁书社 2000 年版，第
2535 页。
② 《李维桢序》，李贽：《续藏书》，中华书局 1974 年版，第 2 页。
③ 《焦竑序》，李贽：《续藏书》，中华书局 1974 年版，第 1 页。
④ 焦竑：《玉堂丛语》卷四《纂修》，中华书局 2007 年版，第 131 页。
⑤ 焦竑：《玉堂丛语》卷四《纂修》，中华书局 2007 年版，第 131 页。
⑥ 焦竑：《澹园集》卷二十三《经籍志论·起居注》，第 306 页。

之以待异日之采择，非正史也。昉于萧梁，历世靡缺"，达到"执简而书，尽骊撅实，借箸之策，无不目睹"，倘若"宰臣密画，史官不闻，次第周行，检录制奏，与冗吏同工而已"，如果史官如此行事，令"史者当国之龟镜，万载之眉目"的任务缺失，则为"失职"①。

修史过程中，史官的人选及其是否得以重任，对于修史有很大影响。焦竑认为"史之职重矣，不得其人，不可以语史；得其人不专其任，不可以语史"②。即修史中，选用何人为史官及是否能"专其任"③，很大程度上会影响到史著的质量。"故修史而不得其人，如兵无将，何以禀令？得人而不专其任，如将中制，何以成功？"因此，"苏子谓史之权，与天与君并，诚重之也"④。对于史官能得其人，且专其任，焦竑以汉代为例，论道：

> 汉时号曰太史令，郡国计吏上计太史，然后以其副上之丞相、御史；而又父子世其官。或有欲书而不得书者，则父子争死其职。是以上而宫寝燕息之微，下而政务得失之大，以至当世之大人显者，势力烜赫，或可逭于王诛，而卒莫逃于史笔。及其里巷山泽，处士贞女，抱德不耀者，又岁有采风之使以贡于天子。是以太史所书，谓之实录。⑤

即汉代史官选用得当，且有专人从事史书修撰，才会使各种事项"莫逃于史笔"，出现实录之作。鉴于史官人选之重要性，焦竑亦专门论及明代史官任命对修史的影响。

---

① 焦竑：《澹园集》卷二十三《经籍志论·起居注》，第 306 页。
② 焦竑：《澹园集》卷四《论史》，第 19 页。
③ 按：焦竑赞同刘知幾的观点，主张以一己之力撰史，避免史馆众人修史时，出现"甲是乙非则疑于聚讼"的局面（《澹园集》卷四《论史》，第 20～21 页）。
④ 焦竑：《澹园集》卷四《论史》，第 19 页。
⑤ 焦竑：《澹园集》卷四《论史》，第 19 页。

　　国初修书，多招四方文学之士，不拘一涂，近日内阁题请，实合此意。但世道日衰，人情不美，未得学行之人，徒为奔竞之地。其于纂修，无益有损。况今承明著作之廷，济济多士，供事有余，宁须外索，中惟星历、乐律、河渠三项，非专门之人，难于透晓，宜移文省直，访有精通此学者，或召其人，或取其书；史官就问，大加删润，以垂永久。此外决当谢绝，勿启幸门。至史馆两房中书，本供缮写，今始事之日，方翻阅遗文，搜讨故实，下笔之期茫无影响，誊录之官安所用之？而已窃大官之供，同太仓之鼠，甚属无谓。似当暂为停止，俟他日脱稿之后，经总裁改定，方可取用。量为资给，不但冗费可裁，而亦侥幸少抑。①

　　按：焦竑分析明朝初年，设馆修史，不拘一格搜罗人才，参与者众多。而万历时期，社会风气日趋颓靡，沽名钓誉之徒混迹史馆，企图借助修史浪得虚名，此类人员对修史而言有害无益。尤其是星历、乐律、河渠三项，应当选任专门人才任其职，或者搜集其相关书籍供史官参阅。对于和修史无关之人应当谢绝，这样不仅可以节约开支，亦减少滥竽充数之徒投机史局，因此，焦竑提出史官之职"当议"②。

　　相反，当史非其人，史无专任时，则是另一种景象。

　　自二史虚员，起居阙注，衣冠百家罕通述作，求风俗于郡县，讨沿革于台阁，著作无主，条章靡立，人自以为荀、袁，家自以为政、骏矣。而又置监修者以总之，欲纪一事载一言，必行关白。法《春秋》者曰："必须直辞。"宗《尚书》者曰："宜多隐恶。"甚者孙盛实录，取嫉权门；王韶直书，见仇贵族。致使阁笔含毫，狐疑相仗。刘知幾谓之"白首可期，汗青无

①　焦竑：《澹园集》卷五《修史条陈四事议》，第30页。
②　焦竑：《澹园集》卷五《修史条陈四事议》，第30页。

日"，盖叹之也。①

　　盖古之国史，皆出一人，故能藏诸名山，传之百代。而欲以乌集之人，勒鸿巨之典，何以胜之？故一班固也，于《汉书》则工，于《白虎通》则拙；一欧阳修也，于《新唐书》则劣，于《五代史》则优，此其证也。今之开局成书，虽藉众手，顾茂才雅士，得与馆阁之选者，非如古之朝领史职而夕迁之也。多者三十年，少者不下二十年，出为公卿，而犹兼翰林之职，此即终其身以史为官也。自非选有志与才者充之，默然采其曲直是非于中外雷同之外，以待他日分曹而书之所不及，吾不知奚以举其职哉？②

　　按：焦竑在《论史》篇中所言，当史无专任，众人修史时，常常因相互牵制，史家不能独断其事，导致出现刘知幾所叹头白可期而汗青无日的现象。亦有班固修《汉书》则工，而撰《白虎通》则拙；欧阳修撰《五代史》则优，而修《新唐书》则劣。其因在于"盖古之国史，皆出一人，故能藏诸名山，传之百代"。同时，鉴于明代参与修史者大多"终其身以史为官"，焦竑认为只有选拔有志于史学且有才华者，客观记载相关史实，才能称得上是合格称职的史官。

二、"未有无因而作者"：从史料学的角度论史籍

　　焦竑治学以博学严谨著称，重视对史料的搜集与辨伪，如其所言"囊读书之暇，多所札记"，"观古今稗说，不啻千数百家，其间订经子之讹，补史传之阙，网罗时事，缀辑艺文，不谓无取"③。

---

　　①　焦竑：《澹园集》卷四《论史》，第19~20页。
　　②　焦竑：《澹园集》卷四《论史》，第20页。
　　③　《焦竑自序》，焦竑：《焦氏笔乘》，中华书局2008年版，第1页。
按：以下源自是书者均为此版本，仅注出卷数和页码。

焦竑在《刘氏鸿书序》中亦言"古昔所传，必资简策，贯综群典，约而成书"①。"网罗时事，缀辑艺文""必资简策，贯综群典"之论，体现焦竑搜罗史料的范围及其对史料价值的认同。在史学创作中，焦竑亦是秉持史料为上的作法，顾起元称《国朝献征录》一书"取累朝训录、方国纪志与家乘、野史，门分类别，采而辑之，自禁中之副，名山之藏，通都大邑之传，毕登于简"②，"目广于《列卿》者什五，其人多于《琬琰》者什七。至折中是非，综教名实，阙疑而传其信，斥似而采其真"③，故"一代之史，犁然大备"④。因此，焦竑在言及其他史著时，常常从史料学的角度予以评判。

1. 从史料考辨的角度，评析《史记》《资治通鉴》记载之误

对于《史记·吴起列传》田文为相之事，《吕氏春秋》亦有此记载，内容相近，但《吕氏春秋》为商文而非田文。焦竑称"二书所载，即一事耳。《史记》称田文，《吕纪》为商文，所不可晓。太史公得于传闻，而《吕纪》先秦之书，或于纪载为核"⑤。有关《左传》《史记》所记赵武及赵氏之事，焦竑指出"《左氏》不载程婴、公孙杵臼存赵事，而《史记》言之甚详"，"合二书考之，盖赵朔、赵同、赵括之死，本各因一事，各为一时，《史记》误合为一，遂致事词参错，不可稽耳"，进而比较《史记·赵世家》与《史记·晋世家》，得出《史记》所载"自相抵牾，不足信矣"⑥。

再如，《焦氏笔乘续集》卷五《孟舒魏尚》条，焦竑言"孟舒与魏尚，皆以文帝时为云中守，皆坐匈奴入寇得罪，皆得士死力，皆用他人言复官。事岂有相类如此者？当是一事，而传闻异词，史因以

---

① 焦竑：《澹园集》附编一《刘氏鸿书序》，第 1197 页。
② 焦竑：《澹园集》附编三《献征录序》，第 1277 页。
③ 焦竑：《澹园集》附编三《献征录序》，第 1277 页。
④ 焦竑：《澹园集》附编三《献征录序》，第 1277 页。
⑤ 焦竑：《焦氏笔乘续集》卷五《〈史记〉〈吕氏春秋〉之异》，第 427 页。
⑥ 焦竑：《焦氏笔乘续集》卷五《左氏史记之异》，第 428~429 页。

为两人耳"①。同样，对于《资治通鉴》中关于魏徵奏事，唐太宗将鹞捂死怀中之事，焦竑根据白居易《献续虞人箴》所载应为唐玄宗事，"乐天去当时未远，必有据依。今《唐书·徵列传》，亦不载此事"②。

2. 从传信史的角度，评析保存史料之重要性

焦竑指出《史记》《汉书》能成为传世之作，"冠绝后世"，正是因为《左传》《国语》《世本》《楚汉春秋》及刘向、刘歆、扬雄及班彪等人的纂著为其提供了有益参考③。而明代以来纂史所凭借的无非是"台省之章疏与夫缙绅之志状"，"忠臣义士感时抗论，匡主犯颜，其中崇论弘议，不谓无之"，"而任情附会，轻摇笔端者，其徒实繁也。古之志铭，唯述其生死时日，以防陵谷之迁变，而后世子孙稍有赀力，妄为刻画，盖无不铭之祖父，亦无不美之墓铭。是两者不烦齿颊，而知其无当矣。乃连篇而存，累牍以附"④。愤激之论或谀墓之辞充斥史书之中，而"圣天子之密勿宸猷，贤公卿之造膝秘议，或逸而不传，或传而不著，忠直之士遭谗被讥，屈抑而不得显，遐州僻壤，孝子贞女，食贫而不获达，又何以抽扬小善，察纳迩言，以备一代之信史乎?"⑤

鉴于"古之良史，多资故典。会稡成书，未有无因而作者。即今金匮石室之中，当备有载籍，以称昭代右文之治"⑥。诸如汉代修史，"郡国计书，先上太史，副上丞相。后汉公卿所撰，初集公府，亦上兰台，史官所修，于是为备"⑦。焦竑曾"读中秘

① 焦竑：《焦氏笔乘续集》卷五《孟舒魏尚》，第427页。
② 焦竑：《焦氏笔乘续集》卷五《通鉴之误》，第427页。
③ 焦竑：《澹园集》卷四《论史》，第20页。
④ 焦竑：《澹园集》卷四《论史》，第20页。
⑤ 焦竑：《澹园集》卷四《论史》，第20页。
⑥ 焦竑：《澹园集》卷五《修史条陈四事议》，第30页。
⑦ 焦竑：《澹园集》卷五《修史条陈四事议》，第31页。

之书，见散失甚多，存者无几"，感叹"藉令班马名流，何以藉手？"①明代初年，朱元璋伐燕，"属大将军收秘书监图书典籍，太常法服，祭器仪卫，及天文、仪象、地里、户口、版籍。既定燕，诏求遗书散民间者"。朱棣在位初期，根据解缙的建议，"令礼部择通知典籍者，四出购求遗书。合无仿其遗意，责成省直提学官加意寻访，见今板行者各印送二部，但有藏书故家，愿以古书献者，官给以直；不愿者亦抄写二部。一贮翰林院，一贮国子监，以待纂修诵读之用。即以所得多寡为提学官之殿最。书到，置立簿籍，不时稽查，放失如前者，罪之不贷"②。朱元璋、朱棣重视史籍的搜集，下诏令搜求遗书，甚者给进书者赏官，以搜书多寡为考核官员政绩的标准之一。在此种有效的措施下，明初"史学有资"③。故焦竑提出"书籍之当议"④，即应重视史料之搜集。

3. 从保存史料的角度，评析史书之类例

焦竑在编纂《经籍志》时，从保存史料的角度出发，合理地将相关史著归于故事、职官、传记、地里、谱系及杂史中，且在每个分类前面以小序概其缘由，兹摘其要展述如下：

> 古者百司政典藏于官府，各修其职守而弗忘。《周官》御史掌治朝之法，太史掌万民之约契与质剂，以逆邦国之治，盖赋事行刑，必问遗训，而咨故实，史职尚已。汉建武初，政鲜成宪，朝无故老，识者虑之。独侯霸明习故事，收录遗文，一时倚以为重。后世条流派别，制度渐广，虽未必悉能经远，而

---

①　焦竑：《澹园集》卷五《修史条陈四事议》，第30~31页。
②　焦竑：《澹园集》卷五《修史条陈四事议》，第31页。
③　焦竑：《澹园集》卷五《修史条陈四事议》，第31页。
④　焦竑：《澹园集》卷五《修史条陈四事议》，第30页。

各有救于沦斁，亦一时之良也。惜随代湮没，十不一存。今据所传者部而类之，谓之《故事》。①

上世官修其方，故物不抵伏。后世弗安厥官，其方莫修，而职业举以放废。夫方者书也，究其原本所思营者，悉书之，法术具焉，令居是官者奉以周旋，古之制也。《周官》三百六十属，官各有书。小行人适四方，则物为一书。至五书，盖将有行也。举必及三，惟始衰终，依据精审，斯其厝置也无不当者。今史策中《汉官解诂》、《汉官仪》、《晋公卿礼秩故事》、《唐六典》，皆其类也，但官曹名品，撰录甚繁，其猥琐鄙细者，盖多有之。特删其存而可睹者为《职官篇》。②

古者史必有法，大事书之策，小则简牍而已。至于流风遗迹，故老所传，史不及书，则传记兴焉。如《先贤》、《耆旧》、《孝子》、《高士》、《列女》，代有其书，即《高僧》、《列仙》鬼神怪妄之说，往往不废也。夫以《六经》之文，皎如日月，诸家异学，说或不同，况乎幽人处士，岩居川观，而以载当世之务者乎？然或具一时之所得，或发史官之所讳，旁搜互证，未必无一得焉。列之于篇，以广异闻。③

太史以典逆冢宰治其书，盖昔之史职如此，汉承百王之末，壤地变改，刘向始略言其分域。丞相张禹使属颍川朱赣条其风俗而宣究之，后世地志之滥觞也。挚虞《畿服经》至百七十卷，可谓备矣。而世罕传。后人因其所经自为纂述，即未必成一家之体，而夷险之迹，区域之界，土风之宜，星经之分，考览者率有资焉。悉次左方，以补图经之阙。④

古为《春秋》学者，有年历、谱牒……江左以来，谱籍渐

---

① 焦竑：《澹园集》卷二十三《经籍志论·故事》，第306页。
② 焦竑：《澹园集》卷二十三《经籍志论·职官》，第306~307页。
③ 焦竑：《澹园集》卷二十三《经籍志论·传记》，第309页。
④ 焦竑：《澹园集》卷二十三《经籍志论·地里》，第309页。

盛……迨至中叶，此风都废。公靡常产，士无旧德，冠冕舆
皂，混然莫分，则又甚矣。夫氏族勋恪，史之流例。故区而列
之，以备览焉。①

古天子诸侯皆有史官，自秦汉罢黜封建，独天子之史存。
然或屈而阿世，与贪而曲笔，虚美隐恶，失其常守者有之。于
是岩处奇士偏部短记，随时有作，冀以信己志而矫史官之失者
多矣。夫良史如迁，不废群籍，后有作者，以资采拾，奚而不
可？但其体制不醇，根据疏浅，甚有收撮鄙细而通于小说者，
在善择之而已。②

按：焦竑在《经籍志》中解说自己分类之缘由，《故事》类是避
免相关制度"随代湮没，十不一存"；《职官》篇系"究其原本所思营
者"，删节"猥琐鄙细者"；《传记》篇"发史官之所讳"，"以广异
闻"；《地里》篇为"考览者率有资焉"，"以补图经之阙"；《谱系》
篇系"以备览焉"；《杂史》篇在于"以资采拾"等。焦竑所言其分类
之理由，皆从为当下及后世保存史料而言，进一步强调史料之重要
性。

三、注重章法：从历史编纂学的角度论史著

焦竑曾任职史馆，对国史修撰提出了很多建议，其间自然会
涉及对史料如何进行编目分类、国史编纂采取何种体例及国史撰
写中史法等问题③。尽管国史未能修成，但焦竑在修国史的过程
中查阅了众多档案奏疏，积累了大量史料，并撰成《国朝献征录》

---

① 焦竑：《澹园集》卷二十三《经籍志论·谱系》，第310页。
② 焦竑：《澹园集》卷二十三《经籍志论·杂史》，第305页。
③ 按：此次修史中，焦竑承担了国史《艺文志》的撰写任务，最终形成
了《国史经籍志》五卷，附《纠谬》一卷(参见王国强《论〈国史经籍志〉》，《郑
州大学学报》1998年第6期)。

及《国史经籍志》，可谓对明代人物事迹、史籍存废进行了细致的梳理及规整。因此，焦竑十分关注史书的分类及其纂述情况。

1. 从编目分类方面论史籍

焦竑《国史经籍志》参考《隋书·经籍志》《通志·艺文略》的体例编纂而成①，同时不乏自己的创见②，尤其是其中对"史部"的分类，更能展现焦竑的史学评论意识。

《夏小正》《月令》等书，皆言四时节令，对于此类有助于农耕稼穑之书，以往的目录书在分类时，多将其纳入"农家"③。焦竑认为像《月令》等书，"盖王政之施敛，民用之出藏，与夫摄养种植，随俗嬉游，亦可考见承平之遗风。故其书代有作者。尝试丹青众言，凭几以睇四时物色，惨舒荣槁，粲然如将接之；而其宏巨者，虽以磅礴天地，呼吸阴阳，而成岁功可也"④。"顾诸籍鳞次，非专为农设"，即将其列入"农家类"颇有不妥，故参依《中兴馆阁》，特立"岁时"一目⑤。

在《国史经籍志》中，焦竑将"食货"纳入"史部"，"《洪范》八政，食货先之，非生人所至急乎！顾自养之资少，役生之路繁，风流波荡，日以弥甚。于是明珠翠羽，无足而驰，异石奇花，飞不待翼。远畜未名之货，兢收罕至之珍。而一罹岁凶，卒无疗于饥渴，则何益矣。昔醇人未漓，情者疏寡，奉生赡己，差不为劳"，况且"一夫耕则余餐委室，匹妇织而兼衣被体，鸡犬声闻而老死不相往

---

① 参见丁宏宣：《论焦竑与〈国史经籍志〉》，《图书馆论坛》1997年第1期；王国强《论〈国史经籍志〉》，《郑州大学学报》1998年第6期。

② 按：章学诚在《校雠通义》内篇二《焦竑误校汉志》中评《国史经籍志》之《纠谬》篇，"讥证前代史著之误，虽其识力不逮郑樵，而整齐有法，去汰裁甚，要亦有可节取者焉"（古籍出版社1956年版，第22页）。

③ 焦竑：《澹园集》卷二十三《经籍志论·时令》，第307页。

④ 焦竑：《澹园集》卷二十三《经籍志论·时令》，第307页。

⑤ 焦竑：《澹园集》卷二十三《经籍志论·时令》，第307页。

来，岂非圣人所深羡者乎？"①出现此种境况，焦竑将原因归结于"投珠捐璧之主倡之而已"②，因此，焦竑指出其立"食货"篇的目的为"今编列诸籍，劝诫具存"③。

然而，对于《国史经籍志》之"仪注""法令"篇，焦竑则是悉其变革，梳其源流。于"仪注"篇，则"斟酌损益，代有不同，而适物观时，类有救于崩敝，亦何必身及商周，揖让登降于其间，乃为愉快乎哉！故具列而叙之。其谥法、国玺，原出他部，余以谓礼之类也，特改而傅著于篇"④；于"法令"篇，则因旧史"刑法"一目，"《汉名臣奏事》、《魏台杂访》，贡举、监学、役法参错其间，近于不伦。今更名《法令》，以律令为首，而诸条皆检括之。其职官仪注，又以其重大别出云"⑤。

2. 从撰写体例方面评诸史⑥

刘知幾曾言"夫史之有例，犹国之有法。国无法，则上下靡定；史无例，则是非莫准"⑦。史书的撰写体例，主要有编年、纪传和纪事本末，前后相继，各有千秋。焦竑在《国史经籍志》"史部"之"编年"中指出"述史者体有不一，而编年、纪传其概也。编年者以年系事，详一国之治体，盖本《左氏》。纪传者，以人系事，详一人之事迹，盖本史迁"，"大较各有所长，而编年为古矣"，

---

① 焦竑：《澹园集》卷二十三《经籍志论·食货》，第307~308页。
② 焦竑：《澹园集》卷二十三《经籍志论·食货》，第308页。
③ 焦竑：《澹园集》卷二十三《经籍志论·食货》，第308页。
④ 焦竑：《澹园集》卷二十三《经籍志论·仪注》，第308页。
⑤ 焦竑：《澹园集》卷二十三《经籍志论·法令》，第308~309页。
⑥ 按：焦竑称《一统志》"葺于近日，而义例猥繁，纪载无法，观者病之"，《方舆胜略》"乃每一省会，系以一图。其于黄河、海防、九边、海运，凡关经济之大者，靡不森然胪列，如指诸掌。此固问俗之津梁，而求理之关键也"（《澹园集续集》卷九《题方舆胜略》，第895页）。
⑦ 刘知幾著，浦起龙通释，王煦华整理：《史通通释》卷四《序例》，上海古籍出版社2009年版，第81页。

《史记》本纪、表、志、列传，"自为篇章，不无烦复"，因此，萧颖士认为司马迁所创立的体例，"不合典训，尝深非之"①。"然左氏依经为传，而《国语》一书，国别事殊，或越数十年而竟其义，亦知事词散出，难于缀属，而自相错综如此矣。"②鉴于《史记》《国语》之缺憾，荀悦《汉纪》、袁宏《后汉纪》等以《春秋》为范例，《资治通鉴》"通群哲之归趣，总百代之离词，虽其津涉九流，钤键六艺，而实王侯之龟镜，经济之潭奥也"③。但是，《资治通鉴》记述上千年历史，"世远事繁，文见于此而起义在彼者，往往有之。学者寻究其事，欲即始见终，不可骤得，不无遗憾"④。袁枢在《资治通鉴》基础上，"随条甄举离合，始末之间，曲有微意"⑤，撰成《通鉴纪事本末》。纪事本末体"事举其类，各以部分，国之大厝置犁然具在，而废兴所繇，其大较卒归于此，故不必旁观互证，而开卷了然，诚一快也"⑥。

　　焦竑在参阅正史时，发现即便同一作者之著述，亦有体例不同之现象。以李延寿所作《南史》《北史》，欧阳修《唐史》《五代史》为例，指出"《南史》先传循吏，《北史》先传儒林；《南史》兼传文学，《北史》则传文苑；《南史》传孝义，《北史》则改为孝子……"像酷吏、艺术、列女等传，《南史》皆无而《北史》皆有，"曷尝比而同乎？"《唐史》和《五代史》亦存在此类情况，《唐史》有天文志，而《五代史》改为司天；《唐史》有地理志，而《五代史》则为职方，诸如循吏、酷吏、儒学、文艺等传，《唐史》皆有而《五代史》皆无，故而焦竑言"史笔

---

① 焦竑：《澹园集》卷二十三《经籍志论·编年》，第 304 页。
② 焦竑：《澹园集》卷二十三《经籍志论·编年》，第 304 页。
③ 焦竑：《澹园集》卷二十三《经籍志论·编年》，第 304～305 页。按：焦竑上述对编年、纪传的看法，又见于《澹园集续集》卷一《刻通鉴纪事本末序》，第 755 页。
④ 焦竑：《澹园集续集》卷一《刻通鉴纪事本末序》，第 755～756 页。
⑤ 焦竑：《澹园集续集》卷一《刻通鉴纪事本末序》，第 756 页。
⑥ 焦竑：《澹园集续集》卷一《刻通鉴纪事本末序》，第 756 页。

纪载不同"，"史法之异"①。

身为史馆一员，焦竑熟识明代所修实录的弊病，他提出以传信史为目的，合理创立本纪。建文在位四年，景泰帝在位七八年，而明代实录中并没有其专纪，"景帝位号虽经题复，而《实录》附载，未为是正。夫胜国之君，人必为纪，以其临御一时，犹难泯没，所谓国可灭，史不可灭也；况在本朝，乃使之孙蒙祖号，弟袭兄年，名实相违，传信何据？"②像睿宗献皇帝，身为嘉靖帝的父亲，应如"汉高之述太公，光武之述长沙"，"不必另纪"③。另外，明代实录中，只有三品以上的官员才能立传，"高门虽跖、蹻亦书，寒族虽夷、鳝并诎"；"禀于总裁，苟非其人，是非多谬，如谓方正学为乞哀，于肃愍为迎立，褒贬出之胸臆，美恶系其爱憎，此类实繁，难以枚举"；其他当代史中，"多系有名公卿，至权奸误国之人，邪佞欺君之辈，未一纪述"④。焦竑希望修国朝正史时，应该"贵贱并列，不必以位为断"，"善恶并列，不必以人为断"⑤。

<hr/>

①　焦竑：《焦氏笔乘续集》卷六《史法之异》，第455页。按：对于其他正史中，立传不类之处亦多有评析，如范晔《后汉书》中创有《独行传》，焦竑认为"其成名立方，风轨足怀也。是时士瘅于名，刻情修容，依倚道艺，以就其声价，而绝俗违时，过为激诡。则含真抱朴之君子，抑或耻之，无论中表殊情，老壮异节，其隐括将有不至，而较之自然之充符，无虑远矣"，而"《唐史》流例猥多，卓行、孝友、忠义，至析为三品，虽其与蔚宗异意，亦非笃论也"(《澹园集》卷十八《金全州思馨公七十序》，第214页)。还有，《宋史》中载崔偓佺对宋真宗言"刀下用音榷，两点下用音鹿，一点一撇不成字"，焦竑据《说文》指出"无刀用、两点之说"，"偓佺以字学名于时，而不读《说文》，作史者因此一事为之立传，亦盲矣"(《焦氏笔乘》卷一《角里》，第50页)。

②　焦竑：《澹园集》卷五《修史条陈四事议》，第29页。

③　焦竑：《澹园集》卷五《修史条陈四事议》，第29页。

④　焦竑：《澹园集》卷五《修史条陈四事议》，第30页。

⑤　焦竑：《澹园集》卷五《修史条陈四事议》，第30页。

3. 从史书撰写手法方面评《史》《汉》①

明代中叶以后，文人墨客对《史记》备感兴趣，对于此种现象，焦竑论曰："近世谈文，率宗《史记》，然子长精神结构，茫然未解，第袭其语耳。"②焦竑对《史记》《汉书》亦多有评析，凌稚隆《史记评林》《汉书评林》收录有焦竑评《史》《汉》之成果，主要表现为两个方面，其一是对《史》《汉》内容的考辨，其二是对《史》《汉》的审美评判。

司马迁撰写《史记》时，对历史人物形象的刻画及人物传记的安排颇具用心。焦竑指出"《刺客传》序聂政事，极其形容。殆自抒其愤激云耳。于《年表》则书'盗杀韩相侠累'，盖太史公之权衡审矣。又如列孔子于世家，老子于列传。而且与申、韩相埒，亦曷尝先黄、老而后《六经》哉？然则后人之讥迁者，悉眯语也"③。焦竑所言"权衡"，即司马迁之撰写手法。对于陈仁子称"汉初不知尊《孟子》"，司马迁以孟子、荀子同传，"已为不伦"，甚者，"以驺子、淳于髡等杂之，何卑孟邪？"焦竑认为"史法有牵连得书者，有借客形主者。太史公叹孟子所如不合，而驺子、淳于髡之流棻棻焉尊礼于世，正以见碔砆轻售而璞玉不剖，汗血空良而驽马兢逐，其寄慨深矣。仁子反见，谓为卑孟，是不知文章之宾主故也"④。

----

①　按：焦竑对《史记》《汉书》及《后汉书》多有评析，曾撰辑《两汉萃宝评林》三卷。凌稚隆《史记评林》《汉书评林》中对焦竑的观点征引较多。对于焦竑借助文章结构及司马迁的笔法，辨析前人之说，可参见拙著《明人汉史学研究》（湖北人民出版社 2011 年版，第 268~271 页）。

②　焦竑：《焦氏笔乘》卷二《荆公学史记》，第 88 页。

③　焦竑：《焦氏笔乘》卷二《史公权衡》，第 65 页。

④　焦竑：《焦氏笔乘》卷二《陈仁子不知文章宾主》，第 62 页。按：焦竑从文章笔法来论析《史记·孟荀列传》是比较可取的，清人吴见思、徐与乔、恽敬对此问题的看法基本与焦竑一致（参见拙著《明人汉史学研究》，湖北人民出版社 2011 年版，第 269 页）。

同样，在评析《史》《汉》异同时，焦竑亦把史法作为评判的标准之一。如焦竑称"太史公《匈奴传赞》曰：'孔氏著《春秋》，隐、桓之间则章，至定、哀之际则微，为其切当世之文而罔褒，忌讳之词也。'子长深不满武帝而难于显言，故著此二语，可谓微而彰矣。班掾《元帝赞》，称其'鼓琴瑟，吹洞箫，自度曲，被歌声，分刌节度，穷极幼眇'。《成帝赞》：'善修容仪，临朝渊嘿，尊严若神。可谓穆穆天子之容。'此皆称其所长，则所短不言而自见，最得史臣之体"①。对于这种论断，凌稚隆在《汉书评林》亦有类似的见解，他对《汉书》中汉宣帝、汉元帝的论赞评曰："班掾于孝宣赞其技巧工匠，于孝元赞其吹箫鼓瑟，寓聆意于聚中，深得史臣之体。"②宋人程颐称"子长著作微情妙旨，寄之文字蹊径之外；孟坚之文，情旨尽露于文字蹊径之中。读子长文，必越浮言者始得其意，超文字者乃解其宗；班氏文章亦称博雅，但一览之余，情词俱尽，此班马之分也"。对程颐之论，焦竑非常赞同，称"评《史》《汉》者独此语为核。张辅以文字多寡为优劣，此何足以论班、马哉！"③

四、余　　论

焦竑在史学方面虽以考据见长，"明之中叶以博洽著称杨慎，而陈耀文起而与争。然慎好伪说以售欺，耀文好蔓引以求胜。次则焦竑，亦喜考证"④，但焦竑在史学批评方面也颇具特色，如上述所论，焦竑对史官、史料及相关史著编纂之评析，即可窥豹一斑。

---

① 焦竑：《焦氏笔乘》卷二《匈奴传赞》，第 67 页。
② 凌稚隆：《汉书评林》卷九《元帝纪》。
③ 焦竑：《焦氏笔乘》卷二《伊川评班马》，第 67 页。
④ 《钦定四库全书总目(整理本)》卷一百十九《通雅》，第 1594 页。按：林庆彰《明代考据学研究》中第七章专门论述焦竑考据学方面的相关内容，诸如考据方法、考据内容及考证中的失误等(华东师范大学出版社 2015 年版，第 307~390 页)。

焦竑史学批评之源动力，主要源于自身的学术素养、学术经历及客观的批评意识。

1. 源于自身的学术素养及学术经历

焦竑以博学著称，在其广博的学术历练中，对史学中的相关问题形成自己理解与认识。顾起元曾言焦竑"天授异才"，"才擅三长"，"会陈文宪公议修国朝正史，与王文肃公并欲以此事颛畀先生。先生谓盖众独贤，固辞不可。遂与词臣分纪其事。然而先生胸中实自有成书，即文宪所建议规划，大抵皆发端于先生者也"①。即当时修国史的思路多源自焦竑之建议。焦竑加入史局后，"无日不搜猎于古人之载籍，闻有异本秘册，必为购写。又日与海内名流讨析微言，订正谬误"②。焦竑广泛参阅古人载籍、异本秘册，并与学界名流进行商讨，订正相关谬误，潜移默化中，自然会对相关史著、史学现象发表个人见解。如其认为奏牍的内容在正德以前"核而朴"，嘉靖以来"裁而练"，而万历年间则"华与实皆难言之矣"，因此，感叹"盖言之醇醨而学术世道率可考焉，所系岂浅鲜哉！"③

同时，在长期接触相关文献及考订史籍的过程中，焦竑明悉史料在修史中的价值，如其在《答钱太学》中言"令亲张君至，拜书，感慰不可言。国史肇修，为方今一大事，顾令寡陋如仆者滥竽其间，非其任矣。承见谕种种，皆大有关涉，即以告之总裁公。搜讨收入外，有载籍可资采择者，更望一二见示。郑端简公最名通今，其家国朝典故之书必多，丈一为转问其目，仆自托人就其家传写之。闻云村先生有《革朝志》十卷，乞转借一抄，至望。作者苦心，

---

① 焦竑：《澹园集》附编三《献征录序》，第 1277 页。
② 焦竑：《澹园集》之附编二《尊师澹园先生集序》，第 1214 页。按：焦竑"藏书两楼，五楹俱满，余所目睹，而一一皆经校雠探讨，尤人所难"（见《澹园集》之附编三《藏书纪事诗咏焦竑》，第 1279~1280 页）。说明焦竑博览群书时，往往以审视的眼光判析之。
③ 焦竑：《澹园集续集》卷一《梁端肃公奏议序》，第 761 页。

本欲传信，收入国史，亦自其所乐也。如何？"①爱屋及乌，对史料的重视，才会使焦竑在给他人的书信中仍念念不忘对相关资料的搜集。

2. 秉持积极的批评意识与客观的批评精神

焦竑曾言"学道者当尽扫古人之刍狗，从自己胸中辟取一篇乾坤，方成真受用，何至甘心死人脚下"②。即作为学者应该具有批评意识。但这种批评不能像刘知幾"多轻肆讥评，伤于苛刻"③，"师心妄驳，肆笔横诋，乃工于绳人而拙于用己"④，应是"凡作议论文字，须令核实无差忒乃可"⑤。鉴于"论人之著作，如相家观人"，焦竑指出欲客观评析他人著述，应"得其神而后形色气骨可得而知"，"不得其神，未可论其法，不知其人，未有能得其神者"⑥。"核实无差""得其神"是焦竑进行批评的标准之一。因此，焦竑在评析苏辙《古史》时指出司马迁《史记》"万世卒无以易者，其文至矣"，然而"以一人驰骋数千载之上，又当秦焚灭之后，经典残缺，不无疏脱舛误于其间，其纪、传、志、表，自相矛盾者亦往往有之"，谯周作《古史考》"皆凭旧典以纠其谬，而未备也"，苏辙

① 焦竑：《澹园集》卷十三《答钱太学》，第117页。
② 焦竑：《焦氏笔乘续集》卷二《支谈上》，第287页。按：林庆彰在论及焦竑的性格时，指出"弱侯既负重名，性复疏直，时事有不可，辄形之言论，政府亦恶之"(《明代考据学研究》，华东师范大学出版社2015年版，第308页)。富有学问，性格耿直之人易于产生批评意识。
③ 焦竑：《焦氏笔乘》卷三《史通》，第124页。
④ 焦竑：《澹园集续集》卷三《刻子由古史序》，第816页。按：焦竑对刘知幾的评析，可谓赞其优点，责其缺憾，如其言"余观知幾指摘前人极其精核，可谓史家申、韩矣。然亦多轻肆讥评，伤于苛刻"(《焦氏笔乘》卷三《史通》，第124页)，"师心妄驳，肆笔横诋，乃工于绳人而拙于用己。识者尝深非之"(《澹园集续集》卷三《刻子由古史序》，第816页)。焦竑在《焦氏笔乘》卷三《史通》中例举《史通》之《浮词篇》《人物篇》《辨识篇》《杂说篇》出现的轻断之论(中华书局2008年版，第124~125页)。
⑤ 焦竑：《焦氏笔乘》卷一《二疏赞误》，第18页。
⑥ 焦竑：《澹园集》卷二十二《题词林人物考》，第284页。

又作《古史》"益犁然有当于心"，对于苏辙所言司马迁"所未喻者，于此而明"，"所脱遗者，于此而足"，焦竑评曰"诚笃论也"①。

　　晚明时期，史学的状况是"史之废久矣，改弦易辙则疑于纷更，循途守辙则疑于胶固，野史家乘则疑于越俎，甲是乙非则疑于聚讼"②。面对此种局面，焦竑叹曰"议史于今日，难之难者也"③，无奈之下，解决的办法是"章奏采矣，而又参之时论；志铭收矣，而又核之乡评；馆局开矣，而又总之一家，则伪不胜真，同可为证；权不他移，事有所统，然后道法与事词并茂，刊削与铨配兼行，虽未必进之作者，庶可以备采来兹矣"④。焦竑不仅客观地指出史学纂述方面所存在的困难，同时也提出合理的解决方法。

---

　　① 焦竑：《澹园集续集》卷一《古史序》，第 753 页。按：焦竑在《刻子由古史序》亦指出苏辙有功于《史记》，对《史记》"多所升汰，阙者益之，谬者厘之，采摭于散亡残脱之遗，根盘节解，条入叶贯，而圣人之为治者，复暴著其枢要而见之于后，可以为难矣"，且苏辙"所绪正，援据精审，足以扶微学，存古义。此史公之功人，非其苟为异而已"（《澹园集续集》卷三《刻子由古史序》，第 815~816 页）。

　　② 焦竑：《澹园集》卷四《论史》，第 20~21 页。

　　③ 按：焦竑在《刻子由古史序》亦言"余谓史之难言久矣"，其因在于"马《记》班《书》，今昔罕俪。然班椽业訾迁，而范晔复诋固，目睫之讥，不能自解免也"（《澹园集续集》卷三《刻子由古史序》，第 815 页）。

　　④ 焦竑：《澹园集》卷四《论史》，第 21 页。

第二章　瑕瑜不掩，纵评众史：
黄凤翔史学批评研究

黄凤翔（1538—1614），字鸣周，号仪庭，晚号止庵，福建晋江人，隆庆二年进士。曾任翰林院编修、南京礼部尚书等职，为政刚直不阿，不屈权贵①。黄凤翔一生大部分时间都是居家读书治学，曾撰有《田亭草》《嘉靖大政编年纪》《嘉靖大政类编》《泉州府志》等书。尤其《田亭草》卷十收录了黄凤翔纵评诸史之文，从先秦之《竹书纪年》到明修之《元史》，逐一评点，系其"生平耳目心思"之所在②，是其史学批评成就的主要体现。而目前学界对黄凤翔的学问关注较少③，兹以考其生平为契机，探究其评析诸史之内容，进而归结其评史之特点。

一、黄凤翔生平稽考

黄凤翔从小"警敏绝人，观书沉潜，经目成诵，笥腹不忘"，跟随蒋与泉学习《春秋》④。黄凤翔学习没有墨守成规，常常对经

---

① 按：万斯同《明史》、李清馥《闽中理学渊源考》、张廷玉等《明史》、徐开任《明名臣言行录》等有黄凤翔的传记。

② 黄凤翔：《田亭草·黄凤翔自叙》，《续修四库全书》第 1356 册，上海古籍出版社 2002 年版，第 17 页。按：以下源自《田亭草》的均为是本，仅注出卷数及页码。

③ 按：陈妙妙《黄凤翔研究》（闽南师范大学硕士学位论文，2016 年）该文主要论述黄凤翔的交游活动及其文学创作思想和艺术特色。

④ 李清馥著，何乃川点校：《闽中理学渊源考》卷七十三《文简黄仪庭先生凤翔》，商务印书馆 2018 年版，第 711 页。

传予以评判，二十岁左右以擅长《春秋》学享誉郡中。当时，素有"嘉靖八才子"之称的王慎中，在一次文章赛会上看中黄凤翔，称其"年少而文章气概俱高，异日者必魁天下"，并与之交游①。

嘉靖四十年（1561），黄凤翔以第四名的成绩考中举人。隆庆二年（1568）中进士，殿试为榜眼。任翰林院编修教习内书堂时，曾言"古称貂珰贤者，仅吕强、张承业二人，太狭沮若辈向往心。汉如史游、郑众，唐如马存亮、杨复光皆可称述，奚直强、承业也？盖多所采摭，使广为取法"②，因而"辑前史宦官行事可为鉴戒者，令诵习之"③。接着因生病与丁外艰，返回故里。万历四年（1576），重新任职编修，并参与修撰《明世宗实录》。《明世宗实录》修成后，升任修撰，充经筵官。万历五年（1577），任会试考官，录取邹元标为进士。邹元标为人直爽，勇于指陈时弊，极力抨击张居正"夺情"一事。张居正欲杖毙之，黄凤翔在朝堂上尽力挽救邹元标，称其为"孤忠"，"即不使生，奈天下纲常何？"④在黄凤翔的多方斡旋下，邹元标得以生还。

随后，黄凤翔负责编订整理相关奏疏，他没有任何巴结上层之意，毫无隐讳地将所有奏疏予以收录整理。万历八年（1580），张居正想让黄凤翔和其一起主持会试，并托人转告黄凤翔，希望能将其子录取为进士。刚正不阿的黄凤翔得知此事后，坚决予以推辞，以其他理由出使地方藩王之处，拒绝参与此次会试。万历十年（1582）秋，黄凤翔主试南京，吏部侍郎王篆亦有人情需要其关照。黄凤翔不愿徇私舞弊，也不想得罪王篆，没有出任南京会试的考官。

---

① 李清馥著，何乃川点校：《闽中理学渊源考》卷七十三《文简黄仪庭先生凤翔》，商务印书馆 2018 年版，第 711 页。

② 徐开任：《明名臣言行录》卷七十四《尚书黄文简公凤翔》，清康熙刻本。

③ 张廷玉等：《明史》卷二百十六《黄凤翔列传》，中华书局 1974 年版，第 5699 页。

④ 李清馥著，何乃川点校：《闽中理学渊源考》卷七十三《文简黄仪庭先生凤翔》，商务印书馆 2018 年版，第 711 页。

　　万历十六年（1588），黄凤翔校刻十三经注疏，对明神宗让大臣进讲《礼经》一事称善。万历十七年（1589），被擢为礼部右侍郎直讲经筵①。万历十八年（1590），洮河出现警情，黄凤翔上疏曰："多事之秋，陛下宜屏游宴，亲政事，以图安攘。为今大计，惟用人、理财二端。宋臣有言：平居无直言敢谏之臣，则临难无敌忾致命之士。顷吏部员外郎邹元标直声劲节，铨司特拟召用，而圣意顿改。于前建言迁谪，诸臣如潘士藻、孙如法，亦拟量移，而疏皆中寝，士气日摧，言路日塞，平居只怀禄养，临难孰肯捐躯为国哉？昔宋艺祖欲积缣二百万易敌人首，太宗移上供物为用兵养士之资。今户部岁进二十万，初非旧额，积为上供，陛下富有四海，奈何自营私蓄？又窃见都城市观，金碧荧煌，岁时斋醮络绎，道路经费赍予，外廷莫知。与其要福于冥漠之鬼神，孰若广施于孑遗之民命。况东南财力已竭，西北边务方殷，诚国民交病之日。"②黄凤翔借洮河警情，向明神宗建议应该善用直谏之臣，节约宫廷开支，解决言路不畅及财政匮乏的问题。很遗憾，明神宗没有采纳黄凤翔的建议。

　　明神宗在位时期，常年未立太子，立储一事关乎国本，成为大臣们比较关心的事情。大臣们屡上奏疏，皆无结果。明神宗认为立储之事应"发自宸衷"，密谕王家屏明年举行立储，且不让外廷臣子知晓此事。但王家屏将此事告知在礼部任职的黄凤翔，黄凤翔与尚书于慎行、左侍郎李长春"具册立仪以请"，神宗皇帝大怒，"各夺俸三月，并责阁臣不密之失"③。众臣无人敢言，独黄凤翔据理力争，但没有得到答复，秉性耿直的黄凤翔便乞休归。

　　万历二十年（1592），黄凤翔起为礼部左侍郎，旋改吏部，接着复升为南京礼部尚书。黄凤翔以母老为由，不愿任职，朝廷优诏

---

　　①　万斯同：《明史》卷三百十七《黄凤翔列传》，清钞本。

　　②　李清馥著，何乃川点校：《闽中理学渊源考》卷七十三《文简黄仪庭先生凤翔》，商务印书馆2018年版，第711~712页。

　　③　李清馥著，何乃川点校：《闽中理学渊源考》卷七十三《文简黄仪庭先生凤翔》，商务印书馆2018年版，第712页。

许之。万历二十二年（1594），朝廷再次任命其为南京礼部尚书，黄凤翔再次以母老不复出，朝廷只好同意其在籍候用。黄凤翔的母亲去世后，他仍没有赴任。万历四十二年（1614），朝廷下旨特起黄凤翔任职时，黄凤翔已经去世，卒年76岁，被赠太子少保。天启初年，谥号文简。

黄凤翔为官耿正廉洁，敢于指陈时弊，曾与黄凤翔一同修撰《泉州府志》的李光缙，称其"耿介自守，所履清班善地，未尝为政府私人"，在史馆中，"诸公以文章行谊相引重"，虽为官四十余年，但真正任职的时间十三年，居家则三十余年，大部分时间用于读书、著述①。

黄凤翔在治学方面，其"学术一禀紫阳，务躬行实践，不设道学之名"②。"生平与邹元标以道义相劘切。家居时，贻书问学，孜孜不倦，为文尔雅醇正。"③在著述方面，黄凤翔鉴于明代"自日历不修，螭阶阙职，案牍或耗于蟫蠹，章疏或格于留中。操觚者搜讨旁摭，犹有遗轶"，为使嘉靖一朝的盛世武功传于后世，模仿郑晓《大政纪》，据事系日，撰成《嘉靖大政编年纪》④，另外撰有《嘉靖大政类编》，黄凤翔在该书序中指出其曾在史馆任职，"厕笔汗青，今兹谬意藏山，纂成斯录。匪能如迁固之窃比《春秋》，旁贯六经。匪敢如孔僖之评驳是非，挑衅梁郁。惟是分类胪列，随事掇要。若振裘揭领，探水观澜，本末备陈，庶便考览，一开卷而祖功

---

① 李清馥著，何乃川点校：《闽中理学渊源考》卷七十三《文简黄仪庭先生凤翔》，商务印书馆2018年版，第712页。按：万斯同亦言黄凤翔"接人平恕，而持身特端严，读书外无他嗜"（《明史》卷三百十七《黄凤翔列传》，清钞本）。

② 李清馥著，何乃川点校：《闽中理学渊源考》卷七十三《文简黄仪庭先生凤翔》，商务印书馆2018年版，第712页。按：李清馥《闽中理学渊源考》卷七十三《文山黄氏家世学派》言黄凤翔"学术宗奉紫阳，邹氏元标谓其平生服膺蔡文庄，规矩尺寸不逾"。

③ 徐开任：《明名臣言行录》卷七十四《尚书黄文简公凤翔》，清康熙刻本。

④ 黄凤翔：《田亭草》卷三《嘉靖大政编年纪序》，第56~57页。

宗德灿然具在。若夫进言者之忠佞，守官者之贤否，据实直书，参互自见，固亦当世得失之林也"①。其作史之目的在于保存史实，以备经世之需。万历四十年（1612），修撰《泉州府志》时，黄凤翔任总裁，提出撰志的原则，"先辈行谊可称，不妨广为搜罗，第勿作过情之誉，则瑕瑜自不相掩"，对于志中所载人物，黄凤翔没有自己予以决断，而是"以公之共事者，公但受成而已。然每一传成，必经折衷，或自再著。书成，人或病其太宽，而直道固存矣"②。黄凤翔所撰文集《田亭草》，可见其"正学源流"，"实有关世教之作"③。

二、黄凤翔与诸史批评

黄凤翔专门建有藏书楼，藏书甚富，称读书为"胜境乐事"，在《藏书室记》中悉数其读书之过程及读书之体会。黄凤翔言其自幼博览群书，诸如《胡氏春秋》《左传》《资治通鉴》《性理大全》《文章真宗》等，考中举人之后，又熟读《史记》《汉书》及明朝典故等，且予以摘抄和题评④。黄凤翔又指出"凡余所聚书，多经心钻研，随笔铅黄，积累几四十载，蚀之以蟫蠹，残之以黠鼠，又出其不意而荡之以波臣，縢囊卷帙多所耗失，然其为长物亦已多矣。吾子孙能读是书者，第沿博反约，精思实践，浅求之勿泥于副墨洛诵，深求之勿索于玄珠罔象，穷勿厌囊萤之苦，达勿侈稽古之力，要以步

---

① 黄凤翔：《田亭草》卷三《嘉靖大政类编序》，第57~58页。

② 李清馥著，何乃川点校：《闽中理学渊源考》卷七十三《文简黄仪庭先生凤翔》，商务印书馆2018年版，第712页。

③ 李清馥著，何乃川点校：《闽中理学渊源考》卷七十三《文山黄氏家世学派》，商务印书馆2018年版，第710页。按：据黄凤翔《田亭草自叙》，可知此书成于1610年前。

④ 黄凤翔：《田亭草》卷七《藏书室记》，第153~154页。按：邹元标称当学人纷纷膜拜李元阳、何景明，以其学问为准的时，黄凤翔"沉浸列史，不拘拘模拟"（《田亭草·宗伯学士仪庭黄公集叙》，第1页）。

趋先民，修身见世，蕲不忝于平生"，真可谓"以书史为职业"①。丰富的藏书条件、刻苦勤奋的研读习惯及善于思考献疑的态度，使其在阅读过程中，对经史皆有评析，且多各自为篇，诸如《读大学古本说》《大学重定本集说》《读三坟说》《读乾坤凿度说》《读竹书纪年穆天子传说》《读汲冢周书说》《读晏子春秋说》《读新序说苑》《读史记项羽本纪》《读前后汉纪》《读三国志说》《读晋书说》《读宋齐书说》《读魏书说》《读梁陈书说》《读北齐后周书说》《读南北史说》《读隋书说》《读新唐书说》《读五代史说》《读宋史说》《读辽金史说》《读元史说》②。

　　黄凤翔对明代以前所有正史皆有研读，虽名为"说"，实际是对相关正史的批评。在明代类似黄凤翔这样对历代正史皆有详细评说者较少，为使学界更好了解黄凤翔评析正史的情况，兹以其评点顺序，逐一予以展述。

1. 对先秦史史籍的评析

　　《竹书纪年》《穆天子传》《逸周书》系研究先秦史的主要史料，其传世以来，学界对其评说各异。

　　对于《竹书纪年》，黄凤翔认为《竹书纪年》的内容有"抑好事者以己意改之耶"，"纪事者自相矛盾也"，"谈古事者，谬以汲冢书为证，而取之以翼经，甚矣，世之好奇即孔孟以周人言周事，不能与之争是非也"；而"《穆天子传》纪穆王宾西王母事，而《竹书纪年》则于虞帝九年记西王母来朝矣。至《周纪》云穆王十七年西征昆仑丘见西王母，其年西王母来宾朝于西宫。书传称西王母者三：一

---

　　① 黄凤翔：《田亭草》卷七《藏书室记》，第 154 页。
　　② 按：对于黄凤翔治学论史之态度，李光缙曾言黄凤翔"以暇日余晷，旁及于经史之折衷，道德之渺论，凿凿乎皆不刊之见，有用之言也"，"心所谓是，虽前人已驳之论，力主之而不以为偏；心所谓非，虽古人相沿之书，力排之而不以为擅。其论辩历代之信史，胜国之遗史，字标而事核之，是非进退，不谬圣人。间勒为成言，以俟知者。其穷砭之劳，有经生所不能堪；而其纵览之富，乃宿儒所不能殚"（李光缙撰，曾祥波点校：《景璧集》卷五《田亭草序》，福建人民出版社 2012 年版，第 201~202 页）。

为周穆，一为汉武，溯而之虞帝，则事愈远而愈重矣"①。因此，荀勖称"其事虽不典，其文甚古，颇可观览。然实不足信，且令后世求仙之主以虞帝为口实，周穆、汉武无论矣。大都宇宙间奇事奇物何所不有，即如南齐升明中，襄阳盗发楚王冢，有竹简书青丝编简皮节如新，后人得十余简持以示王僧虔。僧虔曰是《考工记》《周官》所阙文也。官司按验竟不能得，乃汲县《竹书》存之，无益于人世，乖谬于圣经者，至今犹不泯灭，徒以乱耳目，费剖劂，良可叹已"②。

对于《逸周书》，黄凤翔根据《汉书·艺文志》所载及刘向的观点，又参考《战国策》《国语》《左传》《韩非子》《吕览》《淮南子》等书，指出《逸周书》七十篇，在文体方面，"其文体多与古文不类，间有似韩非《说难》、《吕氏春秋》者，其指陈往事则殊不足信"；在内容方面，其通过分析汤之流放桀，"让民让士，动必归诸君王及士民，不从乃听之去，何宛然揖逊景象"，武王伐纣"既死之后，犹射之三发，击以轻吕与妲己之首并悬于白旗"，"何其暴厉已甚也"，虽"汤有惭德，武未尽善"，周代的史官不至于如此贬低汤、武③。故《逸周书》所载"不无失真，后人所增又复诡诞，是讹而益讹也"，"晁氏公武之志此书亦云在学者之慎择矣"④。

2. 对记载秦汉三国历史诸史籍的评析

司马迁在《史记》中将项羽纳入本纪，司马贞、刘知幾等皆认为不当。黄凤翔针对司马贞、刘知幾之论，从司马迁在《史记》中对项羽称谓的变化及项羽在灭秦过程中的作用为依据，他认为在"秦统既绝，氾水之尊号未建"之时，司马迁以项羽接续秦始皇，使天下后世颂扬汉高帝功勋之人，"咸曰诛秦蹙项，岂不尤光明俊

① 黄凤翔：《田亭草》卷九《读竹书纪年穆天子传说》，第177~178页。
② 黄凤翔：《田亭草》卷九《读竹书纪年穆天子传说》，第178页。
③ 黄凤翔：《田亭草》卷九《读汲冢周书说》，第179页。
④ 黄凤翔：《田亭草》卷九《读汲冢周书说》，第179页。

伟哉？此史迁意也"①。葛洪认为"伯夷居列传之首，谓善而无报也；项羽列于本纪，谓居高位者无关德也"，黄凤翔对此论曰："审若此言，则史迁之怨愤讪上，一至此极，虽蚕室腐刑犹未足以尽其辜，彼葛洪者真深文酷吏矣"，并进而指出"自古史臣逢主怒，被谮言而蒙谴者，不止司马迁一人而已。梁武帝罢斥吴均，汉刘曜杀公师彧，魏道武杀崔浩，假令持论者尽如葛洪，则螭阶载笔、东观著述之臣，不亦日凛凛哉！佛家所谓口业，知畏者鲜矣"②。

　　对于记载两汉历史之《汉书》《后汉书》《汉纪》《后汉纪》，首先，黄凤翔从史书撰述体例方面，指出"夫纪传之体，始于子长，踵于孟坚，参差断续，前后错出，于《高纪》则云语在《项传》，于《项传》则云事具《高纪》，诸如此类，繁而不约，故论者盛称丘明，而深抑子长，此亦一说也。两体优劣，故未易言"③。其次，比较荀悦《汉纪》与袁宏《后汉纪》之为书难易及其史才之优劣。黄凤翔细阅两书之后，指出荀悦《汉纪》"其编年提纲处，全依孟坚旧书，而所纪政事人物则随年月系之"，班固《汉书》"考据精详，体裁严密"，荀悦"因藉撰述，故其书易就，亦易为工"；黄凤翔在评析荀悦《汉纪》与袁宏《后汉纪》之前，先比较《后汉纪》与《后汉书》，他认为在记载历史事实方面，《后汉纪》相对更为详细，《后汉书》"凡此皆政事举措之大端，而阙漏如此，何论其他"，而范晔"过自夸诩欲求胜于班氏，其实乃不如彦伯（袁宏）也"④。黄凤翔进而指出荀悦继承司马迁、班固之史而撰述《汉纪》，袁宏在范晔之前，"谢承诸人率碌碌猥庸，无足采掇"，"独创之与沿袭，其难易较"，可见袁宏之才优于荀悦。再者，比较班马与荀悦、袁宏论赞之优劣。黄凤翔认为"马班论赞据事剖析，其是非之辨、理乱之原，昭然可睹"，而荀悦、袁宏之论"皆迂庸蔓衍，无当事情，譬诸石

---

① 黄凤翔：《田亭草》卷九《读史记项羽本纪》，第 194 页。
② 黄凤翔：《田亭草》卷九《读史记项羽本纪》，第 194 页。
③ 黄凤翔：《田亭草》卷十《读前后汉纪》，第 195 页。
④ 黄凤翔：《田亭草》卷十《读前后汉纪》，第 195 页。

畔缘藤，几上堆沙，而自谓典籍之渊林，名教之原本也，不已太自誉乎"①。

对于陈寿之《三国志》，黄凤翔认为《三国志》在《史记》《汉书》之后，《晋书》之前，相互比较，《三国志》"譬则厌秕糠而得脱粟，厌饩饤而得斋供，差令人快心"②。范頵认为《三国志》"辞多劝诫，有益风化"，而黄凤翔则认为其"有大不然者"③。其由有三：其一，《三国志》以魏为正统不妥。黄凤翔悉举习凿齿《汉晋春秋》、袁宏《后汉纪》，认为陈寿"藐丰沛之裔，蔑正统之义，尊魏抑蜀"，"（陈）寿之舛甚矣"④。其二，《三国志》记载事实缺略及详略不当。诸如傅肜、程畿等节义之士的事迹，陈寿未能向谯周等人予以咨询，为之立传，"不然则于纪载之条，揭其死事之实"，以"章显忠义"⑤。在记载的详略方面，黄凤翔认为"说者谓寿纪详于魏而略于蜀，其实寿志之详略，不第以魏蜀为轩轾也。其所详者，在要势贵人，所略者在忠臣义士"，并列举王凌、毌丘俭、吉本、耿纪、韦晃等人的相关事迹，批判陈寿记载之缺略⑥。进而论曰"盖（范）頵之请录寿志，取其能曲笔也。裴松之之奉诏增注，存天下后世公论也。倘令寿之志独行于世，三国遂为阙史矣"⑦。其三，批判《三国志》记载之错谬。以陈寿对张郃的记载，黄凤翔论曰："魏之张郃，称一时骁将，阳平之战，与夏侯渊共事，渊阵亡，而郃固在也。寿于《魏志》则曰渊为刘备所杀，于《蜀志》则曰黄忠大破渊军杀渊、郃及曹公所署益州刺史赵颙等。至祁山之救兵，则又曰郃追亮至青封被箭死。寿之错谬昏愦至此，甚可怪也"，甚至黄凤翔称陈寿"品格既卑，史才亦短"⑧。

①　黄凤翔：《田亭草》卷十《读前后汉纪》，第 195 页。
②　黄凤翔：《田亭草》卷十《读三国志说》，第 196 页。
③　黄凤翔：《田亭草》卷十《读三国志说》，第 196 页。
④　黄凤翔：《田亭草》卷十《读三国志说》，第 196 页。
⑤　黄凤翔：《田亭草》卷十《读三国志说》，第 196 页。
⑥　黄凤翔：《田亭草》卷十《读三国志说》，第 196 页。
⑦　黄凤翔：《田亭草》卷十《读三国志说》，第 196 页。
⑧　黄凤翔：《田亭草》卷十《读三国志说》，第 196~197 页。

3. 对记载两晋南北朝历史诸史籍的评析

黄凤翔对记载两晋南北朝历史的相关正史，如《晋书》、沈约《宋书》、萧子显《南齐书》、魏收《魏书》、《梁书》、《陈书》、《北齐书》及《南北史》，各从其文，皆有评断。

对于唐代官修之《晋书》，黄凤翔从撰写者、撰述借鉴、义例取裁、人物臧否及记载详略等方面评析之。黄凤翔认为《晋书》的撰写者令狐德棻"博贯文史，且老成先进，诸义例多所裁定"，共事者只有来济之、李延寿的"史才为时所称"，其余像李淳风、许敬宗、李义甫、陆元仕、刘子翼、阳仁卿、李安期、刘引之等，多属于"碌碌无闻于世，皆预觊书成恩例，夤缘滥竽"之士①。司马迁《史记》参依《世本》《国语》《战国策》等，班固《汉书》则对《史记》有所借鉴，黄凤翔称"凡史书必有所因藉，如辑众皮为重裘，断群木为大厦，必抢其材质适用者，然后采之"，晋代修国史者甚多，有奉诏而修，有私人撰述，有的呈现朝廷，有的藏于私家，不一而足，多为载记不全，惟有徐广、何法盛、臧荣绪、沈约所修晋史相对完整，"唐世史官所因藉止此矣"②。正是缘于《晋书》在撰写过程中，可供参考的晋史著作乏陈佳作，以至于《晋书》在内容上比较庞杂繁芜，"至如《世说》、《语林》、《幽明录》、《搜神记》，谐谑诋及于父祖，铺张穷态于魑魅，为哲人所不道，资愚夫之笑谈，而皆采掇靡遗，其为简编之累岂小哉"③。另外，黄凤翔认为《晋书》在君臣大义、夷夏之防方面有所紊乱，《循吏传》《儒林传》《忠义传》及《列女传》等人物传记中相关历史人物安排不当或名不副实，导致"义例取裁，人物臧否，纪载详略，尤多不满人意"④。

---

① 黄凤翔：《田亭草》卷十《读晋书说》，第 197 页。

② 黄凤翔：《田亭草》卷十《读晋书说》，第 197 页。

③ 黄凤翔：《田亭草》卷十《读晋书说》，第 197~198 页。按：黄凤翔在《田亭草》卷十《读三国志说》中亦言"盖史之繁芜，惟《晋书》为甚，谈谐之语幽怪之录，无所不备"（第 196 页）。

④ 黄凤翔：《田亭草》卷十《读晋书说》，第 198 页。

对于《晋书》中所存在的问题，黄凤翔认为不在于史料是否丰富，关键是缺乏良史之才，以至于出现"择焉弗精，裁焉弗确"的现象①。

对于沈约《宋书》和萧子显《南齐书》，黄凤翔认为其弊端有二：其一，著者难能秉笔直书，缺乏实录精神。沈约撰《宋书》时曾多次请示齐世祖，萧子显撰《南齐书》则自请于梁武帝，黄凤翔对此叹曰："夫作史者，而使人主预闻其事，安所得直笔矣。"②其二，内容芜杂，蔓衍不节。黄凤翔认为沈约、萧子显撰写《宋书》《南齐书》时，徒显其广博，喜欢将一些华丽的诗赋文辞纳入史中，而这些"骈俪之辞，事无关于军国，义不系于劝惩，已不足纪"，"盖文章之病，自六朝始，而徐庾之体，尤盛行于时，故作史者皆旁搜曲采，不忍割置，不第(萧)子显为然。(沈)约虽博洽，弊乃更甚，大都炫博则不约，势所必至也"③。

对于魏收《魏书》，自其刊出后，学人多讥其曲笔。黄凤翔从《魏书》的撰述群体分析参与撰史者，诸如房延佑、辛允植、刁柔等人，"皆凡劣非史才"。在此情况下，魏收掌握修撰大权，"擅自握管，恣情褒贬"④，导致"诸家子孙诉讼者纷纭阙下"，"群臣亦攻其失"，魏收应接不暇，辩解难以服众，最终使文宣帝也要亲自过问此事⑤。黄凤翔认为《魏书》不当处在于曲笔过多，表现在以

---

① 黄凤翔：《田亭草》卷十《读晋书说》，第198页。
② 黄凤翔：《田亭草》卷十《读宋齐书说》，第199页。按：对于《南齐书》，黄凤翔论曰"然则子显任意褒贬，亦未为实录，徒令读史者思吴均已燔之书，良有以也"。
③ 黄凤翔：《田亭草》卷十《读宋齐书说》，第199页。按：对于沈约《宋书》，黄凤翔专门论道，"盖自班史而上，文华未启，故邹阳、司马相如诸作，悉行采录，代而降则文日盛矣。递相摸仿，益无足观。刘子玄云学者神识有限，而述者记注无涯，阅之心目视听告劳，书之简编，缮写弗给，至以李斯设阱，董卓成帷为快也。约之病盖坐此矣"。
④ 黄凤翔：《田亭草》卷十《读魏书说》，第200页。
⑤ 黄凤翔：《田亭草》卷十《读魏书说》，第200页。

己意立传①，"自媚于亲姻权家"，"凡显贵人之传，必细列其子孙，又或旁及其群从，德业既无可纪，官爵亦非崇隆"，以至于其亲戚杨愔"尝谓收曰君史诚不刊之书，但恨论及诸家枝叶亲姻过为繁碎，与旧史体例不同耳"②。隋文帝以魏收《魏书》不实，让魏澹予以修改。魏澹指出"魏氏平文以前部落之君长耳，太祖远追二十八帝，并极尊崇，有乖周代典章，须得南董直笔裁而正之。太祖献武并遭非命，前史之纪，不异天年，宜分别直书，使乱臣贼子无所遁避。自晋德不竞，宇宙分崩，或帝或王，各自署置，其生略同敌国，书死便同庶人，所宜更改"③。对于魏澹之论，黄凤翔称"其词正而义核，不惟可以矫收之失，即紫阳朱子作史编纲目之意，澹已先得所同然矣"④。魏澹一定程度上弥补了魏收《魏书》的缺憾，魏徵称其书"简正详密，足传于后"⑤。很遗憾魏澹所修《魏书》后来湮没不传。基于黄凤翔对魏收《魏书》的批判，当李延寿称魏收"学传今古，才擅纵横，足以游尼父之门，追班马之辙"时，黄凤翔叹曰："夫尼父之门何容易窥也"⑥，以此展示自己对魏收史学之态度。

对于《梁书》《陈书》，黄凤翔首先分析其撰者，指出两书系姚察、姚思廉父子相继撰成，魏徵属于挂名作者。姚察撰述《梁书》《陈书》，未能卒业而去世。姚思廉继承父业，首先完成《梁书》的写作，又经过九年，《陈书》亦竣工。黄凤翔指出陈存在三十三年，

---

① 按：诸如没有为功勋卓著的卢同立传，而名行不章的崔绰系魏收外亲，得为传首。随后在朝廷的干预下，才进行相关调整。"李百药《北齐书》撰尔朱文略传云文略厚遗收，收为传其父荣拟之彭韦伊霍，则收之曲笔实多，不可谓诉辨者之厚诬矣。"（《田亭草》卷十《读魏书说》，第201页）

② 黄凤翔：《田亭草》卷十《读魏书说》，第201页。按：杨愔系魏收的姻亲，魏收曾为之作美传。被吹捧者都觉得其撰述过于恣情褒贬，可见《魏书》曲笔之多。

③ 黄凤翔：《田亭草》卷十《读魏书说》，第201页。

④ 黄凤翔：《田亭草》卷十《读魏书说》，第201页。

⑤ 黄凤翔：《田亭草》卷十《读魏书说》，第201页。

⑥ 黄凤翔：《田亭草》卷十《读魏书说》，第201页。

姚思廉且在陈为官，应该熟悉陈的历史，但却花费九年时间才撰成《陈书》，其因在于，"故国之事，难以直书。而陈氏子孙旧臣，有比肩事主者。故尔依违岁月，不肯遽脱稿乎。今观其书，词类多曲笔"①。黄凤翔例举安成王顼废其兄之子而自立，被称为"欲遵泰伯之事"；江总乃佞幸邪臣，被誉为"清标简贵，雅允朝望"②。进而分析出现这种曲笔的原因，是由于姚察与江总"以文史相欢，察致位典铨，虽不在狎客之列，亦不闻谏净之语。后主入井之时，总与察偕在焉。盖同心同德之人，思廉所为护总也"③。即姚察作为史官不仅有官官相护的嫌疑，且缺乏秉笔直书的精神。对于此种现象，黄凤翔评曰："凡所贵于史者，不虚美不隐恶，故人主不得观史，而权臣不得以意为改易，季世则私心日炽，机械日增矣"，"易世之后若犹曲笔，则奚以史为矣"④。对于《梁书》，黄凤翔评价为"结撰体制，严整可观"，而"品评人物，未为确论"，诸如何胤在齐曾任显宦，"直以不应梁主之辟，而列诸处士传"，顾宪之、陶季直等，亦是"被以不得当之名，徒费评骘者之口"⑤，其因在于，"彼其时魏徵已受知遇，典机衡，不得分心著作，遂令思廉专握管以至是乎"⑥。

《北齐书》系李百药在隋朝任太子通事舍人时所撰，《周书》为令狐德棻、陈叔达及庾俭共同撰成，而署名仅有令狐德棻。黄凤翔认为《北齐书》是李百药年轻时所撰，"事欠条贯，词多俚鄙，如谣语、梦语、谶语、鬼语，皆铺张剖析，若蓍龟之必验"⑦。虽李百药觉得《北齐书》是借鉴《左传》之法，但黄凤翔指出其"诞妄猥琐乃什倍之，即如谐谑之谈，盛自东晋，惟片言捷给，以资抵掌"，如

---

① 黄凤翔：《田亭草》卷十《读梁陈书说》，第202页。
② 黄凤翔：《田亭草》卷十《读梁陈书说》，第202页。
③ 黄凤翔：《田亭草》卷十《读梁陈书说》，第202页。
④ 黄凤翔：《田亭草》卷十《读梁陈书说》，第202页。
⑤ 黄凤翔：《田亭草》卷十《读梁陈书说》，第202页。
⑥ 黄凤翔：《田亭草》卷十《读梁陈书说》，第202页。
⑦ 黄凤翔：《田亭草》卷十《读北齐后周书说》，第203页。

《徐之才传》所载，"累累凡数百言，真以青史为戏剧矣"①。再如，对常山王篡夺之曲为掩饰，对陆法和、祖珽等以不当之名立传，"遂使邪佞宵人窜迹逃匿"。对于《周书》，黄凤翔认为是令狐德棻在牛弘《周纪》的基础上②，"加以删润，叙事详核，无烦拟古"③。但黄凤翔亦指出《周书》在编纂体例方面有不当之处，如"令狐整、赵轨著绩州郡，足传为循良；王褒、庾信擅称才藻，足传诸文苑；韦敻清真高尚，足传为隐逸"，"皆不特标名例，强为凑泊"④；在内容方面比较繁芜，如书中大量记载文士们往来书信及其诗赋，连篇累牍地记述王勇、宇文虬等十三将之事⑤。黄凤翔进而分析《周书》内容繁杂的原因是周"盖二十五载偏方之国，幅员非广，享祚亦促，善政无几，才贤难得，欲求多于简帙，则立传不得不恕"⑥。即后周存在的时间不长，没有多少善政及才俊之士，又想将历史写得丰富些，只有放宽立传的标准。

李延寿所撰《南北史》，学人评价甚高，宋祁称《南北史》"颇有条理，删落冗词过本书远甚"⑦。黄凤翔在介绍李延寿《南北史》的起讫时间后，赞其"独创体裁，务从简约，于诏册、表奏、书牍、词赋之繁碎冗长者，概从删削，卷帙既省，披阅易周"⑧。接着从三个方面，辨析其"所创义例，亦有于理未惬者"⑨。其一，出现

---

① 黄凤翔：《田亭草》卷十《读北齐后周书说》，第 203 页。

② 按：黄凤翔称"后周自明帝嗣位，好古右文，集公卿以下有文学者，掇采群书，叙历代世谱，一时典章文物，焕然改观，即隋秘书监牛弘直谅博雅，尝仕周专掌文翰，修起居注，所追撰周纪，时人称其纲纪有条"（《田亭草》卷十《读北齐后周书说》，第 203 页）。

③ 黄凤翔：《田亭草》卷十《读北齐后周书说》，第 203 页。

④ 黄凤翔：《田亭草》卷十《读北齐后周书说》，第 203 页。

⑤ "王勇、宇文虬等十三将，连编共贯。独侯植树绩州牧一心王室，忠亮之节倬然足纪，其余皆勇敢粗猛，立战功裂膏壤，它无善状，不过以阀阅隆盛为之侈张耳。"（《田亭草》卷十《读北齐后周书说》，第 203 页）

⑥ 黄凤翔：《田亭草》卷十《读北齐后周书说》，第 203 页。

⑦ 黄凤翔：《田亭草》卷十《读南北史说》，第 204 页。

⑧ 黄凤翔：《田亭草》卷十《读南北史说》，第 204 页。

⑨ 黄凤翔：《田亭草》卷十《读南北史说》，第 204 页。

改朝换代时，父子祖孙仍采用合传的做法，不能很好记述相关政事①。例如贺若弼、韩擒虎、杨素、苏威系隋朝将相，但其传记没有收入《隋书》，而以家传的形式出现在《周书》中，这样就不利于了解隋朝的治乱兴衰，因此，黄凤翔叹曰"夫其戡定之略，贞邪之品，实关隋家理乱，史氏岂为家传设也?"②其二，父子祖孙合传，掩盖传体之名。黄凤翔认为传记名称之褒贬，有助于惩恶扬善。但《南北史》"《诚节传》中之皇甫诞，《酷吏传》中之卢斐、宋游道、毕义云，皆与其父祖同传，而羊祉与其子孙同传"，导致"诚节、酷吏之标，悉举而掩之"③。即这种父子祖孙的同传，一定程度上弱化了撰史的鉴戒功能。其三，传名与传主，名不副实④。《北史》有列女传，《南史》有孝义传，但"以萧矫妻羊氏等凡十人间于其中，夫此十人者诚孝义也，独不可标之列女乎"⑤。另外，又从内容方面，批评李延寿"沿袭前人，不求为异，或一字无所更易"，"间有独出意见，与本书异者"，如把陆法和列入艺术传，吉翰列入循吏传，皆为不妥⑥。还有，"读卢玄、裴骏、薛辩等传，全似各姓家谱，即魏澹所著义例，延寿既采掇其语，列诸传中，乃不能遵用而偏袭魏收，何其苟于徇人果于任己也"⑦。黄凤翔虽从撰述义例及内容方面批驳《南北史》之不足，但从整体而言，他还是赞

---

① 按：对于父子祖孙之合传，黄凤翔认为倘若处于一个朝代，可以进行合传。如果出现改朝换代，父子祖孙绵延数个朝代，进行合传颇不妥。"史书列传专以纪载人物，而一代之政事寄焉。汉周氏韦氏父子、窦氏祖孙、冯氏耿氏兄弟立传，相次班范之体则然，若革命更朝则非所例论。第书曰某代某人之子或孙可矣。"(《田亭草》卷十《读南北史说》，第 204 页)

② 黄凤翔：《田亭草》卷十《读南北史说》，第 204 页。

③ 黄凤翔：《田亭草》卷十《读南北史说》，第 204 页。

④ 按：黄凤翔在论析《五代史》时，亦指出《南北史》之弊端，"余阅《南北史》，睹其时委质之士，视君父如逆旅主人，乃亦有垂勋竹帛，为世艳羡者。李延寿之传漫无所分别，心窃病之"(《田亭草》卷十《读五代史说》，第 208 页)。

⑤ 黄凤翔：《田亭草》卷十《读南北史说》，第 204 页。

⑥ 黄凤翔：《田亭草》卷十《读南北史说》，第 204 页。

⑦ 黄凤翔：《田亭草》卷十《读南北史说》，第 204 页。

成《南北史》传史之功，如其言曰："然以二百余年兴亡理乱之迹，括之而纲举目张，览之如镜照龟卜，使读史者目力之用寡，开卷之益多，则此书亦足传于世矣。"①

4. 对隋唐五代史诸史的评析

对于魏徵领衔所修《隋书》，黄凤翔主要从体例、内容诸方面评析之。首先，在体例方面，黄凤翔认为《隋书》"远宗班固，近摹沈约，间有骛繁艳，而少简质，溺旧例而乖正轨者"②。其次，主要从内容方面批评《隋书》撰写之不妥。第一，以南北朝时期的天文灾异杂糅在《隋书》的天文五行志中，属于"肴俎错陈"；第二，未能秉持《春秋》笔法，惩恶扬善，诸如对于隋炀帝弑父之事、兰陵公主之拒隋炀帝等事项，未能直书其事以兴劝惩；第三，褒贬失当，如裴矩"逢君之恶，坐视灭亡，反面事仇，恬无恻怆，罪浮于施文庆、沈客卿，乃称其夙夜恪勤，未亏廉谨之节"③，刘弘历仕齐、周、隋，"始终异操"，仍列其为《诚节传》之首，故黄凤翔叹曰"真誉黑为白矣"④。

对于宋代欧阳修负责修撰的《新唐书》，吴缜著《新唐书纠谬》二十卷以纠其谬。黄凤翔认为唐代国史，温大雅、许敬宗、敬播、于志宁、令狐德棻、徐坚、刘知幾、吴兢等"先后纂述，各有定本"，因天宝至五代，处于战乱纷争时期，导致"唐朝一代故实，几于泯没靡存矣"，况且"历年既久，闻见无稽，而散乱之残编，采摭捃拾，亦复不易，宜其错误丛杂，如汰沙砾戢乱绳也"⑤。但吴缜《新唐书纠谬》主要纠正"记事失实，往迹参差，年

---

① 黄凤翔：《田亭草》卷十《读南北史说》，第 204 页。
② 黄凤翔：《田亭草》卷十《读隋书说》，第 205 页。
③ 按：黄凤翔认为裴矩之誉，系魏徵之徇情假借。"盖自其牵率归朝，分曹史局，蔼然共事之雅，遂尔徇情假借，夫以魏文贞之名德位望，而犹若此，矧其下焉者也。"（《田亭草》卷十《读隋书说》，第 205 页）
④ 黄凤翔：《田亭草》卷十《读隋书说》，第 205~206 页。
⑤ 黄凤翔：《田亭草》卷十《读新唐书》，第 206 页。

月乖剌"之类，而《新唐书》"纪载义例，褒贬品评，有当订正者，尚未之及也"①。因此，黄凤翔主要从《新唐书》编纂义例及褒贬失当处予以评析。诸如，"卫将军苏孝祥为武氏将，兵败死，则与死节者同书，何是非靡定也"；"宰相贤否，关国家理乱，诚重矣。夫既详于列传，则年表可省，世系表尤为赘也。方镇沿革宜详于百官志，安用表为"；"蒋玄晖、朱友恭、氏叔琮等奉朱温意指，弑昭宗于椒殿，名之曰奸臣，未尽其辜，列诸逆臣诛朱温之首恶焉可也。阳城以不娶，率二弟弃伦绝祀，即论行取节，登名史册，而不必标诸卓行，长诡激之风"等②。至于《新唐书》出现诸多缺憾，黄凤翔认为是与撰写者有关的，"夫欧阳永叔之文学史迁有酷似处，乃其修史则不惬人意。若斯信乎史才之难矣。岂其承已就之绪，逼于欲速，狃于因循乎。宋子京才不逮永叔，又无论已"③。

　　欧阳修所撰《五代史》，黄凤翔对其评价甚高，"《五代史》体裁稍依《南北史》之例，文字整洁，其创立杂传，殊觉机轴圆转，而分义严明"，"自杂传立，而君臣之大义炯然。彼贪位忘君者，无所逃于清议。欧阳公良史笔实有关于世道矣。至其《司天职方考》、《十国世家》，皆考据详核，简质无剩语，盖世代近则见闻易洽，当局专则笔削自由"④。黄凤翔称《五代史》中杂传的创立有助于体现史学的劝惩功能，且其所载史事考据精核。吴缜《五代史纂误》称欧阳修撰史未能参考赵莹之著述，黄凤翔言"莹素不以文学名，想其所纪述，无足采者，故欧阳公亦置弗录也"；晁公武、陈振孙议《五代史》之不当时⑤，黄凤翔亦言其"原非吹毛洗瘢，以为讥弹

---

①　黄凤翔：《田亭草》卷十《读新唐书》，第206页。

②　黄凤翔：《田亭草》卷十《读新唐书》，第207页。

③　黄凤翔：《田亭草》卷十《读新唐书》，第207页。

④　黄凤翔：《田亭草》卷十《读五代史说》，第208页。

⑤　"晁氏谓晋出帝之论，为濮议而发。周韩通之不立传，陈氏谓之阙与。"（《田亭草》卷十《读五代史说》，第208页）

者，则至今亦有遗议矣"①。

5. 对宋辽金元诸史的评析

黄凤翔对元代脱脱主修之《宋史》，言其"诸纂修者半夷人也，夷人自相标诩，盖不肯以正统属宋"②，囿于正统观的原因，黄凤翔对《宋史》评价无多③。但对明代柯维骐所修《宋史新编》评判较细，一方面赞其"其改正义例，稽核讹舛，所自为条目具矣。粤东王宫詹佐称其简而详，赡而精，严而不刻，直而有体，东西汉书不得专美于前。细阅之，良是"④。另一方面，黄凤翔也指出《宋史新编》之不足，"然其义窃取于紫阳，立论甚正，操律甚核者，尤未能为之昭揭"，诸如褚承亮作为宋义士不当列为金朝的逸民，状元出身的留梦炎宋亡后仕于元而未作为叛臣，笃孝著称的朱寿昌、徐积之不应列于《卓行传》，为荣途奔走的种放不应纳入《隐逸传》等⑤。但整体而言，黄凤翔认为《宋史新编》"意见确然，文词简洁驯朗，不必模仿迁固，而自成一家言，欧阳公《新唐书》未必能胜之"，虽明代学人对此书未能给予重视，但其书必能传之于世⑥。

《辽史》《金史》亦是脱脱主修，黄凤翔对辽、金历史评价较低，甚至称其"无足观也"⑦。但黄凤翔从《辽史》《金史》的撰修之意及

---

① 黄凤翔：《田亭草》卷十《读五代史说》，第 208 页。

② 黄凤翔：《田亭草》卷十《读宋史说》，第 208 页。

③ 按：黄凤翔称"元杨维祯作《正统论》华夷界限较然。我朝命儒臣续《通鉴纲目》，已足辟胡元之谬矣，然编年体也"（《田亭草》卷十《读宋史说》，第 208 页）。

④ 黄凤翔：《田亭草》卷十《读宋史说》，第 208 页。

⑤ 黄凤翔：《田亭草》卷十《读宋史说》，第 208~209 页。

⑥ 黄凤翔：《田亭草》卷十《读宋史说》，第 209 页。

⑦ 黄凤翔：《田亭草》卷十《读辽金史说》，第 209 页。按：黄凤翔曾言"余读辽、金史……及睹其《国语解》，聊资一噱，则又读竟之。腥膻沙漠之乡，鸟语兽嗥之民，文物典章本无可纪。即有礼乐志，其仪度声音，皆窃拟中华以饰固陋者，被狄猴以文绣，享斥鷃以钟鼓，幸而不裂毁蹢躅耳，无足观也"。

其修撰者的实际情况论析之，"修三史者之意，盖欲以正统属金，而以元承其后，故《辽史》略、《金史》详，不第以时代久近，载籍全缺之故，且其叙完颜氏世系一依魏收史法，想其君相所裁定，亦非史氏所得为也"①。黄凤翔认为修史总裁阿鲁图、脱脱不懂汉文或忙于军政，无暇顾及修史之事，实际修史者揭傒斯、张超岩、欧阳玄，皆有良史之才②。故《金史》"敷宣质实，每至上下冠屦之分，死节叛逆之臣，美刺劝惩，尤所注意"，"博摭广询，不嫌为吠尧之桀犬，真足以崇奖节义，示劝方来矣"，且盛赞揭傒斯所言"心术不正，不可与于史事者"为"真格言"③。

宋濂、王祎奉命撰修《元史》，一年多时间便告成功，黄凤翔称"自古汗青之业，未有若是其敏者也"④。黄凤翔认为依宋濂、王祎的水平，应该能够追寻马班之体，创立史学伟业。但他们遵奉明太祖的谕令，作史"文辞勿致艰深，事迹务令明白，善恶了然在目，将来足示劝惩"，"质实易晓，组织雕镂之词，屏而不用，所为将顺德意，启沃圣心，一开卷而其益弘矣"，故"非世儒所能窥测矣"⑤。明代有学者称《元史》为烂朝报，对此观点，黄凤翔持批判态度，其言曰：

> 乃文士持论者，目《元史》为烂朝报。夫今日之朝报，即它日之旧章。殷监在夏，周监在殷，史迁曰述往事，思来者，此史氏大指也。以百年事迹，而纪载至一百六十卷，一百三十万六千余字，似繁而不约，读之难竟。然而国家所监将在元

---

①　黄凤翔：《田亭草》卷十《读辽金史说》，第 209 页。
②　按：黄凤翔称"或问揭傒斯，修史以何为本？对曰有学问文章，而不知史事者不可与，知史事而心术不正者不可与。起岩习熟典故，究心道学。玄论衡守正，不以口舌争，皆良史才也"（《田亭草》卷十《读辽金史说》，第 210 页）。
③　黄凤翔：《田亭草》卷十《读辽金史说》，第 210 页。
④　黄凤翔：《田亭草》卷十《读元史说》，第 210 页。
⑤　黄凤翔：《田亭草》卷十《读元史说》，第 210 页。

矣，繁犹可以约，而裁务于约则虑其轶也。故屯盐、茶马、赋敛、粮运诸法，详其所产之地，与其经略之规，多寡轻重，纤悉具列，且并其沿革岁月而纪之。兵制则宿卫镇戍、捕猎急递。刑法则大辟遣配、笞杖徒流，惟据事质言，虽名之曰兔园册、城旦书，皆所不避，取其文义易解而已。夫考古可以宜今，征往可以竢来。《元史》一部，我国家所以立纲陈纪，因革损益，迈古昔裕后昆者，其大略可覆而按。故繁而不秽，质而不俚。藉令读书万卷，而不读《元史》，亦未为识时务之俊杰矣。顾目之为烂朝报。夫今世览载籍列缙绅者，曷尝束朝报于高阁，而乃易其言至此耶？①

按：黄凤翔从史学的借鉴功能出发，指出《元史》之繁，诸如屯盐、茶马、赋敛、粮运、兵制、刑法等方面的详细记载，可以为明代提供各种有益参考，使其"因革损益"，"可覆而按"。因此《元史》可谓"繁而不秽，质而不俚"，不能简单以"烂朝报"视之。因此，黄凤翔总结自己评《元史》之意时，曰："盖昔刘子玄论史多所评驳，观者谓其工于弹射，懵于自鉴。愚生暗浅，恐亦坐此病，而独《元史》一评，窃附于从周之意云。"②

黄凤翔评析诸史观点见表 3.2.1。

表 3.2.1　　　　　　　黄凤翔评诸史简表③

史著	黄凤翔评析要点	备　注
《竹书纪年》	"抑好事者以己意改之耶""纪事者自相矛盾也"（卷九《读竹书纪年穆天子传说》）	

---

① 黄凤翔：《田亭草》卷十《读元史说》，第 211 页。
② 黄凤翔：《田亭草》卷十《读元史说》，第 211 页。
③ 按：表 3.2.1 据黄凤翔《田亭草》中对相关史著的评析摘录而成。

续表

史著	黄凤翔评析要点	备　注
《穆天子传》	徒以乱耳目，费剞劂（卷九《读竹书纪年穆天子传说》）	
《逸周书》	夫本书所纪，不无失真，后人所增又复诡诞，是讹而益讹也（卷九《读汲冢周书说》）	
《史记》	赞同司马迁立项羽为本纪中（卷九《读史记项羽本纪》）	以《史记·项羽本纪》为例评析司马迁著史之意
《汉纪》	其书易就，亦易为工，然创意布格，专在识其大者，则于缕分纤悉，势难兼收（卷十《读前后汉纪》）	在论赞方面，认为《史记》《汉书》优于《汉纪》《后汉纪》；在史才方面，袁宏优于荀悦
《后汉纪》	范晔"其实乃不如彦伯（袁宏）也"（卷十《读前后汉纪》）	
《三国志》	"今试阅《国志》，互评之譬，则厌秕糠而得脱粟，厌饤饾而得斋供，差令人快心""（陈）寿之为人，品格既卑，史才亦短"（卷十《读三国志说》）	
《晋书》	义例取裁，人物臧否，纪载详略，尤多不满人意（卷十《读晋书说》）	称令狐德棻博管文史，但"恨不得一良史才，为删正而更定之也"
《宋书》	彼盖借口于孟坚，而不知效颦西施，只供嗤笑（卷十《读宋齐书说》）	
《南齐书》	任意褒贬，亦未为实录（卷十《读宋齐书说》）	
《魏书》	曲笔实多（卷十《读魏书说》）	称魏收"鄙邪无行""擅自握管，恣情褒贬"

续表

史著	黄凤翔评析要点	备　注
《陈书》	今观其书词，类多曲笔（卷十《读梁陈书说》）	
《梁书》	结撰体制，严整可观，然所品评人物，未为确论（卷十《读梁陈书说》）	
《北齐书》	意盖自附于左氏，而诞妄猥琐乃什倍之（卷十《读北齐后周书说》）	
《后周书》	叙事详核，无烦拟古（卷十《读北齐后周书说》）	
《南北史》	"独创体裁，务从简约""顾其所创义例，亦有于理未惬者"（卷十《读南北史说》）	整体而言，对《南北史》评价较高，称"此书亦足传于世矣"
《隋书》	"其为书远宗班固，近摹沈约，间有骈繁艳，而少简质，溺旧例而乖正轨者""追录齐歌，学步传讹，良无谓也""文词寥寥，皆无足纪""真誉黑为白矣"（卷十《读隋书说》）	
《新唐书》	"其错谬亦已甚矣""本纪何太邃也""夫既详于列传，则年表可省，世系表尤为赘也""徒费翰墨也"（卷十《读新唐书》）	
《五代史》	文字整洁，其创立杂传，殊觉机轴圆转，而分义严明（卷十《读五代史说》）	对《五代史》评价甚高
《宋史》	诸纂修者半夷人也，夷人自相标诩，盖不肯以正统属宋（卷十《读宋史说》）	此篇虽言为读《宋史》，实际是指读柯维骐《宋史新编》，言其"改正义例，稽核讹舛，所自为条目具矣"

续表

史著	黄凤翔评析要点	备　注
《辽史》《金史》	修三史者之意，盖欲以正统属金，而以元承其后，故《辽史》略、《金史》详，不第以时代久近，载籍全缺之故（卷十《读辽金史说》）	此篇虽为读《辽史》《金史》，实际仅论析《金史》
《元史》	顾奉高皇帝明谕，俾文辞勿致艰深，事迹务令明白，善恶了然在目，将来足示劝惩（卷十《读元史说》）	对于明代学者称《元史》为烂朝报，黄凤翔持批判态度

三、黄凤翔史学批评之特点

明代学者评史风气较浓，主要体现在对《史记》《汉书》及明代所撰史著方面，像黄凤翔这样对明代以前所有正史皆有评点者甚少。而且黄凤翔是在其熟读诸史的基础上进行评点的，篇名"读史记项羽本纪""读前后汉纪""读三国志说""读魏书说"等，很醒目地标示出该文章是记载其读诸史的感受和体会。且文中多处展现其读史的痕迹，如评《两汉纪》时，言"今披荀、袁二书，细阅之""余读范蔚宗梁鸿传""及览袁彦伯《汉纪》"①；对《三国志》，"今试阅《国志》"②；对《魏书》，"披而阅之"③；在评《五代史》时，言"余阅南北史"④；对《宋史新编》，"细阅之"⑤；对《辽史》《金史》，称"余读辽、金史"⑥等。另外，黄凤翔在评诸史时，并非就事论事，而是征引及批判其他相关观点。如评《史记·项羽本纪》，批

---

① 黄凤翔：《田亭草》卷十《读前后汉纪》，第 195 页。
② 黄凤翔：《田亭草》卷十《读三国志说》，第 196 页。
③ 黄凤翔：《田亭草》卷十《读魏书说》，第 201 页。
④ 黄凤翔：《田亭草》卷十《读五代史说》，第 208 页。
⑤ 黄凤翔：《田亭草》卷十《读宋史说》，第 208 页。
⑥ 黄凤翔：《田亭草》卷十《读辽金史说》，第 209 页。

判司马贞、刘知幾及葛洪的观点；在评《三国志》时，言及《晋书》《后汉纪》。这一切，表明黄凤翔是一位严谨的史学批评者，其对诸史的评判是建构于自己熟悉相关著述的基础上的，故其评点比较深刻，且富有特点。

1. 对相关正史进行批评前，均先介绍其成书背景

黄凤翔在批评诸史时，一般先要介绍史籍的著者、撰述缘由、学界评价等，做到有的放矢之批评。

介绍撰者情况。对于《晋书》，黄凤翔首先介绍其著者群体令狐德棻"博贯文史，且老成先进，诸义例多所裁定"，来济之与李延寿"史才为时所称"，李淳风"以方技著"，许敬宗与李义甫"以奸佞著"，陆元仕、刘子翼、阳仁卿、李安期、刘引之等"碌碌无闻于世，皆预觊书成恩例，贪缘滥竽"①；对魏收《魏书》，黄凤翔先言"魏史初撰于崔浩、高允，继撰于李彪、崔光"，接着指出魏收"鄙邪无行"，"所与共事，房延佑、辛允植、刁柔诸人，皆凡劣非史才，收因得擅自握管，恣情褒贬。书成表上之，悉焚崔、李旧书"②；对于《梁书》《陈书》，黄凤翔言其为姚思廉父子相继撰写，魏徵挂名其中③。另外，对于《北齐书》《后周书》《新唐书》《宋史》等亦是先介绍相关著者，然后展开评析。

阐述著述缘由。批评《汉纪》《后汉纪》时，黄凤翔指出《汉纪》是因汉献帝嫌《汉书》太繁，命荀悦删减而成的。《后汉纪》则是袁宏认为谢承、司马彪、华峤、谢忱等所撰《后汉书》"烦芜杂乱"，才"多方采辑，重加删正"而成的④；对《宋书》《南齐书》，黄凤翔先指出"撰《宋书》者有徐爰、孙严、王智深，撰《南齐书》者有王邵、刘陟，今其书皆不传"，接着言沈约修《宋书·袁粲传》时"请

① 黄凤翔：《田亭草》卷十《读晋书说》，第 197 页。
② 黄凤翔：《田亭草》卷十《读魏书说》，第 200 页。
③ 黄凤翔：《田亭草》卷十《读梁陈书说》，第 202 页。
④ 黄凤翔：《田亭草》卷十《读前后汉纪》，第 195 页。

于齐世祖"，萧子显撰《南齐书》"实自请于梁武帝而为之者也"①；黄凤翔评《隋书》时，指出唐武德初年，令狐德棻为"使先烈世庸有传于后"，建议修《隋书》②。

征引学界评价。如评析《史记·项羽本纪》篇，黄凤翔先征引司马贞、刘知幾、葛洪对此问题的看法，然后论析自己的不同观点③；对于李延寿《南北史》，黄凤翔先指出"宋祁称其书颇有条理，删落冗词过本书远甚"④；对于《元史》，评析明代学者认为《元史》乃烂朝报之观点。

2. 从独创与承藉的角度评诸史

黄凤翔认为著史之难易在于是否有史著可以参照，是否有充足的史料可以利用，如其评《晋书》时所言"凡史书必有所因藉，如辑众皮为重裘，断群木为大厦，必抡其材质适用者，然后采之"⑤，评《北齐书》《后周书》言"凡作史者必有所承藉"⑥。对于荀悦《汉纪》，黄凤翔指出"其编年提纲处，全依孟坚旧书"，"孟坚本良史才，兼缵子长之绪，其考据精详，体裁严密，仲豫因藉撰述，故其书易就，亦易为工"；而袁宏《后汉纪》撰在范晔《后汉书》之前，而"谢承诸人率碌碌猥庸，无足采掇"，"独创之与沿袭，其难易较，然而二氏史才亦判矣"⑦。唐代官修之《晋书》，黄凤翔认为晋代所修国史，传于世者较少，"惟徐广、何法盛、臧荣绪、沈约所著述为全书。若王隐之鄙拙汙漫，殊不足道。唐世史官所因藉止此

① 黄凤翔：《田亭草》卷十《读宋齐书说》，第 199 页。
② 黄凤翔：《田亭草》卷十《读隋书说》，第 205 页。
③ "史迁作《项羽本纪》列于秦始皇之后，司马贞谓羽崛起争雄，假号西楚，未践天子位，而身首分离，宜降为世家。刘子玄则云方之于古，盖卫州吁、齐无知之类，安得讳其名字，称之曰王者。"（《田亭草》卷九《读史记项羽本纪》，第 194 页）
④ 黄凤翔：《田亭草》卷十《读南北史说》，第 204 页。
⑤ 黄凤翔：《田亭草》卷十《读晋书说》，第 197 页。
⑥ 黄凤翔：《田亭草》卷十《读北齐后周书说》，第 203 页。
⑦ 黄凤翔：《田亭草》卷十《读前后汉纪》，第 195 页。

矣"，而修史者又没有很好参依马班之史，导致《晋书》"义例取裁，
人物臧否，纪载详略，尤多不满人意"①。

3. 从撰述义例的角度评诸史

撰述义例，即史家撰写之标准。黄凤翔在评诸史时，多次言及
"义例"，如令狐德棻"博贯文史，且老成先进，诸义例多所裁
定"②，魏澹"表上义例，云魏氏平文以前部落之君长耳，太祖远
追二十八帝，并极尊崇，有乖周代典章，须得南董直笔裁而正
之"③。李延寿《南北史》"所创义例，亦有于理未惬者"④。欧阳修
主撰《新唐书》于"纪载义例，褒贬品评，有当订正者，尚未之及
也"⑤。柯维骐《宋史新编》"行于世，其改正义例，稽核讹舛，所
自为条目具矣"⑥。黄凤翔所言之义例，即诸史对人物传记的安排，
他以这种安排能否起到惩恶扬善、彰显节义、鞭笞邪恶的作用，来
评判撰述义例是否得当。黄凤翔评析诸史时，对撰史之义例关注较
多。如黄凤翔在批评《晋书》之"义例取裁"不当时，指出"《循吏
传》中之乔智明仕于刘曜，《儒林传》中之范隆仕于刘渊，续咸仕于
石勒，韦謏历事羌胡三姓，《忠义传》中之王育为刘渊太傅，韦忠
为刘聪镇西将军，刘敏元为刘曜中书侍郎，举前日之委身效用，蹈
节轻生者一旦而弃之，义既绝于晋朝，安得复列于晋传？且忠义之
名，又何得轻畀也"，且认为李玄盛之妻多次改嫁、谢道韫行为不
谨、王浑妻言语不端，皆不当入《列女传》中⑦。对于《南北史》之
"义例"不当处，主要指其隋朝诸将相贺若弼、韩擒虎、杨素、苏
威不应该以父子祖孙合传的形式载入《后周书》，因其"裁定之略，

---

① 黄凤翔：《田亭草》卷十《读晋书说》，第 197~198 页。
② 黄凤翔：《田亭草》卷十《读晋书说》，第 197 页。
③ 黄凤翔：《田亭草》卷十《读魏书说》，第 201 页。
④ 黄凤翔：《田亭草》卷十《读南北史说》，第 204 页。按：此篇中共有
五次言及"义例"。
⑤ 黄凤翔：《田亭草》卷十《读新唐书》，第 206 页。
⑥ 黄凤翔：《田亭草》卷十《读宋史说》，第 208 页。
⑦ 黄凤翔：《田亭草》卷十《读晋书说》，第 197~198 页。

贞邪之品，实关隋家理乱”，故应将其事迹纳入《隋书》①。再如，《新唐书》将陆羽入《隐逸传》，黄凤翔认为陆羽“挈茶具，诣宣慰使，辱身莫大焉。即隐居苕溪，终辞一命，而不必传诸隐逸，贻羞高尚之士”②。

4. 从史家应直书的角度评诸史

中国传统社会里，自古就有倡导良史之责任或者说史家之良心，即史家著述应该秉笔直书，传信史于后世，不能因权贵干预、个人喜好等影响史著记载之真实性。黄凤翔对诸史进行评判的标准之一，即能否如实客观地展现历史。如黄凤翔认为《三国志》之详略“不第以魏蜀为轩轾也，其所详者，在要势贵人，所略者在忠臣义士”，“范頵所谓有益风化者，果安在哉。盖頵之请录寿志，取其能曲笔也。裴松之之奉诏增注，存天下后世公论也。倘令寿之志独行于世，三国遂为阙史矣”，故而鞭笞陈寿“品格既卑，史才亦短”③。对魏收撰《魏书》“擅自握管，恣情褒贬”，在叙述拓跋部历世诸酋时，“叙其历世诸酋，呕血而生榆，散苇而成桥，所以神其事者，非一收之尊魏如此，顾诞妄不经，虽欲尊之，而适足贻笑于后耳”；“李百药《北齐书》撰尔朱文略传云文略厚遗收，收为传其父荣拟之彭韦伊霍，则收之曲笔实多，不可谓诉辨者之厚诬矣”，故称“鄙邪无行”④。尤其对于陈寿、魏收之曲笔，黄凤翔甚至从史家之品行方面予以论断，诚如其赞许揭奚斯之言，“心术不正，不可与于史事者”，“真格言矣”⑤。

黄凤翔认为史家著史不应该受到朝廷及权臣的干预，“夫作史

---

① 黄凤翔：《田亭草》卷十《读南北史说》，第204页。
② 黄凤翔：《田亭草》卷十《读新唐书》，第207页。按：对于《新唐书》李密的传记安排，黄凤翔指出“李密先群豪逐鹿，与秦王相颉颃，岂不亦岸然称雄，既归唐拜光禄卿封邢国公矣，怨望背叛，立毙于盛彦师之手，今与单雄信同传，以拟胜、广，非其伦也”。
③ 黄凤翔：《田亭草》卷十《读三国志说》，第196页。
④ 黄凤翔：《田亭草》卷十《读魏书说》，第200～201页。
⑤ 黄凤翔：《田亭草》卷十《读辽金史说》，第210页。

者，而使人主预闻其事，安所得直笔矣"，萧子显撰《南齐书》时自请于梁武帝，因而出现诸如"诸葛长民之见杀，云将作乱。王珍国、张稷之通谋，讳而不书，视为固然，无足怪者"①，"凡所贵于史者，不虚美不隐恶，故人主不得观史，而权臣不得以意为改"②，进而批评《宋书》《南齐书》之任情褒贬③，《陈书》之"类多曲笔"④。

5. 不拘泥于一格，客观评判诸史

黄凤翔在评价诸史时，一般对其优缺点皆有阐述，且是通过众多例证来阐明自己的观点，尽可能避免刻意求暇的做法。黄凤翔在评析《汉纪》《后汉纪》时，指出与《汉书》《后汉书》相比，《汉纪》简约，《后汉纪》详整，同时又言"马班论赞据事剖析，其是非之辨、理乱之原，昭然可睹，乃荀、袁二氏所论著，皆迂庸蔓衍，无当事情"⑤；评《宋书》《南齐书》时，言"盖文章之病，自六朝始，而徐庾之体，尤盛行于时，故作史者皆旁搜曲采，不忍割置，不第(萧)子显为然。(沈)约虽博洽，弊乃更甚，大都炫博则不约，势所必至也"⑥。黄凤翔没有斤斤计较《宋书》《南齐书》之缺憾本身，而是从学术发展的趋势评析之；对《梁书》，赞其"结撰体制严整可观"，驳其"所品评人物，未为确论"⑦；对《南北史》，赞其"独创体裁，务从简约……卷帙既省，披阅易周"，驳其所创义例，"于理未惬"⑧。诸如《隋书》《新唐书》《五代史》《宋史新编》《金史》等，

---

① 黄凤翔：《田亭草》卷十《读宋齐书说》，第 199 页。
② 黄凤翔：《田亭草》卷十《读梁陈书说》，第 202 页。
③ 黄凤翔：《田亭草》卷十《读宋齐书说》，第 199~200 页。
④ 黄凤翔：《田亭草》卷十《读梁陈书说》，第 202 页。按：黄凤翔认为姚思廉撰写《陈书》时，陈氏子孙之旧臣遗老仍在朝为政，担心撰修不当会受到打击报复，"故尔依违岁月，不肯遽脱稿乎"。
⑤ 黄凤翔：《田亭草》卷十《读前后汉纪》，第 195 页。
⑥ 黄凤翔：《田亭草》卷十《读宋齐书说》，第 199 页。
⑦ 黄凤翔：《田亭草》卷十《读梁陈书说》，第 202 页。
⑧ 黄凤翔：《田亭草》卷十《读南北史说》，第 204 页。

亦是既赞誉其优点，又批驳其瑕疵。

　　黄凤翔生性耿直，为官"耿介自守"，不畏权贵，指陈时弊，居家"足迹罕及公门"，以读书教育子孙为务，"学术一禀紫阳，务躬行实践"①。黄凤翔为政极具批判意识，在治学方面亦是如此，曾言"盖昔刘子玄论史多所评驳，观者谓其工于弹射，懵于自鉴。愚生暗浅恐，亦坐此病"②。但是，因黄凤翔自幼学习《性理大全》、真德秀《文章正宗》，秉持朱熹学问之道，故其在评价诸史时，带有浓厚的正统观、道德评判的意味。对君臣大义、夷夏之防评析较多，如其言评《晋书》时所言"唐人修晋史，第断自司马炎受禅之年，如两汉帝纪之例，于懿、师、昭稍檃括事状足矣，而特标帝纪，系以年月，不已赘乎。君臣大义，华夷大防，凛然如天冠地屦，不可混紊"，"夫乾坤之所以不毁，人类之所以不灭者，恃伦常名教为之维持耳，而决裂颓坏，若此其甚，将安用史为矣"③。言《五代史》"欧阳公良史笔，实有关于世道矣"④。

---

　　① 李清馥著，何乃川点校：《闽中理学渊源考》卷七十三《文简黄仪庭先生凤翔》，商务印书馆 2018 年版。按：邹元标《宗伯学士仪庭黄公集叙》称黄凤翔"言必本紫阳"（《田亭草》，第 1 页）。

　　② 黄凤翔：《田亭草》卷十《读元史说》，第 211 页。按：邹元标《宗伯学士仪庭黄公集叙》称黄凤翔"拒诸高论，如御暴客"（《田亭草》，第 1 页）。

　　③ 黄凤翔：《田亭草》卷十《读晋书说》，第 197～198 页。

　　④ 黄凤翔：《田亭草》卷十《读五代史说》，第 208 页。

第三章 "篾笓俗学，原本雅故"：
钱谦益史学批评研究

钱谦益(1582—1664)，字受之，号牧斋，晚年又自号蒙史、绛云老人等，江苏常熟市人。万历三十八年考中进士，曾任翰林院编修，天启间参与撰修《明神宗实录》。钱谦益博通文史，其著述有《列朝诗集小传》《牧斋杂著》《国初群雄事略》《牧斋初学集》《牧斋有学集》等，钱氏具有敏锐的学术批评意识，对明代文风论之甚多，研究文学者多探讨其文学批评思想。钱谦益曾言"壮岁登朝，留心史事，二十余年，扬挖讨论，差有端绪"①，亦多称自己为旧史氏、史官、待罪国史、待罪太史氏、待罪史局、待罪末史等，对史学中的相关问题论之甚多。学界目前对钱谦益的史学成就及其思想论之较多，对其史学批评的研究则相对较少②。

---

① 《牧斋杂著》之附录《钱牧斋先生年谱附东涧遗老钱公别传》，上海古籍出版社2009年版，第960页。

② 按：有关钱谦益史学方面的研究情况，兹绍如下。陈宝良《论钱谦益的史学》(《明史研究》第6辑，黄山书社1999年版)分析钱谦益对史学的功能、修史体例及准则的看法，指出钱谦益史学思想的特点是重视证据及梳理钱谦益在史学著述方面的成就；孙卫国《钱谦益与王世贞》(《郑天挺先生百年诞辰纪念文集》，中华书局2000年版，第120~127页)探讨了王世贞对钱谦益的影响及钱谦益所从事的史学活动；张永贵、黎建军《钱谦益史学思想评述》(《史学月刊》2000年第2期)主要论析钱谦益对经史关系的辨析、对晚明学问弊端之批判、其史学考据成就及史官之志的分析；钱茂伟《明代史学的历程》(社会科学文献出版社2003年版，第326~332页)论述了钱谦益明史编纂实践及卓越的史学理论；靳宝《论钱谦益的史学观》(《辽宁大学学报》(转下页)

一、"明其指意"：评析《史》《汉》之异同

钱谦益曾言"少读班马二史欣然自喜。戊寅岁，讼系西曹，取而读之，然后少知二史之史法，与其文章之蹊径阡陌。始自叹四十六年以前，虽读《史》《汉》，犹无与也。向后再读之，辄有所得。去岁累囚白下，又翻一过，又自愧向者之阔疏也"①。钱氏自少至老亦是喜读《史》《汉》，对司马迁、班固撰史指意颇有感受②，称"太史公之才，秦、汉以来，一人而已矣"，而"世所传百家《评

（接上页）2006年第2期）主要从史学功能与性质、史学方法及史学之失三个方面论析钱谦益的史学观；段晓亮《钱谦益的明史考证及影响》（《临沧高等师范专科学校学报》2008年第4期）主要论述钱谦益从事明史考证的缘由、《太祖实录辨证》征论史籍情况分析、钱谦益史学考证的特点及其对清代官修明史的影响；段晓亮《略论钱谦益对明代史学的认识》（《史学史研究》2012年第2期）讨论钱谦益对明代"三史"国史、家史、野史的批评，对明代学风和治史风气的评析及对郑晓、王世贞史学的仿效与批评；王博《论钱谦益的史学思想》（《西安文理学院学报》2009年第6期）主要论述钱谦益史学思想的发展过程中的不同表现；杨绪敏《论钱谦益与明史的修撰与考证》（《徐州师范大学学报》2012年第2期）论析钱谦益为撰述明史在史料搜集方面的努力及对明史的考证体现在"以诗证史，以碑文证史""揭露前史的曲笔讳饰""订正史书记载的错误并弥补其缺漏""对无法下结论的材料，采用存疑备异的手法"；吴海兰《钱谦益的史学述略》（《厦大史学》第4辑，厦门大学出版社2013年版，第327~345页）主要论述钱谦益的修史活动及其明史研究情况；张小平《钱谦益与〈国初群雄事略〉的研究》（内蒙古师范大学硕士学位论文，2013年）主要论析《国初群雄事略》一书的版本、编纂情况及其史学价值；姜明会《略论钱谦益对建文朝历史的认识》（《常州大学学报》2014年第2期）主要论析钱谦益对建文帝出亡事件、殉国诸臣事迹的辨析。

①　钱谦益：《牧斋有学集》卷三十八《答杜苍略论文书》，上海古籍出版社1996年版，第1306页。本章以下所引是书皆为此版本，不再注明版本信息。

②　按：钱茂伟先生言"在众多的成例中，给钱氏（钱谦益）影响最深的是《史记》。钱氏理论的成熟，离不开他对《史记》与《汉书》的研读"（《明代史学的历程》，社会科学文献出版社2003年版，第330页）。

林》，上下五百年，才人文士，钩索字句，不能仿佛其形似，今遽欲伸纸奋笔，俨然抗行，因以蹂践晔、寿诸人，诸不足供其□迹，此所谓非愚则诬也"①。甚者，钱氏言"有一代之史，马班之书是也"②，"马班具一代之眼"③。钱谦益对《史》《汉》的探究没有纠结于其字句，而是依据其读书之习惯，从著者之"指意"来判析《史》《汉》的成就及其差异④。

1. 研读《史》《汉》，应知其"大关键"⑤

钱谦益与杜苍略在探讨如何读书为文时，指出《史》《汉》系"史

① 钱谦益：《牧斋有学集》卷十四《汲古阁毛氏新刻十七史序》，第681页。
② 钱谦益：《牧斋有学集》卷四十九《书杜苍略史论》，第1595页。
③ 钱谦益：《牧斋有学集》卷四十九《书杜苍略史论》，第1596页。
④ 按：钱谦益论析他人著述及学问时，强调应该"明其指意"。钱谦益称自己"年近四十，始得从二三遗民老学，得闻先辈之绪论，与夫古人诗文之指意，学问之原本"（《牧斋有学集》卷三十八《答杜苍略论文书》）；"余为小传，以引其端，颇能推言孟阳之所以为诗，与其论诗考古之指意"（《牧斋有学集》卷十八《耦耕堂诗序》）；指出"自唐以还，学士大夫沉湎是书，而莫能明其指意，至为续为补之徒，抑又陋矣"（《牧斋初学集》卷二十九《郑氏清言叙》）；"世之君子，吟赏斯编，而有会乎杼山之指意，香朝钟夕，夜缓晓迟，迢肰而深思焉，斯可与言诗也已矣"（《牧斋有学集》卷二十《空一齐诗序》）；"世之浮慕义仍者，于其所以为文之指意，未有能明之者也"（《牧斋初学集》卷三十一《汤义仍先生文集序》）；毛子晋"从余游，益深知学问之指意"（《牧斋有学集》卷三十一《隐湖毛君墓志铭》）；如论析胡应麟"何物元瑞，愚贱自专，高下在心，妍媸任目。要其指意，无关品藻，徒用攀附胜流，容悦贵显，斯真词坛之行乞，艺苑之舆台也"（《列朝诗集》丁集卷六《胡举人应麟》）。钱氏对他人学问的探析，重视了解之同情，"盖有所推明作者之指意，而引其端绪也"，"殆欲推明作者之指意"（《牧斋初学集》卷二十九《说文长笺序》，上海古籍出版社2009年版，第879页）。
⑤ 按：对于《史记》中的商山四皓，大多认为四皓为隐士，钱谦益指出有关此事的记载，"太史公妙于叙事，平直铺列，阡陌条然，而不为摘抉其所以"，"吾固曰：四皓，非隐者也。读史者心粗目短，不能酌时势、通事变"，"目论耳食，但晓一孔，往往掉书囊、摇笔管，取次而谋人之国家"，"惊怖其疑神疑鬼，而妄为之词，则世之愚儒也"（《牧斋有学集》卷四十三《四皓论》，第1460页）。钱氏所言"酌时势、通事变"，即为应知其"大关键"。

中之经"，而宋代学者不明其理，仅凭"寻扯字句"来论析班马异同，"此儿童学究之见"①。那么如何才能更好把握《史》《汉》之精髓，钱谦益认为"读班马之书，辨论其同异，当知其大段落，大关键，来龙何处，结局何处，手中有手，眼中有眼，一字一句，龙脉历然"②。对于"太史公所以上下五千年纵横独绝者在何处？班孟坚所以整齐《史记》之文而瞠乎其后不可几及者又在何处？"钱谦益论道"《尚书》、《左氏》、《国策》，太史公之粉本"，"天汉以前之史，孟坚之粉本"，只有理解司马迁、班固撰史之基础，才能知晓其真"面目"③。另外，从《史》《汉》对后世史著的影响而言，此二史系"千古之史法在焉，千古之文法在焉"，从文法的角度，即叙事审美的角度看，二史之文在于"文从字顺"，"古今之文法章脉，来龙结局，纡回演迤，正在文从字顺之中"，故而钱氏总结道，若不从"大关键"处研习《史》《汉》，只会出现"童而习之，白首茫然"的遗憾④。

2. 从"序事之指意"，"作史之指要"，评《史》《汉》之异同

《史》《汉》之异同，历代论者甚多，班氏父子认为他们是在《史记》的基础上，"慎核其事，整齐其文"，仅"体例各有不同"⑤。钱谦益认为讨论"班马之异同，学者之所有事也"，应该明白司马迁"序事之指意""作史之指要"，"而不徒汩没于句读行墨之间"⑥。

---

① 钱谦益：《牧斋有学集》卷三十八《再答苍略书》，第 1310 页。
② 钱谦益：《牧斋有学集》卷三十八《再答苍略书》，第 1310 页。
③ 钱谦益：《牧斋有学集》卷三十八《再答苍略书》，第 1310 页。
④ 钱谦益：《牧斋有学集》卷三十八《再答苍略书》，第 1310 页。
⑤ 钱谦益：《牧斋初学集》卷八十三《书史记项羽高祖本纪后》，上海古籍出版社 2009 年版，第 1749 页。本章以下所引是书皆为此版本，不再注明版本信息。
⑥ 钱谦益：《牧斋初学集》卷八十三《书史记项羽高祖本纪后》，第 1751 页。

对于楚王之如何失天下，汉王之如何得天下的记述，钱氏认为司马迁在叙事的艺术方面非常到位，其"历举楚之所以失天下，汉之所以得者，使后世了然见其全局"①，"撮项王举事失人心局势之大者，总序于汉元、二之间，提纲挈领，较如指掌，此太史公作史之大法也"，而班固"以事之先后为次，首序田荣之反，次及汉定三秦，遗羽书，次及九江称疾，次及羽使布杀义帝，次及陈余立赵，年经月纬，一循史家之例，而于太史公序事之指意，则失之远矣"②。像《史记·高祖本纪》载"项羽出关至北击齐一段"，"《楚本纪》不系年月，而详具于《月表》，观者可以参考而得。不然则如刘知幾之所谓载诸史传，成其烦费，而表可以不作矣。此史之又一法也"③。钱谦益认为司马迁在叙事方面，对于相关事件的处理，达到"纲而目之，目而纲之，错综反复，非复史家常例。然于《高纪》则以事系年，部居井然，使后人可以互考也"④，而班固在这方面的处理多是墨守常规，缺乏变通。

另外，钱谦益专门以《史记·项羽本纪》《汉书·高祖本纪》为例，指出"二公之序事，笔力曲折，盖亦有可窥窥者"⑤。接着，深入分析楚汉两军对垒及鸿门宴上有关项羽、刘邦、张良、范增、樊哙等人物事迹的叙述，钱谦益指出在《史记》中详述的，而《汉书》则常常予以删节，钱谦益用"《汉》略之"（共四次）、"而《汉》又略之"、"略本《高纪》，而序事之先后则有间矣"、"《汉纪》从略"、"《汉》但云项王默然而已"、"而《汉》弗载也"、"而《汉》亦弗载也"等句⑥，标示《汉书》对《史记》的删改情况。经过对《史记·项羽本纪》《汉书·高祖本纪》相关叙述的详细比较，钱谦益指出"二史之

---

① 钱谦益：《牧斋初学集》卷八十三《书史记项羽高祖本纪后》，第 1749 页。
② 钱谦益：《牧斋初学集》卷八十三《书史记项羽高祖本纪后》，第 1750 页。
③ 钱谦益：《牧斋初学集》卷八十三《书史记项羽高祖本纪后》，第 1750 页。
④ 钱谦益：《牧斋初学集》卷八十三《书史记项羽高祖本纪后》，第 1751 页。
⑤ 钱谦益：《牧斋初学集》卷八十三《书史记项羽高祖本纪后》，第 1751 页。
⑥ 钱谦益：《牧斋初学集》卷八十三《书史记项羽高祖本纪后》，第 1751~1753 页。

体例，岂不画然迥别与？抑亦班氏父子所谓慎核其事，整齐其文者，乃其所以不逮太史公者与？"①参见表 3.3.1。

表 3.3.1 　　　　钱谦益评析《史记·项羽本纪》与
《汉书·高祖本纪》对照表②

《史记·项羽本纪》	《汉书·高祖本纪》	备　注
鸿门、霸上之事	鸿门、霸上之事	二公之序事，笔力曲折，盖亦有可窃窥者
项羽遂入，至于戏西，沛公军霸上，未得与项羽相见。此两军相望之形也	《汉》略之	
沛公左司马曹无伤云云。项羽大怒曰：旦日飨士卒，为击破沛公军。当是时，项羽兵四十万在新丰、鸿门，沛公兵十万在霸上。此两军强弱之大势也	《汉》又略之	
《羽纪》项羽大怒系于曹无伤云云之下，然后及范增说羽云云	《汉纪》旦日合战，直系于增言之后虽，略本《高纪》，而序事之先后则有间矣	
《史》序项伯欲呼张良与俱去，良乃入，具告沛公。沛公大惊曰：为之奈何？张良曰：谁为大王画此计者。曰鲰生说我曰：距关，毋内诸侯，秦地可尽王也。故听之。良曰：料大王士卒，足以当项王乎？沛公默然，曰：固不如也。且为之奈何？危急之际，突兀谦让，归咎于设谋者。家人絮语，所谓溺人必笑也	《汉》略之	

①　钱谦益：《牧斋初学集》卷八十三《书史记项羽高祖本纪后》，第 1753 页。
②　钱谦益：《牧斋初学集》卷八十三《书史记项羽高祖本纪后》，第 1751~1753 页。

《史记·项羽本纪》	《汉书·高祖本纪》	备　注
张良曰：请往谓项伯，言沛公不敢背项王也。沛公曰：君安与项伯有故？张良曰：秦时与臣游，项伯杀人，臣活之。今事有急，故幸来告臣。事已亟矣，却穷究其所以告良之故，娓娓相告语	是此情语也，而《汉》略之	
沛公曰：孰与君少长？良曰：长于臣。沛公曰：君为我呼入，我得兄事之。张良出，要项伯。项伯即入，见沛公。沛公奉卮酒为寿，约为婚姻。问其少长，愿得兄事。一时无可奈何謅谀相属之意，可以想见。奉卮酒为寿，何其郑重也！	《汉》略之	
项王即日因留沛公与饮，项王、项伯东向坐，亚父南向坐。亚父者，范增也。沛公北向坐，张良西向侍。范增数目项王，举所佩玉玦以示之者三。序某向坐者，为下文舞剑翼蔽张本也。亚父之下独云亚夫者范增也，于此燕一坐中点出眼目，所谓国有人焉者也	《汉》略之	
樊哙直入谯羽之事	《汉纪》从略，具哙传中	
《史》云：于是张良至军门见樊哙，樊哙曰：今日之事何如？良曰：甚急。今者项庄拔剑舞，其意常在沛公也。哙曰：此迫矣，臣请入，与之同命。良与哙偶语惶骇，哙曰：与之同命。何其壮也？而哙传略之。哙即带剑拥盾入军门，交戟之卫士，欲止不内，哙侧其盾以撞，卫士仆地，哙遂入，披帷西向立，瞋目视项王，头发上指，目眦尽裂。项王按剑而跽曰：客何为者？披帷西向立，立于张良之次也。哙目无项羽，羽亦稍心折于哙。与一生彘肩，哙覆其盾于地，加彘肩上，拔剑切而啖之。此真为哙开生面矣，而哙传略之	哙传略之	

续表

《史记·项羽本纪》	《汉书·高祖本纪》	备 注
《史》云：项王未有以应，曰：坐。樊哙从良坐。《史》状项羽甿甿气夺，一语曲尽。《汉》但云项王默然而已。从良坐，又与西向立相应也。沛公曰：今者出，未辞也。为之奈何？樊哙曰：云云何辞为？于是遂去	此脱身至军之决策，而《汉》弗载也	
当是时，项王军在鸿门下，沛公军在霸上，相去四十里。欲叙沛公置车骑闲行之事，而先言两军相去若干里。又谓张良曰：从此道至吾军，不过二十里耳。度我至军中，公乃入。昏夜间道，踟蹰促迫，狙伺兔脱，可悲可喜	《汉》亦弗载也	

二、着眼史法：批评《五代史记》《宋》《金》《元》诸史

　　钱谦益自少年起研读《史》《汉》等史著，颇关注史法在修史中的作用。钱谦益与明代著名史家吴炎交流有关《明史》修订的事项时①，称"三十余年，留心史事，于古人之记事记言，发凡起例者，或可少窥其涯略"②。对于如何撰写《明史》，钱氏认为"著作指要，取法子长"，"古人成书，必有因藉。龙门旁取《世本》，涑水先纂《长编》。此作史之家之高曾规矩也"③。钱谦益在《郑氏清言叙》中言"余少读《世说新语》，辄欣然忘食。已而叹曰：临川王，史家之巧人也。生于迁、固之后，变史法而为之者也"④，接着分析临川王刘义庆在晋代玄学、清议之风盛行时，"得其风气，妙于语言。

---

① 按：吴炎曾与潘柽章合著有《明史记》。
② 钱谦益：《牧斋有学集》卷三十九《答吴江吴赤溟书》，第1368页。
③ 钱谦益：《牧斋有学集》卷三十九《答吴江吴赤溟书》，第1368页。
④ 钱谦益：《牧斋初学集》卷二十九《郑氏清言叙》，第881页。

一代之风流人物，宛宛然荟蕞于琐言碎事、微文澹辞之中。其事，晋也；其文，亦晋也。习其读则说，问其传则史，变迁、固之法，以说家为史者，自临川始"①。撰写《晋书》者，"当发凡起例，大书特书，条举其纲领，与临川相表里，而不当割剥《世说》，以缀入于全史。史法芜秽，而临川之史志滋晦，此唐人之过也"②。钱谦益无论是学术交流，或是为他人作序，总是关注史法在撰述中的价值。

同样，当他人向其咨询著史是否有法可依，欧阳修《五代史记》能否与《史记》"同风"，《宋史》《辽史》《金史》及《元史》该如何评价时，钱谦益对上述问题逐一进行回复。

对于著史是否有法可以借鉴，钱氏答曰：

> 尝窃闻史家之法矣，以一代为经，以一代之事与人为纬。何言乎其经也？创守治乱，兴废存亡，升降质文，包举一代之全史者是也。何言乎其纬也？律历礼仪、河渠食货，其事不一，而一事亦有首尾也；公侯将相、贤奸顺逆，其人不一，而一人亦有本末也。以言乎经纬错综，则一代之事，襞裂为千百，而千百事之首尾，不出于一事；一代之人，胪传为千百，而千百人之本末，不出于一人。所谓一事一人者何也？吾所谓创守治乱，废兴存亡，升降质文，包举一代之全史者也。匠人之营国，县地眡景，规方既定，则左祖右社，面朝后市，举不出其经营之内。③

按：钱氏指出史家作史，断代而为，包容一代治乱兴衰。其他事项、人物各有其首尾本末，"经纬错综"，众多的事件、人物皆可按一定体例予以叙写，使其变得简单化、规范化。就像匠人营建城池一样，建设方案制定后，一切都可以按预定办法来执行，

---

①　钱谦益：《牧斋初学集》卷二十九《郑氏清言叙》，第 881~882 页。
②　钱谦益：《牧斋初学集》卷二十九《郑氏清言叙》，第 882 页。
③　钱谦益：《牧斋初学集》卷九十，第 1870 页。

"迁、固之史，所以度越百代者，如是而已"①。

然而，晋代以后，史法淆乱，"其文益下"②。欧阳修作《五代史记》"以古人为法，而后世有所准绳"，使五十余年的历史，涉及八姓十国，"事各有首尾，人各有本末，而其经纬错综，了然于指掌之间，则史家之法备焉"，"本纪以谨严为主，而琐事靳语，于《家人杂传》发之"③。像朱梁的家事记载于《家人传》，因其"不可道也"；唐庄宗被弑而书崩，而其事详于《伶官传》，系"讳而不没其实也"；"晋出帝之北徙，详于《家人传》，而咨尔子晋王之册，著于《四夷附录》，为中国讳也"④。通过列传的区分及杂传的隐括，使各种不同身份的人物及其事迹得以展现，最终达到"上下五十余年如一年，贯穿八姓十国如一国，举其一二，其全书可知也"，欧阳修所用史法，"考之迁、固，若合符节"⑤。只有了解欧阳修撰史之依据，才能更准确地论其史文，"此亦作史者之表识，而论史者之质的也"⑥。

对于五代至元代，修史时因正统问题，说法各异，元代学者认为，应该"以五代之君，通作南史；辽兼五季前宋为北史；建隆至靖康为宋史，金、元与南宋为南北史"，钱谦益认为"夷狄之臣，尊胡虏而卑诸夏，无足怪也"。近世学者对于宋、辽、金的记载，"则谓当以宋统辽、金，如刘、石、符、姚之载记，尽削帝谥陵号，以比四夷称子之例。又欲刊落蒙古一代之史，附于帝昺既亡之后"，钱氏称"此又非通论"。元代修宋、辽、金历史时，揭傒斯指出"莫若厘为三史，而各统其所统"，这样各种争论才得以缓和⑦。明代开国初，明太祖称"元有国一百六十二年，国可灭，史不可灭"，钱谦益赞叹曰"大哉斯言，万世不能易也。然则国统之离合，

---

① 钱谦益：《牧斋初学集》卷九十，第 1870 页。
② 钱谦益：《牧斋初学集》卷九十，第 1870 页。
③ 钱谦益：《牧斋初学集》卷九十，第 1870 页。
④ 钱谦益：《牧斋初学集》卷九十，第 1870 页。
⑤ 钱谦益：《牧斋初学集》卷九十，第 1871 页。
⑥ 钱谦益：《牧斋初学集》卷九十，第 1871 页。
⑦ 钱谦益：《牧斋初学集》卷九十，第 1871 页。

盖可以无辨矣"①。钱氏阐述了五代到明代，不同历史时期，在修史中对正统的看法。

而涉及对《金史》《宋史》及《元史》的评价时，钱谦益归结三史的共同缺憾在史法方面，具体体现在"史之有本纪，一史之纲维也。今举驳杂细碎志传所不胜书之事，罗而入之于本纪。古之为史者，本纪立而全史已具矣；今之为史者，全史具而本纪之规摹犹未立也"；"发凡起例，举无要领"；"纪事立传，不辨主客。互载则复累而无章，选举则错迕而寡要"②。随之，钱谦益具体分析《宋史》编纂中的弊端是缺略太多，"作史者既无要领，则纪载不得不烦"；"秉笔之臣，身在胜国，有岛夷索虏之嫌，内夏外夷，安攘恢复之大义，皆未敢以讼言"；"靖康之流离，淳熙之屈辱，皆没而不书"③。明初所修《元史》的缺憾是成书仓促，多所忌讳，疏漏亦多，"仅可称稿草而已"④。

另外，关于明代修史问题，钱谦益认为要参依史法，应该像司马光纂修《资治通鉴》一样，在史料搜集、史官分工方面，能够有长编及刘攽、刘恕、范祖禹之类的史官。同时，面对"今所传献征诸书，足汗牛马"的状况，钱谦益认为应仿效元代苏天爵编纂《名臣事略》的办法，"仿而为之，而列传之事举"⑤。这个纂修过程，即钱氏所言"生以为史未可轻言也，诚有意于史，则亦先庀其史事而已"，"所谓先庀其史者也"，即要解决好史料及史官的问题⑥。其中，史官在修史中要起着很重要的作用，"若夫史法，则存乎其人而已"，"是故能会通一代之事者，其中能囊括天下之事者也。能铨配一代之人者，其中能包裹天下之人者也。譬之匠人，县地眂景，其目力绝出于都邑之外，而后可以营建都邑。不然，虽审曲面

---

① 钱谦益：《牧斋初学集》卷九十，第 1871 页。
② 钱谦益：《牧斋初学集》卷九十，第 1872 页。
③ 钱谦益：《牧斋初学集》卷九十，第 1872 页。
④ 钱谦益：《牧斋初学集》卷九十，第 1872 页。
⑤ 钱谦益：《牧斋初学集》卷九十，第 1874 页。按：钱谦益与吴炎的书信中亦论及此问题（《牧斋有学集》卷三十九《答吴江吴赤溟书》，第 1368 页）。
⑥ 钱谦益：《牧斋初学集》卷九十，第 1873 页。

势，穷老尽气，亦谓之众工而已"①。在钱谦益的心目中，合适的史官人选，系"史家之巧人"，有开阔的视野，犹如能工巧匠可以超越自身的局限，构建创新之举。

三、"穷其源流，审其津涉"：评析明代诸史籍

明初开国功臣的事迹及建文革除事迹②，因各种原因，《明太祖实录》、郑晓《名臣记》、《开国功臣录》等著述载之各异。钱谦益曾在史局三十多年，从事国史编纂，对有关明代的史料及史著非常熟悉③。钱谦益认为"修史之难，莫先乎征举典故，网罗放佚"④，"读史，先证据而后发明"⑤，著史应"援据周详，辨析详密，不偏主一家，不偏执一见"⑥，"务使学者穷其源流，审其津涉。其他访佚典，搜秘文，皆用以裨辅其正学"⑦。

1. 对记载开国功臣事迹史籍之批判

1354 年 7 月，朱元璋"南略滁阳，道遇定远人李善长来谒，留置幕下俾掌书记"，郑晓《名臣记》载曰当时朱元璋与李善长谈论天下大事，"善长称上豁达大度，类汉高祖，天下不足定也。上因问

---

① 钱谦益：《牧斋初学集》卷九十，第 1874 页。

② 按：有关明代开国功臣的事迹，钱谦益撰有《皇明开国功臣事略》。

③ 按：钱谦益在史局的情况，其言行中多有展现。"谦益往待罪史局三十余年，网罗编摩，罔敢失坠"（《牧斋有学集》卷十四《建文年谱序》，第 683 页）；"仆自通籍，滥尘史局，即有事于国史"（《牧斋有学集》卷三十九《答吴江吴赤溟书》，1367 页）；"谦益承乏史官，窃有志于纂述"（《牧斋初学集》卷二十八《皇明开国功臣事略序》，第 845 页）；"往余待罪国史，论次本朝忠良吏，附两汉之后"（《牧斋初学集》卷五十三《扶沟县知县赠南京湖广道监察御史左府君墓志铭》，第 1336 页）；"谦益，史官也，有纪志之责"（《牧斋初学集》卷三十五《汪母节寿序》，第 997 页）。

④ 钱谦益：《牧斋有学集》卷四十六《跋东都事略》，第 1515 页。

⑤ 钱谦益：《牧斋初学集》卷五十四《王淑士墓志铭》，第 1352 页

⑥ 钱谦益：《牧斋有学集》卷三十八《与吴江潘力田书》，第 1319 页。

⑦ 钱谦益：《牧斋有学集》卷三十一《隐湖毛君墓志铭》，第 1141 页。

善长卿可方萧何，徐达可方韩信，谁可方张良者？善长称金华宋濂，上曰：孤所闻青田有刘基"①。钱谦益指出"高皇帝是时居滁阳甥馆，名位在诸将之后，安得偃然称孤，以汉高君臣相命？善长典司书记，上戒令勿言诸将得失，遑及其他。龙凤戊戌克婺，上始召见濂，庚子克处，始有人荐基，此时殆未必知有两人也。流俗有《英烈传》称太祖三顾中山，中山谈经世大略，仿佛如韩侯、葛生。识者嗤之"。钱谦益认为郑晓虽为通儒，"亦剿取俗说如此"②。同样，黄金《开国功臣录》载李善长曾隐居东山，准备辅佐明君以安天下。钱谦益根据当时的诏书，称李善长并非隐居以待招，而是"善长挈家草莽，诣军门，俯伏于前。岂隐居高尚者耶？太祖之于善长，一则曰以文吏相从，一则曰知小吏之心。善长之为吏审矣。必欲讳胥吏之名，标隐遁之目，则酂侯、雍奴，将不得为两汉之宗臣乎？俗儒肤陋，往往如此，宜痛削之"③。

1360 年 6 月，康茂才遗书友谅，约为内应。郑晓《异姓诸侯传》载茂才与友谅书辞云云。对于此事，钱谦益认为"当时仓卒致书，战后于敌舟卧席下得之，安得雕刻书尺，流传人间？此郑氏傅会之陋也，今削去"④。

对于国初李善长、陆仲亨、傅友德、蓝玉等被朝廷处置的情况，"黄金《开国功臣录》，凡功臣赐死与伏诛者，皆讳而书卒，李善长、陆仲亨之类是也。郑晓《大事记》及列传，别起一例，于李善长、傅友德之类，皆书曰暴卒，惟蓝玉书伏诛。以暴卒别于伏诛，所以别诸公于玉也，晓之微指也"⑤。钱谦益认为《太祖实录》中对李善长等人的记载并未使用讳笔，而黄金、郑晓之书"则义例尤错互不一"⑥。钱谦益从传信史的角度，指出"逝者不作，来者

---

① 钱谦益：《牧斋初学集》卷一百一《太祖实录辨证一》，第 2100～2101页。
② 钱谦益：《牧斋初学集》卷一百一《太祖实录辨证一》，第 2101 页。
③ 钱谦益：《牧斋初学集》卷一百一《太祖实录辨证一》，第 2101 页。
④ 钱谦益：《牧斋初学集》卷一百二《太祖实录辨证二》，第 2110 页。
⑤ 钱谦益：《牧斋初学集》卷一百五《太祖实录辨证五》，第 2151 页。
⑥ 钱谦益：《牧斋初学集》卷一百五《太祖实录辨证五》，第 2151 页。

难诬。安用出入多端，掩沉魂于青史；推敲只字，寄隐狱于丹书也
哉？愚不能深知国史之微词，亦不敢妄效诸公之别例，传疑传信，
良惧厚诬前人"①。

有关冯国用、冯胜的记载，《太祖实录》与刘三吾《宋国公追封
三代碑》、王世贞《冯胜传》、郑晓《异姓诸侯传》记载各异，钱谦益
经过考证，认为刘三吾、王世贞、郑晓，系"史家曲说"②。"王世
贞撰列传，因《开国功臣录》之误，而又云兄弟俱授万户，俱进大
元帅，国用寻擢亲兵都指挥。以己意杜撰傅合，何所据依？失之远
矣。"③

另外，钱谦益《有学集》中收录有《太祖实录辨证》五卷，对《太
祖实录》批评甚多④。其论如下：

> 奏报偶异，史家之参错多矣。⑤
> 实录所载殊脱略。⑥
> 国史故多讳辞，然以成之忠烈如此，一切抑没而不书，难
> 乎其为实录矣。⑦
> 《实录》记戊子之战，与朱善《安定侯神道碑》大略相同。
> 但《实录》以为韩成等先战死，张定边方犯御舟。碑则以为定
> 边犯御舟之时，成等咸与格斗，御舟既脱，而成等以援绝死之
> 也。碑所记比《实录》为核……当时事冗，不暇两相参订
> 也……修《会典》者亦因之，沿袭至今，国胜遂不复预两庙之

---

① 钱谦益：《牧斋初学集》卷一百五《太祖实录辨证五》，第2152页。
② 钱谦益：《牧斋初学集》卷一百一《太祖实录辨证一》，第2102页。
③ 钱谦益：《牧斋初学集》卷一百一《太祖实录辨证一》，第2103页。
④ 按：关于此点，孙卫国先生《钱谦益与王世贞》一文指出钱谦益对
《太祖实录》的研究，是对王世贞研究成果的继承与发展（《郑天挺先生百年诞
辰纪念文集》，中华书局2000年版，第122~125页）。
⑤ 钱谦益：《牧斋初学集》卷一百一《太祖实录辨证一》，第2106页。
⑥ 钱谦益：《牧斋初学集》卷一百一《太祖实录辨证一》，第2103页。
⑦ 钱谦益：《牧斋初学集》卷一百二《太祖实录辨证二》，第2115页。

祀矣。国史失于考核，遂成祀典百世之误，宜亟正之。①

今幸有券文诏书，可以考证，不然，未有不据国史而刊别录者矣。国史之不足征如此。②

国史叙事，盖用太史公《淮阴》诸传之法，可谓妙于揣摩矣。以言乎实录，则犹有间也。③

史家疏缪，不稽本末，昧丹书之惨酷，悼信誓之凌夷，斯则文献无征，可为叹息者矣。④

夫史家异同，必取衷于国史，而国史多不足信。至如开国元勋之碑，出自御笔，传诸琬琰，非他金石之文所可伦拟，而犹或未免于传疑。史家之难，岂不信哉！⑤

按：钱谦益主要从史料学的角度出发，批评《太祖实录》中关于明初开国功臣事迹种种记载不实的表现，感叹"国史之不足征，一至于此"⑥。

对于郑晓、黄金、王世贞及《太祖实录》中有关开国功臣事迹的记述，钱谦益曾予以总结性批评，"考览高皇帝开国功臣事迹，若定远黄金、海盐郑晓、太仓王世贞之属，人自为书，踳驳疑互，未易更仆数，则进而取征于《实录》。《实录》备载功臣录籍，所谓藏诸宗庙，副在有司者也。革除以后，再经刊削，忌讳弘多，鲠避错互"⑦。为解决上述著述之缺憾，批评之余，钱谦益"翻阅文渊阁秘书，获见高皇帝手诏数千言，及奸党逆臣四录，皆高皇帝申命镂版，垂示后昆者。国史之脱误，野史之舛缪，一一可据以是正"，"先之以国史，证之以谱牒，参之以别录，年经月纬，州次

---

① 钱谦益：《牧斋初学集》卷一百二《太祖实录辨证二》，第2114页。
② 钱谦益：《牧斋初学集》卷一百三《太祖实录辨证三》，第2123页。
③ 钱谦益：《牧斋初学集》卷一百四《太祖实录辨证四》，第2132页。
④ 钱谦益：《牧斋初学集》卷一百五《太祖实录辨证五》，第2151页。
⑤ 钱谦益：《牧斋初学集》卷一百一《太祖实录辨证一》，第2106页。
⑥ 钱谦益：《牧斋初学集》卷一百四《太祖实录辨证四》，第2136页。
⑦ 钱谦益：《牧斋初学集》卷二十八《皇明开国功臣事略序》，第844页。

部居"，并参考宋人李焘《续资治通鉴长编》及元人苏天爵《名臣事略》的编纂方法，撰成《皇明开国功臣事略》①。

2. 对记载建文革除事迹史籍之批判

明代史彬所撰《致身录》，言称建文帝出逃时，史彬跟随之，随行者有三十二人。出逃期间，建文帝曾到史家数次，对随行者亦载记很清楚②。焦竑称在茅山老道手中得此书，称"革除多疑事，读史者深不决之悲，得此足发覆矣"③。天启间，徐𤊹言其从郑汝交处借到《致身录》，并予以抄录，"以备革朝遗事之一种"④。明代末年以后，有关《致身录》之真伪，论者甚多⑤。钱谦益作《致身录考》从十个方面辨析其伪，涉及史氏生平、行谊、从亡诸臣及此书的产生、流传过程等，追根溯源，层层辩驳，批评记载建文革除事宜的《致身录》为伪书，并指出辨伪的原因是"深惧夫史家弗察，溺于流俗而遗误后世也"⑥。

《致身录》传于世之后，又出现了程济《从亡日记》，又称《从亡随笔》，亦是记载建文革除事宜。钱谦益称此书系妄庸小人之伪作。

----

① 钱谦益：《牧斋初学集》卷二十八《皇明开国功臣事略序》，第 844~845 页。

② 按：张妍妍《笔力乱神：〈致身录〉流传前后黄溪史氏家族史的建构》（中山大学硕士学位论文，2008 年）、丁修真《士人交往、地方家族与建文传说：以〈致身录〉的出现为中心》（《史林》2011 年第 3 期）、史洪禄《史仲彬与建文帝》（南京出版社 2012 年版）对《致身录》论之较多。

③ 《致身录焦竑序》，史仲彬：《致身录》，中华书局 1991 年版，第 1 页。

④ 《致身录焦竑序》，史仲彬：《致身录》，中华书局 1991 年版，第 10 页。

⑤ 按：清人陈鹏远所言《致身录》亦是采纳焦竑之见（陈鹏年撰，李鸿渊校点：《陈鹏年集》之《明史忠献公致身录序》，岳麓书社 2013 年版，第 791~792 页）；伦明经过层层辨析，认为《致身录》"皆来历明白，其时亦绝无疑之者"（王余光、李东来主编：《伦明全集》，广东人民出版社 2012 年版，第 255~258 页）。

⑥ 钱谦益：《牧斋初学集》卷二十二《致身录考》，第 755~758 页。按：邓瑞全、王冠英主编《中国伪书综考》参依黄云眉、黄宗羲、杨复吉等人的观点，认为钱谦益所言为确（黄山书社 1998 年版，第 325~327 页）。

其辨析方法是先从作者程济入手，根据张芹《备遗录》及《明太祖实录》所载批驳郑晓好奇之误。进而分析《从亡日记》系伪作之原因，"作《致身录》者，涉猎革除野史，借从亡脱险之程济，傅合时事，伪造彬与济往还之迹，以欺天下。而又伪造济此书，若将疏通证明之者，此其本怀也。《致身录》之初出也，夫已氏者，言于文宫庶文起曰：当时程济亦有私记，载建文君出亡始末，惜其不传耳。文起叙备载其语，亡何而《日记》亦出矣。济之从亡，仅见于野史，其曾有私记，出何典故？夫已氏何从而前知之？此二书者，不先不后，若期会而出，汲冢之古文，不闻发冢；江左之异书，谁秘帐中？《日记》出而《致身录》之伪愈不可掩矣。甚矣作伪者之愚而可笑也"①。钱谦益认为《致身录》的作者为了证明己说为确，附会时事，伪造《从亡日记》。又如"《史翼》之载李祺，《吾学编》之载常昇，皆云以建文命，战守江浦。考其实，则皆洪武中或死或戮者也"，对于出现此类现象的原因，钱谦益总结道，"大抵革除事迹，既无实录可考，而野史真赝错出，莫可辨证"②。

那么，如何正确对待建文逊国事宜，纂成信史传于世，钱谦益指出，"夫既以知之不能，言之不尽矣，而其所以不能知不尽言者，轮囷苞塞，终不能泯灭于斯人斯世，于是乎愤盈交作，新旧错互，实录废则取征草野之书，传闻异则占决父老之口，梵宫之转藏，教坊之册籍，旅店市佣之留题断句，无不采集，无不诠表，亦

---

① 钱谦益：《牧斋初学集》卷二十二《书致身录后》，第 758~759 页。
② 钱谦益：《牧斋初学集》卷二十二《书致身录后》，第 759 页。按：钱谦益在《建文年谱序》中亦提到记述建文逊国杂乱纷呈，真伪莫辨之情形及原因，"谦益往待罪史局三十余年，网罗编摩，罔敢失坠。独于逊国时事，伤心扪泪，绌书染翰，促数阁笔，其故有三。一则曰实录无征也，二则曰传闻异辞也，三则曰伪史杂出也。蕉园蚕室，尽付灰劫，头白汗青，杳如昔梦。唯是文皇帝之心事，与让皇帝之至德，三百年臣子，未有能揄扬万一者。迄今不言，草亡木卒，祖宗功德泯灭于余一人之手，魂魄私憾，宁有穷乎"（《牧斋有学集》卷十四《建文年谱序》，第 683 页）。

足以阐幽潜，劝忠孝矣"①，亦即"正史既不可得而见矣，后之君子，有志于史事者，信以传信，疑以传疑，无好奇撺异而遗误万世之信史，则可也"②。

3. 对明代其他史著之批评

何乔远所著《名山藏》是明代私人撰史中的佳作③，李建泰指出《名山藏》之撰述，系何乔远有感于"实录所纪，止书美而不书刺，书利而不书弊，书朝而不书野，书显而不书微。且也序爵而不复序贤，避功而巧为避罪，文献之不足征久矣"④。钱谦益亦称何乔远"慨国史之无成书也，扬榷典谟，勾稽掌故，发愤尽气，编摩数十年，遂告成事"⑤。钱谦益与何乔远有一定的交往，曾在一起"商略史事"⑥。何乔远去世后，其子请钱谦益为《名山藏》作序。

---

① 钱谦益：《牧斋有学集》卷十四《建文年谱序》，第 684 页。按：钱谦益对朱鹭《建文书法》及长洲陈氏《建文忠编》评价较高，称其有"表章忠义、阐幽表微之志"（《牧斋初学集》卷二十八《建文忠编引》，第 857 页）。钱氏对以身殉国的方孝孺赞誉备至，称其为"古之狂士""汉之侠士""真侠"，且为其文集作序（《牧斋初学集》卷二十九《重刻方正学文集序》，第 868 ~ 869 页）。

② 钱谦益：《牧斋初学集》卷二十二《书致身录后》，第 759 页。

③ 按：目前学界对何乔远及其《名山藏》研究较多，钱茂伟《晚明史家何乔远及其〈名山藏〉初探》（《福建论坛》1992 年第 2 期）；张晓松《略论何乔远〈名山藏〉中人物传记的特色》（《漳州师范学院学报》2002 年第 2 期）；张德信《何乔远与〈名山藏〉》（《第十一届明史国际学术讨论会论文集》，2005 年）；沈伍林《何乔远〈名山藏〉研究》（西南大学硕士学位论文，2011 年）；赵鸿飞《存马政之梗概 补国史之缺漏——何乔远〈名山藏·马政记〉略论》（《农业考古》2014 年第 6 期）。

④ 《李建泰序》，何乔远：《名山藏》第一册，江苏广陵古籍刻印社 1993 年版，第 8 页。

⑤ 钱谦益：《牧斋初学集》卷二十八《少司空晋江何公国史名山藏序》，第 848 页。

⑥ 钱谦益：《牧斋初学集》卷二十八《少司空晋江何公国史名山藏序》，第 850 页。

钱谦益在《名山藏序》中对该书予以详细点评，指出该书撰写中的"三难"及"三善"。"三难"分别是当代人作当代史，"忌讳弘多，是非错互"，需要撰者有很大的勇气和胆识；一个人搜罗一代史实，"既非端门服习之学，又无史局纂修之助"，需要撰者独立克服相关问题；司马迁参依《世本》而撰成《史记》，司马光先修《长编》而后剪裁为《资治通鉴》，而明代史事"纪载纷如，其可资援据者或寡矣"①。"三善"即"果断以奋笔，采毫贬芥，不以党枯仇腐为嫌"；"专勤以致志，年经月纬，不以头白汗青为解"；"独以创始发凡起例，不以断烂芜秽为累"②。钱谦益指出明代从事史学者较多，像郑晓、王世贞等都有志于撰写国史，"国家重熙累洽，度越汉、唐，而史事阙如此，亦士大夫之辱也"③。而何乔远"盛年迁谪，读书讲道，无声色货利之好，无荣名臑仕之慕。专精覃思，穷年继晷"，最终撰成一代名作。

钱谦益不仅指出《名山藏》撰写之难、撰写之善及撰写之因，同时也批评此书体例方面的瑕疵，"其总而称记也，则本纪、志、传阙焉，记大事则年表阙焉，终篇则叙传阙焉，削史体也"④。即在体例上统一用"记"，而未用本纪、志及列传，亦没有记大事的年表及撰写之由的叙传⑤。还有何乔远在写《名山藏》之前，未能

---

① 钱谦益：《牧斋初学集》卷二十八《少司空晋江何公国史名山藏序》，第 849 页。

② 钱谦益：《牧斋初学集》卷二十八《少司空晋江何公国史名山藏序》，第 849 页。

③ 钱谦益：《牧斋初学集》卷二十八《少司空晋江何公国史名山藏序》，第 849 页。

④ 钱谦益：《牧斋初学集》卷二十八《少司空晋江何公国史名山藏序》，第 849 页。

⑤ 按：《名山藏》中多为人物传记，但在体例上并非传统正史中的本纪、世家、列传，而是用"记"，诸如《典谟记》记载帝王，《坤则记》记述皇后，《分藩记》记录分封诸王等，谢国桢称此为"分类传记体"（谢国桢：《史料学概论》，福建人民出版社 1985 年版，第 101 页）。

"先理长编事略之属"，"徒为后人笑端耳"①。

梁维枢(1587—1662)，字慎可，著有《玉剑尊闻》十卷、《内阁小识》等。钱谦益在《内阁小识序》中言及其成书原因、体例及对此书的评价。"丧乱以后，劫火焚如。内阁掌故，与西清东观，咸归天上"②，"顷者史乘阙遗，奸伪错出。谝言壬人，人自为史；钱奴纤儿，家自为史。平台便殿之清问，可以增损，左右史之记注，可以窜易，伏蒲之谏诤，裂麻之痛哭，可以取次装点，欺侮亡殁，谩谰鬼神。向令蟫头柱下，职思其居，陈编故牒，不尽漫灭，虽有黎丘之鬼，恒思之丛，亦将杜口阁笔，安敢昌披若是！"③面对史料缺失，人自为史，错谬纷呈，档案载记被任意涂抹，曾任职史馆的梁维枢秉持史家之责任，"网罗放失，勾稽琐碎"，撰成《内阁小识》十卷④。钱谦益言其"先题名，次书目，后典仪，阁中故事，犁然具在"，赞其"载笔可谓勤，而用意可谓远矣"⑤。

四、余　　论

钱谦益夙有家学，藏书甚富，曾身处史局，又多与学界名流交际，博通经史，积学广识，堪称通才大儒。钱谦益能够对古今诸史提出批评，是史家责任感的真实体现，是建构于其博学广识的基础之上的。

---

① 钱谦益：《牧斋杂著》之《牧斋有学集文钞补遗·与李映碧论史书》，上海古籍出版社 2009 年版，第 491 页。按：钱谦益比较重视长编，曾言"余有事正史，以谓如君者，长编讨论，可援为助"(《牧斋有学集》卷三十二《李贯之先生墓志铭》，第 1157 页)。
② 钱谦益：《牧斋有学集》卷十四《内阁小识序》，第 693 页。
③ 钱谦益：《牧斋有学集》卷十四《内阁小识序》，第 694 页。
④ 钱谦益：《牧斋有学集》卷十四《内阁小识序》，第 694 页。
⑤ 钱谦益：《牧斋有学集》卷十四《内阁小识序》，第 694 页。

1. 力传信史的史家责任感及明代学风之弊，促使钱谦益具有极强的批评意识

钱谦益万历年间任史官的经历，对其影响极大，钱氏在给自己的著述或给他人作墓志铭、行状、序、记时，屡次称自己为待罪太史氏、旧史官、旧史氏等。略举如下：

> 余旧史官也，习于国之故。①
> 谦益，万历旧史官也。②
> 余旧史官也，载笔大书以传于后。③
> 旧史官常熟钱某述。④
> 旧史官钱谦益谨叙。⑤
> 余旧史官也，窃取欧阳公之史法，于孺人之寿，略举夫劝之耻之之说，以为天下告焉，而又以旌典之未下，激而归之于天，则尤于司世教者有厚望也，是为叙。⑥
> 旧史官常熟钱谦益状。⑦
> 余旧待罪太史氏，知公事为详，礼部笃论君子，其言足征也。⑧
> 余旧待罪太史氏，史失求野，吾犹及载笔，其敢避而不

①　钱谦益：《牧斋杂著》之《牧斋有学集文钞补遗·宋母王淑人六十寿宴序》，上海古籍出版社 2009 年版，第 460 页。
②　钱谦益：《牧斋有学集》卷二十八《明特进光禄大夫柱国少傅兼太子太傅吏部尚书中极殿大学士谥文端刘公墓志铭》，第 1038 页。
③　钱谦益：《牧斋有学集》卷三十二《云闲道人生圹志》，第 1174 页。
④　钱谦益：《牧斋初学集》卷二十六《孝誉先生私谥议》，第 820 页。
⑤　钱谦益：《牧斋初学集》卷二十八《皇明开国功臣事略序》，第 845 页。
⑥　钱谦益：《牧斋初学集》卷三十八《吴母程孺人七十序》，第 1053 页。
⑦　钱谦益：《牧斋初学集》卷四十八《奉直大夫左春坊左谕德兼翰林院简讨赠通议大夫詹事府詹事兼翰林侍读学士缪公行状》，第 1251 页。
⑧　钱谦益：《牧斋初学集》卷七十《工部右侍郎赠尚书程公传》，第 1584 页。

书？或曰状不书，志书之，可乎？曰状之不书，公之志也。书
其网，不系其事，使人习其读而问其传，史家之法也。①

　　俾旧史氏谦益刻其隧道之铭。②

　　仿古人私谥之法，谋所以易其名者，胥走告于旧史氏钱谦
益。谦益议曰：勋臣子弟之有散骑参侍，自洪武九年始也。③

　　按：钱谦益在不同场合言及自己乃史臣及在史馆中的相关事
项④，传统社会中史家传信史之责任感，在钱谦益身上得以充分体
现。如其通过墓表及其他史料，详细考辨《致身录》为虚无之十种
表现，"余之为是考也，深惧夫史家弗察，溺于流俗而遗误后世
也。余岂好辨哉"⑤。钱谦益在为昆山葛鼎编纂的文集作序时，亦
感叹"呜呼！不直则道不见，余岂好辩哉？余不得已"⑥。即并非
好指人过，而是在于实事求是，传信史于世⑦。

　　史家之良心，使钱氏非常关注当下，"崇祯己巳冬，奴兵薄城

---

① 钱谦益：《牧斋有学集》卷三十《怀远将军进阶安远将军锦衣卫指挥
同知北镇抚司掌司事王府君墓志铭》，第1114~1115页。

② 钱谦益：《牧斋有学集》卷三十《故孝廉内乡许府君墓志铭》，第1116
页。

③ 钱谦益：《牧斋初学集》卷二十六《孝誉先生私谥议》，第819页。

④ 按：在《李本宁先生叙》中，钱谦益言"故时史官更直侍立，典持缣
牍之地，尘凝网积，不可辩识。史官间骑马之九衢，与六部大臣杨鞭相揖，
控马之隶，皆捧手愕眙。此谦益入史馆时事也"（《牧斋初学集》卷三十六《李
本宁先生叙》，第1006页）；在《申比部诗序》中言"余初入史馆，谒文定于里
第，禀承其训辞，所谓'昔我有先正，其言明且清'者也"（《牧斋有学集》卷十
七《申比部诗序》，第770页）。对往事的追忆，一定程度上是对自己身份的认
定，同时，也是一种责任的体现。

⑤ 钱谦益：《牧斋初学集》卷二十二《致身录考》，第755~758页。

⑥ 钱谦益：《牧斋初学集》卷二十九《葛端调编次诸家文集序》，第
872~873页。

⑦ 按：对于作史之道，钱谦益指出"古人作史，期于直书。其文必先年
经月纬，巧伪滋多，口众我寡，或有挂漏，反倚口实。是以临文思惧、泚笔
而不敢舍然也"（《牧斋有学集》卷三十八《与吉水李文孙书》，第1331页）。

下，邸报断绝。越二十日，孤愤幽忧，夜长不寐，翻阅宋人《三朝北盟会编》，偶有感触，辄乙其处，命僮子缮写成帙，厘为三卷。古今以来，可痛可恨，可羞可耻，可观可感，未有甚于此书者也"，当"神宗末年，奴初发难"之际，钱谦益称自己"以史官里居，思纂缉有宋元祐、绍圣朋党之论，以及靖康北狩之事，考其始祸，详其流毒，年经月纬，作为论断，名曰《殷鉴录》，上之于朝，以备乙夜之览。迁延屏弃，书不果就。奴氛益炽，而余亦冉冉老矣。是编之录，其亦犹《殷鉴》之志乎？"①即通过著书立说有助于当世。同时，钱谦益也希望使有明一代的信史传之后世，他对《明太祖实录》仔细辩驳，形成《太祖实录辨证》，并撰有《皇明开国功臣事略》及《明史》二百五十卷。

　　另外，明代学术风气之空疏，一定程度上在史学方面亦有体现。对于明代学术之状况，钱谦益点评甚多，既有高屋建瓴的宏观论断，亦有细致入微的微观评析。如其言"胜国国初之儒者，其旧学犹在，而先民之流风余韵犹未泯也。正、嘉以还，以剿袭传讹相师，而士以通经为过。万历之季，以缪妄无稽相夸，而士以读书为讳。驯至于今，俗学晦蒙，缪种胶结，胥天下为夷言鬼语，而不知其所从来"②。钱谦益悉数明代不同时段学风之特点，赞誉明初学风之淳，批评明代中叶"剿袭传讹"，明末"缪妄无稽""夷言鬼语"③。言及明代著述之状况，钱谦益指出"余观今世士大夫，著述繁多，流传错互，至于裁割经史，订驳古今，一人之笔可以穷溪藤，一家之书可以充屋栋"，"古之人穷经者未必治史，读史者未必解经，留心于经史者，又未必攻于诗文。而今何兼工并诣者之多

①　钱谦益：《牧斋初学集》卷八十四《记钞本北盟会编后》，第 1762 页。
②　钱谦益：《牧斋初学集》卷二十八《苏州府重修学志序》，第 853 页。
③　按：针对明代中叶之学风，钱谦益曾专门论道，"今之人，耳佣目僦，降而剽贼，如弇州《四部》之书，充栋宇而汗牛马，即而视之，枵然无所有也。则谓之无物而已矣"（《牧斋初学集》卷三十一《汤义仍先生文集序》，第 906 页）。

也"①。钱氏感叹"学术日颓，而人心日坏"②。

缘于传统史家之责任感，钱谦益秉持"平心虚己，不敢任臆雌雄，举手上下……疏沦源流，剪薙缪种，存心得失，与古人质成于千载之上"批评原则③，纵横于古今之间，剖析史家之得失、史著之优劣及史风之淳伪，达到"箴砭俗学，原本雅故"之效果④。

2. 敏锐的学术眼光，使钱谦益能够洞悉史学之优劣

在《汲古阁毛氏新刻十七史序》中，钱谦益以对白的形式阐述自己对经史关系及《左传》《春秋》《史记》《汉书》《左编》《十七史详节》等的看法。当有人问及经史关系时，钱氏论曰"经犹权也，史则衡之有轻重也。经犹度也，史则尺之有长短也"，倘若"经不通史，史不通经，误用其偏诐搜琐之学，足以杀天下，是以古人慎之"，只有"经经纬史，州次部居，如农有畔，如布有幅，此治世之菽粟，亦救世之药石也"⑤。在经史关系的基础上，钱氏接着论述纪传体流行之原因，"左氏之书，先经始事，后经终义，经也，非史也。司马氏以命世之才，旷代之识，高视千载，创立《史记》，本纪、年表，祖《春秋》之凡例，六书、世家、列传，变国史之条目。班氏父子因之，用炎汉一代之彝典整齐其文，而后史家之体要，炳如日星"⑥。当论及读史之法时，钱氏曰"善读史者，如匠石之落材，如海师之探宝，其可以碋肘而量，画地而取乎？东莱之《详节》，琐而不要。昆陵之《左编》，博而不详。自是以下无讥焉。代各一史，史各一局，横竖以罗之，参伍以考之，如登高台以临云物，如上巢车以抚战尘，于是乎耳目发皇，

① 钱谦益：《牧斋初学集》卷二十九《于氏日钞序》，第884页。
② 钱谦益：《牧斋初学集》卷二十九《葛端调编次诸家文集序》，第872页。
③ 钱谦益：《牧斋有学集》卷五十《题丁菡生藏余尺牍小册》，第1638页。
④ 钱谦益：《牧斋初学集》卷三十二《嘉定四君子集序》，第922页。
⑤ 钱谦益：《牧斋有学集》卷十四《汲古阁毛氏新刻十七史序》，第679~680页。
⑥ 钱谦益：《牧斋有学集》卷十四《汲古阁毛氏新刻十七史序》，第680页。

心胸开拓,顽者使矜,弱者使勇,陋者使通,愚者使慧,寡者使博,需者使决,憍者使沉,然后乃知夫割剥全史,方隅自命者,未有不望崖而返,向若而叹者也"①。钱氏认为"善读者取全书,此古人读史之法,亦古人之学范也"②,不能像吕祖谦《十七史详节》、唐顺之《左编》那样割裂全史。最后,钱氏总结道,"世有好学深思之君子,必不敢易视太史公之史以为可学,必不敢薄视太史公以后之史而以为不足学,三折肱知为良医,有能易心降志,不以余言为慎者,或亦怜其为折肱之医而喟然三叹也"③。钱氏在一篇序跋中对经史关系、史书体例、读史之法等皆有论析,足见其学术视野之广阔,学术鉴识之敏锐。

钱谦益对明代史学诸方面提出了自己的看法,诸如史学之谬、作史之难及史料之难。

有关明代史学之谬,钱谦益认为有三个方面:"读史之谬,目学耳食",类似李贽之论,系"漫无折衷";"集史之缪,攘遗拾沈",如唐顺之《左编》《右编》《武编》《文编》等,系"茫无钩贯";"作史之缪",如《皇明书》《大政记》《名山藏》,系"不立长编,不起凡例,不谙典要"④。钱谦益以李贽、唐顺之、何乔远等人的著述为例,指出明代史学中存在读史、集史、作史的错误,其论断并非确然,一定程度上揭示了明代史学发展中所存在的问题。

对于明代作史之难,钱谦益主要从两方面论述,其一,司马迁撰《史记》参依《世本》,司马光《资治通鉴》之前有《长编》等,"莫不远述典章,近刊芜秽"⑤。而明代著史,在"典籍漫漶,凡例踳驳"的情况下,仅凭"匹夫庶士,徒手奋笔",很难有所作为;其二,在史书撰写体例方面,前人有成功的典例,如编年体有《左传》,纪传体有《史记》《汉书》,"其文则史,其义则经",《三国

---

① 钱谦益:《牧斋有学集》卷十四《汲古阁毛氏新刻十七史序》,第681页。
② 钱谦益:《牧斋有学集》卷十四《汲古阁毛氏新刻十七史序》,第681页。
③ 钱谦益:《牧斋有学集》卷十四《汲古阁毛氏新刻十七史序》,第682页。
④ 钱谦益:《牧斋有学集》卷十七《赖古堂文选序》,第768页。
⑤ 钱谦益:《牧斋有学集》卷十四《玉剑尊闻序》,第688页。

志》系继承《汉书》的写法，《五代史记》则追踪《史记》。而明代修史，"祧班埠范，昭左而穆马"，"虽师契而匠心，恐代断而伤指"，亦是难以为继①。

在史料方面，钱谦益认为明代史家之难，"莫难于真伪之辨乎？"②史家所采用的史料，无非是国史、家史及野史，只有在考订其真伪之后，才能"据事迹，定褒贬"③。明代因档案资料、起居注缺失，"学士大夫各以己意为记注，凭几之言可以增损，造膝之语可以窜易，死君亡父，瞒天谰人"，导致国史之伪；实录、谥议及琬琰献征等"委诸草莽"，"世臣子弟各以私家为掌故，执简之辞不必登汗青，裂麻之奏不必闻朝著，飞头借面，欺生诬死"，引起家史之伪；世人可以任意为史，"国故乱于朱紫，俗语流为丹青"，"党枯仇朽，杂出于市朝，求金索米，公行其剽劫。才华之士，不自贵重，高文大篇，可以数缣邀取，鸿名伟伐，可以一醉博易"，终至野史之伪④。因种种因素，明代各种史料存在虚假成分，在此情况下，要想传信史于后世，必须"博求"及"虚己"⑤。

---

① 钱谦益：《牧斋有学集》卷十四《玉剑尊闻序》，第 688 页。按：关于史学建树，钱谦益曾言，"吾之于史学，果能发凡起例、文直事核如迁、固否？"（《牧斋有学集》卷三十八《答徐巨源书》，第 1314 页）

② 钱谦益：《牧斋有学集》卷十四《启祯野乘序》，第 686 页。

③ 钱谦益：《牧斋有学集》卷十四《启祯野乘序》，第 686 页。

④ 钱谦益：《牧斋有学集》卷十四《启祯野乘序》，第 686 页。按：对于野史之伪，钱谦益言"偶游陪京，见一二野乘稗史，记载甲申议南迁事，不考核忠文建议固守分封之始末，猥与仓皇避敌、委弃庙社者，同类而共列之。彼援据者，即一时私家撰录，起居召对之文，阴推阳附，巧借山斗巨公以张皇耳目。竖儒小生，不能通晓国家大计与大臣元老建置兴复之本谋，以目借目，以耳食耳，目萧兰为同心，混薰莸于一器。讹缪流传，将使百世而下，丹青无稽，泾渭莫别，良可叹也！良可虑也！"进而指出"斯文之作，殊非聊尔，用以证明信史，刊定国论，其考订不得不详，而叙述不得不慎也"（《牧斋有学集》卷三十八《与吉水李文孙书》，第 1330 页）。

⑤ 钱谦益：《牧斋有学集》卷十四《启祯野乘序》，第 687 页。按：钱谦益曾言治学应"爬搔搜剔，溯本穷源"，避免"胸中先有宿物，眼下自生光景。于是逞臆无稽，师心自用"（《牧斋有学集》卷三十八《答徐巨源书》，第 1313~1314 页）。

下编

明代史学批评专题研究

　　明代中叶以后，以李梦阳、王世贞为代表的前后七子，及唐顺之、归有光、茅坤为领袖的唐宋派，在文学诗文评点上各领风骚，互竞长短，使学界批评风气日浓。阳明心学的流播及明代社会弊病的凸显，更易激发思想骚动中学者们的批评情怀。在此境遇下，《史通》的不断刊刻，不仅为学者提供了批评的理论，同时又成为其批评的对象。而官方修史多次停摆及明代实录走下殿堂，使富有史家责任感的学者及充满娱乐精神的文人，纷纷著述立说，倡言国事，严肃者为史，愉悦者附于史。导致明代史学著述数量出现空前高涨的局面，繁荣之下，蕴藏着种种弊病。于是乎，明代史家们一边对历代正史予以纠弊，一边对当代史家史书展开批评，因批评主体的差异性，明代史学批评呈现出不同的存在状态。

第一章　明代学者《史通》批评研究

　　明代中叶以后，随着《史通》的不断刊刻及整理，明代学人开始关注刘知幾及其《史通》①。嘉靖十三年（1534），陆深对《史通》予以摘录评点，形成《史通会要》；嘉靖十四年（1535）《史通》校勘出版。钱茂伟指出陆深刊刻《史通》后，"在明代掀起了一股《史通》重刊与学习之风。继陆深之后，《史通》又有了万历五年（1577）张之象刊本、万历六年（1578）书林胡东塘刻本、万历三十年（1602）张鼎思刻本、万历三十二年（1604）李维桢评、郭孔延附评的《史通评释》、万历末王惟俭的《史通训故》。不到百年，《史通》接连出了6个版本，无疑扩大了《史通》的社会影响，对明朝史学的发展来说是有意义的"②。目前学界有关《史通》在明代的刊刻、传播及其影

---

　　① 按：傅振伦曾言因唐宋时期，学人不看好《史通》，"则《史通》不盛行于唐宋，固意中事也。宋儒如朱晦翁犹以未见其书为恨，而《玉海》中所引《史通》，又多伪字脱文；盖其时善本亦鲜，且流刻亦不广也"（《刘知幾之史学》，景山书社1931年版，第100页）。曹鑫《上海图书馆藏〈史通〉明刻本述略》（《图书情报工作网刊》2012年第10期）言："《史通》在宋代之前没有得到足够重视，但是明代以降，随着士人对其逐渐重视，遂出现大量刻本和抄本，翻刻本也随之产生，川蜀、吴越等地皆有翻刻本，且版式、内容不同"。

　　② 钱茂伟：《明代史学的历程》，社会科学文献出版社2003年版，第156~157页。按：杨绪敏先生亦言"久已不传的《史通》重新传布于世，由此在明代掀起校勘、重刊、学习《史通》的热潮"（《论明清时期〈史通〉的流传、整理和研究》，《史学月刊》2008年第11期）。实际上，除了钱茂伟先生所言的六个刊本，还有一些手抄本。

响论之较多①，但对明代学人如何系统批评刘知幾及其《史通》的研究则相对较少。

在明代"《史通》学"兴起的过程中②，陆深、张之象、张鼎思、郭孔延、李维桢及王惟俭等学者起到了重要作用，他们分别以校订刊刻和评点训释《史通》为己任。古今学者对陆深与《史通》在明代的传播之功论之较多③。《史通会要》是陆深按照自己的意思对《史

---

① 钱茂伟《论明中叶史学风气的变化》(《史学史研究》2001 年第 2 期)论述了陆深《史通会要》的撰写情况及其对《史通》在明代传播中的作用(又见于《明代史学的历程》，社会科学文献出版社 2003 年版，第 152~157 页)；杨艳秋《刘知幾〈史通〉与明代史学》(《史学史研究 2002 年第 4 期》)分析明代学者对《史通》的评价及《史通》对明代史学的影响(又见于《明代史学探研》，人民出版社 2005 年版，第 91~100 页)；毛春伟《杨慎评〈史通〉二题》(瞿林东主编：《史学理论与史学史学刊》2009 年卷，社会科学文献出版社 2009 年版)专门论述杨慎对《史通》的评析；傅范维《明代〈史通〉学研究——以陆深、李维桢与郭孔延父子为中心》(台湾佛光大学硕士学位论文，2009 年)主要论述国史纂修与明代《史通》学的兴起、明代《史通》的流传与版本问题、江右地域与明代《史通》学的发展；安尊华《试论〈史通〉对明代史学的影响》(《贵州社会科学》2009 年第 6 期)主要从扩展史家三才说、史文繁简、纪传编年二体之比较、史馆陋习及对历代正史的批评诸方面，评析《史通》对明代史学的影响；杨绪敏《论明清学者对刘知幾史学理论的批评、阐发和实践》(《学习与探索》2010 年第 4 期)主要分析明代学者对《史通》的校勘、注释及对《史通》相关理论问题的批评和继承；王嘉川《清前〈史通〉学研究》(社会科学文献出版社 2013 年版)对明代学者有关《史通》的刊刻与研究论之较多。

② 按：许刚《张舜徽先生之〈史通〉学研究》(《长春师范学院学报》2005 年第 4 期)、傅范维《明代〈史通〉学研究——以陆深、李维桢与郭孔延父子为中心》(台湾佛光大学硕士学位论文，2009 年)、王嘉川《清前〈史通〉学研究》(社会科学文献出版社 2013 年版)、刘海波《清代〈史通〉学研究》(武汉大学博士学位论文，2014 年)对"《史通》学"皆有论述。

③ 陆心源《仪顾堂题跋卷五影宋抄〈史通〉跋》言《史通》"明刊本以陆本为最先，张之象又翻陆本，西江郭孔延之据张本重刊而加评，王惟俭又据郭本而加注，国朝黄叔琳又据郭本删定重刊"(刘知幾著，刘占召注：《史通评注》，中央编译出版社 2010 年版，第 466 页)；蒙文通《馆藏明蜀刻本〈史通〉初校记》指出："自陆深本后，张鼎思补之，而郭氏又校正之，此为(转下页)

通》予以节选和编排而成的，其由卷上"建置""家法""品流""义例"，卷中"书凡""修词""叙事""效法""隽永""篇目"，卷下七个丛篇等构成。《史通会要》卷上四篇目中有陆深的简短评论，但立意不甚高，如"建置"篇末"右历代史官采其名姓尤章章者，著于篇，职业有上下，学识有浅深，与夫世道推移，粗可览观矣"；"家法"篇"右六家，俱存淳朴，既散之余，所为祖述者，惟左氏、班氏二家而已"；"品流"篇"右十品具列史之流派备矣，至于吕氏、淮南、玄、晏、抱朴，皆以叙事为宗，抑亦史之杂也，既别出名目，不复编于此科"；"义例"篇"右义例十余，作史者参伍以变，曲畅而通，制作之道，其庶几矣。若夫神而明之，固筌蹄云尔"①；万历年间，张之象、张鼎思的《史通》刻本②，无疑为《史通》的进一步传播提供了必要文本③。《史通评释》是郭孔延在校勘《史通》的基础上，针对《史通》原文，逐篇以"评曰"和"按语"的形式对《史通》予以评析而成的④；万历末年，王惟俭称其看了郭

（接上页）一系。张之象别据宋本，亦照对以陆氏本，又别为一系。至王惟俭依郭本而校以张之象本，始合二流于一。是后黄氏、浦氏并出于王，虽各有校正，然要无大出入也"（《蒙文通文集》第三卷《经史抉原》，巴蜀书社 1995年版，第 449 页）；王嘉川指出"明代一些重要学者纷纷对《史通》进行研究"，"追本溯源，都不能不归功于陆深对《史通》的校刻"（《清前〈史通〉学研究》，社会科学出版社 2013 年版，第 226 页）。

①　按：对于陆深《史通会要》如何纂成，钱茂伟、杨艳秋、傅范维、王嘉川诸位先生论之较多，兹不赘述。

②　按：张所望《阅耕余录》卷四《史通》言"唐刘知幾作《史通》，雅自矜重，自比扬子云……《史通》一书，知幾殁后不甚著，至我明而陆子渊刻之蜀中，吾宗玄超先生复得善本，再授剞劂，于是此书遂盛行于世"（《四库全书存目丛书》子部第 110 册，齐鲁书社 1995 年版，第 196 页）。

③　按：王嘉川在《清前〈史通〉学研究》中论述了张之象、张鼎思刊刻《史通》的情况（社会科学文献出版社 2013 年版，第 254~265 页）。

④　按：刘海波、谢贵安《郭孔延〈史通评释〉探析》（《理论学刊》2013 年第 9 期）、王嘉川《郭孔延〈史通评释〉编纂考》（《扬州大学学报》2017 年第 1期）对《史通评释》的编纂过程予以探析。笔者将在后文专门论及郭孔延与《史通》批评。

孔延《史通评释》之后，认为和他的理解多有不合，于是参照张之象的《史通》刻本，对《史通》予以校注①。王惟俭在注《史通》之前，已注《文心雕龙》，他以注《文心雕龙》的方式注解《史通》，"增《因习》一篇及更定《直书》《曲笔》二篇外，校字一千一百四十二字"②。陈九职言王惟俭在注解《文心雕龙》之后，"复有《史通》之纂述，校雠翻摩，发凡立例，删赜订讹，旁援互证，抉秘补漏，提要括繁，事详而核，辞赡而雅，条分而贯，上下数千百年，理乱兴衰之迹，臧否得失之林，一一如指诸掌，用力斯已勤矣。况公诸人而广布之，则王充之《论衡》，讵唯蔡邕得之而已哉！"③陈九职与王惟俭有同年之谊，对其《史通训故》的评价颇有溢美之辞。实际上，王惟俭《史通训故》中仅有注，而少有评。

嘉靖、万历间相继出现陆深《史通会要》、郭孔延《史通评释》④、王惟俭《史通训故》⑤，进一步推动了明代史学批评的发展。如内藤湖南所言，陆深《史通会要》"不过这也是仅有三卷简单的著作，而且没有什么著述手法，有些地方就是单纯对《史通》的引用而已，有些内容还继《史通》之后有所增加，看来是一些自己的备

---

① 王惟俭：《史通训故·自序》，上海古籍出版社 2006 年版，第 247~248 页。

② 王惟俭：《史通训故》，上海古籍出版社 2006 年版，第 251 页。

③ 王惟俭：《史通训故·陈九职跋》，《续修四库全书》史部第 447 册，上海古籍出版社 1996 年版，第 426 页。

④ 按：对于《史通评释》的两个不同版本，即郭孔延单评本和郭孔延、李维桢合评本的差异，王嘉川先生已经予以详细论证，笔者在文中论述的仅指学界无争议的郭孔延单评本。

⑤ 按：汤勤福先生称"明朝有几部为《史通》作节取、考订、补遗、评价之书，如陆深的《史通会要》节取《史通》精粹者，但亦时夹自己见解。李维桢的《史通评释》不出明人游谈之习，并无多少价值。郭孔延在李著基础上又杂引诸书，附录己见，作同名之书。但郭氏引书不注出处，评价亦有舛漏。王惟俭的《史通训故》，价值亦不大"（汤勤福主编：《中国史学史》，山西教育出版社 2001 年版，第 332 页）。汤先生从宏观角度简要评点了陆深、李维桢、郭孔延、王惟俭等人的《史通》著述，其观点不全尽然，但一定程度上概括了这几部《史通》研究著作的特点。

忘录。总之，很明显此书具有由《史通》了解史学要领，继续史学批评的观点"①。而钱茂伟先生从另一个角度，指出"《史通》是刘知幾用骈体文写成的一部史学理论著作，陆深用明朝人思维与口气，对《史通》进行改编，同时兼采历代精辟的史学名言，这是一个进步。经过陆深的改编，《史通》的精华部分更加突出了，便于时人及后人的学习与掌握"②。对于这场颇具体系的《史通》传播运动③，杨艳秋指出"明代史家对《史通》的整理评释也许并没有取得太大的成果，但是与明代史学的发展联系起来，我们至少应该提出一个问题：对一部史学理论著作的普遍重视意味着什么？这说明明代史家对史学评论已经引为重视。已经开始有了对史学的总体把握意识，那么明代史学思想中所表现出来的另一个现象——对历代正史展开评论便并不会令人感觉突兀"④。即通过长时期有体系的《史通》整理活动，达到了"通经学古之士，家有其书"⑤，甚至"逐渐普及底层知识分子之间"⑥。

程千帆在《史通笺记·凡例》中指出自明代以来对《史通》的研究主要体现在三个方面，即校雠、注释和评论⑦，鉴于本章的着力点主要论述明代学者《史通》批评研究，故而下文主要论述明代学

---

① 内藤湖南：《中国史学史》，上海古籍出版社 2008 年版，第 220 页。

② 钱茂伟：《论明中叶史学风气的变化》，《史学史研究》2001 年第 2 期。又见于钱茂伟：《明代史学的历程》，社会科学文献出版社 2003 年版，第 157 页。按：傅增湘称嘉靖十四年陆深刻本，系陆深"得因旧刻校之，补残剜缪，又订其错简，还其缺文，于是史通始可读云"（《藏园群书经眼录》，中华书局 1983 年版，第 507 页）。

③ 按：傅范维《明代〈史通〉学研究——以陆深、李维桢与郭孔延父子为中心》（台湾佛光大学硕士学位论文，2009 年）一文的附录中详细梳理了从陆深《史通会要》及其刊刻《史通》后，明代《史通》的传播示意图。

④ 杨艳秋：《明代史学探研》，人民出版社 2005 年版，第 99~100 页。

⑤ 《史通评释·金炳璍序》，转引自赵吕甫：《史通新校注》，重庆出版社 1990 年版，第 1130 页。

⑥ 傅范维：《明代〈史通〉学研究——以陆深、李维桢与郭孔延父子为中心》，台湾佛光大学硕士学位论文，2009 年，第 53 页。

⑦ 程千帆：《史通笺记》，武汉大学出版社 2008 年版，第 1 页。

者是如何评论刘知幾及其《史通》的。

刘知幾以其犀利的学术眼光对唐代以前的史家、史著及史学活动进行批判，对于自己的著述，曾言"余著《史通》，见者亦互言其短"①。刘知幾所言不虚，针对《史通》的观点，唐代柳璨著有《史通析微》十卷，专论其非。宋代学人更是从不同角度抨击《史通》之谬，宋祁言刘知幾"工诃古人，而拙于用己"②。吴缜指出翻阅《史通》，"考其谬戾，则亦无异于前人"。张唐英认为刘知幾"好辩而不知《春秋》之旨矣。其他事以类推之，圣人之志皆显然明白，故不复辩，学者当自求之，无惑刘子之异说可也"③。杨万里言："知幾《史通》毛举前史，一字必呵。尝得其所撰高宗、武后实录而读之，意其拳石班、马而藏获陈、范也。及观其永徽三年事，则曰'发遣薛延陀'，此何等语邪？天授二年则言'傅游艺死矣'；至长寿二年遣使流人，则曰'傅游艺言之也'。游艺之死至是三年，岂有白骨复肉而游魂再返乎？古人目睫之论，诚有味也。"④唐代柳璨专论《史通》之非，宋祁言其"拙于用己"，吴缜"考其谬戾"，张唐英所谓"刘子之异说"，杨万里的"目睫之论"，一定程度上反映唐、宋学人对刘知幾及其《史通》的态度。随着不同《史通》刻本的流出，明代学人在前人的基础上开始从多方面展开对刘知幾及其《史通》的批评。

一、明代《史通》刊本序跋对刘知幾
及其《史通》的批评

从嘉靖到万历末年，陆深、张之象、张鼎思等人在不同历史时段对《史通》予以刊刻，每次《史通》的刊刻，都有刊印者及其他学

---

① 刘知幾：《史通自叙》。
② 欧阳修、宋祁：《新唐书》卷一百三十二。
③ 刘知幾著，刘占召注：《史通评注》，中央编译出版社 2010 年版，第470 页。
④ 刘知幾著，刘占召注：《史通评注》，中央编译出版社 2010 年版，第470 页。

者的序跋，这些序跋一定程度上体现了他们从不同角度对《史通》的感悟，抑或对其的批评。

陆深《题蜀本史通》详述其与《史通》之缘及对刘知幾的评价：

> 深在史馆日，尝于同年崔君子钟家获见《史通》，写本讹误，当时苦于难读也。年力既往，善本未忘。嘉靖甲午之岁，参政江西时，同乡王君舜典以左辖来自西蜀，惠之刻本。读而终篇，已乃采为《会要》，颇亦恨蜀本之未尽善也。明年乙未，承乏于蜀，得因旧刻校之，补残刊谬，凡若干言，乃又订其错简，还其阙文，于是《史通》始可读云。昔人多称知幾有史才，考之益信，兼以性资耿介，尤称厥司，顾其是非任情，往往捃摭贤圣，是其短也。至于评骘文体，憎薄率排，亦可谓当矣。善读者节取焉可也。①

按：陆深此论言及当时流通的《史通》乏陈善本，陆深为政江西时，读到蜀本《史通》，读完后，摘录而成《史通会要》。又感于蜀本中多有错谬脱漏，于是进行校勘订补和刊刻，为学人研习《史通》提供了良本。陆深通读《史通》，又按自己的想法予以摘录，并对《史通》进行系统校勘，故而对《史通》了解颇深，指出缘于刘知幾耿直的性格，对前贤不如其意者多加批驳，是其缺憾。但刘知幾于文体的评点亦有可取之处，善读者应该从中取其长处。另外，陆深在《题史通后》又言"知幾之为此书也，高自标致。尝谓国史以叙事为工，叙事以简为主。故自子长、丘明而上，皆涉评弹，然此书之冗长亦不少矣。笑前人之未工，忘己事之已拙。呜呼！修辞之难也如此"②。陆深主要针对刘知幾在叙事繁简问题方面的批判，言其批评他人甚严，而自己又重演相同的错误。

陆深刊刻《史通》时，为之作序者有王阁、高公韶、李佶、彭

---

① 陆深：《俨山集》卷八十六《题蜀本史通》。
② 陆深：《俨山集》卷八十六《题史通后》。

汝寔、杨名，他们不仅论述陆深传播《史通》之功绩①，同时分别从不同角度对《史通》予以评析。

王阁在《刊正史通序》中言：

> 昔人谓《史通》一书宜置座右，史法存焉耳。我蜀藩司板册照新，以属来哲，其意一也。然人虽得而葆之，不免蒙翳之患，舛讹烦乱，龃龉惟艰，脱简缺文，坐令荒惑，不有先觉，将为聚敛之书也。②

陆深同年高公韶《跋新刊史通》：

> 同年俨山陆子牧蜀三越月，尝病蜀本《史通》难读，乃公暇厘讹续脱，芟其繁蔓，间勘决其讹，举前失之失辟。光弼一号令，子仪军气色益倍；寒朗平反楚狱，群疑亡而多理出。③

李佶《刊正史通序》：

---

① 按：相关序跋评析陆深对《史通》的传播之功较多。王阁："俨山先生顷膺方伯莅蜀，省阅是本，悯其乱亡，乃乘公暇，肆笔裁订，或考同辨异，辑类次编；或会文疏义，联属血脉；或衍去支离芜秽，以就凡例。反复内、外诸篇，有所谓足其所未尽，补其所未圆，白其所未莹，贯其所未一者，嘉惠之意，可浅言哉！夫隶古定著，有裨壁经；石鼓剔苔，光价百倍。愚也嘉《史通》之遭经先生之笔，文既足征，史法于是焉在。博雅者所以无憾矣"（《史通评注》，中央编译出版社 2010 年版，第 459 页）；高公韶称陆深："盖其沉酣史馆者三十，才擅三长，稍出余绪，即义例峻凛，论严取怒，作史、观史之法斯备。嗣令学史其知务循据，岂直嘉惠吾一方兹一时焉耳矣！截短于为材，其长也自足于用也。子玄复生，当喜增价，何庸乎《释蒙》"（《史通评注》，中央编译出版社 2010 年版，第 460 页）；李佶称陆深对《史通》的刊正，"俨山先生帅蜀之初，乃取而正之，篇章旨趣，各循其轨，意惬而文顺，事核而理莹，自是始为完书"（《史通评注》，中央编译出版社 2010 年版，第 460 页）。

② 刘知幾著，刘占召注：《史通评注》，中央编译出版社 2010 年版，第 459 页。

③ 刘知幾著，刘占召注：《史通评注》，中央编译出版社 2010 年版，第 460 页。

　　愚旧读《史通》，见其缺文复意，繁词冗意，心颇疑之。掩卷而思，展卷而玩，莫可为怀者矣。①

彭汝寔在为陆深校刻《史通》所作序中称：

　　子玄生秉异质，少有伟志。甫总角，即能上下诸史，包括寰区。是书盖其再入东观所成，皆商榷校勘诸家，精语奇诡毕陈，如斗草囊萤，裁剪掇拾，光采衰聚。吁！亦勤矣。然语激而气轻，于道或未可会耳。按子玄语张说入证魏元忠事曰："无诬青史，为子孙累。"及答郑惟忠所问文士、史材之说，世称笃论。子玄者，正亦不愧良直也已。……乃《春秋》则仲尼约之以经世者，可以例论乎哉？彼丘明、迁、固而下，世亦有作，未暇深议。《史通》历有评品，或者未免遗论中间，然有可以质诸仲尼者。②

杨名作《跋史通》言：

　　知幾以良史才三为史官，徘徊司籍之曹，岁月浸久，其所以沉潜考证之者，当不寡薄。则其著而为书，固宜兼备诸体，网罗百家，驰驱列代，几自成一门户。独惜夫评议徇于意见，是非谬于圣哲，不能使人无遗憾焉。③

张之象刊刻《史通》时，在《史通序》中言：

　　既而以前代史书，序其体法、因习、废置，掇其述作深浅曲直，分内外篇，著为评议，备载史策之要。剖击惬当，证据

---

①　刘知幾著，刘占召注：《史通评注》，中央编译出版社 2010 年版，第460 页。
②　转引自王嘉川：《清前〈史通〉学研究》，社会科学文献出版社 2013 年版，第 228~229 页。
③　刘知幾著，刘占召注：《史通评注》，中央编译出版社 2010 年版，第460 页。

详博，获麟以后，罕睹是书。①

张鼎思刊刻《史通》时，在《续校史通序》言：

> 然子玄身秉史笔，不自成家，龙姿美业，未闻光阐，晨鸡秽德，未闻昭戒，至其论史，则信家书而疑坟典，讥尧、舜，訾汤、文，诽周、孔，不少顾忌，故宋子京有工拙之讥，柳炽之有《析微》之论，刻之不广，大率为此。要以序体法，明典要为作史者准绳，则是书亦岂可少哉？夫其上自唐、虞，下及陈、隋，网罗千祀，贯穿百家，虽谓前无古人可矣。此徐坚所以有座右之许也。②

王惟俭《史通训故》刊印时，河南中牟张民表为之作序，指出：

> 刘子玄目洞千秋，手裁万化，决断无疑，于义进退，各厌其心。虽证事稍乖，制词多靡，乃得失自在，取舍由人。信史家之砥砺，述者之夷庚也。③

按：从刊刻《史通》的相关序跋中可知，明代学人对《史通》批评有三：其一，认为《史通》文本在流传过程中出现错谬；其二，指出《史通》文本本身的错谬；其三，对刘知幾评史优劣的批评。具体体现为：王阁、高公韶、李佶主要指出明代《史通》版本之差，脱简讹文较多，不便于研读；彭汝寔既指出刘知幾撰述《史通》用功之勤，也批评刘知幾用词"语激而气轻"，杨名则认为具有良史才的刘知幾，其所著《史通》应该"兼备诸体，网罗百家"，成为一家之言，但刘知幾《史通》所论却"评议徇于意见，

---

① 刘知幾著，刘占召注：《史通评注》，中央编译出版社 2010 年版，第462 页。
② 赵吕甫：《史通新校注》，重庆出版社 1990 年版，第 1123 页。
③ 王惟俭：《史通训故·张民表序》，上海古籍出版社 2006 年版，第246 页。

是非谬于圣哲"；张之象认为《史通》"剖击惬当，证据详博"；张鼎思亦指出《史通》之弊在于妄议前贤，轻信《汲冢书》，而其论诸史之体，为史家作史提供必要的参考，其对众家的系统评析，可谓前无古人。

二、明代学者对刘知幾及其《史通》的批评

明代中叶开始，学界兴起一股评点之风，诗者论诗，文者析文，史者评史。众多博学之士置身于此学术洪流中，更是于芸芸著述中指点江山，激扬文字，势于昔人争高下。刘知幾以其传世之作《史通》成为古代强有力的史学批评者①，自古以来文人相轻，习于纠他人之谬，面对唐宋学人批判之《史通》，明代学者亦是誉其长而纠其谬，诸如杨慎《老泉评史通》、于慎行《刘子玄评史举正》、胡维霖《刘子玄史通》、王志坚《史通载文篇》、郑鄤《题史通》等。

杨慎素以博学疑古著称，具有极强的批评精神，面对《史通》自然提出自己的见解②。杨慎赞同苏轼、杨万里认为《史通》"多俚辞俳状""目睫之论"的批评，称"二公之论当矣"③，同时，杨慎亦指出《史通》的优点，"实中前人之膏肓，取节焉可也。黄山谷尝云论文则文心雕龙，评史则史通，二书不可不观，实有益于后学焉"④。

于慎行著有《读史漫录》，对上古到元代的相关历史史实、历

---

① 按：林时民《刘知幾史通研究》论析了刘知幾的批判精神及怀疑精神（文史出版社1987年版，第41~61页）；张三夕《批判史学的批判——刘知幾及其史通研究》一书第三部分从八个方面论析"刘知幾史学批评方法论"（华中师范大学出版社2010年版，第74~124页）。

② 按：毛春伟《杨慎评〈史通〉二题》（瞿林东主编：《史学理论与史学史学刊》2009年卷，社会科学文献出版社2009年版）专门论述杨慎对《史通》的评析。

③ 按：杨慎《升庵集》卷四十七《相如传》曾言："《史通》云《史记·相如传》具在《相如集》中，子长因录斯篇，即为列传。刘知幾盖及见《相如集》也，然文君夜奔事，亦不自讳，何哉？"

④ 杨慎：《升庵集》卷四十七《老泉评史通》。按：明代胡维霖《胡维霖集》之《墨池浪语》卷一《刘子玄史通》专门摘录杨慎此论。

史人物多有评点，是一位具有批判意识的史家①。于慎行曾著有《刘子玄评史举正》专门评析刘知幾评史之优劣。于慎行首先肯定刘知幾治史之广及用功之勤，不愧为一代良史②；其次，指出刘知幾"好奇自信，拘见深文"，导致"小则取笑于方家，大则得罪于名教"。于慎行非常遗憾拥有良史之才的刘知幾被方家取笑，甚至得罪于名教。究其原因，于慎行归结为"其罪有二"，"其失有三"。其罪之一，"信传疑之语，遵好事之谈，以竹书为龟策，以璧经为土苴。信其言也，则丹朱之不帝，重华有筑坛之谋，苍梧之不返，文命有胶舟之志。履辛之不道，乃陈琳草檄之诬；西伯之戡黎，如桓温拜表之辙。遂使皇图帝箓，萃逋逃之薮"，"是可忍也，孰不可忍！茫茫万世，人安适归，侮圣之罪一也"；其罪之二，"不窥圣意，辄谓有私，至所断据，则魏丕曰：舜禹之事吾知之也。何其不信大圣权舆之准，而信乱臣依附之言"，"人之不聪，一至于此，而能品藻人伦，劝惩万世者乎？离经之罪二矣"。其失之一在于浅，于慎行认为善为史者在人物刻画方面应得其精神，在史实整理方面应得其命脉，"是故词有繁而不杀，事有细而靡遗，欲其一披简书千古如觌也"，诸如"公索亡祭牲，录门人致问之词；子罕哭介夫，载觇者反报之语"，系《左传》传神之处。"仲连见辛垣衍，则介绍之言毕载；王生从龚渤海，则醉呼之状具陈"，系《史记》《汉书》奇妙之处。而刘知幾"剗略榛芜，一切删去，读之索然，了

① 按：廉敏《于慎行〈读史漫录〉的历史思想》（《文史哲》2002 年第 6 期）分析于慎行围绕国家治乱兴衰展开史论的特点；孟祥才、张平《从〈读史漫录〉对战国秦汉人物的品评看于慎行的历史眼光》（《济南职业学院学报》2005 年第 1 期）论析于慎行善疑求真的批判精神；拙著《明人汉史学研究》对于慎行评汉史的情况予以论析（湖北人民出版社 2011 年版，第 216~225 页）。

② 于慎行《谷城山馆文集》卷四十《刘子玄评史举正》："唐有刘子知幾夙以卓资，独秉渊览，三为史臣，两入东观，博淹载集，驰骋古今，提要钩玄，括囊殆尽。观其《史通》所述，自三坟、五典之书，南史素臣之纪，两京三国之谟，中朝江左之历，亦有汲冢古篆，禹穴遗编，金匮之所不藏，石渠之所未备，莫不探厥渊源，总其统系，捃摭纂著，靡有遁形，斯以勤矣。尔其神识融洞，取舍严明，操笔有南狐之志，摛藻有班、马之文，克其蕴籍，不足称一代良史哉？"（明万历于纬刻本）

无神采，是犹操公输之矩墨，而裁成度索之枝；执神禹之斧斤，而沟洫吕梁之水也。天下之奇观，何从而睹哉！其失也浅"。其失之二在于固，于慎行认为著书立说的宗旨在于体现本质，"褒贬之辞，或多拟议"，不能偏执一据而妄下结论。如果"以书有漂杵之文，而诗载孑遗之咏也。今焉执西州之无鱼，而疑赵盾鱼飧之事；谓晋阳之无竹，而惑细侯竹马之迎。以鸟啼花笑，驳智不如葵之言；以中山磨笄，评无恤最贤之语。是必译辀轩之使，而后方物不遗；本篆籀之形，而后书法无爽也"，"其失也固"。其失之三在于昧，于慎行认为"夫人之哲愚区以别矣，而品流靡一，风轨固殊，必得其情，谈何容易"，对于刘知幾所言"太史公述《儒林》则不取游、夏之文学，著《循吏》则不言冉、季之政事"①，"假使羽窃帝名，正可抑同群盗"②，怀疑曹操让崔琰代其召见匈奴使者并无其事③。于慎行认为"游夏列儒林，冉季称循吏，是不知达者之规模也；项羽为群盗，蜀汉为僭君，是不睹英雄之梗概也；疑曹操见匈奴无崔琰在坐之事，是不究奸谋之诡也"，刘知幾"其失也昧矣"。故而，于慎行叹曰："嗟夫！才识特达有如子玄，而舛错不经，彰彰若是。谅哉！史之难乎！"而且于慎行也表达自己指出刘知幾所论不妥的目的，"夫磨纤毫之瑕则完盈尺之璧，刮数寸之朽则成合抱之材。是故表而正之，使其全书不废于世云尔"④。

焦竑熟识《史通》，其所撰笔记《焦氏笔乘》卷三《史通所载书目》详载《史通》中所载相关书目，并且在《焦氏笔乘》中专门有一条《史通》，兹述其文如下：

---

① 刘知幾著，浦起龙通释，王煦华整理：《史通通释》卷十六《杂说》，上海古籍出版社 2009 年版，第 430 页。

② 刘知幾著，浦起龙通释，王煦华整理：《史通通释》卷二《本纪》，上海古籍出版社 2009 年版，第 34 页。

③ 刘知幾著，浦起龙通释，王煦华整理：《史通通释》卷二十《暗惑》，上海古籍出版社 2009 年版，第 545~546 页。

④ 于慎行：《谷城山馆文集》卷四十《刘子玄评史举正》，明万历于纬刻本。

山谷称《史通》、《文心雕龙》皆学者要书。余观知幾指摘前人，极其精核，可谓史家申、韩矣。然亦多轻肆讥评，伤于苛刻。《浮词篇》云：《汉书》萧何知韩信贤。贤者，不陨获于贫贱，不充诎于富贵，又曰知进退存亡而不失其正者，其惟圣人乎？淮阴堕业无行，满盈速祸，以贤为目，不能无谬。夫贤之为言异于人云耳。而辄律之以儒行，责之为圣人，不已甚乎！《人物篇》云：皋陶、伊尹、傅说、仲山甫，功烈尤显，事迹居多，盍采而编之为列传首。夫迁书与经典并行，世多其书，辄弗论著，而复责之以编纂，不亦复乎。《辨识篇》云：彰善贬恶，不避强御，若董狐、南史者上也；编次成书，郁为不朽，若丘明、子长者次也；高才博学，名重一时，若史佚、倚相者下也。夫史佚当盛周绾史职，与董狐、南史，未知先后，而抑居丘明、子长之下，此何据乎？《杂说篇》：《李陵与苏武书》，观其文体，不类西汉，迁《史》编于《李传》中，斯为谬矣。今《李传》并无其书，且陵书为齐梁拟作，迁亦何从逆睹之乎？其最甚者，夫子谓昭公知礼，则讥其饰智矜愚，爱憎由己。称颜子殆庶，则讥其曲垂编录，不能忘私。至尧之幽囚，舜之野死，益为启所诛，太甲杀伊尹，文王杀季历，一以《汉书》为据，勇于信家中之断简，轻于悖显行之《六经》，几盖小人之无忌惮者哉？且自云：因王充之《问孔》，广彼旧疑，增其新觉。夫充之浅妄，又何足法也。①

按：焦竑所言山谷所论，杨慎《升庵集》中有此论②。焦竑认为刘知幾对前人学术的批判"极其精核，可谓史家申、韩矣"，但其缺憾在于"多轻肆讥评，伤于苛刻"③。焦竑根据《史通》中《浮词

① 焦竑著，李剑雄点校：《焦氏笔乘》卷三《史通》，中华书局 2008 年版，第 124~125 页。

② 杨慎：《升庵集》卷四十七《老泉评史通》。

③ 按：焦竑在《刻子由古史序》中言"刘知幾师心妄驳，肆笔横诋，乃工于绳人而拙于用己。识者尝深非之"（《澹园续集》卷三《刻子由古史序》，第 816 页）。

篇》《人物篇》《辨识篇》《杂说篇》所载，逐篇分析刘知幾所论过于严苛。对于刘知幾看重汲冢之书，而忽视六经之文，焦竑批之为"小人之无忌惮者"。

在明代中晚期，胡应麟属于博学多才，极具识断之士，被誉为"是明代对《史通》进行理论研究的最杰出的代表"①。胡应麟对《史通》的研究主要在于批判其错误，主要表现在以下几个方面：

其一，在著述体例方面，批评刘知幾所谓的正史中无需《艺文志》。刘知幾认为正史中《艺文志》属于累赘，胡应麟对此论道："原夫艺文之为志也，虽义例仍乎前史，实纪述咸本当时，往代之书，存没非此无以考；今代之蓄，多寡非此无以征。故魏、晋迭兴，盛衰迥绝；齐、梁接踵，贮积悬殊。且前人制作世日以寡，后人著述世日以增，遍读历朝诸志，卷轴简编靡有同者，粤自晋、唐而下，懿君贤弼亡弗究心，考文大典意在斯乎?"②胡应麟认为《艺文志》对于文献考征而言有很大价值，而"刘知幾《史通》以为附赘悬疣，雷同一律，而大讥隋史之非，此疏卤之谈，匪综核之论。即后汉一书艺文无志，而东京一代典籍茫然，他可概矣(刘《史通》论史诸体甚核，独论表、志甚疏，郑渔仲所以讥范晔也)"③。同样，胡应麟在批评陆深《史通会要》时，亦指出此类问题，"陆文裕深著《史通会要》，辨论甚该，独谓经籍不必志，于义未尽。经籍，朝廷之大典，累朝人主，无不究心，岂容无志?"④

其二，在文章史识方面，胡应麟认为刘知幾为文浅猥，为史乏识。胡应麟言"《史通》之为书，其文刘勰也而藻绘弗如，其识王充

---

① 按：王嘉川从胡应麟对刘知幾的补弊救偏，对刘知幾的批评指责，胡应麟与明代的《史通》研究热潮三个方面论析胡应麟对刘知幾的批评及其影响(《胡应麟论刘知幾》，《史学月刊》2006年第4期)；白云《胡应麟的史学批评》分析了胡应麟对刘知幾的指责与继承(《红河学院学报》2009年第1期)；俞宏杏《胡应麟〈史书占毕〉及其史学理论》论述了胡应麟对刘知幾的学问的补充说明及批评指正(云南师范大学硕士学位论文，2013年，第42~46页)。

② 胡应麟：《少室山房笔丛》卷三《经籍会通三》，第38页。

③ 胡应麟：《少室山房笔丛》卷三《经籍会通三》，第38页。

④ 胡应麟：《少室山房笔丛》卷四《经籍会通四》，第46页。

也而轻评殆过。其所指摘虽多中昔人，然第文义之粗，体例之末，而自以穷王道、揆人伦，括万殊、吞千有，然哉？"①胡应麟称刘知幾《史通》中出现"当惑而不惑""当疑而弗疑"的现象②，其因在于刘知幾"有史学无史笔，有史裁无史识也"③。

其三，在批评态度方面，胡应麟认为刘知幾肆意苛责，有违名教。刘知幾《史通》对《汲冢书》所载舜放尧于平阳，太甲杀伊尹，文王杀季历等事，"语异正经，其书近出，世人多不知信也"④。胡应麟评曰："考刘《史通》前后议论，务以春秋乱臣贼子臆度前圣，故妄意文王得位亦如商臣许止之为，而不详考本书，恣其臆喙，真所谓言奸而辩，记丑而博者，其能免仲尼之诛乎？夫即刘引《纪年》卤莽不稽若此，则所谓《璅语》云云者，其足信哉？"⑤胡应麟认为王充《论衡》"世所共轻，而东汉、晋、唐之间特为贵重，蔡邕秘弗视人，葛洪赞弗容口"，而刘知幾"捶提班、马不遗余力而

---

①　胡应麟：《少室山房笔丛》卷十三《史书占毕一》，第 133 页。按：对于刘知幾文章与史识方面，胡应麟还论道："刘知幾之论史也，晰于史矣。吾于其论史而知其弗能史也，其文近浅猥而远驯雅，其识精琐屑而迷远大，其衷饶讦迫而乏端平。善乎，子京曰：'呵古则工而自为则拙也。'"(《少室山房笔丛》卷十三《史书占毕一》，第 133 页)

②　按：胡应麟曾言："《史通》之所谓惑，若赤眉积甲，史氏弥文；文鸯飞瓦，委巷鄙说，皆非所惑者也。至《竹书》杀尹、汲冢放尧，则当惑而不惑。《史通》之所谓疑，若克明峻德，《帝典》所传；比屋可封，盛世之象，皆亡可疑者也。而《山海》诡词、《论衡》邪说，则当疑而弗疑。"(《少室山房笔丛》卷十三《史书占毕一》，第 134 页)

③　胡应麟：《少室山房笔丛》卷十三《史书占毕一》，第 134 页。

④　《史通》卷十三《疑古三》。

⑤　胡应麟：《少室山房笔丛》卷十六《史书占毕四》，第 160 页。按：对于此点，胡应麟又称"刘知幾《史通》称舜囚尧、禹放舜、启诛益、太甲杀伊尹、文王杀季历、成汤伪让、仲尼饰智矜愚，斯数言者战国有之，然识者亡弗谓虚也，胡子玄骤以为实也？至谓舜、禹、汤、文同于操、懿、裕、衍，而《尚书》、《春秋》之妄过于沈约、王沈，斯名教之首诛矣"(《少室山房笔丛》卷十三《史书占毕一》，第 133 页)；"刘子玄辈不能详察，遽从而效之以讥诋圣人，至尧、舜、禹、汤咸弗能免，犹李斯之学荀况矣"(《少室山房笔丛》卷二十八《九流绪论中》，第 276 页)。

独尊信是书", 由此, 胡应麟批判刘知幾"高其辩才, 特其偏愎自是, 放言不伦, 稍不当心, 上圣大贤咸在诃斥, 至于《问孔》《刺孟》等篇而辟邪之功不足以赎其横议之罪矣"①。胡应麟的确是以自己的价值标准评判刘知幾对前史之论析, 恰如王嘉川所言, "主要原因还是胡应麟自己的名教观念在起支配作用。随着专制集权的加强, 名教观念对人们的束缚也越来越严, 作为程朱理学信徒的胡应麟, 自然对刘知幾非圣无礼的行为批评得更加厉害"②。

除了杨慎、于慎行、焦竑、胡应麟之外, 明代其他学者对刘知幾及其《史通》亦多有论述, 如陈文龙称"刘知幾作《史通》以驳诸史, 马班而下皆无完人, 即使自己操笔, 徒自缚耳"③。何乔新和郑鄤则分别从刘知幾评史之优劣方面, 提出自己的看法。何乔新称"刘子玄著《史通》四十一篇, 以商论前史之得失, 自迁、固而下皆讥焉。然观其书, 可予者十有三四, 可贬者十有五六。其讥前人之失, 谓司马体失录烦, 谓班固谙练该密, 谓项羽不当为本纪, 谓陈涉不当为世家, 其论确矣。至自述作史之法, 乃欲撰《都邑志》于《舆服》之上, 撰《方物志》于《食货》之首, 增《氏族志》于《百官》之下, 增《方言志》于《艺文》之外, 不亦赘乎。其言曰作史有三长, 才也、学也、识也。《史通》一书贯穿古今, 不可谓无学矣。三为史官, 再入东观, 不可谓无才矣。疑古惑今之类, 得非识有所不足耶, 有志于汗青者, 宜戒焉"④。何乔新认为刘知幾论之当者十有三四, 可贬者十有五六, 其失在于缺乏史识, 此点和胡应麟见解一

---

① 胡应麟:《少室山房笔丛》卷二十八《九流绪论中》, 第275页。
② 王嘉川:《胡应麟论刘知幾》,《史学月刊》2006年第4期。
③ 陈子龙:《安雅堂稿》卷三《六子诗稿序》, 明末刻本。按: 王志坚《史通载文篇》亦言"《史通》一书持论多有不当处, 谓孔子称昭公为爱憎由己, 称颜子为不能忘私, 谓子长当为皋陶、伊尹、傅说、仲山甫立传, 谓萧何不当称韩信为贤, 此等皆可发笑。至其摘抉瑕疵令人无可置辩, 真史家之争臣也"(《四六法海》卷十《史通载文篇》, 明天启七年刻本)。
④ 何乔新:《椒邱文集》卷二《策府十科摘要·诸史》。

致①。明末东林才子郑鄤称"刘子玄博综古今，推究体要，从来评史独推是编。然而所重在于皮毛，所忽在于心眼，辄以晚近之逆图，参比圣贤之遗踪，岂其稽古之力，是为非圣之书。即如此二篇宜已经百炼，乃李陵传无寄苏武之书，《史记》岂甘受诋。《山海经》有神帝江之号，首录何以蒙冤，其他踳乖尤难悉数。总不离乎凡近安所贵，夫阙疑将无天固限之，徒为人所笑耳。后生有知，慎无惑其覆辙，九原可作，窃愿比于他山"②。郑鄤高度赞扬刘知幾《史通》评史之功，甚者称"从来评史独推是编"，但同时又指出由于刘知幾之苛求前人，导致"徒为人所笑耳"。

三、郭孔延对刘知幾及其《史通》的批评

郭孔延，字延年，撰有《史通评释》二十卷③。郭孔延在《史通评释序》中言张鼎思根据陆深校定的《史通》，再次刊刻《史通》，其中增加七百三十余字，删去六十余字。郭孔延依据张鼎思所刻《史通》，又参照家藏蜀本、吴本《史通》，"细为校定"，"循环校阅，再加芟正"，"间以己意为之评论，虽未必合作者之意，只承严命，

---

① 按：也许何乔新受刘知幾的影响，在其文集中专门有《史科》涉及《汉唐书列传》《诸史》《史记》三篇。

② 郑鄤：《峚阳草堂诗文集》文集卷九《题史通》，《四库禁毁书丛刊》集部第126册，北京出版社2000年版，第404页。

③ 按：目前傅范维《明代〈史通〉学研究——以陆深、李维桢与郭孔延父子为中心》（台湾佛光大学历史学系硕士学位论文，2009年）主要从版本学的角度对《史通评释》予以探讨；王嘉川《清前〈史通〉学研究》（社会科学文献出版社2013年版，第283~289页），又见其所撰《郭孔延〈史通评释〉编纂考》（《扬州大学学报》2007年第1期）论述了郭孔延如何撰写《史通评释》。另外，《清前〈史通〉学研究》之"郭孔延〈史通评释〉的内容及其学术成就"则是分门别类分析《史通评释》的相关内容及其成就（第316~384页）。因研究角度所致，王嘉川未能专门系统论述郭孔延对《史通》的批评；刘海波、谢贵安《郭孔延〈史通评释〉探析》（《理论学刊》2013年第9期）论述了郭孔延编纂《史通评释》的过程、义理史学思想、史学编纂议题的探讨及《史通评释》的影响。

终陆、张二先生功耳"①。"约而言之，考究精核，义例严整，文字简古，议论慷慨，《史》之长也；薄尧、禹而贷操、丕，惑《春秋》信《汲冢》，诃马迁而没其长，爱王劭而忘其佞，高自标榜，前无贤哲，《史》之短也。""然则徐坚所云当置座右者，以义例言，良非虚誉。而宋祁所云工诃古人者，以夸诩言，亦非诬善矣。"②郭孔延指出其校订、评释《史通》的情况，并从宏观上指出《史通》之优劣处。

　　陆深《史通会要》以自己的想法对《史通》予以重新摘录、编排，王惟俭《史通训故》以注释为主，而郭孔延《史通评释》则针对《史通》的相关篇章以"评曰"或"按语"的形式逐一评论，虽然清代黄叔琳《史通训故补·例言》言郭孔延《史通评释》"援引蹖驳，枝蔓无益，又疏于考订，每多纰缪"③。王嘉川认为"郭孔延出版《史通评释》，对《史通》逐篇注释和评论，其中也有很多具有理论意义的史学评论，可惜他的评论囿于逐篇评论的评点模式，主题分散，文字不长，因而虽然有一些评论很有深度，但未能充分展开论述，结果只能是一鳞半爪、零散孤立，对每个问题的讨论都不系统"④。李慈铭称郭孔延所附诸评，"亦多佳者"⑤；刘海波称《史通评释》"不惟内容详赡，而且体例严谨，在《史通》研究史上具有典范作用"⑥。实际上，郭孔延对《史通》不仅在版本的校勘方面颇下功夫，且对学界有关《史通》的评点也比较熟识，在《史通评释》正文

---

　　①　按：郭孔延在《评释凡例》中亦言："评有总评有细评，总评列于前，细评列于事之后。"（《史通评释》，上海古籍出版社 2006 年版，第 8 页）
　　②　郭孔延：《史通评释序》，《史通评释》，上海古籍出版社 2006 年版，第 1 页。本章以下所引是书皆为此版本，不再注明版本信息。
　　③　刘海波、谢贵安：《郭孔延〈史通评释〉探析》，《理论学刊》2013 年第 9 期。
　　④　王嘉川：《清前〈史通〉学研究》，社会科学文献出版社 2013 年版，第 451~452 页。
　　⑤　刘知幾著，刘占召注：《史通评注》，中央编译出版社 2010 年版，第 475 页。
　　⑥　刘海波、谢贵安：《郭孔延〈史通评释〉探析》，《理论学刊》2013 年第 9 期。

前面，郭孔延征引有晁公武《晁氏史通评》、王应麟《玉海序史通》、杨慎《史通评》、于慎行《史通举正论》、张之象《史通序》。笔者认为生活于明代晚期的郭孔延，经受过明代学术评点之风的洗礼，在对《史通》的评点方面必然受社会风气的熏染，诸如其对《史通》每个篇章相应部分逐一评析，这种评点的方式在万历初年凌稚隆《史记评林》与《汉书评林》中便有明显体现①，可谓评点学的一种体例，亦可谓史学批评的一种表现。郭孔延主要针对某一主题、史实记载、论史态度等直接展开批判，虽然未能如焦竑、于慎行提纲挈领地批评《史通》，但如果我们系统梳理这些散见于各个篇章的残金碎玉，亦可以了解郭孔延批评《史通》的特点，为进一步发窥明代的《史通》批评成就提供一定的参考。

1. 多角度批判刘知幾所论之误

郭孔延在《史通通释》中对刘知幾论史错误的批评，有的是直言其论史错误，有的是批评刘知幾论史考虑不周，有的是批评其记载错谬等。总体而言，郭孔延批评刘知幾史论之误，主要涉及刘知幾论史态度及论史内容两个方面。

首先，在论史态度上，批评刘知幾论史太严苛。

一般诟病刘知幾论史者，多会指出其论史过于挑剔。刘知幾论史之挑剔与其论史的态度有一定关系，刘知幾在论述繁简、叙事、史书体例等方面多带有自己的价值偏见。郭孔延认为刘知幾"意主简笔大洁，故文稍美丽者，悉皆厌薄，此其偏见也"②。对于刘知幾《史通·疑古》篇中成汤放桀于南巢之事，郭孔延指出"成汤放桀于南巢，惟有惭德。曰予恐来世以台为口实。盖惭其德之不如尧、舜、禹，以得罪于来世圣贤之心也。子玄乃谓欲比迹尧、舜，袭其高名，逆人未形之恶，加人乌有之罪，刻矣。不信仲虺之诰，而信

---

①　参见拙文《凌稚隆〈史记评林〉探析》（《古籍整理研究学刊》2009年第4期）、《〈汉书评林〉探微》（《史学史研究》2011年第3期）。

②　郭孔延：《史通评释》卷十七《杂说·宋略》，第205页。

殷祝之篇，好奇之偏，一至于此"①。同样，对于刘知幾所论《人形志》，郭孔延论曰："至于《人形志》活似人相篇，此何与于治乱而谓急于天文乎，则子玄好奇之过也。"②郭孔延认为所论刘知幾之偏见、好奇，也许是其"眼空千载，前妄古人矣"的原因之一③。郭孔延进而指出刘知幾对司马迁叙述李陵之祸的评论，"责之太苛"④，对《幽通赋》的批评"几于深文"⑤。对于刘知幾所言"至于近代则不然，其有雕虫小技，短才小说或为集不过数卷"之说，郭孔延评曰："梁元、姚察、刘芳各著书百卷，而诬以集不过数卷，阴铿、祖鸿勋集虽不多，文名当代，而彼以短才小说，亦苛矣。夫人之文，岂必如《史记》《太玄》而后可传耶?"⑥

其次，在论史内容方面，批评刘知幾观点之误。

郭孔延针对《史通》中所言之误，逐一予以辨析，如《史通》卷三《书志》，刘知幾言"若乃体分蒙澒，色着青苍，丹曦素魄之躔次，黄道紫宫之分野，既不预于人事，辄编之于策书"。郭孔延对此论道：

> 古今一天，郡国代更，唐之郡国，非汉之郡国，则唐之分野非汉之分野，不一明著，岂无讹谬。考汉《天文志》，阴阳之精，其本在地，上发于天，政失于此，则变见于彼，此言人事之于天象也。唐《天文志》，李淳风因《汉书》十二次度，数以唐州县配。《通典》亦云下分区域，上配星躔。此言分野之与人事也。子玄乃谓分野不预人事。愚不知其说。若谓丹曦素魄，黄道紫宫，亘古如斯，不必复志。则志传所载有赤鸟夹日，白虹贯日矣；有月晕黑气乍合、乍散矣；有红气垂带，白气如环矣；有失中道而东，失中道而西矣；有客星历阁道入紫

① 郭孔延：《史通评释》卷十三《疑古》，第 169 页。
② 郭孔延：《史通评释》卷三《表历》，第 38 页。
③ 郭孔延：《史通评释》卷一，第 11 页。
④ 郭孔延：《史通评释》卷十六《杂说·史记八条》，第 195 页。
⑤ 郭孔延：《史通评释》卷十六《杂说·诸汉史十条》，第 200 页。
⑥ 郭孔延：《史通评释》卷十八《杂说十条》，第 220 页。

宫西垣矣。诸如此类岂可无志。①

按：刘知幾言分野不关人事，郭孔延从历代郡国之变迁出发，征引相关《天文志》及《通典》批驳刘知幾所论之误，进而指出应该对相关天文现象予以记载。另外，刘知幾曾言应该废除《天文志》《艺文志》②，郭孔延言"易称悉备云有天道，杞宋无征，由文不足。子玄欲除二志，吾未见其可也。马氏《文献通考》于二志尤详。第汉人之籍入于《隋志》，唐人之书著于《宋纪》则芜矣"③。蔡邕曾上书建议继承班固《天文志》的做法，刘知幾称"伯喈于方朔上书，谓宜广班氏天文志。夫天文之于汉史，实附赘之尤甚者也，必欲申以掎摭，但当锄而去之。安可仍其过失而益其芜累，亦奚异观河倾之患，而不过以堤防，方欲疏而导之用速怀襄之害，述史如此，将非练达者"④。郭孔延指出"伯喈旷世逸才，多识汉事，若使续成后史，当不在蔚宗下。其所作《灵纪》、十志及补传四十二篇，因李傕之乱，湮没不存。而子玄乃以不练达，彼之岂以广天文志为附赘耶？则人形志又赘之赘者，子玄不自知也"⑤。

另外，《史通》卷十三《疑古》言："《汲冢书》云舜放尧于平阳，益为启所诛。又曰太甲杀伊尹，文王杀季历，凡此数事，语异正经，其书近出，世人多不之信也。按舜之放尧，文之杀季，无事别说足验其情，已于此篇前后言之详矣。夫惟益与伊尹受戮，并于正书，犹无其证，推而论之，如启之诛益，仍可核也，何者？舜废尧而立丹朱，禹黜舜而立商均，益手握机权，势同舜、禹，而欲因循故事，坐膺天禄，其事不成，自贻伊咎。"对于此论，郭孔延驳之曰："《史通》既以舜之放尧无别说，足验。又云舜废尧立丹朱，何自矛盾也。桓玄迁帝寻阳，改元大亨，益曾迁启邪？奈何以玄拟益

---

① 郭孔延：《史通评释》卷三《表历》，第32页。
② 《史通》卷三《书志》、卷九《核才》。
③ 郭孔延：《史通评释》卷三《表历》，第33页。
④ 《史通》卷九《核才》。
⑤ 郭孔延：《史通评释》卷九《核才》，第115页。按：刘知幾《史通》卷三曾言"既天文有志，何不为人形志乎"。

也。孟子曰益相禹浅施泽未久，而启贤承禹，民自归夏。子玄奉汲冢如蓍蔡，眇孟书如弁髦，妄矣。"①

2. 以正统观点批评《史通》

郭孔延评史，义理史学的意味较浓②，其非常赞同朱熹《资治通鉴纲目》所论③，如其评《史通·题目》时言："史之题目当以编年为正，一年之内，主臣、华夷诸事毕载，何其简且晰也。《春秋》《孔经》《左传》为上，其次朱子《纲目》，纲法经，目法传。又其次司马文正《资治通鉴》，皆题目之正者。编年之体坏于子长，自兹以后滥觞逾甚，昔人谓之整齐故事，良有以也"，"即欲如《史记》体，当以《新唐书》为正"④。此段话体现了郭孔延批评的价值标准在于以正统史观为准的。郭孔延在对《史通》批评的实践中，的确是以尧、舜、禹、文王、武王等先贤事迹为标杆的，以《春秋》《尚书》《论语》《孟子》等著述论点为宗旨，刘知幾对这些有贬低言辞时，郭孔延都会据理力争，逐条批驳之。因此，郭孔延对于《史通·疑古》《史通·惑经》批判较多，甚至称刘知幾"惑经尤属谬戾"⑤。

---

①　郭孔延：《史通评释》卷十三《疑古》，第 168 页。
②　按：刘海波、谢贵安《郭孔延〈史通评释〉探析》分析郭孔延的"义理史学"思想表现在"注重褒贬，推崇《纲目》""重视探讨正统论"及"重视史论，以严格的伦理标准衡量历史人物"（《理论学刊》2013 年第 9 期）。此文对郭孔延义理史学思想的论析颇有道理。
③　按：郭孔延在《史通评释》中多次言及朱熹《资治通鉴纲目》，"《春秋》惟褒贬严也，故乱贼贼惧。马迁《史记·帝纪》似法《春秋》，而亡褒贬；《朱子纲目》法《春秋》而有褒贬，而惜子玄未之见也"（卷一《内篇》，第 13 页）；"蜀本承统，而抑为家，《通史》《史通》《通鉴》俱属未通，《纲目》帝蜀，其名始正"（卷二《世家》，第 26 页）；"君子而史也，是谓无暇之口，鉴空衡平，毕照忠佞……左、马而下，若温公之《通鉴》，朱子之《纲目》，其庶几君子矣"（卷十八《杂说十条》，第 219 页）。
④　郭孔延：《史通评释》卷四《题目》，第 46 页。
⑤　郭孔延：《史通评释》卷十四《惑经》，第 179 页。

刘知幾《史通·疑古》中对《尚书》《论语》《孟子》多有批评，针对刘知幾所论，郭孔延评之曰：

汉景、魏文并论已是不伦，而并丕于孟，共目为襄贤……况汤有惭德，武未尽善。夫子之立论婉而章，而子玄以为芟夷不存。《春秋》《论语》为尊亲讳，夫子之著书曲而中，而子玄以为饰智，惊愚妄矣，何者？殷，吾祖也；周，吾君也。而鲁，父母之邦也。子玄上鄙武、韦，目为母媚，下鄙士大夫，不长载削，而何足以知此义乎，其不及于祸，幸也。①

《史通》轻《尚书》《孟子》而独信《史记》，至诬尧时善恶无分，贤愚共贯，妄矣。②

子玄轻孟信迁，必以陟方为苍梧之野，以南巡为文命之志，不独诬舜，且以诬禹。③

弃洙泗之删书，信汲冢之琐语，是蝉翼为重，千镒为轻。由叔季之奸雄，方帝王之禅授，是以小人心度君子腹。子玄之失奚止后六经进奸雄已哉。④

《论语》称至德者二，文王至德，以服事殷也；泰伯至德，非以天下让季历也，示终其身臣殷也，犹文王意也。阳以遵父之命，阴以成己志，孝之大，忠之极。故曰至德。而非子玄所能与知也。⑤

《管晏列传》不取本书，太史公之略也。至撰《孔子世家》不采《论语》，则安所采。谓《论语》可除，则《孔子世家》亦可除矣。矢口轻诬，几于侮圣。⑥

---

① 郭孔延：《史通评释》卷十三《疑古》，第165页。
② 郭孔延：《史通评释》卷十三《疑古》，第166页。
③ 郭孔延：《史通评释》卷十三《疑古》，第168页。
④ 郭孔延：《史通评释》卷十三《疑古》，第167页。
⑤ 郭孔延：《史通评释》卷十三《疑古》，第170页。
⑥ 郭孔延：《史通评释》卷十六《杂说·史记八条》，第195页。

按：当刘知幾把孟子与曹丕并称，信《史记》而轻《尚书》《论语》《孟子》时，郭孔延便批评刘知幾为"诬"，为"妄"，为无知，甚至称其"矢口轻诋，几于侮圣"。

《孟子》卷六《滕文公章句下》言"孔子成《春秋》，而乱臣贼子惧"。《春秋》所载成为理学家评判历史事件、人物的标准，被传统史家奉为经典。郭孔延更是《春秋》学问的维护者，当《史通》中出现与《春秋》不和谐的声音时，郭孔延便不遗余力地予以批驳。

《史通》卷十四《惑经》载"按晋自鲁闵公已前未通于上国，至僖二年灭下阳已降，渐见于《春秋》。盖始命行人自达于鲁也。而《琐语晋春秋》载鲁国闵公时事言之甚详，斯则闻事必书，无假相赴者也。盖当时国史它皆仿此，至于夫子所修也则不然。凡书异国皆取来告苟，有所告虽小必书，如无其告虽大亦阙……夫子既撰不刊之书为后王之则，岂可仍其过失而不中规矩乎？"对于刘知幾称《琐语晋春秋》所载事要详于孔子所修《春秋》，郭孔延评曰："《琐语春秋》，即晋《汲冢》《竹书》中所称《琐语》十一篇也。晋史言鲁国甚详，岂有鲁史不能纪晋事乎？第经孔子笔削，或书或否，自有深意存焉。据子玄之驳，是谓晋《琐语》贤于孔子《春秋》，妄亦甚矣。问孔之取不亦宜乎？"①《史通》卷十四《惑经》言"《春秋》之文虽有成例，或事同书异，理殊书一"，然后征引司马迁、孔子之言，最后归结《春秋》之"虚美"。对刘知幾此论，郭孔延称"故谓子玄精于史则可，精于《春秋》则未可"②。

3. 赞同刘知幾之论

郭孔延在《史通评释序》中言"考究精核，义例严整，文字简古，议论慷慨，《史通》之长也"③。在《史通通释》中，郭孔延对自己认为刘知幾所论正确的，亦是不吝赞誉，直陈自己的观点，如其

---

① 郭孔延：《史通评释》卷十四《惑经》，第176页。
② 郭孔延：《史通评释》卷十四《惑经》，第178页。
③ 郭孔延：《史通评释序》，《史通评释》，第1页。

所言"子玄之论，正矣"①；"子玄之驳，是矣"②；"子玄驳之，是矣"③；"子玄驳之，诚是"④；"子玄驳之，良是"⑤；"子玄此驳，大是"⑥。寥寥数字，言简意赅，精简的评语之下，尽显郭孔延对刘知幾的褒扬之辞。

对于刘知幾读史之认真，评史之精当，郭孔延论之较多。对于刘知幾批判《史记》《汉书》《三国志》编次之失当，郭孔延称"子玄之读史精矣"⑦。刘知幾对《汉书·公孙弘传》的评判，郭孔延认为"《史通》驳之甚是，而其读史亦精矣"⑧。对刘知幾《史通·浮词》所论，郭孔延评曰："故作史者当以子玄为准"⑨；刘知幾《史通·惑经》言"盖左氏之义有三长，而二传之义有五短"的论述，郭孔延称"子玄叙左之长，揭公谷之短如分苍素矣。至于《春秋》之幽得传而显，则上之抒仲尼之委婉者，左也。《史记》《新序》之缪得传而证，则下之开万古之瞽聋者，左也。而非子玄之精练，亦无以析其义而彰其功。昔人谓杜元凯为左氏忠臣，子玄申左之功不在杜下"⑩。

郭孔延不仅对《史通》中相关论点予以赞誉，对《史通》中的相关篇章亦非常看好。⑪ 对《史通·品藻》篇，郭孔延称"《史通》此篇大是确论，而拟议如斯，信品藻为难"⑫；对《史通·模拟》篇，郭

---

① 郭孔延：《史通评释》卷十六《杂说·史记八条》，第197页。
② 郭孔延：《史通评释》卷十八《杂史·诸史六条》，第213页。
③ 郭孔延：《史通评释》卷十九《汉书五行志》，第229页。
④ 郭孔延：《史通评释》卷七《探绩》，第99页。
⑤ 郭孔延：《史通评释》卷七《鉴识》，第96页。
⑥ 郭孔延：《史通评释》卷十九《汉书五行志》，第223页。
⑦ 郭孔延：《史通评释》卷四《编次》，第52页。
⑧ 郭孔延：《史通评释》卷十八《杂史·诸史六条》，第212页。
⑨ 郭孔延：《史通评释》卷六《浮词》，第78页。
⑩ 郭孔延：《史通评释》卷十四《惑经》，第183页。
⑪ 按：郭孔延对《史通》的分析比较注重从宏观方面把握相关篇章的主旨，如《史通评释》卷五《采撰》言"采撰当博，踣驳当择，是此篇大旨，故自丘明、孟坚而下，子玄无取焉"（第56页）。
⑫ 郭孔延：《史通评释》卷七《品藻》，第88页。

孔延指出"模拟一篇，考究精详，议论确当"①。

4. 从论史之优劣两方面评析刘知幾之论

郭孔延对《史通》的批评并非专指其瑕或专褒其美，如其《史通评释序》所言，既明晓《史通》之长，又知《史通》之短，即辩证地判析《史通》所载。如郭孔延称"《史通》以桓文作霸为事，以缪公诚誓为言，则不易之论也。另立制册章表书为目甚新，为体亦异。第云以类区别，又似一部类书文选，不似史体。故数千年来无遵此目，不若仍旧王言入纪，臣言入传，三章之约，载之《高纪》。反骚之文编之《雄传》，更为妥焉"②。刘知幾认为项羽不当列入本纪、陈胜不应称世家，郭孔延称其为"确论"，同时，指出"惟益本汉主而訾为伪，蜀本承统，而抑为家，《通史》《史通》《通鉴》俱属未通，《纲目》帝蜀，其名始正，羽胜即不得为世家，不曰秦民汤武乎，概目为盗，子玄过矣"③。对于《史通》中关于本纪、世家、列传的论述，郭孔延指出"子玄分别纪传，如辨皂素，别渑淄，作史之楷模也。……子玄本纪、世家、列传三篇尤羽黜胜，皆本彪贤，然不序及二子，猥以己意排击，贪天之功，掠人之美"④。

另外，有关《汉书·五行志》所载哀公十三年，冬十一月有星孛于东方，董仲舒、刘向以为"周之十一月夏九月日在氐出东方者轸角亢也，或曰角亢大国之象为齐晋也"。刘知幾对此予以批驳，称"汉代学者只读二传不观左氏，故事有不周，言多脱略。且春秋之后，战国之时，史官阙书，年祀难记，而学者遂疑篡齐分晋时，与鲁史相邻，故轻引灾祥，用相符会，白圭之玷，何其甚欤！"⑤郭孔延经过例证，指出"师古注已明驳其非，又何必于子玄之疑乎？子玄驳班之谬是，而掠师古之美非"⑥。

---

① 郭孔延：《史通评释》卷八《模拟》，第103页。
② 郭孔延：《史通评释》卷二《载言》，第23~24页。
③ 郭孔延：《史通评释》卷二《世家》，第26页。
④ 郭孔延：《史通评释》卷二《列传》，第27页。
⑤ 《史通》卷十九《五行志杂驳第十一》。
⑥ 郭孔延：《史通评释》卷十九《汉书五行志》，第233页。

郭孔延对《史通》的评点，并非四库馆臣批评明人论说时所言的漫无义例、肆意抨击。郭孔延在评注中征引有刘勰《文心雕龙》，苏轼《东坡志林》，颜师古的注释，杨慎、陈霆、陆深等人的观点，他对《史通》的批评建立在熟悉各种《史通》刊本的基础上，诸如陆深、张之象、张鼎思刊本，然后予以评析，卷五新增《因习》《补注》两篇，言其校书之难①。郭孔延在对《史通》评点时，遇有自己无法确定的问题，常常以存疑的形式予以揭示，诸如"岂子玄别有所据邪"②"皆有关史事，而《史通》未详载，当别有所考"③"或另有据"④。但郭孔延在评点《史通》有些内容时，过多地把自己的义理史学价值观渗透其中，其论说自然不免牵强之处，这也许是每位史家理想中皆欲摆脱自我去论史，而实际中却还是或多或少会带着自己的标签去评点。整体而言，郭孔延对《史通》的评点还是有很多可取之处。郭孔延《史通评释》批评刘知幾及《史通》的语词汇集见表4.1.1。诚如王嘉川所言："虽其观点有不可取甚至错误之处，但正确者、有创见者、对后世史学发展有很大启发者更多。而其书本身在《史通》流传和研究史上也有着开创意义，是第一部对《史通》进行全书注释和评论的著作，这既为后人阅读和研究《史通》提供了极大便利，也对后人全面认识、解读、评价和研究《史通》的史学理论，有着重要的参考价值。"⑤

明代中叶以后，随着学术评点之风的兴盛，以批评他人著述见长的刘知幾，因其见解独特，观点犀利，亦成为明代学人批评的对象。类似郭孔延《史通评释》逐篇对《史通》予以批判的著述较少，明代学者对《史通》的批评较少形成系统的专门论述，主要表现在一些专门论文或相关序跋中。《史通》是明代学者众多批评对象中的一个，通过研读形成批判，同时，通过批判亦能加深认识，更好

---

① 郭孔延：《史通评释》卷五，第71页。

② 郭孔延：《史通评释》卷十二《古今正史》，第150页。

③ 郭孔延：《史通评释》卷十二《后魏书》，第156页。

④ 郭孔延：《史通评释》卷十八《杂说·别传》，第215页。

⑤ 王嘉川：《清前〈史通〉学研究》，社会科学文献出版社2013年版，第526页。

地推动相关研究。在研究、批评《史通》的过程中，明代学者逐渐以《史通》所载论点，对相关史书展开批评，譬如观照史书编纂、史书体例、史书叙事、史文繁简、史家素养等①。《史通·杂说》涉及对《史记》《汉书》等历代正史的批评，受其影响，明代中晚期出现一股评析历代正史的风气，如胡应麟《少室山房集》卷一百一：有《读后汉书》《读三国志》《读三国蜀志》《读晋书》《读晋书司马宣王本纪》《读三国志裴注》《读宋书》《读北齐后周书》《读魏书》《读隋书》《读南北史》《读新旧唐书》《读宋辽金三史及宋史新编》《读宋史李全传》；黄凤翔《田亭草》有对历代正史的批评②；朱荃宰所著《文通》卷二《史系》对历代正史皆有批评。

表 4.1.1 郭孔延《史通评释》批评刘知幾及《史通》的语词汇集

《史通评释》卷数	批评刘知幾语词	备 注
卷一	子玄又谓君懋《隋书》似《孔氏家语》，《家语》亦《论语》之亚，何子玄轻以予劭也？（第11页）	按：郭孔延在《史通评释》中对刘知幾以批判为主，其所用语词，多是直接表达自己的好恶，有直接言刘知幾之误，如"何子玄轻……""则又过矣""子玄过矣""好奇之过"等；有鉴于刘知幾史才之叹息，如"惜子玄……""非子玄所能……"等；有高度评价刘知幾之论，如"子玄知言""读史精矣""良是""诚是"等
卷一	疑孔子而信汲冢，孔子恶佞，子玄好劭，此二者，《史通》之病根，故首为之论著焉（第12页）	
卷一	惜子玄未之见也（第13页）	
卷一	子玄知言哉（第17页）	
卷一	延寿修史显庆，子玄著书景龙，相去甚近，岂其未见，特未加标驳耳（第19页）	
卷二	但《史通》以桓文作霸为事，以缪公诫誓为言，则不易之论也（第23页）	

① 按：杨艳秋论及《史通》在明代的影响时指出何良俊、詹景凤、袁黄、胡应麟及朱明镐的著述中，都有模仿《史通》风格撰写的相关评史文章（《明代史学探研》，人民出版社2005年版，第99页）。

② 参见前文《黄凤翔史学批评研究》。

《史通评释》卷数	批评刘知幾语词	备 注
卷二	太史公立纪诚过，而子玄抑同群盗，则又过矣（第24页）	
卷二	羽胜即不得为世家，不曰秦民汤武乎，概目为盗，子玄过矣（第26页）	
卷二	子玄分别纪传如辨皁素，别渑淄，作史之楷模也。……子玄本纪、世家、列传三篇尤羽黜胜，皆本彪贤，然不序及二子，猥以己意排击，贪天之功，掠人之美（第27页）	
卷三	子玄欲除二志，吾未见其可也（第33页）	
卷三	若旅獒宛马，前史以为戒，未可夸示后世，至于《人形志》活似人相篇，此何与于治乱而谓急于天文乎，则子玄好奇之过也（第38页）	
卷四	子玄之读史精矣（第52页）	
卷五	子玄拘邑里之例，失豺獭之义，过矣（第68页）	
卷五	子玄失言矣（第74页）	
卷六	作史者当以子玄为准（第78页）	
卷六	特子玄未之见耳（第85页）	
卷七	子玄驳之，良是（第96页）	
卷七	此说子玄当另有据（第99页）	
卷七	李德林论陈寿党蜀抑魏，子玄驳之，诚是（第99页）	
卷八	模拟一篇，考究精详，议论确当（第103页）	
卷八	子玄责之当矣（第111页）	

续表

《史通评释》卷数	批评刘知幾语词	备　注
卷九	则人形志又赘之赘者，子玄不自知也（第115页）	
卷十二	岂子玄别有所据邪？（第150页）	
卷十二	皆有关史事，而《史通》未详载，当别有所考（第156页）	
卷十三	何足以知此义乎？（第165页）	
卷十三	《史通》轻《尚书》《孟子》而独信《史记》，至诬尧时善恶无分，贤愚共贯，妄矣（第166页）	
卷十三	子玄之失奚止后六经进奸雄已哉（第167页）	
卷十三	子玄奉汲冢如蓍祭，眇孟书如弁髦，妄矣（第168页）	
卷十三	不信仲虺之诰，而信殷祝之篇，好奇之偏，一至于此（第169页）	
卷十三	阳以遵父之命，阴以成己志，孝之大，忠之极。故曰至德。而非子玄所能与知也（第170页）	
卷十四	《春秋》责备贤者，非楚国郑驷齐人比也。子玄安得以此例乎？（第173页）	
卷十四	子玄未之考耳（第176页）	
卷十四	据子玄之驳，是谓晋《琐语》贤于孔子《春秋》，妄亦甚矣（第176页）	
卷十四	故谓子玄精于史则可，精于《春秋》则未可（第178页）	
卷十四	子玄惑经尤属谬戾（第179页）	
卷十五	子玄勇攻古失，终年阁笔竟不成史，正恐后人复来点繁耳（第186页）	

续表

《史通评释》卷数	批评刘知幾语词	备　　注
卷十六	子玄此驳，以辞害志(第 193 页)	
卷十六	矢口轻诋，几于侮圣(第 195 页)	
卷十六	太史公自叙李陵之祸甚晰，子玄责之太苛(第 195 页)	
卷十六	不该不审，抑子玄自谓邪？(第 196 页)	
卷十六	子玄之论正矣(第 197 页)	
卷十六	福善祸淫之说亦不相悖，而子玄责之，几于深文(第 200 页)	
卷十七	世人贵耳贱目，是古非今，不谓子玄亦蹈此弊(第 210 页)	
卷十八	《史通》驳之甚是，而其读史亦精矣(第 212 页)	
卷十八	子玄之驳，是矣(第 213 页)	
卷十九	子玄摘去籍谈归以语叔向七字，恰似叔向同籍谈使周，此子玄点烦之过也(第 222 页)	
卷十九	子玄此驳大是(第 223 页)	
卷十九	近有窃人议论而不显人姓名者，其失又在孟坚下(第 228 页)	
卷十九	按山崩二十九所不止七山，志亦无七国象之释，何子玄之厚诬孟坚也(第 229 页)	
卷十九	子玄驳之，是矣(第 229 页)	
卷十九	子玄驳班之谬是，而掠师古之美非(第 233 页)	
卷二十	未详全文，漫加抨击(第 236 页)	

第二章　明代学者历代正史批评研究

　　明代中叶以后,《史通》的不断刊刻, 以及希望从正史中获取经验教训的想法①, 一定程度上激发起世人评点历代正史的欲望。明代在宋人刊刻"十七史"的基础上, 又相继刊刻"二十一史", 顾炎武称"至万历中, 北监又刻《十三经》、《二十一史》, 其板视南稍工, 而士大夫遂家有其书, 历代之事迹粲然于人间矣"②。《史通·古今正史》篇为明代学者评判正史提供了凡例③, 而"二十一史"的刊刻又为明代学人提供了阅读和批评的条件。还有, 明代

---

　　① 按: 何良俊曾言"壬子冬到都, 首谒双江先生。先生问: '别来二十年, 做得什么功夫?'余对以: '二十年惟闭门读书, 虽二十一代全史, 亦皆涉猎两遍。'先生云: '汝吴下士人, 凡有资质者, 皆把精神费在这个上。'盖先生方谈心性, 而黜记诵之学故也。余口虽不言, 心甚不然之。盖经术所以经世务, 而诸史以载历代行事之迹。故《六经》如医家《素》、《难》, 而诸史则其药案也。夫自三代而下, 以至于今, 越历既久, 凡古人已行之事, 何所不有? 若遇事变, 取古人成迹, 斟酌损益, 庶有依据。苟师心自用, 纵养得虚静, 何能事事曲当哉! 寻常应务犹可, 至于典章仪式, 名物度数, 其亦可以意见处之哉? 故一经变故猝集, 则茫无所措, 遂至于率意定方, 误投药剂。非但无救于病, 其人遂成沉痼矣。可无惧哉!"(《四友斋丛说》卷五《史一》, 上海古籍出版社 2012 年版, 第 32~33 页)何良俊在对话中指出自己遍读二十一史两遍, 聂豹认为吴下才子很多把时间都荒废在这上面。何良俊对此则持不同意见, 他认为读史就像觅药方一样, 有助于治世。
　　② 顾炎武著, 黄汝诚集释:《日知录集释》卷十八《监本二十一史》, 上海古籍出版社 2006 年版, 第 1030~1031 页。
　　③ 按: 刘知幾《史通》卷十二《古今正史》对《尚书》《春秋》《史记》《汉书》《后汉书》《三国志》《晋书》《宋书》《齐书》《梁书》《陈书》《十六国春秋》《魏书》《北齐书》《周书》《隋书》《唐书》, 逐篇予以评点。

"通史编纂"之风①，对明代学者评判历代正史更是起到推波助澜的作用②，其间，对《宋史》的批评尤为突出。

一、明代学者与历代正史批评

明代的藏书目录多列有《史评》一类，收录有大量评史著作，如朱睦㮮《万卷堂书目》卷二《史评》著录有杨慎《史记题评》、戚元辅《历朝史论》、赵弻《雪航肤见》十卷、陈尧《史衡》、杨维桢《史义拾遗》等；高儒《百川书志》卷四《史评》著录有郭大有《评史心见》、晏璧《史钺》、赵弻《雪航肤见》、赵迁《肤见余论》、许浩《元史阐幽》等。此等目录书所著录的内容仅为明代史评著作的冰山一角。还有众多对历代正史的修改本、删节本未见著录，如苏文韩《晋书纂》、钱普《晋书钩玄》、蒋之翘《删补晋书》、王洙《宋史质》、柯维骐《宋史新编》、王惟俭《宋史记》、钱岱《两晋南北史合纂》、陈深《诸史品节》、沈国元《二十一史论赞》、张墉《二十一史识余》、程元初《历年二十一传》等，这些仅是对历代正史人物、史实方面的评析，属于历史批评的范畴。众位学者既然要修改、删订众史，必然是建构于对历代正史史学批评的基础上，即明代学者往往会从编纂学、史料学等方面对正史予以考察，领略其优劣，然后才会考虑是否予以重修、删订等③。

---

① 按：钱茂伟《明代史学的历程》第十一章"中国通史的新编"专门论析明代编纂通史的状况，指出"明代的通史编纂，嘉靖之前，以纲目体为主；嘉靖之后，开始有综合体通史的编纂"（社会科学文献出版社2003年版，第184页）。

② 按：有关明代学人对历代正史的批评，瞿林东先生指出这种行为"显示出中国古代史学批评史之连续性的特点"（《关于中国古代史学批评史的几个问题》，《北京师范大学学报》2018年第5期）。

③ 按：沈国元在编纂《二十一史论赞》时，对历代正史皆有短评，指出《史记》《汉书》系父子相继成佳史，范晔变"班马之作《东汉书》"，"班同范诞，世儒所以致讥者此矣"，《三国志》"虽有帝魏退蜀之疵，要不能掩其所长"，《晋书》"辞多骈丽，非史体所尚"，《南北史》"温公不妄许人，至以佳史称之，洵有见矣"，《宋史》"说者议其不知正闰，非无谓也"（《二十一史论赞》，《二十一史总叙》，《四库全书存目丛书》史部第148册，齐鲁书社1996年版，第540~541页）。

当然，明代学者对史评并非毫无概念、毫无标准，朱荃宰曾言"评，品论也，史家褒贬之词，盖古者史官各有论著，以订一时君臣言行之是非"①。此处所言史家褒贬之词即为历史批评。孙宜《史说》以著者为例，对历代正史予以评判，"《尚书》、《春秋》，圣人之史也。《檀弓》、《左传》，贤人之史也。《史记》、《汉书》，文人之史也。《后汉》、《宋书》，乱人之史也。《三国》、《元》、《魏》，小人之史也。《赵宋》、《辽》、《金》，俳人之史也。举其人，而史之得失、文之高下，了然矣"②。陈深《诸史品节·凡例》言，"批评亦有三品"，即佳品、神品、妙品。佳品指"平淡中有文采"，"春容大文，读之不觉舞"；神品指"酝籍冲深"，"微妙玄通，使人读之可思而不可言"；妙品指"无中生有，巧夺天工"，"荐妙清深"③。朱荃宰、孙宜、陈深能宏观评史，或将评史水平上升到一定理论的高度，与明代史评之风是密不可分的。如陈有年言"李子与余同年，又同居比部，久所相从，论对无虚日，尝举历代史评之"④，顾起元于《后汉书批评序》中言"余向读诸史，往往多丹铅之，以志所研味"⑤。甚者，还有读书会约定如何读史、评史，"是时，署中多知名士，方共订读书约，欲兼通今古，先读《经济录》、《吾学编》，次乃读《左氏传》、班范诸史。……今书日一卷，古书半之，各以意加评点，十日为期"⑥。评史风气日浓，以至于出现"近时左、国、班、马等作，俱被后生指点批评，题

①　朱荃宰：《文通》卷十一《评》，明天启刻本。
②　孙宜：《增订雅俗稽言》卷二十六《史说》，《中华大典·历史典·史学理论与史学史分典》第二册，上海古籍出版社 2007 年版，第 845 页；按此论又见于胡应麟《少室山房笔丛》卷十三《史书占毕一》，第 127 页。
③　陈深：《诸史品节·凡例》，《四库全书存目丛书》史部第 132 册，齐鲁书社 1996 年版，第 3 页。
④　陈有年：《陈恭介公文集》卷六《送小峰李年丈令归安序》，明万历陈启孙刻本。
⑤　顾起元：《遁园漫稿》己未《后汉书批评序》，明刻本。
⑥　焦竑：《国朝献征录》卷八十八《湖广布政使司右参议云龙蒋公劝能墓志铭》，明万历四十四年徐象枟刻本。

评、评林之属，纷纷灾木，几乎涂塞离旷"的现象①。

张墉在撰写《二十一史识余》之前，对历代正史皆有评点，其《二一史识余发凡》有"搜览""品鉴""舍取""剪裁""名称""标目""分部""集评"，言其对二十一史纂辑的认识②。在《品鉴》中，张墉系统地评析历代正史：

> 国史野乘，失得均也，兰台之掌畸贵，名山之藏日湮，历祀相沿，廿一史尊与十三经等。夫腐令《史记》，未更笔削之经也，以固视迁，《太玄》之拟《易》乎！过此，惟平阳兼有史家诸长。蔚宗休文，畔逆操觚，恶能定是非准。然范犹小佳，沈芜陋矣。晋、齐五朝，骈丽乏风骨，而事多浮夸。《北书》秽冗弗伦，失均鲁、卫。李延寿二史，识者訾其南略北详，以世家体作列传，厥制未允，犹彼善也。《新唐》事增文省，谓胜于旧，然晦而不达，虽省何贵。欧公史笔，义严秋霜，惜是时事半禽行，人皆盗贼，否亦悍卒呆竖，取姗有余，轨法不足。《宋史》成于鞮译之世，庸熟支离，怒不能指人发，喜不堪解人颐，真邸报之极烂者。《金》、《辽》、《元》史，名号未雅，事亦庸碌，蒙气满䌨矣。

按：张墉首先言及经史之地位，二十一史与十三经地位相等，接着对《史记》、《后汉书》、《宋书》、《南北史》、新旧《唐书》、宋辽金元史，从叙事风格、著述体例、史文繁简等，各言其优缺点。

张墉对二十一史的评点，并非清人批评明人学问所言的无根之谈。张墉在《搜览》中言：

> 余家鲜藏书，性耽成癖，庚午钞秋，读两汉，遇快意，辄

---

① 沈懋孝：《长水先生文钞》，《四库禁毁书丛刊》集部第 159 册，北京出版社 2000 年版。

② 张墉：《二一史识余发凡》，《二十一史识余》，《四库全书存目丛书》史部第 150 册，齐鲁书社 1996 年版，第 575~577 页。

截絙尾疏之。或言《世说》止详汉、晋，《语林》滥及稗官，盍遍搜廿一史，撷其芳华，以振贫匮乎？阅数月，《史》、《汉》告成。明年，借《三国志》、《晋书》于柴云倩。久之，门人方子济出所藏《齐》、《梁》、《陈书》，及《北齐》、《周书》、《五代史》见诒。壬申，读书绮石斋，从黄元辰借《魏书》，童禄如借《南史》，吴德符借《宋书》、《隋书》、《元史》，阅且竟。冬游金斗，得刘昫《旧唐》及《辽》、《金史》于李郁卿家。吴芳麓复为余觅《新唐书》。口讽掌抄，合采数百则，春归值棘试，三冬方卒业德符所借《宋史》《北史》，始竣役云。[1]

按：张墉《搜览》篇可谓详细介绍其搜集历代正史的艰辛过程，从七八处得以觅得全史，其阅读之时间，短则几月，长则数年，足见张墉是认真阅读历代正史后予以评点的。

在对历代正史进行摘抄或删节时，作者会在相关序跋中对正史予以简要评析，还有更多纵览众史的评点出现在文集、笔记中。如何良俊在《四友斋丛说》中，对历代正史有评析，称范晔《后汉书》"简而不漏，繁而不芜，亦可称名史，故世以与班固书并行，似不为过"；《三国志》"称为秽史，然其叙事简严质实，犹不失史家体格。自寿之后，作史者殆无足言矣"；因《晋史》成于众人之手，言其"最为冗杂"；《宋书》"出自一手，终是可观"；《新唐书》"或多遗漏，世以为不如刘昫之书为胜"；《五代史》"平典质直，最得史家之体"；"史至宋元辽金四家，而鄙猥极矣"[2]。

何乔新在《诸史》中称"一代之兴必有一代之史，一代之史必属一代之人"[3]，他对西汉到唐代所修正史，诸如《史记》《汉书》《后汉书》等皆有点评。参见表 4.2.1。

---

① 张墉：《二一史识余发凡》，《二十一史识余》，《四库全书存目丛书》史部第 150 册，齐鲁书社 1996 年版，第 575 页。

② 何良俊：《四友斋丛说》卷五《史一》，上海古籍出版社 2012 年版，第 31~36 页。

③ 何乔新：《何文肃椒丘先生策府群玉文集》卷上《诸史》，《四库全书存目丛书》子部第 174 册，齐鲁书社 1996 年版，第 514 页。

表 4.2.1　　何乔新《诸史》篇批评历代正史一览①

批评对象	批评内容	备　注
《史记》	实录	借鉴扬雄之说
《汉书》	详而有体	引范晔之语
《后汉书》	简而且周，疏而不漏，笔势纵放，奇变不穷	
《三国志》	辞多劝戒，有益风化	
《晋书》	好采诡异，语多骈俪	
《宋书》	号为博洽，乃载魏晋以来之事，故不免失于限断之讥	
《南齐书》	喜自驰骋，尤多雕刻藻绘之变，故不免其文益下之诮	
《陈书》	言辞卑弱，故学者罕所传习	
《魏书》	然褒贬任情，故时人号为秽史	
《北齐书》	杂采他书	
《周书》	多非实录	
《南北史》	司马公喜其叙事简劲，贤于正史，但恨其不作志书，使制度不见耳	
《隋书》	论者谓其不当载王邵袁充两传，惟录其诡辞妄说也	
《旧唐书》	部分人物列传义例不当	
《新唐书》	委任不专，体制不一，故纪有失而传不觉，传有误而纪不知，予夺无定论，纪载无定统，此所以未惬人之意也	
《五代史》	立例精密，取法春秋，文简而能畅，事增而不赘其为论	

　　① 按：据《何文肃椒丘先生策府群玉文集》卷上《诸史》整理所得（《四库全书存目丛书》子部第 174 册，齐鲁书社 1995 年版，第 514~518 页）。

胡应麟《少室山房集》卷一百一有《读后汉书》《读三国志》《读三国蜀志》《读晋书》《读晋书司马宣王本纪》《读三国志裴注》《读宋书》《读北齐后周书》《读魏书》《读隋书》《读南北史》《读新旧唐书》《读宋辽金三史及宋史新编》《读通鉴纲目》《读通鉴胡氏注》《读世史正纲》，系对相关正史的批评①。相关内容又见于胡应麟《少室山房笔丛》卷十三《史书占毕一》。参见表4.2.2。

表4.2.2　　　　　　　　　胡应麟批评诸史一览②

条目名称	批评对象	批评内容
读后汉书	《汉书》《后汉书》等诸史	依史笔言，"班、范二汉下，而三国、五代诸史弗与焉"
读三国志	《三国志》	"余于质而不足于文"，"失之太简"
读三国蜀志	《三国志》	今读陈书者，无裴注参考其颠末，则魏蜀吴事，几若春秋以前，若存若亡矣
读晋书	《晋书》	李献吉极论《晋书》芜杂当修，而王元美以为稗官小说之伦，皆得之矣
读晋书司马宣王本纪	《晋书·司马宣王本纪》	窜易旧文，颠倒故实
读三国志裴注	《裴松之注》	傍引博据，宏洽淹通，而考究精严，辨驳明审
读宋书	《宋书》	沈之徒跌固已卑卑，第为厥先不容已，而裴之浅中狭识，即其书义例可征，其泯绝不传于后，非著述之不幸也
读北齐后周书	《北齐书》《后周书》	主要论析高欢、宇文泰之间的征战
读魏书	魏收	北士之小有才耳，其人之鄙屑庸猥不可更仆道也

① 按：有关胡应麟的史学批评成就，可参见王嘉川《胡应麟论刘知幾》（《史学月刊》2006年第4期）、白云《胡应麟的史学批评》（《红河学院学报》2009年第1期）。

② 按：此表据胡应麟《少室山房集》卷一百一所制。

续表

条 目 名 称	批 评 对 象	批 评 内 容
读隋书	《隋书·经籍志》	赖是编之存，得以考究古今载籍离合盛衰，其关涉非浅鲜也。刘子玄乃骤讥之，是岂知史学者哉？
读南北史	李延寿	芟除芜蔓，荟萃此编，笔削之功，固以勤矣
读新旧唐书	新、旧《唐书》	新书虽耽尚奇僻，其气法劲悍，犹足成一家言，第律之史笔当行，不无三舍耳；旧唐叙事委缛，间有足称，而猥俚之词冗蔓之调，旁午简编，果出新唐上否耶……二书者两存之，备考可也，举一而废一不可也
读宋辽金三史及宋史新编	《宋史》《辽史》《金史》《宋史新编》	辽、金二史，虽叙述庸庸，犹粗足省览，乃《宋史》则丛脞极矣。盖玄总其事，非一人所成，故诸传志中有极冗者，有极猥者，亦间有整比可备删削者。……《宋史新编》稍去芜蔓，而笔力痿弱无发明，殆若节抄耳
读通鉴纲目	《通鉴纲目》	《纲目》之继统《春秋》也，圣人复起，斯言弗易矣
读通鉴胡氏注	通鉴胡注	自裴松之《三国志注》成，史学中无可继者，独胡三省之注《通鉴》，宏搜博引，备录诸说，而斟酌事势，悬断是非，皆昭昭目睫于千载之上。俾温公未发之旨，开卷了然，真司马之忠臣，涑水之素相也
读世史正纲	《世史正纲》	与《资治通鉴》、《通鉴纲目》并称"宇宙不可缺者"

　　王圻《稗史汇编》卷九十八《评史》，其中对《史记》《汉书》《后汉书》《三国志》《晋书》《五代史》《宋史》《辽史》《金史》《元史》《通鉴纲目》等皆有评析。参见表4.2.3。

表 4.2.3　王圻《稗史汇编》卷九十八《史评》批评诸史一览①

条目名称	批评对象	批评内容
诸史优劣	《史记》《汉书》《后汉书》	从遣词造句的角度评析。认为《史记》"疏荡"、《汉书》"跌宕""有旨趣"、《后汉书》"无文气"
日者传	《史记》	评析司马迁作此传的原因
封禅书	《史记》	称其为谤书
司马迁学不醇	《史记》	认为司马迁薄六经，学不醇而言多驳
史不足信	《史记》	批评其记载不实
史书功过	《史记》	批评其对人物功过记载不当
项羽本纪	《史记》《汉书》	评析《史记·项羽本纪》《汉书·项羽列传》之差异
汉书之误	《汉书》	批评《汉书》之沿袭
晋史烈女传	《晋书》	批评所载烈女不当
孔子世家	《史记》	评析司马迁立孔子为世家之原因
游侠传序	《史记》	评析司马迁撰写游侠传之原因
隋书	《隋书》	义例欠精，而与夺殊舛
评五代史	《五代史》	评《五代史》之误
续纲目例	《续资治通鉴纲目》	从正统观角度评《续资治通鉴纲目》之义例
晋宋元三史	《晋书》《宋史》《元史》	《晋书》"体制混杂，俗雅错桀"；《宋史》《元史》"辞义两茂"，观者展卷欲睡。批评《晋书》《宋史》《元史》过于繁杂，应"约而精之"
宋元辽金四史	《宋史》《元史》《辽史》《金史》	批评四史重复太甚，"鄙猥极矣"
本朝史	明代修史状况	官修史书"间有褒贬，亦未必尽公，后世何所取信乎?"
作史用字宜慎	《唐书》《宋史》	批评其记载之误

---

①　见王圻：《稗史汇编》卷九十八《史评》，《四库全书存目丛书》子部第141 册，齐鲁书社 1995 年版，第 303~314 页。

朱明镐在《史纠》中对历代正史，从相关篇章入手，逐一予以评析。参见表4.2.4。

表4.2.4　　　　　　　朱明镐《史纠》批评诸史一览①

诸史名称	条目名称	批评内容(摘录)
三国志	魏志、董卓传臧洪传、夏侯尚传、荀彧荀攸贾诩传、管宁华歆传、陈泰传、卢毓传、诸葛诞传、蜀志后主纪、诸葛瞻传、谯周传、吴志士燮子徽传、周瑜鲁肃	"陈氏纪事简质，有良史风，但统观大体，其阙有四"。其缺憾在于，"不志历学"，"不传列女"，"不掺高士"，"家乘国志未及广采"(第9页)
宋书	武帝纪、文帝纪、顺帝纪、律志、历志、礼志乐志、天文志、符瑞志、五行志、州郡百官志、傅亮传、谢晦传、王镇恶传、刘怀慎长庶子荣祖传、张畅传、王微传、义康义宣传及刘湛范晔臧质鲁爽沈攸之传、袁桀传、孝义卜天与传	"沈氏沿袭纰缪，咎不厘正，史官为一丘之貉，大可悼也"(第13页)；"沈氏一无折衷，徒贻后疑耳"(第14页)
南齐书	纪志、褚渊传、高帝十二王传、萧遥昌传、安陆昭王缅传、良政传、周禺传、顾欢传史臣论	"萧书诸志，礼乐为优，纪叙简核，无支无蔓，州郡沿立，条贯昭析，亦称善制，良史之才，兹其尤也"(第21页)；"名实乖刺，不可不厘正"(第22页)；"良政一传，有不必录者二人，有不应录者一人，有不及录者二人"(第23页)
梁书	长沙嗣王业四传、良吏沈瑀传、诸夷传、王僧辩传	萧沈修书，已厌辞复，今乃累牍不休，初乏限制，剿说隐侯之册，雷同骄子之文，是谓数见不鲜，抑与耳食何异?(第26页)

① 按：该表所引内容，见朱明镐：《史纠》，中华书局1991年版。

诸史名称	条目名称	批评内容(摘录)
陈书	本纪、姚察传、司马申传	姚氏留旧臣之体，不忍直书过端，乃于篇末著魏文贞之论，用昭炯戒，殆有风人忠厚之遗焉(第27~28页)
北魏书	出帝纪、高湖传、崔浩传、司马叔璠传、源子雍传、薛辩传、罗结传、刘休宾叔父旋之传、李平传、李崇传、崔休子叔义传、李彪传、阳固传、尔朱荣传、尔朱兆传、张普惠传、斛斯椿樊子鹄贺拔胜传、节义传、良吏酷吏传、王叡传、僭晋司马叡传、自序、天象志、地形志、灵征志、释老志	"秽史固然，理无庸怪也"，"史氏失诬，可据信耶?"(第30页)"收书不实"(第32页)；"盗掠前美，掩为己作"(第34页)；"使魏朝国史移为太原家状，不亦怪乎"(第37页)；"魏收之书，颇有史裁，四夷之传，不袭旧文，十志之中，无溢前代。比之沈约《宋书》，才藻不如，而断限差胜"(第40页)
北齐书	文襄纪、邢邵传、祖珽传、阳休之传	"一纪之中，或取《魏纪》，或取《梁书》，或取《北史》，剽集三家，率尔而成，绝无裁割，疑非李氏之笔，当属后人所补"，"盖李氏不考故耳"(第41页)
北周书	宇文护传、贺拔传、刘璠传、周诸王传	认为《周书》载《贺拔传》不当(第44页)
隋书	诸志、韦世康传、房彦谦传	李氏《北史》诸韦合传，而并载不删，尤为可议(第47页)
南史	赵伦之孙倩传、刘锟传、吉翰杜骥传、义康传、宋文帝诸子传、萧颖胄传、循吏王洪轨传、隐逸杜京产传、沈昭略传、武帝本纪、潘妃传、曹景宗督军援昌义之、沈约传、何敬容传、孝义赵拔扈传、隐逸邓郁传、傅縡传、	"考事未核"(第47页)；"李史之不及《宋书》者"，"失之不审正矣"(第49页)；"自相抵牾"(第51页)；"李史直取以作传，此岂史官之体"(第51页)；"南史作梁臣列传，纰缪非一"，"李氏沿彼旧流，辞多溢恶"(第52页)

诸史名称	条 目 名 称	批评内容(摘录)
北史	胡灵太后传、元谌传、郑义传、尔兆朱传、尔朱天光传、斛斯椿传、节义传、梁萧传、高丽诸传、文宣纪、段韶传、邢邵传、儒林张景仁张雕武传、胡长仁传、恩幸郭秀传、苏夔传、杨素传	"此其非实录也,明甚"(第53页);"李氏知为秽书,而一一袭故,亡所芟改,是为大失"(第55页);"李氏著《南北史》,率以诸书为蓝本,史论袭旧,不下一意,惟于列传旧史,或芟削以见史笔,或滥存以行疵陋,其中玉石,皎然自辨"(第56页);"李氏《南北史》绪论,率割裂成章,率尔而作,剽袭前人,无复己笔,间或有之,仅属一脔。李氏详于纪、密于传、疏于论"(第59页);《杨素传》系蹈袭《周书》《隋书》,"不复详校尔"(第60页)
新唐书	高祖纪、太宗纪、高宗纪、中宗纪、玄宗纪、肃宗纪、代宗纪、德宗纪、昭宗纪、诸志诸表、代宗母吴皇后传、高宗三女睿宗十一女、玄宗女、诸王传、中宗子炀帝、纪传书名、裴寂传、李绩传、长孙皇后归太宗、刘弘基传、薛万均万彻契苾何力战功、萧至忠被诛、杜鸿渐传、郑细传李吉甫传、黄巢以皮日休为学士、席豫郑薰传	"新书旧书,书法互有胜负","纪略传详,史体固然,过加删削,毋乃太简",《诸志诸表》"帝诏详载刘书殊足观览,虽学士视草未必悉出宸裁,而诏诰胪列,亦以备一代立言之体,欧氏全削不收,此新书之微逊于旧书者耶,宰相世系纰缪不一",《代宗母吴皇后传》"盖出于传闻小说增饰之言,不足取信于后世也",《玄宗女》记载不一,"读史者未知所税驾也",《诸王传》记录多误,《纪传书名》病在阙落,《长孙皇后归太宗》"夫史可两存,则史可两疑,去实录也远矣",《郑细传李吉甫传》褒贬不当。"新书较旧书本胜,欧宋之功自不可没,顾其中流品不分者有之,持论失衷者有之,安置乖方者有之,事迹漏逸者有之,前后错乱者有之,谱系混淆者有之,秉笔率意者有之,挟议太苛者有之"

续表

诸史名称	条 目 名 称	批评内容(摘录)
宋史	孝宗帝纪、理宗纪、度宗纪、瀛国公纪、天文志、职官志、艺文志、向敏中传、张浚传、曲端传、汪应辰传、梁颢传、苏辙传、外裔传、总论	《孝宗帝纪》"帝纪之谬莫过孝宗"，"修史者仰成于托克托一人，而元顺帝复求成书之速，不三年而宋辽金三史告竣，宜讹谬不伦之狃出也"；《天文志》"赘疣"，《艺文志》"疏漏"，《张浚传》"不过《磨衲集》《碧云騢》之属耳，流传人间变乱黑白，悉聚而火之可也"，《曲端传》"愚意张浚曲端二传，皆宜削而改之，方无愧于信史"，《汪应辰传》"此史官纪事之误"，《梁颢传》"《宋史》信遁斋之语，略容之笔，遂致附会俗说，徒滋传疑耳"；"《宋史》有三善有七失"
辽金二史	辽史、金史	"《辽史》赘疣最多，《金史》重复不少。一事而列传杂见，一语而前后复出。以语体要概可芟。析作史之意，以为不如是则谋篇不衍，卷帙不大未可以成一代之书耳"，"然作史者，辽、金皆成一人之手，何前后两截也?"

瞿景淳在《古今史学得失》中，以正统史观评价诸史，并注重繁简。瞿景淳指出"愚以为，作史者上之任夫人也，贵行乎四事；而下之任其职也，贵稽乎五志，而参之以三科"，"执是以例史法，则笔削严而在下之道尽矣。上下道尽，斯史书之成，美善可必也"①。参见表 4.2.5。

表 4.2.5　　　瞿景淳《古今史学得失》批评诸史一览②

批评对象	批评内容	备　注
《史记》	"辨而不华，质而不俚"，"迁乃忽略圣经，遗编不录，安能逃朱子之所短哉?"(第 17 页)	

---

①　林德谟:《古今议论参》卷二十五《古今史学得失·瞿景淳》，《四库禁毁书丛刊》集部第 21 册，北京出版社 2000 年版，第 20 页。

②　按：该表参见林德谟:《古今议论参》卷二十五《古今史学得失·瞿景淳》，《四库禁毁书丛刊》集部第 21 册，北京出版社 2000 年版，第 17~20 页。

续表

批评对象	批评内容	备注
《汉书》	"赡而不秽，详而有体"，"轻贱民彝，非斥不与，宁能逭范氏之所病哉？"(第17页)	
《后汉书》	或者议其言多迂诞，事多诡越，信哉！(第17页)	
《汉纪》	体制近古(第17页)	
《东汉纪》	尽得去取，而词约事详，可谓嘉史矣(第17页)	
《三国志》	"甚者蜀以寇书之，魏以帝系之"，"寿之失何日而可裁乎？"(第17页)	
《晋史》	文骋骈丽(第17页)	
《宋书》	据承天之纪传，因采摭以成书，然事杂魏、晋。沈约增志《符瑞》，盖欲专其功，以夸人也(第17页)	
《南齐书》	徒事乎雕镂藻绘，则子显之罪也(第17页)	
《魏书》	以恩怨之曲笔，快报复之私情，毁誉不公，而秽史之号立(第17页)	
《北齐书》	"曲学""非实录"(第17页)	
《南北史》	删略繁芜，编摹简径，宜温公以佳史许之。但不作书志，制度弗彰，恨其未备，非过当焉(第17页)	
《隋书》	书兼众善而集，故伦理有序，而典故不遗，本末兼举而事迹详备，史而若此，诚可嘉矣(第17~18页)	
《旧唐书》	叙次无法，详略失中，文采不著，事实零落(第18页)	系引用曾公亮之论断
《五代史》	文简而发，事详而核，诚可比良迁、固，而下视诸史也(第18页)	欧阳修著
《资治通鉴》	论其删述固大功，而考其去取不能无憾(第19页)	

批评对象	批 评 内 容	备　注
《通鉴外纪》	疑经传而信子书，则无以为作史之法，而服温公之心矣（第 19 页）	刘恕著
《通鉴前编》	深得朱子之意，而有功于斯道者也（第 19 页）	金履祥著
《通鉴纲目》	要皆在于明正统之归也（第 19 页）	
《宋史》	若其间烦章冗句，不知所裁，又未易遍举也（第 20 页）	

按：从张墉、何良俊、何乔新、胡应麟、王圻、朱明镐、瞿景淳等对历代正史的批评，可见明代学者不仅对《史记》《汉书》有所评析、比较，而且纵横驰骋于历代正史间，挥斥方遒。综其所论，兹归结其特点如下。

1. 从批评方法而言，有简评，有详评

对历代诸史的批评，有的简单明了，直接予以点评，如张墉《品鉴》、何良俊《史一》、何乔新《诸史》、瞿景淳《古今史学得失》，在单篇文章中简述对历代正史的看法，且多是直接点明观点，没有相关证据支持。如张墉评《新唐书》，直言其"事增文省，谓胜于旧，然晦而不达，虽省何贵"，何良俊言《宋书》"出自一手，终是可观"，何乔新称《晋书》"辞多劝戒，有益风化"。而胡应麟、王圻、朱明镐对诸史的批评则较为详细，像胡应麟有《读后汉书》《读三国志》《读三国蜀志》等多篇，王圻亦是在《史不足信》《史书功过》《汉书之误》《晋宋元三史》等单篇文章展现对诸史的看法。朱明镐的批评则更为详细，对每一部正史的评析，都是选择该史的相关篇章予以剖析，然后得出自己的看法。其所选相关篇目数，如《三国志》13 篇、《宋书》20 篇、《魏书》26 篇、《南史》18 篇、《新唐书》26 篇等，朱明镐先对众史有关篇章进行详细梳理，然后再发表见解。以对《魏书》的批评为例，朱明镐选择《出帝纪》《高湖传》等篇章，指出，"秽史固然，理无庸怪也"，"史氏失诬，可据信

耶?""收书不实","盗掠前美,掩为己作","使魏朝国史移为太原家状,不亦怪乎","魏收之书,颇有史裁,四夷之传,不袭旧文,十志之中,无溢前代。比之沈约《宋书》,才藻不如,而断限差胜"①。

2. 从批评内容而言,有强调史文繁简,有注重编纂体例,有考察叙事风格,有探究史实真谬

在史文繁简方面,何良俊称《后汉书》"简而不漏,繁而不芜",《三国志》"叙事简严质实,犹不失史家体格",《晋史》"最为冗杂";胡应麟称《三国志》"失之太简",朱明镐亦认为《三国志》"纪事简质,有良史风,但统观大体,其阙有四"。在编纂体例方面,王圻认为《晋书》所载"烈女不当","体制混杂,俗雅错梦";朱明镐称《北齐书》"一纪之中,或取《魏纪》,或取《梁书》,或取《北史》,剽集三家,率尔而成,绝无裁割,疑非李氏之笔,当属后人所补","李氏《北史》诸韦合传,而并载不删,尤为可议"。在叙事风格方面②,王圻认为《史记》"疏荡",《汉书》"跌宕""有旨趣",《后汉书》"无文气";瞿景淳称《晋书》"文骈骈丽",《南齐书》"徒事乎雕镂藻绘";何乔新言《陈书》"言辞卑弱,故学者罕所传习";胡应麟指出"辽、金二史,虽叙述庸庸,犹粗足省览,乃《宋史》则丛脞极矣"。在考究史实方面,王圻批评《史记》对人物功过记载不当;胡应麟赞誉裴松之《三国志注》"傍引博据,宏洽淹通,而考究精严,辨驳明审";朱明镐认为李延寿《南史》"考事未核","不及《宋书》者","失之不审正矣"。

---

① 朱明镐:《史纠》,中华书局1991年版,第30~40页。
② 按:从叙事风格方面评析诸史,是明代学者关注较多之处。如李维桢《两晋南北史合纂序》称"诸史之文,班不如马,范不如班,陈不如范,《晋书》《南北史》又次之。盖春秋战国两京而后,文体日弱,作史者沿袭不能自超,故三国六朝之史,非闳览博物者置不省,以其文不如古耳"(钱岱:《两晋南北史合纂》,《四库未收书辑刊》第2辑,第16册,北京出版社2000年版,第3页)。

3. 从批评态度而言，有直抒胸臆者，有客观严谨者

史家评点极易出现纵横捭阖、直抒胸臆之论，倘若建构于雄厚的知识积淀上，其观点尚可考究；倘若是著者凭空发论，任意批评，其观点则相对肤浅。如何良俊言《宋书》"出自一手，终是可观"，何乔新称《晋书》"好采诡异，语多骈俪"，瞿景淳亦称《晋书》"文骋骈丽"、《南齐书》"徒事乎雕镂藻绘"。此种评论易引起后人诟病，被誉为无根之谈。而胡应麟、朱明镐对诸史的评论，是通过详细研读正史后得出的，相关结论相对客观严谨。对于《隋书·经籍志》，刘知幾讥其"骋其繁富，百倍前修"①。胡应麟论曰"赖是编之存，得以考究古今载籍离合盛衰，其关涉非浅鲜也。刘子玄乃骤讥之，是岂知史学者哉？"对于新旧《唐书》，以往评者多是执其一端而论之长短，胡应麟指出"新书虽耽尚奇僻，其气法劲悍，犹足成一家言，第律之史笔当行，不无三舍耳；旧唐叙事委缛，间有足称，而猥俚之词冗蔓之调，旁午简编，果出新唐上否耶……二书者两存之，备考可也，举一而废一不可也"。朱明镐评萧子显《南齐书》时，不仅指出其优点在于"萧书诸志，礼乐为优，纪叙简核，无支无蔓，州郡沿立，条贯昭析，亦称善制，良史之才，兹其尤也"②，同时，亦指出其缺憾，"名实乖剌，不可不厘正"，"良政一传，有不必录者二人，有不应录者一人，有不及录者二人"③。

不同学人对同一部正史的评点，因兴趣、角度等不同，会出现很大的差别。如对于沈约《宋书》，何良俊言其"出自一手，终是可观"；何乔新认为其"号为博洽，乃载魏晋以来之事，故不免失于限断之讥"；朱明镐指出"沈氏沿袭纰缪，咎不厘正，史官为

---

① 刘知幾著，浦起龙通释，王煦华整理：《史通通释》卷三《书志》，上海古籍出版社2009年版，第56页。
② 朱明镐：《史纠》，中华书局1991年版，第21页。
③ 朱明镐：《史纠》，中华书局1991年版，第22~23页。

一丘之貉，大可悼也"，对于史事"沈氏一无折衷，徒贻后疑耳"①；瞿景淳认为沈约"据承天之纪传，因采摭以成书，然杂魏、晋"，"增志《符瑞》，盖欲专其功，以夸人也"②。赞誉《宋书》者，觉得其可观；贬斥《宋书》者，认为《宋书》"失于限断""沿袭纰缪"及承袭他书。亦有对同一部书，大部分学者持论相近的。对于《五代史》，何良俊言其"平典质直，最得史家之体"；何乔新赞其"立例精密，取法春秋，文简而能畅，事增而不赘其为论"；瞿景淳称其"文简而发，事详而核，诚可比良迁、固，而下视诸史也"③。但王世贞言《五代史》为"学究史论也"④。

二、明代学者与《宋史》批评研究⑤

元代由脱脱任总裁，欧阳玄、揭傒斯负责修撰的《宋史》因成书速度快，卷帙庞杂，备受后人诟病，四库馆臣称"其书仅一代之史，而卷帙几盈五百，检校既已难周，又大旨以表章道学为宗，余事皆不甚措意，故舛谬不能殚数"⑥。黄云眉指出"大抵元

① 朱明镐：《史纠》，中华书局1991年版，第13~14页。

② 林德谋：《古今议论参》卷二十五《古今史学得失·瞿景淳》，《四库禁毁书丛刊》集部第21册，北京出版社2000年版，第17页。

③ 林德谋：《古今议论参》卷二十五《古今史学得失·瞿景淳》，《四库禁毁书丛刊》集部第21册，北京出版社2000年版，第18页。

④ 王世贞：《弇州四部稿》卷一百四十六。

⑤ 按：陈学霖《柯维骐〈宋史新编〉述论》中言"明代私家史学由于特殊环境，亦有若干创造，其中最显著的是对元纂《宋史》之改修"（《宋史论集》，台湾东大图书股份有限公司1993年版，第372页）；瞿林东《中国史学史纲》第七章论析明代史学时，专门列一附论"私家之宋史撰述"，指出明代私修《宋史》有纪传体，如王洙《宋史质》、柯维骐《宋史新编》、王惟俭《宋史记》等，亦有编年体，如陈桱《通鉴续编》、王宗沐《宋元资治通鉴》、薛应旂《宋元资治通鉴》等，私修《宋史》"似亦可谓之一种潮流"（北京出版社1999年版，第619页）。鉴于明代学者对《宋史》关注尤多，兹以对《宋史》的批评为例，探究其批评内容及特点。

⑥ 《钦定四库全书总目（整理本）》卷四十六，第635~636页。

人修《宋史》，凭藉独厚，而考订之功，亦坐此最疏。盖宋代诸帝，皆有日历以先实录，有实录以先国史，历朝本末，不虞放失。使修史者但加整齐，怠于旁求，亦不难蔚为巨帙。然国史之修，忌讳孔多，恩怨未泯，易代编纂，非博采私家著述，详勘慎取，增补阙遗，必不能文直事核，无惭信史。而元世秉笔诸臣，恃旧乘之繁富，期汗青于俄顷，四百九十六卷之全史，竟于二三年间，匆匆卒业"①。正是缘于《宋史》自身存在的种种弊端，正统年间，周叙建议重修《宋史》，但明英宗态度不甚积极，可又不愿打击臣子的积极性，便让周叙自修，因周叙病故，此次修《宋史》毫无结果②。土木堡之变再次触发了大臣们的神经，引发编纂《宋史》的高潮③，众多学者开始从不同角度批评《宋史》，出现"明人好说'宋'"的局面④。

在批评《宋史》的基础上，有进而开始重修或删改《宋史》者，诸如梁寅《宋史略》、方孝孺《宋史要言》、刘定之《宋论》、蒋谊《续宋论》、许浩《宋史阐幽》、危素《宋史稿》、王昂《宋史补》、王洙《宋史质》、柯维骐《宋史新编》、王惟俭《宋史质》、钱士升《南

---

①　黄云眉：《与夏瞿禅论改修〈宋史〉诸家书》，《史学杂稿订存》，齐鲁书社 1980 年版，第 220～221 页。

②　按：对于官方纂修《宋史》，嘉靖时期，曾让严嵩负责纂修，因严嵩倒台而归于失败。

③　按：吴漫《明代前期宋史研究考论》言土木堡之变"这一重大历史事件使得改修《宋史》的活动具有了重要的时代意义和学术意义，它不再仅仅是学者个人单纯的修史行为，而是成为士人背负国家治乱兴亡的责任所在。周叙的上疏成为明代宋史研究的标志性事件，大大激发了明人研究宋史的热情，不仅出现了改修《宋史》之作，还有新撰宋史著述问世，明代宋史研究作为一种持续的史学活动逐渐突显起来"（《辽宁大学学报》2014 年第 1 期）。吴漫此论颇有道理。

④　赵园：《明清之际士大夫研究》，北京大学出版社 2014 年版，第 234 页。

宋书》；还有曾欲修《宋史》而未成者，如归有光①、孙鑛②、朱国祯③、张溥④、何良俊、赵大周⑤、赵贞吉、姚允明等。清代以来，学者们不断反思明人重修《宋史》的状况。陈黄中言"有明一代改修者不一家，其最著者，如莆田柯维骐之《新编》，祥符王惟俭之《宋史记》，亦仅取旧史稍加删节，至其中一人两传及是非失实者，俱并仍之，较长絜短，莫能相尚。他如揭阳王昂之《史补》，

①　按：归有光言："近世多欲重修《宋史》，以为其简帙之多。夫苟辞事相当，理所宜多，何厌于多。仆于此书颇见其当修者，以为不在于此。有志数年，而书籍无从借考，纸笔亦未易措办，恐此事亦遂茫然矣。"（《震川集》卷七《与赵子举书》，四部丛刊景清康熙本）归有光曾有志于重修《宋史》，未果，以《宋史论赞》告终。《震川先生集》别集卷五专有《宋史论赞》，包含有《章献刘皇后》《郭皇后》等二十二人的论赞。

②　按：孙鑛言"愚近看书觉比往日有得，但苦无相商确，周文汉诗以自乐，诚有余，若为有用之学，则将《宋史》整理一番，真不朽之业，且心行经济俱有益也。为此亦有要诀，不在作文，先将野史、语录及名臣言行录等，帖粘连附于旧史，其无关系中等之人，及各履历俱删去之，即已思过半矣"（《居业次编》卷三，明万历四十年吕胤筠刻本）。

③　朱国祯《涌幢小品》卷十八《宋史》言"宋史列传，李纲至上下卷，犹可言也，李全亦如之，无乃太甚乎。三百年文物辱于胡元之手，真可浩叹。永乐中，编修周叙以为言，诏允自修，竟不克成。余初为史官，亦欲手笔削，另立一书，而不果，今老矣，无可望矣"（中华书局1959年版，第405页）。

④　按：张溥《宋史纪事本末叙》中言"余尝欲取脱脱一书，剪裁繁陋，别韩老同传之非，去琬琰滥收之谬，然后大采遗文，博搜典故，断以己意，成一制作，而家鲜仓乘，畋渔无术，访求几载，国野并存。大者五六，小者十数，巽严真本，尚叹未见，其他残失，皓首何穷"（《叙》，冯琦原编：《宋史纪事本末》，中华书局1955年版，第1页）。

⑤　何良俊《四友斋丛说》卷五《史一》称《宋史》"鄙猥极矣"，"余在南都时，赵大周先生尝议欲删改《宋史》，余以为非同志三四人不可。盖列传中有事不关于朝廷，又非奇伟卓绝之行，或武臣之业，非以劳定国以死勤事，而其功但在一方者，皆不得立传。须削去数百人，其有一事或相关数人，而彼此互载重复太甚者，当尽数抹去。或一人传中其一二事可录，而因及他事有猥琐不足纪载者，亦尽数抹去。然后以宋朝诸名公小说可以传信者，以次添入，则庶乎其书可传。大周深以为是。后大周以内艰去，余以羁旅落拓，无可共者，其事遂寝"（上海古籍出版社2012年版，第36页）。

天台王洙之《史质》，尤简略不详，自郐以下，无足论已"①。赵翼亦言"《宋史》繁芜，辽金二史又多缺略，昔人多有欲重修者。元末，周以立因三史体例未当，欲重修而未能。明正统中，其孙叙思继先志，乃请于朝，诏许自撰，诠次数年，未及成而卒(《明史·周叙传》)。嘉靖中，廷议更修《宋史》，以严嵩为礼部尚书兼翰林学士董其事(《严嵩传》)，然亦未有成书也。其修成者，惟柯维骐合三史为一史，以宋为主，而辽、金附之，并列二王于本纪，褒贬去取，义例颇严，阅二十年始成，名曰《宋史新编》。又祥符王惟俭，字损仲，尝苦《宋史》芜秽，手自删定为一书。是二人者皆尝修成矣"②。朱彝尊、钱大昕、王鸣盛、刘咸炘③、黄云眉、金毓黻、李宗侗④、杜维运等均对此有所论析。其实，明代重修或删改《宋史》的过程，亦是其批评《宋史》的体现。目前学界对明人重修《宋史》的原因及其表现研究较多，但对明人如何批评《宋史》进行系统论述的较少⑤。以下通过梳理明代学者批评《宋史》的相关史料，分析其批评《宋史》的表现及其特点。

(一) 明代学者批评《宋史》的表现

1. 从撰者群体入手予以批评

元修《宋史》，系脱脱总裁，揭傒斯等为负责人，故而明代学

①　陈黄中：《东庄遗集》卷二《宋史稿自序》，《四库未收书辑刊》第 10 辑，第 21 册，北京出版社 2000 年版，第 443 页。

②　赵翼著，王树民校证：《廿二史劄记校证》卷二十三《宋辽金三史重修》，中华书局 2005 年版，第 495 页。

③　刘咸炘：《刘咸炘论史学》，上海科学技术文献出版社 2008 年版，第 221~226 页。

④　李宗侗在《中国史学史》中言明代补修《宋史》的特点时指出"关于宋代，明人多以改正体裁为目的。此类有两书，一为王洙《宋史质》一百卷，二为柯维骐《宋史新编》一百卷"(中国友谊出版公司 1984 年版，第 186 页)。

⑤　陈学霖指出明代众多学者修改《宋史》的原因有三：其一，"是对元修官史，以辽、金、宋并列，各有其统的义例不满，匪独基于史观不同，而与朝廷政治转变有直接关系"；其二，是"以《宋史》最冗杂疏漏，(转下页)

者因撰写者身份非汉人，认为撰史中肯定会出现种种偏见，多以此评之。黄佐《宋史新编序》言《宋史》"纂修者大半虏人，以故是非不公，冠履莫辨"①。张溥《宋史纪事本末叙》中称"读史至宋，踧乎伤之，代侔汉唐，而文出夷貉，其书阒冗，不足述也"②。

对于官修史书，刘知幾主张由一人撰成，反对众人修史，明代学者亦多持此论。胡应麟《读宋辽金三史及宋史新编》指出"宋辽金三史，皆元托克托修，实欧阳玄辈笔也。辽、金二史，虽叙述庸庸，犹粗足省览，乃《宋史》则丛脞极矣。盖玄总其事，非一人所成，故诸传志中有极冗者，有极猥者，亦间有整比可备删削者。总之，李献吉所谓晋宋元三史，必修之书，而宋其甚也"③。胡应麟认为《宋史》由众人所成，繁冗庞杂，属于必须删修之书。

杨慎以博洽、善辨著称，其对《宋史》的批评颇具代表性。杨慎指出导致《宋史》冗杂繁富的主要原因，是修撰者造成的。其一，杨慎认为自古修史皆为一人成之，元修《宋史》则非是。即使《尚

(接上页) 亟需厘正删定"；其三，因为明朝自开国来，蒙古族不断骚扰边境，威胁边境，激发了汉民族的正统观(《柯维骐〈宋史新编〉述论》,《宋史论集》，台湾东大图书股份有限公司1993年版，第375~376页)；瞿林东认为明代私修宋史的原因在于："是不承认元代的正统地位，而以明继宋，是藉撰宋史而彰明统"；"是不承认辽、金二史可以自为正统而与宋史并列"；"是为了纠正《宋史》的繁芜"(《中国史学史纲》，北京出版社1999年版，第619~622页)；侯虎虎、贺小娜《试论明人的〈宋史〉研究》(《延安大学学报》2005年第3期)主要论析明人对《宋史》正统观的研究、明人对《宋史》的改写情况，并对明人《宋史》研究状况予以简要评价；吴漫《明代宋史学研究》一书(人民出版社2012年版。按：该书是吴漫在其博士学位论文的基础上修改而成，相关内容分别以单篇论文的形式予以刊发)主要是探究明代史家对宋代历史的研究和撰述活动，具体论析了明代学者研究宋代历史的背景和学术因缘，明代学者研究宋代历史的阶段性发展，明代宋史撰述中的史料学、编纂学以及在研究宋代历史所体现的史学思想。但该著较少系统梳理明代学者是如何批评《宋史》的，是为憾事。

① 《宋史新编序》，柯维骐：《宋史新编》，《续修四库全书》第308册，上海古籍出版社2002年版，第311页。

② 《叙》，冯琦原编：《宋史纪事本末》，中华书局1955年版，第1页。

③ 胡应麟：《少室山房集》卷一百一《读宋辽金三史及宋史新编》。

书》"杂出"，亦是各篇单独纪事，由专人撰成。欧阳修和宋祁合纂《新唐书》，有着合理分工，"卷帙互分，两美相合"。其二，《宋史》修撰者的资质欠妥，仅注重其官位及名气，未考察其是否具有修史的水平，甚至"武人相参"。其三，《宋史》属于众人修成，责权不明，修史者敷衍塞责，胡乱拼凑，力图速成。因此，杨慎感叹元代众人修《宋史》之法，系"坏古修史之法也"。

2. 着眼编纂义例予以批评

纪传体正史创自司马迁，经班固改进，延及后世，成为撰写纪传体史书的模范。历代史家评析正史时，在编纂义例方面，必定要考究其编次是否合理，立传是否得当。《宋史》成于众手，仓促成书，编纂义例方面，缺憾甚多。邵经邦、柯维骐、王惟俭等对此论之较多，且均以不同形式予以修改。

邵经邦《弘简录》卷首序称"《宋史》本无凡例，徒应故事而作，未有一人据《春秋》之义，持笔削之任者，故其立例一切蹈袭。如《循吏》、《独行》、《佞幸》、《酷吏》，皆因袭两汉，至《周三臣》则仿《五代史·唐六臣传》例，不知修作《唐六臣传》正以丑其人耳。如此，当置宋祖何地耶?"①"《道学》、《儒林》重叠互出，有父子异传，兄弟各分者。正为成非一手，先后不伦;作非一人，彼此异见"，《忠义》等传则遗漏甚多，"愚不揣固陋悉与更定，所憾者见闻无多，诚乏书史可补，诸凡遗漏阙之而已，后之君子或有裨焉"②。邵经邦言作《弘简录》目的是使相关事项，"各从其类，开卷了然自见"③，"《宋史》列传编次失当者"，"悉为

---

① 《弘简录原序》，邵经邦:《弘简录》，《续修四库全书》第 304 册，上海古籍出版社 2002 年版，第 177 页。

② 《弘简录原序》，邵经邦:《弘简录》，《续修四库全书》第 304 册，上海古籍出版社 2002 年版，第 177 页。

③ 《弘简录原序》，邵经邦:《弘简录》，《续修四库全书》第 304 册，上海古籍出版社 2002 年版，第 178 页。

更定"①。

柯维骐对《宋史》的批评，其中一个主要方面就是指出其编纂义例之误。柯维骐认为《宋史》列传编纂不妥之处在于：其一，《叛臣传》多降金之士，未列降元之人；其二，先《循吏传》后《道学传》，失本末之序；其三，《宋史》有《公主传》，属于立传不当；其四，认为《宋史》之《天文志》《五行志》纪载自相矛盾；其五，《宋史》"列传编次失当"等②。针对《宋史》上述缺点，柯维骐逐一予以修正。因此，钱大昕称《宋史新编》"义例亦有胜于旧史者"③。

对于《宋史》列传不当的表现，王惟俭主要从三个方面予以批评：其一，在宋代生活经历较短者，不当入传。"《宋史》为传，惟宋是及，若李穀诸臣者，或名具欧阳之史或仕历周汉之朝，身仅睹乎建隆，勋无关于赵代，止以卒于宋初，便列《宋史》，不亦费乎，今并删之"④；其二，正史虽为纪传体，但相关传记中人物的传记顺序，仍是以时间先后为序，不应出现先后颠倒的现象。"为史者年代宜序，庶读者宜详，乃乔维岳、乐黄目诸五代之臣，而居尹洙、孔道辅之后，张运、柳约南渡之初，而居张敏、张诏之后，南渡诸卷，尤为颠置，今悉改定"⑤；其三，列传名称应该名实相副，"诸史止有《儒林》，而《宋史》乃列《道学》，夫学以为儒、理本无二，况此名目乃陈贾、胡纮诸奸创之，以攻紫阳者，今宜删去，总

---

① 《弘简录原序》，邵经邦：《弘简录》，《续修四库全书》第304册，上海古籍出版社2002年版，第184页。按：邵经邦《弘简录》二百五十四卷，其中宋、辽、金三史，是将正史中的帝纪改为天王，世家改为系属，列传分为宰辅、功臣、侍从、台谏、庶官、皇后、公主、道学、文翰、旌德（附列女）、杂行，将辽、金纳入载记。

② 《宋史新编凡例》，柯维骐：《宋史新编》，《续修四库全书》第308册，上海古籍出版社1996年版，第314~318页。

③ 钱大昕：《潜研堂序跋》卷六《跋柯维骐宋史新编》，上海古籍出版社2010年版，第117页。

④ 王惟俭：《宋史记凡例》，转引自吴漫：《明代宋史学研究》，人民出版社2012年版，第126页。

⑤ 王惟俭：《宋史记凡例》，转引自吴漫：《明代宋史学研究》，人民出版社2012年版，第128页。

名《儒林》，其附奸如陈旸诸人，改从列传"①。

3. 依据史文繁简予以批评

正如刘知幾《史通》较多论析史文繁简，史文繁简亦是批评史著的标准之一。李梦阳与人论作史之义时，指出著史应"约而该，约则览者易遍，该则首末弗遗"，像《春秋》《左传》《史记》《汉书》等，"篇寡而字严""辞义精详""简帙省缩"，"读者刻日可了，其册可挟而行，可箱而徙"，而《宋史》"第据文移，一概抄誊，辞义两蔑，其书各逾百帙，观者无所启发，展卷思睡矣。得其书者，往往束之高阁。仆谓诸史他犹可耳，晋宋元三史，必修之书也"②。项梦元曾撰有《读宋史偶识》三卷，在《读宋史偶识自叙》中言"余读《宋史》凡三矣，诸生时每谓宋以前撰述多出名手，而芟检更不乏明眼，其事其文近简略高古。至宋时势日新日变，所记载大都纤细美艳，颠末详赡，间多冗长蔓衍，读弗欲竟者"③。李梦阳、项梦元认为《宋史》卷帙太多，令读者欲睡。面对此种景象，秦鸣夏指出"事不提其要，虽该洽其何裨，言不钩其玄，徒猥冗而可厌。上下数百年间，于简册焉尽之，夫恶得弗简"，《宋史》"为卷凡四百九十有奇，其为言殆不下数百万，岂纪宋事者独宜详与？抑所谓不秽而有体者未之尽也"④。

李梦阳、项梦元、秦鸣夏从宏观方面批判《宋史》之繁，认为必须予以删减。王惟俭则从具体细节方面，指出如何删补《宋史》，如其所言：

> 帝纪即《春秋》之经也，所宜举其大纲，以俟志传发明。今《宋史》繁芜，景德一年之事二千余言，足以当他史之一帝

① 王惟俭：《宋史记凡例》，转引自吴漫：《明代宋史学研究》，人民出版社 2012 年版，第 147 页。

② 李梦阳：《空洞集》卷六十二《论史答王监察书》。

③ 《读宋史偶识自叙》，项梦元：《读宋史偶识》，《四库全书存目丛书》史部第 1 册，齐鲁书社 1996 年版，第 599 页。

④ 《秦鸣夏序》，王洙：《宋史质》，台湾大化书局 1977 年版，第 1 页。

纪。高宗一朝之事几二百纸，足以当他史之全纪。核其所录，乃县丞医官毕载，召见入对亦书。徒累翻阅，何关成败？今宜力加删削，用成史法①。

　　子长所载张仪、苏秦之辨，乐毅、黄歇之书，孟坚所录晁董之策，司马之赋，莫不具其全文，《宋史列传》至二百余，可谓多矣，而一切表疏尽加删削，甚至止引款项，并无文辞，遂使读者莫能睹事之颠末，罔繇识议之妍媸，今简诸书，疏奏华缛，国体通达者，全文具录，其过冗长或无关系者，从《宋史》旧例②。

　　按：王惟俭认为《宋史》冗杂之处在于过多记载一些无关紧要之事，应该予以删削。而类似表、疏之类颇具史料价值的，应该予以补充。可谓删其繁冗，补其简漏。

4. 以《春秋》义理为标准予以批评

　　王洙《史质叙略》言"史者《春秋》之教也，论《春秋》者曰明三王之道，辨人事之纪，别嫌疑，定是非，善善恶恶，贤贤贱不肖"③。邵经邦甚至言"夫所贵乎良史者"，"其大要须存《春秋》之义，锱铢不可爽也"④。故而夷夏之防，与孰为正统，是古代知识分子纠结之事，尤其是少数民族取得政权或非正常情况下的朝代更替，更易激起知识分子的敏感性。诸如陈寿撰《三国志》以魏为正统，成为许多史家批判的对象。元修《宋史》因其修撰者是少数民族，且未将宋列为正统，汉族史家对此耿耿于怀，各种不满与指

---

　　①　王惟俭：《宋史记》，转引自吴漫：《明代宋史学研究》，人民出版社2012年版，第81页。

　　②　王惟俭：《宋史记凡例》，转引自吴漫：《明代宋史学研究》，人民出版社2012年版，第129页。

　　③　王洙：《宋史质·叙略》，台湾大化书局1977年版，第2页。

　　④　《读史笔记》，邵经邦：《弘简录》，《续修四库全书》第304册，上海古籍出版社2002年版，第182页。

责，分沓而至①。

周叙在《论修正宋史疏》中言"叙窃观宋、辽、金三史，前元至正初始修，元以夷狄入主中国，辽、金二虏，皆其族类，当时柄国大臣又多二虏之子孙，遂不以正史归之于宋，分而为三，且以宋列于辽金之下"，"叙愿于此时上启圣听，以三史书因其旧文，重加编纂，以宋为正史，附辽金于其后，定名而正统，尊夏而外夷，伸前代未惬之论，垂万世史笔之公"②。周叙批评元代修史没有将宋代纳为正统，建议重修之，以符合《春秋》大义的标准。

沈尧中言"《宋史》，元脱脱等修，时议以元代金有中原，金灭汴宋，欲以正统予金。山阴杨廉夫力为书辩之，申宋为正统，终无所定。于是宋、辽、金各自为史，辽金外国指高丽、西夏，而不及宋。宋亦指高丽、西夏兼及四夷，亦不及辽、金"，以至于华夷难辨，王寇不分，"甚矣，元史臣之谬也"③。张时彻称柯维骐《宋史新编》"会三史为一，而以宋为正统，辽金列于外国传以尊中国，瀛国、二王升于帝纪，以存宋统；正亡国诸叛臣之名，以明伦"④。即柯维骐系为树立宋为正统而修《宋史新编》。

当然，亦有对此持不同意见者，于慎行言："元人修三史，各为一书，是也。《通鉴》编年之史，不相照应，即当如《南北史》之例，不必有所低昂可也。近世文雅之士，有为《宋史新编》者，尊宋为正统，而以辽、金为列国，则名实而不相中矣。彼南、北二《史》，互相诋诃，南以北为索虏，北以南为岛夷，此列国相胜之风，有识者视之，已以为非体矣。乃今从百世之后，记前代之实，而犹以迂阔之见，妄加摈斥，此老生之陋识也。辽、金绳以夷狄僭

①　按：钱茂伟《明代史学的历程》第十章"不同风格的宋元史改编"中以王洙《宋史质》和柯维骐《宋史新编》为例，分析明代学者按新《春秋》精神来改写《宋史》的情况（社会科学文献出版社2003年版，第171~180页）。

②　周叙：《石溪周先生文集》卷五《论修正宋史疏》，《四库全书存目丛书》集部第31册，齐鲁书社1997年版，第619~620页。

③　沈尧中：《沈氏弋说》卷十二《宋史》，明万历刻本。

④　张时彻：《芝园集》定集卷三十七《柯希斋传》，明嘉靖刻本。

号，未克混一，而中国土宇，为其所有，亦安得不以分行之体归之？而欲夷为列国，附于《宋史》之后，则不情也。"①于慎行认为《宋史新编》以宋为正统，辽金为列国属于名实不符，不合乎实情。修《宋史》时，应该各以其实情，分别予以书写。

5. 从考辨史事的角度予以批评

史家修史的终极目的是希望有信史传于世，而所载史事的准确与否，是考核信史的重要标尺。而《宋史》于史事载记方面，问题甚多。陈寅恪在《邓广铭宋史职官志考证序》中指出："宋代之史事，乃今日所亟应致力者。此为世人所共知，然亦谈何容易耶？盖天水一朝之史料，曾汇集于元修之宋史。自来所谓正史者，皆不能无所阙误，而宋史尤甚。"②因此，明代学者从史料采择是否严谨、史事记载是否完整正确，以及是否存在自相抵牾等方面来批评《宋史》。

陆粲与华子潜讨论如何重修《宋史》时，指出：

> 得手书知奉明诏，将重修宋元二史，甚盛举也。……故凡有事于史，不先泛观博取，而能成一家言者，未之有也。今二代之史，乃独据其当时所谓实录者云尔。而实录所据，又不过诸家行状碑志之属。行状碑志之辞，能尽善乎？是非善恶，能尽公乎？乃至全篇载入，不复刊削，又不问其人何。……其他纰缪又不暇悉数，今必痛扫去之。③

按：陆粲认为《宋史》所采择的史料主要源自实录，而实录的内容源于诸家行状、墓志、碑铭，甚者照搬行状、墓志、碑铭，而

---

① 于慎行著，黄恩彤参订，李念孔等点校：《读史漫录》卷十四《辽金元》，齐鲁书社1996年版，第511页。
② 陈寅恪：《金明馆丛稿二编》，古籍出版社1981年版，第245页。
③ 《明文海》卷一百七十四《与华修撰子潜论修史书》，中华书局1987年版，第1742页。

258

行状、墓志多带有溢美之辞，以此来撰写人物传记，其可信度较差。

柯维骐《宋史新编凡例》亦言《宋史》"事迹逸漏者多""文多讹误""纂辑出于众手，故纪事多异同""多引用野史，间失实""诸臣列传，凡乏声名及勋业者，一概书年若干"等①。而朱明镐《史纠》卷五对《宋史》史事错谬处，考辨批评甚多。如其言《孝宗帝纪》中出现众多记载自相矛盾者，《天文志》系"赘疣"，《艺文志》有"疏漏"，《张浚传》"不过《磨衲集》《碧云騢》之属耳，流传人间变乱黑白，悉聚而火之可也"，《曲端传》"愚意张浚曲端二传，皆宜削而改之，方无愧于信史"，《汪应辰传》"此史官纪事之误"，《梁颢传》为"《宋史》信遁斋之语，略容斋之笔，遂致附会俗说，徒滋传疑耳"。其因在于"修史者仰成于托克托一人，而元顺帝复求成书之速，不三年而宋辽金三史告竣，宜讹谬不伦之狎出也"。

上述明代学者对《宋史》的批评基本是以贬斥的口吻，纷纷指出《宋史》的缺憾所在，无有鸣其善者。而朱明镐在研究《宋史》的篇章时，则从《宋史》的优劣两方面客观评析之，颇具参考价值。朱明镐从史料采择、传记编纂方面指出《宋史》有"三善""七失"。"三善"：即在史料采择上，对于出自"奸贼之手"的史料，"概行弃黜，不以窜入，笔端是非好恶，颇不背谬于圣人"；"文文山、谢君直悉得佳传"，有别于《魏志》对金祎、耿纪，《晋书》对诸葛诞、毋丘俭，《宋书》对袁粲、沈攸之，《唐书》对骨仪、阴世师的记载，使忠良之臣乃得佳传；忠义之士，皆得宣扬，"凡与元朝抗命矢死靡贰者，悉得具载，以养天地正大之气，厉人臣事君之节"。"七失"：主要存在于"铨次失伦"。其一，诸如"俞充媚悦中官出妻拜之，乃与李纲、朱光庭同传；郑雍明比杨畏共敕刘挚，兼以白帖结章惇之欢，乃与梁焘、王岩叟同传"等，导致"以蛣蜣含粪之物，置诸荪蕙之丛"，不能使"君子小人，各有其类"；其二，"张叔夜、

———

① 《宋史新编凡例》，柯维骐：《宋史新编》，《续修四库全书》第308册，上海古籍出版社2002年版，第315~318页。

何栗孙传，皆死国难，名义无愆，乃与张阁、聂昌同传；曾辅以小臣抗疏，争徽宗微行之失，乃与余深、薛昂同传"等，以至于"杂薰草于茈中，混骥足于驽步，其谓之何?"其三，"陆佃感旧师之恩，许将有趋时之智，似有可议，而大端无亏，终不应与林希、温益同传；安焘协规绍述，尚畏名教，终不应与黄履、蒲宗孟同传"等，"《宋史》持例，未免过核，将使貌为君子者，人争附之，而不敢与其究也。小人之党愈盛，而君子之势愈孤，人亦乐于党小人，而并绝其为善之路"；其四，"陈靖奏劝农之议，泥古难行，无益民生，不必入循吏传，辛文悦为太祖之师，一时宠异不过因师获印，如周仲进之流不必入《儒林传》"等，属于立传名实不符，"凡立一传，必使名实允协，倘訾议可加，终有愧于良史"；其五，"叶梦得宣力建炎绍兴之间，宜与范宗尹辈同传，而顾入文苑。邓孝甫抵触蔡京列名党人之碑，安世道痛愤吴曦移书制使之幕，宜与张觷、杨巨源辈同传，而顾入隐逸"等，属于"命名既舛，位置并失，按部而就班，觉所处之非据"；其六，"更有不必立传而强立者"，如"张磻、饶虎臣、戴庆炣、赵与四人之传"，"止有官衔可书，绝无事实可纪，何不削去，而徒有词费之讥"；其七，《儒林传》中的孔宜，《孝义传》中的姚宗明、陈兢，仅载其先世谱系，"以语乎家乘则详，以言乎国史则渎"。因"七失"所在，朱明镐建议为"去其失而存其善，是在乎后之删《宋史》者"。

（二）明代学者批评《宋史》的特点

因明代特殊的政治环境及紧张的周边关系，史学的鉴戒功能尤为突出，批评《宋史》似乎是一种时尚。有的是直抒胸臆痛斥《宋史》之弊，但无能予以纠谬；有的是高屋建瓴提出批评意见，为重修《宋史》建言献策；有的是条理清晰指正《宋史》之误，并克服艰难予以重修。综其所论，明代学者批评《宋史》具有如下特点。

1. 明代学者批评《宋史》带有极强的功利性

中国长期以来的正统观念，使许多史家难以接受元代修《宋史》时将宋附于辽金之下，故而对《宋史》的批评便指责其为夷人所修，正统不立，纷纷要求通过重修《宋史》，将宋立为正统。如柯维骐《宋史新编凡例》中言"今会三史为一，而以宋为正"①。

　　明代自开国以来，在西北边陲，同北边蒙古关系紧张，诸如土木堡之变，更是对明代学者刺激甚大。明代的状况颇似宋代，学者们自然希望通过研究《宋史》，力图对当局有所借鉴。四库馆臣言《宋史质》"自以臆见，别创义例。大旨欲以明继宋，非惟辽、金两朝皆列于外国，即元一代年号亦尽削之"②。王德毅称《宋史质》"不注重史实的叙述，而重视书法的谨严，其书法全准《春秋》"③，并且"明朝人的宋史学，完全是民族主义的史学，也是民族精神的发扬"，"任何一个时代的历史著作，都与该时代的国情有关；此一时代史学著作的特色，也反映当时人的心理。明代的国情确有某些与宋代相类似之处，尤其当外患加深之后，面对宋代的历史，不免有一些感叹、同情，甚至悲愤填膺，痛骂奸臣如蔡京、秦桧、贾似道之徒的误国。史家在撰述宋代的历史时，很自然地流露出浓厚的民族情感"④。王德毅谈及史家撰史时所流露的民族情感，必然是基于对《宋史》的批评之上，此种批评便带有很强的目的性或者说是功利性。

　　诸如许浩撰《宋史阐幽》、王惟俭修《宋史记》，亦是带有浓厚的史学经世性的目的。谢迁在《宋史阐幽叙》中言"宇宙间事情参错，其于一代史，倘义非衮钺，笔非董狐，仅为是袭舛承讹，随声

---

① 《宋史新编凡例》，柯维骐：《宋史新编》，《续修四库全书》第308册，上海古籍出版社2002年版，第314页。

② 《钦定四库全书总目(整理本)》卷五十，第701页。

③ 王德毅：《由宋史质谈到明朝人的宋史观》，《宋史研究集》第十二辑，台湾编译馆中华丛书编审委员会1980年版，第513页。

④ 王德毅：《由宋史质谈到明朝人的宋史观》，《宋史研究集》第十二辑，台湾编译馆中华丛书编审委员会1980年版，第522~523页。

附和，不以独见折衷，作千古衡鉴，弗善也"①。钱龙锡则称《宋史阐幽》"剖决是非，指斥邪正，凛如秋霜，于以扶公道正人心，行将与史书共垂千古"②。王惟俭《宋史记凡例》则直言《宋史·艺文志》"抄四部之目，何益劝惩，总七录之篇，徒增简帙"③。在谢迁、钱龙锡、王惟俭心目中，《宋史》相关篇目，不能起到"衡鉴""扶公道正人心""劝惩"作用，自然需要重修或删改。

2. 明代学者对《宋史》的批评以贬斥为主

史学研究应该保持一种客观公正的立场，倘若戴着有色眼镜去探究，或是研究时心中已预先有所设定，即采取先入为主的态度，其所得观点必然会有所偏颇。明代学者对《宋史》的批评几乎是同一种声音，那就是贬斥。兹见其评语如表 4.2.6。

表 4.2.6　　　　　　　　明代学者批评《宋史》语汇

评语出处	评语内容
秦鸣夏《宋史质序》	为卷凡四百九十有奇，其为言殆不下数百万，岂纪宋事者独宜详与？抑所谓不秽而有体者未之尽也
柯维骐《宋史新编凡例》	"事迹逸漏者多""文多讹误""纂辑出于众手，故纪事多异同""多引用野史，间失实"
杨慎《丹铅总录》卷二十七	元代修《宋史》之法，"坏古修史之法也"
何良俊《四友斋丛说》卷五《史一》	史至宋元辽金四家，而鄙猥极矣

① 《宋史阐幽叙》，许浩：《宋史阐幽》，《四库全书存目丛书》史部第281 册，齐鲁书社 1996 年版，第 403 页。

② 《重刻宋史阐幽叙》，许浩：《宋史阐幽》，《四库全书存目丛书》史部第 281 册，齐鲁书社 1996 年版，第 400~401 页。

③ 王惟俭：《宋史记凡例》，转引自吴漫：《明代宋史学研究》，人民出版社 2012 年版，第 81 页。

续表

评 语 出 处	评 语 内 容
邵经邦《弘简录》卷首序	《宋史》本无凡例，徒应故事而作，未有一人据《春秋》之义，持笔削之任者，故其立例一切蹈袭
胡应麟《少室山房集》卷一百一《读宋辽金三史及宋史新编》	辽、金二史虽叙述庸庸，犹粗足省览，乃《宋史》则丛脞极矣
王世贞《弇州四部稿》卷一百四十六	宋元史，烂朝报也
王圻《稗史汇编》卷九十八《史评·宋元辽金四史》	鄙猥极矣
瞿景淳《古今史学得失》	若其间繁章冗句，不知所裁，又未易遍举也
黄佐《宋史新编序》	纂修者大半庸人，以故是非不公，冠履莫辨
李梦阳《空洞集》卷六十二《论史答王监察书》	第据文移，一概抄誊，辞义两蔑，其书各逾百帙，观者无所启发，展卷思睡矣。得其书者，往往束之高阁。仆谓诸史他犹可耳，晋宋元三史，必修之书也
项梦元《读宋史偶识自叙》	余读《宋史》凡三矣，诸生时每谓宋以前撰述多出名手，而芟检更不乏明眼，其事其文近简略高古。至宋时势日新日变，所记载大都纤细美艳，颠末详赡，间多冗长蔓衍，读弗欲竟者
张溥《宋史纪事本末叙》	读史至宋，蹠乎伤之，代侔汉唐，而文出夷貉，其书阗冗，不足述也
陆粲《与华修撰子潜论修史书》	卷帙虽数倍于前史，而文辞乃无一篇可与陈寿以下诸人争衡，非但笔力不逮，亦以纪载过繁，难于捡括故也。其他纰缪又不暇悉数，今必痛扫去之
朱明镐《史纠》	《天文志》"赘疣"，《艺文志》"疏漏"，《张浚传》"不过《磨衲集》《碧云骎》之属耳，流传人间变乱黑白，悉聚而火之可也"；"《宋史》有三善有七失"

按：表4.2.6中，虽然未能全部收录明代学者批评《宋史》的语句，但从已经收录的十多位学者评语来看，只有朱明镐在逐条对《宋史》纠谬后，在总评中对《宋史》进行"三七开"，即"三善七失"，归纳其三条优点和七条缺点。其余明代学者对《宋史》是一概贬斥，这说明《宋史》从撰修群体、编纂体例、记载史事等方面确实存在缺憾。但作为历代正史之一的《宋史》，难道就一无是处吗？出现此种景象和明代学者的从众心理有关，如当时的学问家、大文豪李梦阳、王世贞、胡应麟都是严厉批判《宋史》，称之为"烂朝报""丛脞极矣"等，其他学者自然会追风，似乎不指出《宋史》的缺点就难以彰显自己的水平，随风气所向，一起指责《宋史》的缺点，自然是水到渠成的事情。况且面对近五百卷的《宋史》，从中找出一些错误，尚不是难事，故而出现众口一词，贬斥《宋史》的现象。

3. 明代学者对《宋史》的批评与建构同行

明代学者对《宋史》批评甚多，并非仅是指谬，在批评的同时，有的提出相关完善计划，有的则直接对《宋史》予以重修或删改。

周叙在《论修正宋史疏》中，对《宋史》的编撰者及编纂体例予以批评，同时，希望朝廷重修《宋史》。最终，明英宗命周叙自行修撰，因周叙病故而罢。随后，官府再次重修《宋史》时，陆粲听说此消息，便给史官华子潜写信，指出《宋史》在史料及编纂义例方面的种种弊端，接着又详细论析如何修史。

> 自立机轴，先广开献书之路，求诸野史、小说、杂传记，详核其异同之故。准司马公《通鉴考异》，例为一书。使统体既定，然后下笔，大抵以正史订杂书之谬，以杂书裨正史之阙。凡其人之碌碌不足传者，事之琐屑者，奏疏之冗长而空言无实者，皆略去之。期于繁简适中，是非不谬而已。若只用旧本，窜易首尾，姑以了事，窃恐后之议今，犹今之议昔。曾不若，姑仍其旧之为愈耳。然二书体大，自非在上者，优假岁月，无求速成，而诸君子当事者能任为己责，不

肯虚过日时，则未易为矣。至其文体且当，以平正通达为主，不必如今之为古文者，务为艰深诡异之辞，反使事迹郁而弗明，此最大忌也。当圣明在上，垂情述作，诸君子遭不世之奇会，岂徒受大官酒食，藉此为升转之计，苟且塞责而已哉。兄何不与文升辈二三同志，以此意昌言于朝，使二史之成，追踪班马，为千载之一快也。时难得而易失，窃重为诸君子愿之。①

按：陆粲认为史料的采择及辨析应慎重，为文应繁简适中、秉笔直书、文体得当，为史者应敢于担当、认真负责，并极力推荐修史人员。希望重修《宋史》能够"追踪班马"，成为一代良史。

王洙、柯维骐、王惟俭、许浩等从不同角度批评《宋史》，且分别按照自己的想法，撰成《宋史质》《宋史新编》《宋史记》《宋史阐幽》。而归有光、孙镰、朱国祯、张溥、何良俊等，都批评《宋史》，并希望重修之，可惜因各种原因未得成行，或半途而废。

三、明代学者批评历代正史的影响
——以《宋史》为例

明代中后期，出现批评历代正史的热潮，应该和明代评点风气日益兴盛有关，诸如评点《史》《汉》之风，一定程度上刺激学者们对其他正史的评点。而《史通》在嘉靖以后得到不断刊刻，为学者评史提供了理论支撑，助长了点评历代正史的风气。学者们喜好直面现实，回顾历史，从中寻求解决现实问题的答案。例如，以宋代的社会情况比附明代，薛应旂《宋元通鉴序》中言"回视宋、元，世代不远，人情物态，大都相类。《书》曰：'我不可不监于有夏，亦不可不监于有殷。'宋、元固今之夏、殷也，所宜为监者，盖莫切

---

①　陆粲：《与华修撰子潜论修史书》，《明文海》卷一百七十四，中华书局 1987 年版，第 1742~1743 页。

于此矣"①。李廷机《宋贤事汇序》亦言"每以暇日观史，因见宋世风人材，颇类今日，其言论行事，往往有可为今日用者，因采而汇之"②。在此种情况下，明代学者欲探究相关历史，研读批评史书则属于基本前提。如涂必泓所言，"若夫时所崇考，必推二十一史，此史之海也"③。

还有，正统年间，周叙建议重修《宋史》，朝廷的态度不甚积极，无果而终。嘉靖时期，朝廷下令让严嵩负责修《宋史》，但随着人事更替，亦是中途而辍。官方对"谬误甚多"的《宋史》不甚关心，激发民间学者学术探讨的兴趣。学者们便担负起修史之责，而对《宋史》的批评自然应运而生。像王世贞、归有光等，颇具声誉的学者参与批评、修改《宋史》的活动中，使其成为一种潮流，风向所趋，对于《宋史》的修订，及对后世研究《宋史》而言都会产生很大影响。

1. 对《宋史》编纂不妥之处予以修订完善

《宋史》因成于众手，仓促成书，在编纂方面出现诸多不妥之处。诸如史文繁芜、列传中名实不符、重复作传等，柯维骐《宋史新编》、王惟俭《宋史记》、朱明镐《史纠》对《宋史》此类问题修正较多。

柯维骐、王惟俭批评《宋史》内容重复繁芜，《宋史新编》及《宋史记》在篇幅方面相应作了大幅度删减，由四百九十六卷分别删减到二百卷和二百五十卷，其中本纪由四十七卷改为十四卷、十五卷，表由三十二卷删改为四卷、五卷，使《宋史》读之难竟的局面大为改观。参见表4.2.7。

---

① 薛应旂：《方山薛先生全集》卷十二《宋元通鉴序》，《续修四库全书》第1343册，上海古籍出版社2002年版，第168页。

② 《宋贤事汇序》，李廷机：《宋贤事汇》，《续修四库全书》第1189册，上海古籍出版社1996年版，第98页。

③ 《叙二十一史论赞》，沈国元：《二十一史论赞》，《四库全书存目丛书》史部第148册，齐鲁书社1996年版，第537页。

表 4.2.7　《宋史》《宋史新编》及《宋史记》相关篇目数一览①

书名	本纪	志	表	传	共计
《宋史》	四十七卷	一百六十二卷	三十二卷	二百五十五卷	四百九十六卷
《宋史新编》	十四卷	四十卷	四卷	一百四十二卷	二百
《宋史记》	十五卷	三十卷	五卷	二百卷	二百五十卷

黄佐称《宋史新编》"《本纪》则正大纲而存孤危，《志》《表》则略细务而举要领，《列传》则崇勋德而诛乱贼，先《道学》而后吏治，辽、金与夏皆列《外国传》，等诸四裔焉，于是《春秋》大义始昭著于万世"②。康大和亦称《宋史新编》"首《本纪》而次《志》《表》，先《道学》而后《循吏》，为得其叙"，"其最大者，尊宋之统，附辽、金为《外国传》，尤为得义例之精"③。黄凤翔则从整体上评价《宋史新编》，"改正义例，稽核讹舛，所自为条目具矣。粤东王宫詹佐称其简而详，赡而精，严而不刻，直而有体，东西汉书不得专美于前。细阅之，良是"④。

王惟俭在《宋史记》中对《宋史》传记出现的问题进行删改，诸如《宋史》中类似李穀等人在宋初就去世了，其所建功业与宋代无关，其传记应该予以删掉。正史中一般只有《儒林》，而《宋史》中却列有《道学》，这些篇目系陈贾、胡纮为攻击朱熹而为，应予以

---

① 按：此表见吴丰培《旧抄本明王惟俭〈宋史记〉二百五十卷》，《文献》第 12 辑，书目文献出版社 1982 年版，第 262 页。

② 《宋史新编序》，柯维骐：《宋史新编》，《续修四库全书》第 308 册，上海古籍出版社 2002 年版，第 311 页。

③ 《宋史新编后序》，柯维骐：《宋史新编》，《续修四库全书》第 311 册，上海古籍出版社 2002 年版，第 269 页。

④ 黄凤翔：《田亭草》卷十《读宋史说》，《续修四库全书》第 1356 册，上海古籍出版社 2002 年版，第 208 页。

删除，总其篇名为《儒林》。①

朱明镐《史纠》卷五《宋史·总论》指出《宋史》编排类序有误，像梁成大、李知孝极恶穷奇，为士人所不齿，不当与林勋、许欣同传；张叔夜、何栗、孙傅都是死于国难，却与张阁、聂昌同传，以及曾辅与余深、薛昂同传，均属于好恶不分。朱明镐对这些立传不当之处，皆一一予以归类指明。

2. 对《宋史》的脱漏及错谬予以增补与订正

《宋史》脱漏及错谬较多，程敏政《宋遗民录》、柯维骐《宋史新编》、王惟俭《宋史记》、朱明镐《史纠》等，对此进行批评及纠谬、增补②。四库馆臣称《宋史新编》"纠谬补遗，亦颇有所考订"③，金毓黻言"兹考《二十二史劄记》所举《宋史》疏舛之处，《新编》多已订正"④。

钱士升鉴于《宋史》之繁芜，难以卒读，对《宋史》进行删订、修改，撰成《南宋书》。清人席世臣《南宋书叙》中言"是书大指盖患《宋史》之冗长，故取南度以后事迹，删繁就简，别成一书。其于官阶之复沓，奏疏之汗漫，刊落甚多。而列传之分合，亦多所移置，有者或增之，无者或补之，虽取诸稗官野史，而事无关系，言不雅驯者概不叙入"⑤。

朱明镐《史纠》卷五《宋史》称"帝纪之谬，莫过孝宗，姑举大臣之书薨者言之"，"乾道六年既书辛次膺薨，淳熙八年复书辛次膺

---

① 王惟俭：《宋史记凡例》，转引自吴漫：《明代宋史学研究》，人民出版社 2012 年版，第 126、147 页。

② 按：吴漫《明代宋史著述关于〈宋史〉史料之增补与纠谬》（《淮北煤炭师范学院》2008 年第 4 期），又见于《明代宋史学研究》（人民出版社 2012 年版，第 105~113 页），对明人增补与纠谬《宋史》情况论之较多。

③ 《钦定四库全书总目(整理本)》卷五十，第 701 页。

④ 金毓黻：《中国史学史》，上海古籍出版社 2012 年版，第 161 页。

⑤ 《南宋书叙》，钱士升：《南宋书》，《四库全书存目丛书》史部第 31 册，齐鲁书社 1996 年版，第 136 页。

罢。淳熙元年二月既书虞允文薨，淳熙八年八月复书以敷文阁学士虞允文为兵部尚书。淳熙五年七月既书李显忠薨，淳熙八年八月复书李显忠责授清远军节度使副筠州安置。隆兴二年八月既书张浚薨，乾道五年二月又书赠太师谥忠献，淳熙八年八月复书张浚都督江淮军马。乾道四年既书龙大渊卒，淳熙八年八月复书龙大渊知合门事。一人之身，倏而就木，倏而迁除，倏而捐馆，倏而降谪，咄咄怪事，可发大噱……"类似此法，朱明镐将《宋史》中《理宗纪》《度宗纪》《瀛国公纪》《天文志》《向敏中传》《张浚传》《曲端传》《汪应辰传》等出现的错谬，逐一予以修正。故四库馆臣称《史纠》"于诸史，皆钩稽参贯，得其条理。实一一从勘验本书而来，较他家为有根据"①。

3. 为后世学者研究批评《宋史》提供参照

明代学者从撰者群体、编纂义例、史文繁简、《春秋》义理及史事考辨等方面，对《宋史》进行批判，成果颇丰。可是，清代学者对这些批评成果不甚满意，称《宋史质》"是编因《宋史》而重修之，自以臆见，别创义例，大旨欲以明继宋，非惟辽、金两朝皆列于外国，即元一代年号亦尽削之……自有史籍以来，未有病狂丧心如此人者。其书可焚，其板可斧，其日本不宜存。然自明以来，印本已多，恐其或存于世，荧无识者之听，为世道人心之害。故辞而辟之，俾人人知此书为狂吠，庶邪说不至于诬民焉"②；《宋史新编》"强援蜀汉，增以景炎、祥兴。又以辽、金二朝置之外国，与西夏、高丽同列，又岂公论乎？大纲之谬如是，则区区补苴之功，其亦不足道也已"③。但在对《宋史》的实际研究中，明代学者的观

---

① 《钦定四库全书总目（整理本）》卷八十八，第1170页。
② 《钦定四库全书总目（整理本）》卷五十，第701页。
③ 《钦定四库全书总目（整理本）》卷五十，第701页。

点或研究思路，对清人直接或间接上还是有一定的影响。如钱大昕
认为《宋史》的缺憾在于"南渡诸臣传不备""一人重复立传""编次
前后适当""宋史褒贬不可信"①。高远《清代〈宋史〉学研究》指出清
人对《宋史》编纂体例的批评，主要有五个方面：体例不纯、断限
不当、编次失当、矛盾抵牾、书法不一②；清人指出《宋史》史文
表述方面的缺憾在于：前后重复、史文疏漏、繁简不当、滥用稗官
俚语以及《宋史》存在史文曲笔现象③。实际上，清人批评《宋史》
的观点或思路，明代学者基本上均已有论述。兹以章学诚、钱大昕
批评《宋史》的观点为例，与明代学者的观点相比较。参见表
4.2.8、表4.2.9。

表 4.2.8　　章学诚与明代学者批评《宋史》观点一览

章学诚	明代学者	备　注
子长八书，孟坚十志，综核典章，包函甚广。范史分三十志，《唐书》广五十篇，则已浸广。至元修《宋史》，志分百六十余，议者讥为科吏档册（《文史通义》卷八《答甄秀才论修志第二书》，中华书局2005年版，第825页）	至于《五行志》中水灾、火灾，帝纪既已详之，而志中又尔复出，是赘疣也（朱明镐：《史纠》卷五《天文志》）；柯维骐《宋史新编凡例》中对《天文志》《五行志》有所论述	均言及《宋史》中《志》的繁芜

①　钱大昕：《十驾斋养新录》卷七，江苏古籍出版社2000年版，第144~147页。
②　高远：《清代〈宋史〉学研究》，武汉大学博士学位论文，2010年，第218~221页。
③　高远：《清代〈宋史〉学研究》，武汉大学博士学位论文，2010年，第225~230页。

章学诚	明代学者	备　注
纪传之最敝者，如《宋》《元》之史，人杂体猥，不可究诘，或一事而数见，或一人而两传，人至千名，卷盈数百；不有别录以总其纲，则手目穷于卷帙之繁，而篇次亦混而难考矣(《文史通义》外篇一《史篇别录例议》，中华书局 2005 年版)	有纪一事而先后不同，一人而彼此不同，由修之者非一手也(杨慎：《丹铅总录》卷二十七) 一人之身，倏而就木，倏而迁除，倏而捐馆，倏而降谪，咄咄怪事，可发大噱(朱明镐：《史纠》卷五) 柯维骐《宋史新编凡例》中论及《宋史》编次失当、记载多异同	言及列传之重复、冗杂
《宋史》四百九十六，而《纪》至四十七卷，《志》至百六十二卷，《传》至二百有余，汗漫极矣(《章学诚遗书》外编卷 1《信摭》，文物出版社 1985 年版，第 372 页)	《宋史》则丛脞极矣(胡应麟：《少室山房集》卷一百一《读宋辽金三史及宋史新编》) 若其间繁章冗句，不知所裁，又未易遍举也(林德谋：《古今议论参》卷二十五《古今史学得失·瞿景淳》，《四库禁毁书丛刊》集部第 21 册，北京出版社 2000 年版，第 20 页)	言《宋史》之芜杂
《宋史》为元人所撰，疵病甚多，以史家法度而言，等于自郐无讥矣。然有特笔创例，可为万世法者，《周三臣传》是也。一朝之兴，必修胜朝之史，其鼎革之际，曲直是非，出彼入此，史臣不必心衔偏见(《章学诚遗书》外编卷 3《丙辰札记》，文物出版社 1985 年版，第 390 页)	韩通之死在宋祖即位之前，《五代史》业已遗之。李筠、李重进系之周臣，则未死传之《宋史》，则非宋臣，故特列《周三臣传》于《宋史》之末，创意表忠，委婉周至，大抵柯氏之书，其意见确然(黄凤翔：《田亭草》卷十《读宋史说》，第 209 页)	对《宋史·周三臣传》的评析

续表

章学诚	明代学者	备　注
《道学》《儒林》分为二传，前人多訾议之，以谓吾道一贯，德行、文学，何非夫子所许，而分门别户以起争端。此说非是。史家法度自学《春秋》据事直书，枝指不可断，而兀足不可伸，期于适如其事而已矣。儒术至宋而盛，儒学亦至宋而歧，《道学》诸传人物，实与《儒林》诸公，迥然分别，自不得不如当日途辙分歧之实迹以载之。夫道学之名，前人本无，则如画马，自然不应有角；宋后忽有道学之名之事之宗风派别，则如画麟，安得但为鹿而角哉！如云吾道一贯，不当分别门户，则德行、文学之外，岂无言语政事！然则《滑稽》《循吏》，亦可合于《儒林传》乎？（《章学诚遗书》外编卷3《丙辰札记》，文物出版社1985年版，第390页）	《宋史》著《儒林传》自聂崇义而下，无虑数十人，而濂洛关闽诸贤，则别为《道学传》以表之。夫儒者之于道也，犹农工之各持其业，有司之各效其职也，不持其业而可以为农工乎，不效其职而可以为有司乎，不学于道而可以为儒乎，顾道学、儒林判而为两，良由儒道不明，世类以训诂为儒业，而高视道德，非第宋人然也（黄凤翔：《田亭草》卷十九） 《道学》《儒林》重叠互出，有父子异传，兄弟各分者。正为成非一手，先后不伦；作非一人，彼此异见（《弘简录原序》，邵经邦：《弘简录》，《续修四库全书》第304册，上海古籍出版社1996年版，第177页） 诸史止有《儒林》，而《宋史》乃列《道学》，夫学以为儒、理本无二，况此名目乃陈贾、胡纮诸奸创之，以攻紫阳者，今宜删去，总名《儒林》，其附奸如陈旸诸人，改从列传（王惟俭：《宋史记凡例》，转引自吴漫：《明代宋史学研究》，人民出版社2012年版，第147页）	论析《宋史》之《道学传》与《儒林传》的立传之义①

———————

① 高远在《清代宋史学研究》中专列"清儒《宋史·道学传》的论争及影响"一目论析清代学者对《宋史·道学传》的批评及其影响（武汉大学博士学位论文，2010年，第237~250页）。

续表

章学诚	明代学者	备　注
《周三臣传》，亦似本于《五代史记·唐六臣传》，而褒贬异指。然宋人修《唐书》，已有五代遥隔，褒贬例无所嫌，不比元人之修《宋史》，鼎革相接续者也。且鼎革相际，无论国讳嫌疑，臣子义尊君父，即秉笔诸臣，多与前朝人物交涉，其中岂无恩怨厚薄，子孙岂无权势挟持，与夫干求请托，亦足以掣史官之肘。然则是非之平，前史所遗，断赖后史之补，亦事理之不得不然者也（《章学诚遗书》外编卷3《丙辰札记》，第390页）	《宋史》本无凡例，徒应故事而作，未有一人据《春秋》之义，持笔削之任者，故其立例一切蹈袭。如《循吏》《独行》《佞幸》《酷吏》，皆因袭两汉，至《周三臣》则仿《五代史·唐六臣传》例，不知修作《唐六臣传》正以丑其人耳。如此当置宋祖何地耶？（《弘简录原序》，邵经邦：《弘简录》，《续修四库全书》第304册，上海古籍出版社2002年版，第177页）	评析《宋史·周三臣传》立传之义

表 4.2.9　　钱大昕与明代学者批评《宋史》观点一览①

钱大昕	明代学者	备　注
瀛国公纪繁冗无法，盖采访务博，而不知删汰之失，唯纪末附益卫二王事为得之（《瀛国公纪》，第144页）	元军驻钱塘江沙上，潮三日不至，时以为天意说之，悠谬莫此为甚……临江不可，何况沙上，此理之所绝事之必无，而史官采取异闻，以哆张沙漠之盛事。后儒不察遂深诧之，真痴人前不可说梦，并为史官所侮矣（朱明镐：《史纠》卷五《瀛国公纪》）	言及《宋史·瀛国公纪》纪事之谬

①　按：据钱大昕《十驾斋养新录》卷七相关内容予以整理（江苏古籍出版社2000年版，第144~150页）。

续表

钱大昕	明代学者	备 注
程师孟已见列传第九十卷，而《循吏传》又有程师孟，两篇无一字异。又李光传末附其子孟传事百十五言，而又别为孟传立传。李熙靖已见列传第百十六，而第二百十二忠义附传，又有李熙靖，靖、静同音，实一人也（《一人重复立传》，第145页）	旧史纂辑出于众手，故纪事多异同（《宋史新编凡例》，柯维骐：《宋史新编》，《续修四库全书》第308册，上海古籍出版社2002年版，第316页）	言《宋史》重复立传
郑毂、仇念、高登、娄寅亮、宋汝为皆高宗朝人也，而次于光宁朝臣之后。梁汝嘉亦高宗朝人也，而与胡纮、何澹诸人同传……皆任意编次，全无义例，不唯年代不同，抑亦贤否莫辨（《编次前后失当》，第145页）	"旧史列传编次多失当"，"徽钦及南渡宰相与执政侍从，往往混而无别时之先后，失序尤多"（《宋史新编凡例》，柯维骐：《宋史新编》，《续修四库全书》第308册，上海古籍出版社2002年版，第315页）	言《宋史》编次失当
《宋史·艺文志》重复讹舛较前史为甚，予于《廿二史考异》言之详矣，而宋人撰述不见于志者，又复不胜枚举（《艺文志脱漏》，第148~149页）	显德学者无笔札之劳，亦非确论也。《续名臣言行录》，志中以为不知谁氏所撰，此书成于李士英之手，李固考亭之自出也，如此疏漏亦非一端（朱明镐：《史纠》卷五《艺文志》）	言《宋史·艺文志》的脱漏
《王安石传误》《邵雍传误》《刘应龙传脱误》等属于考辨史事（《艺文志脱漏》，第149~150页）	朱明镐《史纠》卷五有《向敏中传》《张浚传》《曲端传》《汪应辰传》《苏辙传》《梁颢传》等均是考辨史事。"旧史文多讹误""旧史多引用野史，间失实"（《宋史新编凡例》，柯维骐：《宋史新编》，《续修四库全书》第308册，上海古籍出版社2002年版，第316~317页）	均为考辨史事

按：章学诚、钱大昕都曾有重修《宋史》的愿望，且对《宋史》均有一定的批评，从表 4.2.8、表 4.2.9 来看章学诚、钱大昕批评《宋史》的观点或思路，明代学者基本已有之，他们的观点与柯维骐、邵经邦、朱明镐的说法有较多的暗合之处。从章学诚与邵晋涵的书信中可以得知，章学诚是看过柯维骐《宋史新编》和邵经邦《弘简录》的，如其所言"前人攻《宋史》者，如柯氏之《新编》、邵氏之《宏简录》、陈氏之《通鉴续编》，其效略可睹矣。仆于此役，未必遽为柯、邵之流，恐如郑氏之《通志》，例有余而质不足以副耳"①。钱大昕对柯维骐《宋史新编》评价较高，专门写有《跋柯维骐宋史新编》，指出"柯氏《宋史新编》，较之方山，用功已深，义例亦有胜于旧史者"②。《二十二史考异》亦多称引柯维骐之论，如在《赵汝谈传》中言"柯氏《宋史新编》并汝愚父子亦入宗室，余俱与予说同"③。一定程度上说明柯维骐的观点或研究思路对章学诚、钱大昕是有影响的。虽然，在章学诚、钱大昕的著述中尚未发现其阅读朱明镐《史纠》的记载，但这并不能说明章学诚、钱大昕肯定没有读过朱明镐的书。即便章学诚、钱大昕确实没有读过朱明镐的书，鉴于朱明镐《史纠》在明代史考史评中应该属于上乘之作，深得四库馆臣的好评，也能说明章学诚、钱大昕与朱明镐的学术观点属于英雄所见略同，亦可见明代学者批评《宋史》的价值。

① 章学诚著，刘公纯标点：《文史通义》外篇三《与邵二云论修宋史书》，古籍出版社 1956 年版，第 295 页。
② 钱大昕：《潜研堂序跋》卷六《跋柯维骐宋史新编》，上海古籍出版社 2010 年版，第 117 页。
③ 钱大昕：《二十二史考异》卷八十《宋史》十四，凤凰出版社 2008 年版，第 898 页。

第三章　明代学者对当代史家
史著批评研究

明代史学的发展有着比较清晰的脉络，明代前期，在官修史书方面，除了《元史》及历代《实录》外，多为缺乏创造性的鉴戒体史著①。正是由于官修史书的滞后，一定程度上引发了私修史书的兴盛，尤其是明代中后期，随着官方档案的开放及政治意识约束的宽松，私人修本朝史异常发达②。私人著述纷纷横空出世，内容不同，体例各异，为文人墨客们指点江山，激扬文字，提供了众多批判对象。在序跋、书信、札记中，尽情展现出明代学者对当代史家史著的批评及对明代史学著述情况的关切。通过对这些资料的详细梳理，我们可以发现明代史学生态中不同的景象，尤其是明代学者集中观照的兴趣点及其评价史家、史著的特点。

---

① 按：傅康吾在《明代的历史著述》中言"明朝的前半期，朱熹的理学派在思想中占统治地位。这一派对历史著述的影响是，它教人按照朱熹的《通鉴纲目》所传述的那样去接受传统及其价值，而不鼓励对历史记载的确实性与可靠性提出问题"（牟复礼编：《剑桥中国明代史》，中国社会科学出版社1992年版，第780~781页）。

② 按：瞿林东《中国史学史纲》第七章论析明代史学时，第二节"私家之本朝史撰述"专门论析明代私修当代史之盛况（北京出版社1999年版，第604~618页）；钱茂伟《明代史学的历程》第十二章"当代史编纂的勃兴"，指出嘉靖中后期，明代出现了一个私修本朝史的高潮，并从多个方面论析明代私修本朝史的状况及其特征（社会科学文献出版社2003年版，第210~257页）。

一、对《世史正纲》《季汉书》等
义理化史著的批评

　　明代初期，官方通过刊行《君鉴》《臣戒》《五经大全》《性理大全》等著述，使君臣、忠孝、夷夏等正统观念，逐步深入人心，渐渐形成一种充满义理化气息的著述风格，并一直延及明末。不同时段形式各异，但表述方式、核心观点相似的诸多义理化史著的出现，在明代学界产生了不同凡响的影响。

　　丘濬于成化年间撰成《世史正纲》三十二卷①，其写作义例是以朱熹《资治通鉴纲目》为准，强调《春秋》笔法。丘濬于《世史正纲序》中言"愚为此书，直述其事，显明其义，使凡有目者所共睹，有耳者所共闻，粗知文义者不待讲明、思索，皆可与知也。苟或因是而驯致夫贤人君子之地，则夫圣贤婉而正之书，亦可由此而得之矣。愚所以作书之意，有在于是，非敢立异以犯不韪之罪也，然则其宏纲大旨，果何在哉？曰在严华夷之分，在立君臣之义，在原父子之心"②。即通过浅显易懂的表述方式，使社会大众能够接受《世史正纲》所要表述的核心思想，诸如华夷之分、君臣之义、父

---

　　①　按：目前学界对丘濬研究用力颇深的当属李焯然先生，著有《丘濬评传》一书。而对丘濬《世史正纲》的研究，则有向燕南以《世史正纲》为例分析丘濬正统史观的(向燕南：《中国史学思想通史·明代卷》，黄山书社 2002 年版，第 119~137)；李焯然《丘濬之史学——读丘濬〈世史正纲〉札记》对《世史正纲》的撰写手法论之较多(参见朱逸辉编：《丘濬海瑞评介集》，海南出版社 2004 年版，第 404~437 页)；王瑞明《评丘濬〈世史正纲〉》对《世史正纲》予以宏观评析(参见朱逸辉编：《丘濬海瑞评介集》，海南出版社 2004 年版，第 438~455 页)；钱茂伟认为《世史正纲》是明代民族主义史学开始兴起背景下的产物，进而分析其理学化的社会政治理论、历史循环观(《明代史学的历程》，社会科学文献出版社 2003 年版，第 33~46 页)；拙文《"考古证今，补偏足全"：丘濬汉史情结发微》(《咸宁学院学报》2010 年第 10 期)以《世史正纲》为例分析丘濬对汉代历史的研究。
　　②　丘濬：《世史正纲》，《四库全书存目丛书》史部第 6 册，齐鲁书社 1996 年版，第 152 页。

子之心。

弘治元年，费訚在《世史正纲后序》中称《大学衍义补》已由朝廷颁布诏令刊行天下，这表明丘濬所持观点是朝廷认同的正统之言。对于这部《世史正纲》，费訚评曰：

> 即此以考世变，求事始，是亦格物致知之先务，而修齐治平之要道，亦不外言。开卷之际，上下数千百年间，兴亡治乱之迹，是非邪正之辨，了然于心目之间。使夫天下后世之人，知善可鉴而恶可戒。销僭窃者之非望，启幽愤者之善念。其所以扶持世教，警省人心者，其功盖亦不小也。①

按：作为丘濬的门生，费訚认为《世史正纲》一书，主要在于考究历代世事变迁，讲求经世致用，对世人知晓国家兴衰、善恶是非，树立一种正确的价值观念颇有裨益。

嘉靖四十二年(1563)，孙应鳌刻印《世史正纲》时，亦言此书"析理严本载籍纪陈之实，故持义当其于取法《春秋》，以明人心之旨"②。孙应鳌之所以刻印《世史正纲》，其认为"作史者，大要在明人心乎。不能明人心，非史也"③，世人所著，大多"钩奇缀事，驰辨角辞，其陋识卑见，诚冏足异，间有梢解诠评之旨，酌事例之条，又不明于《春秋》"④，王祎所著《大事记续编》"繁复炫惑，视朱子所著远甚"⑤，而《世史正纲》在父子、君臣、夫妇、兄弟、夷

---

① 《世史正纲后序》，丘濬：《世史正纲》，《四库全书存目丛书》史部第6册，齐鲁书社1996年版，第633~634页。
② 《世史正纲后序》，丘濬：《世史正纲》，《四库全书存目丛书》史部第6册，齐鲁书社1996年版，第150页。
③ 《世史正纲后序》，丘濬：《世史正纲》，《四库全书存目丛书》史部第6册，齐鲁书社1996年版，第148页。
④ 《世史正纲后序》，丘濬：《世史正纲》，《四库全书存目丛书》史部第6册，齐鲁书社1996年版，第149页。
⑤ 《世史正纲后序》，丘濬：《世史正纲》，《四库全书存目丛书》史部第6册，齐鲁书社1996年版，第149页。

夏方面，"各得其所"，属于"正心之学"，故而予以刊印，"与明正学者共之"①。

丘濬的同乡黄佐论及《世史正纲》时，称其"闰秦隋而狄忽必烈，黜魏丕宋裕梁晃与新莽同，可谓卓识"②。王鏊称"《世史正纲》一书，公所以是非古今，褒贬治政，自负不浅，虽有别说，要当以此为定"③。焦竑言丘濬著《世史正纲》的目的在于"著世变之升降，明正统之偏全"④。程敏政亦言丘濬"惧学者之不知变也，则有《世史正纲》之作"⑤。

费訚、孙应鳌、黄佐、王鏊、焦竑、程敏政等，主要是从丘濬著《世史正纲》的原因及社会功用方面，评析其在树立与弘扬正统观念方面的价值。

与丘濬同时代的陶辅，称丘濬为"盛代之名儒也，博学多知，赋性高杰，独步时辈"，《世史正纲》"义严理到，括尽幽隐，深得《麟经》之旨"⑥。即《世史正纲》是一部注重义理，秉承《春秋》大义的著作。和陶辅一样，胡应麟亦是从著作义理方面，认为"丘文庄之续《史纲》也，紫阳之法有所局焉未竟者，引而伸之矣；有所蓄焉未发者，曲而体之矣。其矛盾之小者，其符节之大者也。故吾常谓，《春秋》之后有朱氏，而《纲目》之后有丘氏也"⑦。

丘濬《世史正纲》以其醒目的观点，为世人宣扬纲常名教之宗义，可谓着力深、用心苦，其在义理化史学上的贡献，深得明代学

① 《世史正纲后序》，丘濬：《世史正纲》，《四库全书存目丛书》史部第6册，齐鲁书社1996年版，第150~151页。

② 黄佐：《庸言》卷九，明嘉靖刻本。

③ 骆问礼：《续羊枣集》卷一《震泽长语论丘文庄》，清高承桭钞本。

④ 焦竑：《玉堂丛语》卷四，中华书局1981年版，第130页。

⑤ 程敏政：《篁墩集》卷二十九《丘先生文集序》，明正德二年刻本。

⑥ 陶辅：《桑榆漫志》，中华书局1985年版，第12页。

⑦ 胡应麟：《少室山房笔丛》卷十三《史书占毕一》，第136页。按：胡应麟在《少室山房集》卷一百一《读世史正纲二则》中有类似观点，"《通鉴》之后有朱氏之《纲目》，《纲目》之后有丘氏之《正纲》，三书皆宇宙不可缺者，而《纲目》之异于《通鉴》，《正纲》之异于《纲目》，皆所以究于同而不足为异也"。

者好评。诚如李焯然所言：

> 丘濬是明朝史家中谈正统问题最有见地和最切实的一位。明初方孝孺释正统之说，可谓精洽，然只限于理论的建设，得其大体，却未有实际的设诸史例。丘濬的《世史正纲》结合理论与实践于一书，加以平易的笔法，详尽的评论，使他的正统论能非常明确而有条理地展示。在一定程度上，他在理论建设方面，已经超越了方孝孺，而作为一本申明纲纪的史著，它的地位也不在《通鉴纲目》之下。①

人以文显，文以人传。丘濬在明代以著述见称，且位居显要，故其恪守的君臣之序、夷夏之观等正统理念，在当世颇具影响力。李焯然称丘濬《世史正纲》"在明朝史学上占有不可磨灭的地位，开拓了明代史学发展的路向"②。这种"路向"，即是义理化史学，或被称为理学化史学③。明代学者正是基于这种思路，给予《世史正纲》很高的评价。

嘉靖年间，柯维骐撰写《宋史新编》二百卷④。柯维骐在《宋史新编凡例》中指出改变旧史体例，融汇宋、辽、金的历史，以宋为正统撰写《宋史》，"旧史先循吏而后道学，似失本末之序，今以道

---

①　李焯然：《丘濬评传》，南京大学出版社 2011 年版，第 230 页。

②　李焯然：《丘濬之史学——读丘濬〈世史正纲〉札记》，朱逸辉编：《丘濬海瑞评介集》，海南出版社 2004 年版，第 406 页

③　按：钱茂伟在义理化史学方面的研究用力较深，他在《关于理学化史学的一些思考》(《华东师范大学学报》2000 年第 1 期)指出"理学化史学，或称'义理史学'，是指以理学为指导思想的一种史学形态，或者说史学范型"。其主要特征：历史观上以理学思想为指导、历史评判上崇尚道德主义、讲究义例注重褒贬、彰显忠孝节义、推崇纲目体、摘编成风、以正统论指导史书撰写及重史论轻考据。另外，汤勤福《义理史学发微》(《史学史研究》2009 年第 1 期)分析了义理史学的概念及其发展变迁，归结义理史学在明代的表现是众多纲目体史著的产生。

④　按：朱仲玉《明代福建史学家柯维骐和〈宋史新编〉》(《福建论坛》1984 年第 1 期)主要论述了《宋史新编》重视民族关系、帝王之道等编纂特点。

学居首，次儒林，次循吏”①。黄佐称柯维骐“覃思博考，乃能会通三史，以宋为正，删其繁猥，厘其错乱，复参诸家纪载可传信者，补其阙遗……简而详，赡而精，严而不刻，直而有体，南董之笔，西汉之书，不得专美于前矣”②。李义壮亦言《宋史新编》“删其芜累，补其阙遗，或核实以稽疑，或阐幽以微显，或究终以明始，或击异以统同，纲举目随，事详文省，是诚贤者之虑，而《春秋》之旨也”③。

万历三十年（1602），谢陛撰成《季汉书》六十卷④，即以蜀为正统改写陈寿《三国志》。对谢陛改写《三国志》一事，叶向高《季汉书叙》称“《季汉书》者，新都谢生少连取陈寿《三国志》而更张之，以蜀为汉。以吴、魏为世家，以其臣为外传，以无所附丽者为载记、为杂传。以系于汉者为本纪、为内传，盖纯然以正统予汉，以僭窃斥吴、魏矣”⑤，“谢生者，又紫阳之功臣也”⑥。王图《季汉书叙》亦称《季汉书》“以嫡统予昭烈，以支庶分魏、吴”⑦。

谢陛《季汉书》前面除了其自序外，还有叶向高、王图、陈邦瞻等为之作序。叶向高称《季汉书》“虽因于陈氏，而其所错综拟议，辩名实，核是非，酌丰约，审微阐，不但窃取其义，而且损益

---

① 《宋史新编凡例》，柯维骐：《宋史新编》，《续修四库全书》第308册，上海古籍出版社2002年版，第314页。

② 《宋史新编序》，柯维骐：《宋史新编》，《续修四库全书》第308册，上海古籍出版社2002年版，第311页。

③ 《宋史新编序》，柯维骐：《宋史新编》，《续修四库全书》第308册，上海古籍出版社2002年版，第313页。

④ 按：谢陛，字少连，歙县人。杨绪敏《谢陛的正统观与〈季汉书〉的编纂》（《江苏师范大学学报》2013年第3期）主要论析谢陛的正统观及《季汉书》的撰写特点。

⑤ 《季汉书叙》，谢陛：《季汉书》，《四库全书存目丛书》史部第30册，齐鲁书社1996年版，第1页。

⑥ 《季汉书叙》，谢陛：《季汉书》，《四库全书存目丛书》史部第30册，齐鲁书社1996年版，第3页。

⑦ 《季汉书叙》，谢陛：《季汉书》，《四库全书存目丛书》史部第30册，齐鲁书社1996年版，第5页。

其辞，则少连氏之所苦心极力，岁十更而草屡易，信陈氏之忠臣，而史家之正印矣"①；王图言《季汉书》，"盖取后主诏策之文，并杨戏所作《季汉辅臣赞》而定名也，其思苦，其力深，其文错综离合于陈氏旧史，并裴氏旧注，故简质而不俚。其事贯穿上下于范晔、习凿齿以及张敬夫、朱考亭之纪述，故详赡而有体。不特可以纠陈寿之谬，亦可以正涑水氏之失，不特可以正涑水氏之失，亦可以竟刘知幾、范祖禹、谢翱诸君子未竟之业，斯不亦称艺林之鸿宝，史家之正鹄也哉！"②陈邦瞻称谢陛"自早岁嗜学于书，无所不睹，而尤淹于史，慨然显黜陈志，自为《季汉》一书。余得而读之，见其义例森严，体裁确正，离合进退，备有微旨，信乎，其有司马氏之志，而得《春秋》之遗意也。盖至是而正论始尽伸，僭渎不复容矣"③。"读谢氏书而知为史官者尤不可不知《春秋》，为史官而不知《春秋》未有不蒙党恶之诛者也。"④

　　按：叶向高、陈邦瞻系谢陛友人，王图系史官，三人分别从《季汉书》的撰写体例、内容及史学功用方面给予好评，一致认为谢陛对《三国志》的改写属于成功之举，可谓深得《春秋》遗意，甚者言其为"史家之正印""史家之正鹄"。但沈德符对《季汉书》却有不同的看法，"近年新安人谢少连名陛者，祖朱子《纲目》，尊刘备为正统，作《季汉书》，附魏、吴于蜀汉之后，尽斥陈延祚《三国志》，自为千古卓识。一时巨公如李本宁亦为之叙，其推许甚至"，"间有议之者，谓吴中先辈吴尚俭者已曾为此书"，而元代郝经撰有《续汉史》，宋代萧常撰有《续后汉书》，均系后者未见到前者之

---

　　①　《季汉书叙》，谢陛：《季汉书》，《四库全书存目丛书》史部第 30 册，齐鲁书社 1996 年版，第 1 页。

　　②　《季汉书叙》，谢陛：《季汉书》，《四库全书存目丛书》史部第 30 册，齐鲁书社 1996 年版，第 5 页。

　　③　《谢氏季汉书序》，谢陛：《季汉书》，《四库全书存目丛书》史部第 30 册，齐鲁书社 1996 年版，第 7 页。按：陈邦瞻为程元初《历年二十一传》作序时亦赞美《季汉书》为良史（《四库全书存目丛书》史部第 18 册，齐鲁书社 1996 年版，第 530 页）。

　　④　《谢氏季汉书序》，谢陛：《季汉书》，《四库全书存目丛书》史部第 30 册，齐鲁书社 1996 年版，第 8 页。

书，"盖不特谢生之书，非出创见，即吴之旧本，亦徒自苦耳"①。关于学界对《季汉书》的批评，谢陛友人吴士奇有自己的看法，其言曰："余好观汉魏吴故事，间取少连新书与陈氏旧志总挈而互参之，见其事同也而文稍异，文同也而义大异。文宜因则古有，述而不作者矣；义当断则古有，自负窃取者矣。"②有关汉魏之事，吴士奇与谢陛有过相关交流，对于吴士奇的观点，"少连闻而与余交相愉快也"，"已而余又怆然曰：忧深哉！子之名书乎，敝冠而犹加之首也，尊之而且伤之，亦明知为季世，而第不忍下夷于曹氏乎，一字而感慨系焉"，"少连又谓于微言别例，自有不容泯者，似也，而亦非寿初心也"，"而病少连者又谓不自成一家言，乃名为书而实仍志"③。对此，吴士奇论曰："夫大匠之所运斤，即拙工之所血指者也。史重挈纲统，先正名。假令鲁史之旧文而在，而以质于孔氏之所修，其为寄衮斧于片言者，亦非必尽创也"，"余雅欲破拘挛之议，以核今古之变，而少连每与余合。故为序书而并发其指"④。吴氏此《叙》未见于《季汉书》，当是其阅读《季汉书》后，鉴于学界对其的误读，而为是《叙》纠正之。

《季汉书》撰成后，谢陛对此书比较满意，在《季汉书自序》中言"陈寿有知，固当心服地下矣"⑤，故曾将《季汉书》赠送给友人吴士奇，还曾送给徐𤊹、于若瀛、张萱、黄汝亨等人。如徐𤊹《鳌峰集》卷十六有《访谢少连见赠季汉书》，说明确有赠书一事；于若瀛《季汉书序》言在《季汉书》未刻印之前，谢陛曾让于若瀛看过其自叙、工论、问答、凡例及目录，并告诉于若瀛，"此改陈寿《三国志》为

---

① 沈德符：《万历野获编补遗》卷四《季汉书》，中华书局2007年版，第905页。

② 吴士奇：《绿滋馆稿》卷一《季汉书叙》，《四库全书存目丛书》集部第173册，齐鲁书社1997年版，第640页。

③ 吴士奇：《绿滋馆稿》卷一《季汉书叙》，《四库全书存目丛书》集部第173册，齐鲁书社1997年版，第641页。

④ 吴士奇：《绿滋馆稿》卷一《季汉书叙》，《四库全书存目丛书》集部第173册，齐鲁书社1997年版，第641页。

⑤ 《季汉书自序》，谢陛：《季汉书》，《四库全书存目丛书》史部第30册，齐鲁书社1996年版，第14页。

《季汉书》立后世反篡为禅之防,且《季汉辅臣赞》戏先之,陛未敢创也",待全书刻印后,谢陛又请于若瀛为序;张萱《疑耀》卷七《关侯谥辩》"余友人谢少连者撰《季汉书》,辄复因沿寿说,故详辩之以贻少连,且复书一通告侯祠下,为侯吐气"①;黄汝亨《复谢少廉山人》言收到《季汉书》一事,并为之简评②。

相关学人收到《季汉书》后,纷纷发表自己对此书的看法。

徐𤊹《访谢少连见赠季汉书》言:"海岳闻名廿载余,今知名下定无虚。鱼肠有客弹吴剑,牛角何人识汉书。一带黄山来往屐,千秋玄草寂寥居。看君文字从来熟,不道相逢会面初。"③徐𤊹读过《季汉书》后,撰有两篇文章谈及自己的感受,其一《读季汉书赠谢少连》:"吁嗟汉祚当寝移,炎刘神器群雄窥。三分国土成鼎立,帝王治统谁其维。史官曲笔有陈寿,尊魏仍将蜀为寇。何因治统归篡臣,岂顾鱼凫赤龙后。志成后世抱不平,累朝沿袭难纷更。紫阳夫子亟厘正,史书毕竟存其名。谢君笔锋利如斧,常言昭烈同周鲁。握管重编《季汉书》,君臣大义昭千古。兼陈历系正帝符,特贬世家称魏吴。列传载记各有绪,春秋遗意如斯乎。宰割原文得繁简,布衣权重惊三馆。史才不减兰台郎,九原寒尽英雄胆"④;其二《季汉书》:"新安友人谢少连,作《季汉书》,自足千古。然国初庐陵贡士萧常有《续汉书》起昭烈至少帝为纪,魏、吴皆为载记,而择裴注之善者并书之。至于少连并降魏为传,又著五十八论,真良史才也"⑤。黄汝亨读过《季汉书》后,指出该书"帝昭烈而家魏、吴,直是《春秋》之义,令习氏再兴,紫阳不坠,读佳序一过,固足千古,岂与铅华少年较胜量负于眉睫之间哉"⑥;于若瀛则在

---

① 张萱:《疑耀》卷七《关侯谥辩》,明万历三十六年刻本。

② 黄汝亨:《寓林集》卷二十七《复谢少廉山人》,《续修四库全书》第1369册,上海古籍出版社2002年版,第450~451页。

③ 徐𤊹:《鳌峰集》卷十六《访谢少连见赠季汉书》,明天启五年南居益刻本。

④ 徐𤊹:《鳌峰集》卷八《读季汉书赠少连》,明天启五年南居益刻本。

⑤ 徐𤊹:《笔精》卷六《季汉书》。

⑥ 黄汝亨:《寓林集》卷二十七《复谢少廉山人》,《续修四库全书》第1369册,上海古籍出版社2002年版,第541页。

《季汉书序》中言："自晋至宋得祚诸君，皆藉禅为名，而阴侪其弑夺之恶，寿之《志》实开之，其罪于是乎不可解矣！呜呼！尼父、左丘明邈哉邈矣，班马而下，姑置勿论……用考亭法诛曹，而以涑水法贷荀，盖严与宽之间焉。且于当涂之季，表王经诸人之节，洗毌丘三叛之冤，抑又为魏讨晋，其用意深远矣。余不序其他，特取前代诸史以折衷少连，并发寿之私。总之，立后世以篡为禅之防耳。"①徐𤊹以诗文的形式赞誉谢陛以朱子义例改写《三国志》，以蜀汉为正统，合理安排魏吴之事，"真良史才也"；黄汝亨称《季汉书》能秉承《春秋》大义，继承朱子书法；于若瀛则认为《季汉书》之功用在于警醒后世，避免类似以篡为禅之事的发生。

　　《季汉书》在传播过程中，颇为明人所关注，对其评析者亦多②。曹学佺专门为其撰有《季汉书序》，展露自己的读书体会，"《季汉书》者，取陈寿之《三国志》厘正之而为书也……或以内传而入孔荀，不无牵合；本传而入裴注，间露成心。则未察乎作者之指矣。夫矫枉过正，亦理所然，欲挽其重曷遗余力之有。圣人之言平

---

① 于若瀛：《弗告堂集》卷二十《季汉书序》，明万历刻本。

② 按：谢陛《季汉书》从蜀为正统的观点出发，厘正陈寿《三国志》，该书在清人眼中亦是颇有争议，赞誉者如袁栋，其认为《季汉书》"事迹人物一仍《三国志》之旧贯，唯以名义有关者则削而正之，有紫阳之《纲目》，不可无少连之《季汉书》也，当入正史，士子为家置一本焉"（《书隐丛说》卷三《季汉书》，清乾隆刻本），甚至在《书隐丛说》卷十一《正史之外》中言"正史之外，今世所存者"，像《汉纪》《十六国春秋》《旧唐书》《唐鉴》及《季汉书》等书，"皆不可不读者也"；而纠谬者，如黄中坚认为"陈寿为《三国志》，尊魏以媚晋，固其势不得不然，吾独恨其黜汉为蜀，黜昭烈为先主，殊失史书之实。谢氏改为《季汉书》可谓一正其谬，惜乎其发凡起例多所未安，而文采复不足以济之，不足以继两汉书之后"（《蓄斋集》卷十《书季汉书后》，清康熙刻本）；焦袁熹《此木轩杂著》卷二《季汉书》言"有将承祚《志》改作《季汉书》者，义非不正，而尾大于身，不相管摄，若之何其可为也"（清嘉庆九年刻本）；周中孚《郑堂读书记》卷十八史部四《季汉书》言谢陛"有意翻新出奇，取孝献一朝君臣事迹冠于蜀汉君臣之前，遂与《后汉书》彼此重复，未免为屋下之屋。推原其心，盖以蜀汉事少，难以凌跨魏吴，故出此下策，此与儿童之见何异，非善于著书者也"。

常而使人悟，贤者执权衡以称物，而时高下其手。要之，有所裨益于世道，非为己私也，作者谢陛少连，新安人，盖习于史者也"①。曹学佺认为《季汉书》对于《三国志》的厘正，有矫枉过正之处，但从史学的劝诫功能而言，亦是一部有益之书。曾为《季汉书》撰写序跋的叶向高，对于曹学佺为《季汉书序》，论道"今岁在南中复得其所为古文辞十数篇，亦大称其诗，其中有一二篇，如叙季汉书、叙嵇氏谱，则余皆有作，皆出大理下"②。张采撰有《三国文》二十卷，对三国时期亦有一定了解，在《三国文题辞》中指出"近世谢陛作《季汉书》，直以光武推昭烈，安在一家私载，遂可诬饰今古乎？但予虽心不服夫陈《志》，然欲如萧常、谢陛以蜀专临二国，自谓选集不过艺文，无足于中聚讼，且同事若卧子已不然其说"③。张采对谢陛以蜀为汉的作法并不认可，指出其同事陈子龙亦不赞成谢陛的观点。对于《季汉书》的命名，朱国祯则认为"近年新安谢生改《三国志》为《季汉书》，尊昭烈以继东西汉之后"，而吴中学者吴常已纂有《续后汉书》，"可见好事都有人先做去，其曰季不若续为妥"④。

嘉靖、万历时期，仍然有一部分学者以正统论的史观著史，如许浩《通鉴纲目前编》三卷（自序落款为嘉靖甲申）、顾应祥《人代纪要》三十卷（自序落款为嘉靖三十七年）、薛应旂《宋元通鉴》一百五十七卷（落款为嘉靖丙寅）、南轩《资治通鉴纲目前编》二十五卷（落款为万历乙未）。从《人代纪要凡例》中可以看出正统观对历史编纂学的影响，如汤明善《刻人代纪要序》中称"自今而观，扶正抑邪则名分秩，彰善瘅恶则惩劝公，微显阐幽则义例明。其大要尤严于帝

----

① 曹学佺：《石仓文稿》卷一《季汉书序》，《续修四库全书》第1367册，上海古籍出版社2002年版，第827~828页。
② 叶向高：《苍霞草》卷八《曹大理集叙》，万历刻本。按：曹学佺曾在南京大理寺任职，撰有《曹大理集》八卷。
③ 张采：《知畏堂诗文存》卷五《三国文题辞》，清康熙刻本。
④ 朱国祯：《涌幢小品》卷十八《书已先做》，中华书局1959年版，第414页。

王统系，以正君道之纲"①。南轩《资治通鉴纲目前编义例》中言"编年书事取法《春秋》"，"凡《纲目》所载唯隆古圣贤所制作，足开万世之利用，及后世善可为法、恶可为戒者，其他小德细行无容悉录焉"②。其门人杨光训认为《前编》"本之圣经而变其体，参之外纪而祛其纰。其所厘解率根极理道，又皆发前人未发，而万世复有作者莫以易其言也。则于涑水、新安足鼎力而裨助仁山氏者，良匪眇鲜"③。

二、对《吾学编》《皇明通纪》等"类正史"的批评

明代官方修史不太景气，国史失职，导致建文、景泰时期的历史长期处于失语状态。面对官方在修史方面的不作为，私人修史则呈现一种潜流涌动的景象，士人们纷纷以史官自居，自觉承担传承一代国史的责任，各自著书立说，自为马迁。故而，明史专家谢国桢感叹"余尝以为有明一代，史学最盛"④。明代学人身处这种史学"盛世"时代，面对琳琅满目的私家史著，每位治史者都不敢落后，对新出著述予以点评，借以彰显自己的水平，或者褒扬同道、贬斥对手，或者压抑他人、拔高自己，不一而足。

在中国传统的史著体例中，无非编年、纪传、纪事本末及纲目体数种，而明代前期流行的则为纲目体，但《史记》《汉书》之纪传体亦是影响深远，明代私人修史的史家基本也是朝着这个方面努力。其间备受明人关注、颇具影响力的史著，亦不过数家，诸如郑

---

① 《刻人代纪要序》，顾应祥：《人代纪要》，《四库全书存目丛书》史部第6册，齐鲁书社1996年版，第699页。

② 《资治通鉴纲目前编义例》，南轩：《资治通鉴纲目前编》，《四库全书存目丛书》史部第9册，齐鲁书社1996年版，第8~9页。

③ 《资治通鉴纲目前编序》，南轩：《资治通鉴纲目前编》，《四库全书存目丛书》史部第9册，齐鲁书社1996年版，第1~2页。

④ 谢国桢：《晚明史籍考》，华东师范大学出版社2011年版，第6页。

晓《吾学编》、陈建《皇明通纪》、尹守衡《皇明史窃》、薛应旂《宪章录》、黄允昇《昭代典则》等，这些著述在明人心中类似国史一样①。其中郑晓《吾学编》、陈建《皇明通纪》属于刊出较早的纪传体和编年体史著，这两部书对明代学界影响更大，受到的批评亦最多②。如文德翼《皇明法传序》言"郑端简《吾学》一编，洁体选言，庶几太史流亚；他则传者，惟陈氏《通纪》一书而已"，"钱塘高叟备取十五朝行事而汇集之，其为书大氐仿陈氏《通纪》而续之。然剜精铲采于叟之功为多"③。李贞《史窃序》言"二百年来，业班马者毋虑数十家，惟郑端简晓《吾学编》与吾邑陈明府建《通纪》为最，然近代事未之详也"④。薛应旂《宪章录序》言"迩来见《通纪》仿编年而芜鄙，《吾学编》效纪传而断落，遂不辞衰惫，尽出旧所录者，摘什一于千百，汇为斯编，与经世者共之"⑤。无论文德翼、李贞、薛应旂是赞誉，抑或是诟病，一定程度上反映《吾学编》和《皇明通纪》这两种著作在明代学者心目中是占有一定位置的。诸如李维桢评王世贞时所言，"天地间人物事理，悉以先生口笔为衮钺，故忌

① 卫承芳《明政统宗叙》言"吾尝读国史之行世者，于《吾学》见体裁矣，而不敢望兰台之衣冠也；于《宪章》《通纪》《典则》诸书见编摹矣，而不能方涑水之囡好也，安所称禘孔氏而祖《春秋》）！"（涂山：《明政统宗》，《四库禁毁书丛刊》史部第 2 册，北京出版社 2000 年版，第 93 ~ 94 页）在卫承芳心目中《吾学编》《宪章录》《皇明通纪》《昭代典则》等私人所修当代史就是明代的国史，即明代的正史。

② 按：内藤湖南《中国史学史》第十一章"明代的史学"中对于明代的史著多有评价，称"其中有代表性的如郑晓的《吾学编》、薛应旂的《宪章录》等，前者有些正史体例的纪传风格，后者则完全是编年体书籍。这些是带有野史风格的掌故书籍。而纯粹野史的书则有陈建的《皇明资治通纪》，此书成书于嘉靖年间，虽说真伪混淆，但由于简便易读而十分流行"（上海古籍出版社 2008 年版，第 213 页）。

③ 《皇明法传序》，高汝栻：《皇明通纪法传全录》，《续修四库全书》第 357 册，上海古籍出版社 2002 年版，第 3 ~ 4 页。

④ 《史窃序》，尹守衡：《皇明史窃》，《四库禁毁书丛刊》史部第 64 册，北京出版社 2000 年版，第 10 页。

⑤ 薛应旂：《方山薛先生全集》卷十三《宪章录序》，《续修四库全书》第 1343 册，上海古籍出版社 2002 年版，第 180 页。

才吠声之口，时所不免，而终不能涅缁其纯素"①。这说明在明代有名之人，一定程度上既是众人仰慕的对象，同时也是学界批判的靶子，《吾学编》和《皇明通纪》亦然。下文兹以郑晓《吾学编》和陈建《皇明通纪》为例，分析明代学者是如何评判当代史家史著的。

（一）对郑晓《吾学编》的批评

郑晓（1499—1566），浙江海盐人，著有《吾学编》六十九卷、《今言》四卷、《郑端简公文集》十二卷等②。尤其是《吾学编》对明代史学影响较大，万历间，彭宗孟称《吾学编》刊出后，"衣被海内，兰台石室间，多所取衷，以备一代典制"③。钱茂伟言《吾学

①　李维桢：《大泌山房集》卷十一《弇州集序》，《四库全书存目丛书》集部第150册，齐鲁书社1997年版，第526页。

②　按：目前学界对郑晓《吾学编》研究主要有：钱茂伟《论郑晓〈吾学编〉》主要论析《吾学编》的编纂体例、篇章结构及其历史地位（《浙江学刊》1996年第1期）；简硕成《郑晓〈吾学编〉之研究》主要论析《吾学编》的编纂特点及其史学价值（台湾"中央大学"硕士学位论文，2006年）；陈美玲《郑晓与〈吾学编〉》主要论述《吾学编》的刊刻情况、史料来源、编写体例及内容特点（内蒙古师范大学硕士学位论文，2007年）；顾佳艺《郑晓〈吾学编〉的史学研究》主要论述郑晓的生平、《吾学编》的编纂思想及郑晓的年谱（复旦大学硕士学位论文，2012年）。上述文章中已经论及明代学者对《吾学编》的评价，但未予系统论述。

③　《重刻〈今言〉引》，郑晓：《郑端简公今言类编》，商务印书馆1936年版，第1页。按：姚希孟和弟子马胜千讨论读书时，指出《吾学编》"尤不可不观"（《文远集》卷十四《马简讨胜千》，《四库禁毁书丛刊》集部第179册，北京出版社2000年版，第451页）；万历间，孙鑛举行读书会，"共订读书约，欲兼通今古，先读《经济录》《吾学编》，次乃读左氏传、班范诸史。《经济录》者，新安人所辑明兴以来诸名公书疏也；而《吾学编》者，郑端简公所纂我朝史。今书日一卷，古书半之。各以意加评点，十日为期"（《居业次编》卷五《湖广布政使司右参议云龙蒋公墓志铭》，《四库禁毁书丛刊》集部第126册，北京出版社2000年版，第287~288页）。梅鼎祚《答鲍令君》中，建议所读之书，"考古则司马之《资治通鉴》、荆川之《史纂》《左编》，通今则《吾学编》《昭代典则》等，皆当亟读，是外文选诸书，烦难胜载，殆词赋雕虫之技也，亦愿君侯之图其远且大者而已"（《鹿裘石室集》卷六十三《答鲍令君》，明天启三年玄白堂刻本）。由此可见，《吾学编》影响之大。

编》是一部"简明明史"或"明史简编"，"第一部用篇卷体写成的明史著作，它曾经影响晚明整整一个时期的史学发展"①。此论所言极是，明代许多史著对《吾学编》进行征引、辨析，如焦竑《熙朝名臣实录》《国朝献征录》、雷礼《国朝列卿纪》、李贽《续藏书》、屠叔方《建文朝野汇编》、张朝瑞《皇明贡举考》、张燮《东西洋考》、赵士喆《建文年谱》、邓元锡《皇明书》、黄景昉《国史唯疑》、尹守衡《皇明史窃》、过廷训《本朝分省人物考》②、朱国祯《皇明史概》③对《吾学编》征引较多，王世贞的相关著述对《吾学编》征引辨析亦多。

1.《吾学编》的编纂体例

《吾学编》从编纂体例上看，依纪传体的本纪、世家、列传、书、表而言，《吾学编》中有本纪、列传、书及表。如本纪有《大政记》十卷、《逊国记》一卷；传有《名臣记》三十卷、《逊国臣记》八卷、《四夷考》二卷、《北虏考》一卷；书志有《天文述》一卷、《地理述》二卷、《三礼述》二卷、《百官述》二卷；表有《同姓诸王表》二卷、《异姓诸侯表》一卷、《直文渊阁诸臣表》一卷、《两京典铨表》一卷。但上述内容又和司马迁《史记》中所创纪传体的体例有一定的区别，学界对此已多有论析④。

---

① 钱茂伟：《论郑晓〈吾学编〉》，《浙江学刊》1996 年第 1 期。

② 过廷训：《本朝分省人物考·凡例》中言其在纂述时参依郑晓《吾学编》(《续修四库全书》第 533 册，上海古籍出版社 2002 年版，第 20~21 页)。

③ 按：朱国祯在《皇明史概·皇明大政记引》中言纂述《皇明史概》时参考了实录及《吾学编》(《续修四库全书》第 428 册，上海古籍出版社 2002 年版，第 513 页)。

④ 钱茂伟将《吾学编》的编纂体例归结为"篇卷体"或"分类体"(《浙江学刊》1996 年第 1 期)；陈美玲认为"《吾学编》是一部在体例上有所改动和创新的史著，但仍未超出纪传体的大范畴"(《郑晓与〈吾学编〉》，内蒙古师范大学硕士学位论文，2007 年，第 10 页)。顾佳艺指出《吾学编》属于纪传体，且认为这种体例的出现，"是针对抄袭摘编风气的一种反动，在明代中期史学思潮变化尤其是史著体例的突破上无疑是有开创意义的"(《郑晓〈吾学编〉的史学研究》，复旦大学硕士学位论文，2012 年，第 19 页)。

目前学界认为《吾学编》的编撰体例属于"篇卷体""分类体"或是对纪传体的改写。在明代学者的心目中，《吾学编》的编纂体例又是如何呢？

冯琦《国朝典汇序》认为对明代历史载记比较好的著作，当属郑端简《吾学编》和黄恭肃《昭代典则》，"端简取法子长，恭肃规摹左氏，独《宪章》、《类编》一书分门汇载，而惜乎其未备也"①；王惟俭称"明兴以来，载笔不乏，至于纪传之体，独郑端简《吾学编》耳"②；邓元锡言"郑端简晓，法正史，作《吾学编》……义类森然，为明史记"③；祝世禄称"至若文直事核，纲举目张，纪考传表，体裁具而道法兼，其《吾学编》乎"④。

对于《吾学编》的体例，整体而言，冯琦认为是模仿《史记》而作，王惟俭称其为纪传体，邓元锡言其效法正史，以"明史记"称之。而对于《吾学编》中的具体篇章，如《大政记》，雷礼认为其是效仿朱熹《通鉴纲目》，"以岁系月，各为一记"⑤。因明代前叶，相关著述在体例方面以纲鉴体、摘抄体为主，而《吾学编》这种纪传体史书的出现，无异为一潭死水的明代史坛投入一块醒石，故而冯琦等人对其评价甚高。但是义理化史学潜移默化的影响，使《吾

---

① 《国朝典汇序》，徐学聚：《国朝典汇》，书目文献出版社 2002 年版，第 1 页。

② 《黄安期跋》，王惟俭：《史通训故》，《续修四库全书》第 447 册，上海古籍出版社 2002 年版，第 427 页。

③ 邓元锡：《函史》卷十三《经籍记》，《四库全书存目丛书》史部第 28 册，齐鲁书社 1996 年版，第 283～284 页。按：清代《军机处奏准抽毁书目》中言"查此书系明郑晓撰，晓长于史学，此书乃述明九朝事迹，略仿正史之体"（姚觐元编：《清代禁毁书目》（附补遗），商务印书馆 1957 年版，第 87 页）。

④ 《祝世禄序》，黄允昇：《昭代典则》，《续修四库全书》第 351 册，上海古籍出版社 2002 年版，第 3 页。

⑤ 《吾学编序》，郑晓：《吾学编》，《四库禁毁书丛刊》史部第 45 册，北京出版社 2000 年版，第 3 页。按：郑履淳在《吾学编序略》中称："《大政记》放朱子《纲目》及本纪，然纲且未敢备，况目乎？"

学编》在具体篇章的处理上，仍带有难以抹去的痕迹。

2.《吾学编》的史料择取

私人修史常常因修史者自身所处地位的限制，一定程度上会影响到其对资料的占有度，例如杜佑历经数朝、屡居显要，这种经历对于撰写《通典》便是非常有益的帮助。而郑晓年轻时，"无书不读，所读必可裨用。少壮入仕，益谙我典，常质彼文宪。耳目见闻，咸类纪之。博古则约其精，征今则核其备"①，中浙江乡试第一，登进士后，曾经在兵部、吏部、刑部等重要部门任职，"谙悉掌故，博洽多闻"②。郑晓的知识储备及其任职阅历，对编纂《吾学编》很有帮助。

雷礼曾与郑晓为同事，两人在学术上交流亦多，称其"博洽伏宇内"③。明代以博学著称的焦竑曾言"士大夫学问以国朝制度典章为第一，近世宋文宪之外，郑端简、雷司空皆其人也"④。万历年间，拟修国史时，焦竑认为在资料收藏方面，郑晓的藏书对修史很有帮助，"承见谕种种，皆大有关涉，即以告之总裁公，搜讨收入外，有载籍可资采择者更望一二见示。郑端简公最名通今，其家国朝典故之书必多，丈一为转问其目，仆自托人就其家传写之"⑤。在焦竑给钱太学的书信中，可见郑晓之博学多识。因此，姚士麟对《吾学编》题曰"吾盐郑端简公《吾学编》，以审慎质直为国朝信

---

① 《郑履淳叙略》，郑晓：《吾学编》，《四库禁毁书丛刊》史部第45册，北京出版社2000年版，第6页。
② 张廷玉等：《明史》卷一九九《郑晓传》，中华书局1974年版，第5274页。
③ 《吾学编序》，郑晓：《吾学编》，《四库禁毁书丛刊》史部第45册，北京出版社2000年版，第2页。
④ 焦竑：《焦氏澹园集》卷十三《答钱太学》。
⑤ 焦竑：《焦氏澹园集》卷十三《答钱太学》。

史第一"①。

当然，亦有对《吾学编》史料择取方面持不同看法的。王世贞指出"今野史惟郑端简《吾学编》最核而正，惟年表列传言王文端为少师误耳。文端实为少傅不及加少师也。杨大理为余言端简尝举二事，张英公懋欲及生存见封爵，武庙封宁阳王至，次日而殁。梁俭庵材为户书曰，上令覆监吏部都察院考察科道，余力拒之，以为无此事。杨不信也。《吾学编》不载郑公，亦自知其误传耳"②。王世贞一方面赞誉《吾学编》史料之核，同时，也指出其在记载方面的脱漏之处。

3.《吾学编》的叙事艺术

历史撰述涉及内容叙述的繁简问题，从宏观角度了解历史事实而言，简编历史更易使人接受；从保存史料了解史实发展过程而言，详细的载记更易使人明晓。叙事繁简可考察每一位史家是否得当处理史料，也可审视每一位批评者鉴赏史著的角度。

明代学者批评《吾学编》的叙事手法，多持客观态度，亦有完全否定的评析。

> 简严得体，独海盐《吾学》一编，其言极雅驯，而淘汰过精，令读者肃如，损飞动之趣。③
> 夫明书如端简《吾学》，方山《宪章》，皆简严有体，间参之实录，惜多遗略，国史难于载笔，谀则失。④

---

① 姚士麟：《吾学编余题辞》，《中国野史集成》(37)，巴蜀书社 1993 年版，第 362 页。

② 王世贞：《弇州四部稿》卷一百七十九说部，明万历刻本。

③ 《米万钟序》，徐学聚：《国朝典汇》，书目文献出版社 1996 年版，第 11 页。

④ 《周钟序》，姚允明：《史书》，《四库全书存目丛书》史部第 150 册，齐鲁书社 1996 年版，第 7 页。

郑端简公《吾学编》所次《四夷考》，精核简严，居然良史，而根据多略，且编纂亦止于世庙。①

按：米万钟、周钟及茅瑞徵在评析他人著述或自序中，都指出《吾学编》叙事优点在于"简严得体"，同时也批评这种"简严"导致故事情节的阙失或历史记载的遗漏。而薛应旂则直接批判《吾学编》"效纪传而断落"②，王夫之批评郑晓"自命作者，而一往芟夷，如耘莠稗，并良苗而拔之"③。

《吾学编》在明代私人修史中的地位，与《史记》《汉书》在中国传统正史修撰中的典范作用一样，是一个标杆。明人在评价其他史著时，常常将《吾学编》放在一起，项笃寿称"世谭昭代文献者，无虑数家，大都略同，而文直事核则端简郑公《名臣记》及古和雷公《列传》为详"④。陈山毓《正史序》言明朝史著时，论曰："端简之《吾学编》，徵君之《皇明书》最善。郑氏简质，上嗣国志；邓氏朗畅多独造，成一家言。而郑编其文略弗具，邓书自有《函史》，故表志缺，然此其未备者也。"⑤项笃寿将雷礼《国朝列卿纪》和《吾学编》放在一起并誉，陈山毓把邓元锡《皇明书》与《吾学编》纳在一块比较，一定程度上反映《吾学编》在明代学者心目中的地位。

---

① 《茅瑞徵序》，茅瑞徵：《皇明象胥录》，《四库禁毁书丛刊》史部第 10 册，北京出版社 2000 年版，第 558 页。
② 《宪章录序》，薛应旂著，吴丰培整理：《宪章录》，全国图书馆文献缩微复制中心 1988 年版。
③ 王夫之：《明纪野获序》，《王船山诗文集》，中华书局 1962 年版，第 659 页。
④ 《今献备遗原序》，项笃寿：《今献备遗》，《景印文渊阁四库全书》第 453 册，台湾"商务印书馆"1986 年版，第 504 页。
⑤ 《正史序》，陈山毓：《陈靖质居士文集》，《四库禁毁书丛刊》集部第 14 册，北京出版社 2000 年版，第 621 页。

（二）对陈建《皇明通纪》的批评

陈建（1497—1567），广东东莞人，著有《皇明通纪》《皇明启运录》《学蔀通辨》等书。在陈建所撰诸书中，《皇明通纪》对明代史学影响最大，目前学界对其研究较多①。

1. 从史料内容方面

陈建《皇明通纪序》曾言"自念素性有癖焉，自少壮时，癖好博览多识。解组归山林，日长。每翻阅我朝旧制，洎迩来诸名公所撰次诸书，凡数十余种，积于胸中，久之不能自制"，撰成《皇明通纪》②。从陈建简短的自述中，可以略窥其参阅史料之广。邓元锡称陈建仿荀悦《汉纪》撰《皇明通纪》，"于人才、风俗、政体、边防

---

① 按：目前学界对陈建《皇明通纪》的研究有：向燕南《陈建〈皇明资治通纪〉的编纂特点及影响》（《史学史研究》1993 年第 1 期）主要探究《通纪》编纂体例、撰写主旨、史论特点及其对明代的影响；钱茂伟《陈建〈通纪〉及续补诸家略考》（《文献》1993 年第 3 期）主要介绍了陈建《通纪》产生后，相关史家对《通纪》的续补情况。《〈通纪〉：一部富有时代光泽的史著》（《浙江学刊》1994 年第 1 期）主要论析《通纪》中陈建"按语"的核心价值及《通纪》在明代史学史上的影响。《〈通纪〉历史叙事的特点与成就》（《中国社会科学院研究生院学报》2007 年第 5 期）指出《通纪》的叙事特征在于选用纲目体、注重要点概括、叙事具体生动、重视历史的理解诠释及内容详略适当，并简要概述《通纪》叙事特点的影响。《陈建〈通纪〉书名与版本考》（《古籍整理研究学刊》2008 年第 3 期）详述发现陈建《通纪》的经过、《通纪》全称的变化、《通纪》原刻本的特征、《通纪》遭禁及重刊情况。该文对于了解《通纪》的不同版本颇有裨益；孙卫国《〈皇明通纪〉及其续补诸书对朝鲜之影响》（《中国史研究》2009 年第 2 期）主要探究明代中后期学者对陈建《皇明通纪》的续补情况及其在朝鲜的传播与影响；庄兴亮《明代史家陈建的学术生平及其〈皇明通纪〉研究述评》（《史学史研究》2013 年第 4 期）主要探讨陈建的生平及《皇明通纪》存世版本情况；杨绪敏《〈皇明通纪〉续补诸作考述》（《古籍整理研究学刊》2014 年第 1 期）主要论析《皇明通纪》续补之作的内容及其撰写特点。其中着力最多的当属钱茂伟先生。但学界对明代学者如何评价《皇明通纪》进行系统研究的较少。
② 陈建：《皇明通纪序》，《皇明通纪》，中华书局 2008 年版，第 1 页。

三致意焉，视宋李焘《长编》有过无不及矣"①。

但是，在编修国史，选择资料时，管绍宁《修国史实录玉牒疏》指出诸如《通纪》等私人修史，属于"众喙争鸣，百家兢胜，人非公正，或挟郤而多诬，身未轩墀，或轻听而多舛"，皆悉"鄙俚""纰缪"，史官应该"以实录为根据，而余止旁参，一切丛谈、野记概置不录"②。

沈德符也认为《皇明通纪》所载"国初以至正德事迹，皆采掇野史及四方传闻，往往失实"，并指出隆庆间，给事中李贵和以陈建私自修史，"以一人闻见，荧惑众听，臧否时贤，若不禁绝，为国是害非浅"，曾向朝廷上奏禁毁《皇明通纪》一书，朝廷下令焚毁此书。对于此事，沈德符评曰：

> 按此书俚浅舛讹，不一而足，但板行已久，向来俗儒浅学，多剽其略，以夸博洽，至是始命焚毁，而海内之传诵如故也。近日复有重刻行世者，其精工数倍于前，乃知芜陋之谈，易入人如此。③

按：在沈德符的心目中，《皇明通纪》记载"往往失实""俚浅舛讹"，而明代学者却对此书喜爱有加，即便朝廷命令禁毁，仍是"传诵如故"，甚至重刻者精于原本。沈德符得出的答案是"芜陋之谈"容易被人接受，此说颇为牵强，难以服人。但明代著名史家谈迁在《国榷义例》中言"天启辛酉，值内艰，读陈建《通纪》，陋之"。范守己称"居常念陈氏《通纪》草次亡文，采摭虽云不苟，而

---

① 邓元锡：《函史》下编卷十三《经籍记》，《四库全书存目丛书》史部第28册，齐鲁书社1996年版，第284页。

② 管绍宁：《赐诚堂文集》卷六《修国史实录玉牒疏》，《四库未收书辑刊》第6辑，第26册，北京出版社2000年版，第199~200页。

③ 沈德符：《万历野获编》卷二十五《焚通纪》，中华书局2007年版，第638页。

芜俚可厌"①。谈迁、范守己瞧不上《皇明通纪》的原因亦是其记载失真。

为何邓元锡与管绍宁、沈德符、谈迁、范守己对《皇明通纪》的评价反差极大，其因在于后者认为陈建位卑，没有机会参阅当时机密档案——《明实录》，其所载属于道听途说，可信度不高。管绍宁等人以此来评判《皇明通纪》并非无道理，但以此完全否定之，则似乎太过绝对。钱茂伟经过详细分析，指出《皇明通纪》参依过《明实录》，其史料"以政书、方志、编年史、传记、杂史笔记、文集、奏疏为主"，"既有从中央到地方各级政府修的作品，也有私人修的作品"，"以今天的眼光来看，《通纪》仍具有一定的史料价值"②。钱茂伟的这种解释可以说厘清了为何《皇明通纪》在明代受到众多指责，却又传播不衰的现状。

2. 从编纂体例方面

陈建在《皇明通纪前编序》中称在撰写《通纪》之前，已撰有《皇明启运录》，其自言撰述《通纪》的目的"非敢自谓昭代成史，乃为后之秉笔君子属稿云"③。即陈建所撰《皇明通纪》在明代私人修史领域里属于开先河之作，系纲目体编年史④，记载了至元到正德期间的相关历史，是明代第一部私人修撰的当代通史⑤，"是明朝一

---

① 范守己：《皇明肃皇外史序》，《四库存目丛书》史部第52册，齐鲁书社1996年版，第3页。

② 钱茂伟：《皇明通纪·前言》，陈建：《皇明通纪》，中华书局2008年版，第35~36页。

③ 高汝栻：《皇明通纪法传全录》，《续修四库全书》第357册，上海古籍出版社2002年版，第12页。

④ 钱茂伟：《皇明通纪·前言》，陈建：《皇明通纪》，中华书局2008年版，第29页。钱茂伟在前言中又称："陈建《通纪》作为第一部叙事型明代编年史，出手就不凡，曾影响了晚明史坛近百年时间，是一部富有时代光泽的作品。"

⑤ 钱茂伟：《〈通纪〉：一部富有时代光泽的史著》，《浙江学刊》1994年第1期。

流的史学名著"①。晚明史家瞿九思读《皇明通纪》之后，"自譬为国家聋瞽，至是始有目有耳"②。

对于《皇明通纪》的撰写体例，沈国元称"览者以其编年叙事，文顺义明，遂推为本朝典故权舆"③。江旭奇《皇明通纪集要凡例》："国朝明良相继圣谟贤烈，超轶千古，在朝在野，津津纪述者不下百余家。虽识大识小均足仰赞一班，然编年叙事，义理详明，当以陈建《通纪》为得体。第草创之初，不无芜漏，今为广采诸家而合订之。汰有余补未备，或者繁简为庶几耳。《通纪》自洪武起至正德止，今复采诸家以嘉隆至天启五朝续焉，庶成全纪，以便观览。"④江旭奇赞同沈国元所言《皇明通纪》编纂之优点，同时又指出其在史文繁简及脱漏方面的问题，两者在批评《皇明通纪》的基础上，又分别续补《皇明通纪》。

陈建以自己独特的书写体例，把明代前期一百多年的历史展现给世人，为明人私修当代史树立了典范，江旭奇《皇明通纪集要》、沈国元《皇明资治通纪》《皇明从信录》、屠衡《明通纪述遗》、高汝栻《皇明通纪法传全录》、董其昌《皇明通纪全书》、陈龙可《皇明实纪》等，系对陈建《通纪》的模仿及续写，足见《通纪》在明代的影响⑤。因此，谢国桢言："明代史学，自陈氏通纪流传宇内，人各操觚，遂成一时风气。其自作一书者，若薛应旂《宪章录》、郑晓

---

① 钱茂伟：《陈建〈通纪〉书名与版本考》，《古籍整理研究学刊》2008年第3期。

② 陈伯陶：《东莞县志》卷五十八《陈建传》，台湾成文出版社1967年版，第2196页。

③ 沈国元：《皇明从信录总例》，《续修四库全书》第355册，上海古籍出版社2002年版，第3页。

④ 《皇明通纪集要凡例》，江旭奇：《皇明通纪集要》，《四库禁毁书丛刊》史部第34册，北京出版社2000年版，第7页。

⑤ 按：有关陈建《皇明通纪》对明代史著的影响，可参见向燕南《陈建〈皇明资治通纪〉的编纂特点及影响》（《史学史研究》1993年第1期）、钱茂伟《陈建〈通纪〉及续补诸家略考》（《文献》1993年第3期）、杨绪敏《〈皇明通纪〉续补诸作考述》（《古籍整理研究学刊》2014年第1期）。

《吾学编》、朱国桢《皇明史概》、涂山《明政统宗》、王世贞《史料》之类，不可悉举……其续《通纪》之作者尤繁。"①

在史学著述处于万马齐喑、毫无创新的明代前期，郑晓《吾学编》、陈建《皇明通纪》无疑是破冰之作。明代学者在评价其他著述时，常常把《吾学编》《皇明通纪》作为参照物予以类比，故而明代学界对《吾学编》《皇明通纪》评析甚多。除这两本书之外，诸如尹守衡《皇明史窃》、焦竑《国朝献征录》、雷礼《国朝列卿纪》、王世贞《弇州史料》、何乔远《名山藏》、李贽《藏书》《续藏书》、邓元锡《函史》《皇明书》、朱国桢《皇明史概》等史著亦是学界关注的对象，学者大多从编纂体例和史料价值两个方面评判之。这些著述基本上属于纪传体和编年体，在明清的著述目录中多以"正史"编目，属于明人私修正史的范畴，明代学者的批评情况可谓展现了其对"国史"的个体担当。

三、明代学者对明代私人修史的整体批评

中国传统社会里，修史是一件比较困难的事情，需要诸多必备因素，诸如优秀的史家、丰富的史料、宽松的修史环境、雄厚的物质保障、宽裕的撰修时间等。而明代能够反映国家记载的历代实录，"仅纪邸报所列，至大臣小传，仅书平生官爵，即有褒贬，往往失实，以故有志述史者，未免望洋而返"②。这些实录，"不传于天下也，非不欲传也，以卷帙烦多誊写惟艰，欲传而不易也。以禁阁严邃，外人罕至，欲传而不能也"③。还有特殊的政治环境，

---

① 谢国桢：《晚明史籍考》卷一，华东师范大学出版社 2011 年版，第 38 页。

② 沈德符：《万历野获编》卷二十五《焚通纪》，中华书局 2007 年版，第 639 页。

③ 《皇明实纪叙》，陈龙可：《皇明二祖十四宗增补标题评断实纪》，《四库禁毁书丛刊》史部第 32 册，北京出版社 2000 年版，第 2~3 页。

如"革除间，史臣远嫌，不纪建文之事，以致四年政令阙而不传"①。对此，陈懿典称"今之载列多属生存，即勇于笔而健于舌，岂能皆直达无婉转乎?"②故而，陈仁锡感叹，"历代史难，而昭代史尤难之难"③。明代学者不仅指出修史之难，同时，对明代私人修史的整体的状况评价甚多，斥责多于褒扬，如李维桢《史料序》中言"本朝无史，而以《实录》为史，有识者病之。野史因是纷然错出，或失于寡闻，或失于好异，或失于偏信"④。晚明史家谢肇淛甚至言"今之作史，既无包罗千古之见，又无飞扬生动之笔，只据朝政家乘，少加润色，叙事惟恐有遗，立论唯恐矛盾，步步回顾，字字无余，以之谀墓且不堪，况称史哉!"⑤

(一)批评私人著史信笔任口，执己见

明代学者反思当代史的著述情况时，指出著史之繁，观点之异，是其特点，亦是弊病。

卫承芳《明政统宗序》言："明无史，非无史也，夫人而能为史也。夫人能为史，何以无史? 弇州氏言之矣：'国史之人恣，野史之人臆，家史之人谀。谀者可以盖小人，恣者不免诬君子。臆者可以乱一时耳目之实，恣者不免淆万世斧衮之公。'"⑥卫承芳认为明代私人著史甚多，人各为言，错乱纷呈，终致无史。沈德符指出

---

① 《革除逸史自序》，朱睦㮮：《革除逸史》，《中华大典·历史典·史学理论与史学史分典》第三册，上海古籍出版社 2007 年版，第 398 页。

② 《两朝从信录序》，沈国元：《两朝从信录》，《续修四库全书》第 355 册，上海古籍出版社 2002 年版，第 1~2 页。

③ 《皇明实纪叙》，陈龙可：《皇明二祖十四宗增补标题评断实纪》，《四库禁毁书丛刊》史部第 32 册，北京出版社 2000 年版，第 2~3 页。

④ 《史料序》，王世贞：《弇州史料》，《四库禁毁书丛刊》史部第 48 册，第 422~423 页。

⑤ 谢肇淛：《五杂俎》卷十三，辽宁教育出版社 2001 年版，第 277 页。

⑥ 《明政统宗序》，涂山：《明政统宗》，《四库禁毁书丛刊》史部第 2 册，北京出版社 2000 年版，第 93 页。

"本朝史氏失职，以故野史甚夥，如弇州《史乘考误》所列，其不足据明甚。而仇口污蔑，颠倒是非，又有弇州所不及见者"①；郭正域《皇明大政纪序》言万历时，准备开馆修正史，私人所修史，"始得网罗以出，亡虑数十百家。大都如元美所谓修隙以灭公是，逞己以淆独非，剿时耳遂为目，信人舌用为笔。又或改事之非而称是，掠人之美而归己。若今家乘墓谀之遗文，致不足凭也"，所刊行诸书，"自为鹰扬，而随有雌黄，古人致论目睆不由然哉"②；沈长卿则直言"《皇明大政纪》、《吾学编》、《宪章录》，多耳食、多苛论、多仇笔，不足示信，后之修史者勿据为成案可也"③；陈登云《两朝宪章录序》言："世之以纂述自号者，其弊多端。一则挟隙而多诬，其著人非能称公平，徒寄雌黄云耳；一则轻听而多舛，其生长闾阎间，不能度越耳目谬闻而遂述之；一则好怪而多诞，或创为奇异以媚人之好，不核而遂书之。是数者尚不足以称野史推一家言，而况可以为昭代之实录，备亿祀之型范哉？"④

对于明代私人修史之状况，卫承芳称人自为史，沈德符言"仇口污蔑，颠倒是非"，郭正域云"逞己以淆独非"，沈长卿称"多苛论、多仇笔"，陈登云则言"多诬""多舛""多诞"，这些史家一致认为明代私人修史之弊在于常常秉持己见，信口雌黄，而忽视历史事实的真实性。因此，涂山《明政统宗凡例》言"论史之为职要，秉天下之公心以裁天下之公典"⑤。即提倡修史以公心，反对私见。

---

① 沈德符：《万历野获编》卷二十五《私史》，中华书局 2007 年版，第 631 页。
② 《皇明大政纪序》，雷礼：《皇明大政纪》，《续修四库全书》第 353 册，上海古籍出版社 2002 年版，第 301~303 页。
③ 沈长卿：《沈氏日旦》卷十，明崇祯刻本。
④ 《两朝宪章录序》，吴瑞登：《两朝宪章录》，《续修四库全书》第 352 册，上海古籍出版社 2002 年版，第 496 页。
⑤ 《明政统宗凡例》，涂山：《明政统宗》，《四库禁毁书丛刊》史部第 2 册，北京出版社 2000 年版，第 107 页。

(二) 批评私人著史水平低下，错谬多

清代人指责明人修史水平低下，常常讥其肆意摘抄，错谬迭见，这种观点不一定完全正确，但也并非毫无道理。兹举晚明学者对明代私人修史的评价如下。

祝世禄称："夫家史兴而善失真，美而溢者也；野史兴而善涉谬，传而误者也；稗史兴而善入伪，琐而鄙者也。以余所概见，东莞《通纪》矣，猥管杂而观欲吐；京山《洪猷》确矣，断取节而时代阕焉；毗陵隽李《宪章》矣，一仅提纲而阔于节目，一逞胸臆而鳌于事；至弇州以论著高一代，国故家乘异同亡所不订，阙疑无所不考，沾沾命世。自左史而下，若范、陈诸人，不胜乙而衙官之，及其《别集》出，掇拾断烂，附益成文，盲史腐令，不寂寂揶揄乎哉！以此言史，史何容易。"①查继佐言："国初实录时或有爱憎，且存忌讳。《通纪》略矣。《吾学编》太质，以四六横纵故事，情未挚。《史概》信而芜，史料勤细，故良备，然似酷仿太史公文法。《明书》非自见之笔。嗟乎！难矣。"②

祝世禄、查继佐从识见、繁简、体裁、史料、叙事诸方面，批评明代私人修史的弊端。故喻应益言"野史之繁，未有多于今日者，然见闻或失之疏，体裁或失之偏，纪载或失之略，如椽阙焉"③；张岱甚至指责，"第见有明一代，国史失诬，家史失谀，野史失臆，故以二百八十二年总成一诬妄世界"④。

明末吴江才子吴炎对于明代史学状况比较了解，他在给陆丽京、钱谦益的书信中，主要论析明代史学之弊。吴炎《答陆丽

① 《祝世禄序》，黄允昇：《昭代典则》，《续修四库全书》第351册，上海古籍出版社2002年版，第2~3页。
② 沈起、陈敬璋撰，汪茂和点校：《查继佐年谱》，中华书局1992年版，第115页。
③ 谈迁：《国榷》，古籍出版社1958年版，第4页。
④ 张岱：《琅嬛文集》卷一《石匮书自序》，浙江古籍出版社2013年版，第3页。

京书》：

> 徒以有明一代纪载之书，舛错不伦。其成部者，如海盐《吾学》一编，文章简质，颇近陈寿，而未睹国史，记洪、建间事多谬，悠其所为传，抑何似家状墓志删本也；太仓能驳海盐之失。二史考误援据甚核，及操笔纪述，又辄以己意高下其手。即如《嘉靖以来首辅传》，其生平得意笔也，而传华亭、江陵之事，溢美溢恶多不足信。彼方身历其朝，目睹其行事，而犹若此。他又何怪？至如晋江之《名山藏》，盱江之《皇明书》，乌程之《史概》，率多嗜奇无识，引断失据，皆足以害史。而东莞陈氏《通纪》，闻之先正，本出梁文康介弟托之，子虚乌有之。陈建颠倒谬乱天下之耳目，为其所鼓簧者殆数十年，虽明诏毁禁而莫之能止。呜呼！作史者而尽若是，将使三百年之积德累仁、丰功厚业及其所以废兴存亡之故，胥委之草莽也。①

按：吴炎给陆丽京的信中，首先概括明代私人修史的状况是"舛错不伦"；其次，分别分析郑晓《吾学编》、王世贞《史乘考误》《嘉靖以来首辅传》、何乔远《名山藏》、邓元锡《皇明书》、朱国祯《皇明史概》、陈建《皇明通纪》之缺憾，《吾学编》记事"多谬"，《嘉靖以来首辅传》"多不足信"，《名山藏》《皇明书》《皇明史概》"嗜奇无识，引断失据，皆足以害史"，《皇明通纪》"颠倒谬乱天下之耳目"；最后，又感叹皆若如此，一代国史将会"委之草莽也"。

---

① 吴炎：《吴赤溟先生文集》之《答陆丽京书》，国学保存会 1906 年版，第 37~38 页。按：吴炎给钱谦益的信中亦谈到《吾学编》及《名山藏》，称《吾学编》"为传止叙其官爵迁降，存没岁月后，乃稍著其人短长，虽名大臣寥寥数言，殊不足示后世"，《名山藏》"时时出己见，纵横论列，斐然成章，然喜百官小说，多诞罔不经，亦不得为信史"，故而吴炎想自己撰写《明史记》（《吴赤溟先生文集》，国学保存会 1906 年版，第 33 页）。

在明代学者眼中，明代私修当代史整体不尽人意，错谬较多，学者纷纷予以指瑕。同时，亦有学者在追寻造成此种现象的原因，如李维桢曾言"本朝史职废，列圣《实录》于臣下事不详，而野史杂出，韦布之士不尽谙朝章，荐绅之伦不尽负史才。信耳者不审于时势，见小者不关于大体，修词者不当于故实，甚乃苛责深文，恣臆冥决……古人多闻阙疑，与人不求备之意，泯灭澌尽矣"①。李氏从史料来源、史家水平及撰史态度方面指出明代史学之弊的原因，颇有道理。

四、明代史家对明代私人修史批评诸问题探析

2007 年上海古籍出版社出版的《中华大典·历史典·史学理论与史学史分典》共三大册，系研究中国古代史学理论与史学史的史料渊薮，其中有一个部类为"史学批评部"，分为"综论"和"分论"。"分论"包含"史学批评标准""史学批评方法"及"杂论"，这些内容虽然不能包含所有史学批评的内容，但一定程度上可视作史学批评史料的代表性体现。其中收录明代史学批评内容的条目为57 条，其内容源自文集、笔记及相关著述的序跋，而源于序跋的有 24 条，占 42. 2%，这说明相关史著的序跋系明代史学批评史料的一个主要来源。鉴于此，笔者将涵盖有史学批评内容的明代史著序跋予以搜集，涉及 82 种著作、154 篇序跋，结合部分文集、笔记中的史学批评内容，制成《明代学者对当代史家史著批评一览》②，借以分析明代史家对明代私人修史批评中存在的问题。诸如在本章第一部分、第二部分中，论及相关序跋中对《世史正纲》《季汉书》《吾学编》《皇明通纪》的批评时，发现其内容多以褒扬为主，而在第三部分"明代学者对明代私人修史的整体批评"中，明

① 李维桢：《大泌山房集》卷八《续藏书序》，《四库全书存目丛书》集部第 150 册，齐鲁书社 1997 年版，第 468 页。
② 参见附录二《明代学者对当代史家史著批评一览》。

代学者却是贬斥者多，赞誉者少，其因何在？这主要是批评者与被批评者的关系所致。这就出现由于批评者的立场、角度各异，即使对同一部史著，亦是智者见智，仁者见仁，褒贬各异。

(一) 鉴于批评主体之分析

从批评主体而言，如果系自序者，即为自己的著述作序，亦分两种情况：其一，续写或补写他书；其二，新作或独创。

如果是续写或补写的，多是先褒后贬。如高汝栻《皇明法传录嘉隆纪》是补续《皇明通纪》，他在《嘉隆两朝小引》中言"陈东莞辑《皇明通纪》上自太祖，下迄武宗，览者以其编年叙事文顺理明，遂推为本朝典故权舆。然繁简之间，长故未免鹤颈，短亦或为凫足也。予取《典则》、《统宗》、《史料》诸书，增其不足，删其腐冗，则所以扬翊圣明，铺张盛治者真可法而可传矣。嘉隆之盛，东莞无纪，补之者为卜为支"①；吴瑞登所著《两朝宪章录》是对薛应旂《宪章录》的续写，吴瑞登对《宪章录》评曰"参之列圣宝训、实录与夫馆阁名公诸集数十种，乃克就编，义例正大，书法谨严，足以为他日征信者之左券。然事增文省，博士家尚以《新唐书》之病病焉。……兹者比次嘉靖、隆庆两朝以续应旂之尾，庶几中兴伟烈斓然彪炳"②。通过对自己续写对象的先扬后抑，即先褒扬自己所续写史著的价值，然后又批评其存在的不足，接着介绍自己的改进完善之处，由此来展现自己作品的价值。

如果是自己重新撰写或独创的，一般是过多贬低学界相关著述。如薛应旂撰有《宪章录》，他在《宪章录序》中言"迩来见《通纪》仿编年而芜鄙，《吾学编》效纪传而断落，遂不辞衰惫，尽出旧

---

① 《嘉隆两朝小引》，高汝栻：《皇明法传录嘉隆纪》，《续修四库全书》第 357 册，上海古籍出版社 2002 年版，第 503 页。

② 《两朝宪章录自叙》，吴瑞登：《两朝宪章录》，《续修四库全书》第 352 册，上海古籍出版社 2002 年版，第 499 页。

所录者，摘什一于千百，汇为斯编，与经世者共之"①。钱士升《皇明表忠记自序》言"综其大者，如《逊国臣记》简而多漏，《朝野汇编》博而寡裁，《忠节录》核矣而取义未精，《拊膝录》详矣而鲁鱼或误。因搜辑诸家，参以逸事，与太常马公鸣起、蔡公思充商榷义例，论次列传。……于圣朝表忠风世之指，庶有补乎?"②王汝南《明纪编年序》言"明之有纪自陈东莞、郑端简而下，代有著述，然皆繁芜，不警惕人心"，希望自己的著述，使"有明一代兴亡不尽昭昭于兹乎"③。薛应旂、钱士升及王汝南均是先指出学界相关史著存在的弊病，然后指出自己的努力所在。

当批评主体系自序者时，这些自序者常常对学界相关著述持贬斥态度，而未言己作之不足。袁中道尝言，此种行为系"能于长中求人之短，而不于短中求人之长"④。恰如谈迁所言"笑古人之未工，忘己事之已拙"⑤。

批评主体系他序者，大体可以分为三类：其一，上司或长辈；其二，平辈友人或刻印者；其三，晚辈及门生。

他序者在作序时，一般先对学界著述予以评点，多是先褒后贬，最终归于赞誉自己所序之著。陈懿典为马维铭《史书纂略》作序时，称"《左编》之作以二十一史为主，而旁搜稗史以成是编，近又有李卓吾之《藏书》、邓潜谷之《函史》，并行于世。然《左编》有义例，而无议论；《藏书》则本《左编》写，独见而为品骘；《函史》外篇以纂八书诸志，内篇以君典臣谟纂本纪、列传。读者于《左

---

　　①　薛应旂：《方山薛先生全集》卷十三《宪章录序》，《续修四库全书》第1343册，上海古籍出版社2002年版，第180页。

　　②　《皇明表忠记自序》，钱士升：《皇明表忠记》，《中华大典·历史典·史学理论与史学史分典》第三册，上海古籍出版社2007年版，第299页。

　　③　《明纪编年序》，钟惺撰，王汝南补：《明纪编年》，《四库禁毁书丛刊》史部第35册，北京出版社2000年版，第50~51页。

　　④　袁中道：《雪珂斋集》卷二十《论史》，上海古籍出版社1989年版，第843页。

　　⑤　《谈迁序》，谈迁：《国榷》，古籍出版社1958年版，第5~6页。

编》则苦其端绪之多，于《藏书》则惊其褒贬之怪，于《函史》则便其代各为系，而尤疑其挂漏之未免"①。而《史书纂略》"盖节取二十一史，而存其大者也，其意与前三家虽相类，而用意周密尤为过之。余受读三叹大都以君为纲，而臣为目，代各相从，洪荒至周不能详，亦不欲遗此三家之所无也。自汉至元，详中之略，略中之详，此与三家同而间异者也"②。胡维元为朱怀吴《昭代纪略》作序时，言"皇明虽有《通纪》，有《典则》，有《实录》诸书，然挂漏者疑于疏，繁芜者伤于赘。公《纪略》简而尽，显而典，龙门之藻，扶风之则，兼有之矣"③。

作序者系上司、为政者或长辈，对所序著作的批评多是充满肯定、鼓励之语，此种批评有一定的参考价值。王襄《皇明十六朝广汇纪》，系其老师为序，其内容为"《汇纪》此刻大率采之《通纪》、《从信》等书，稍加参可，似强项而实虚心，似刑书而实宽政，似一意孤行而实无颠倒是非之咎，似自为异同而实非惊骇奇俗之听"④。李时华、陈登云为吴瑞登的上司，为吴瑞登所著《两朝宪章录》作序时，赞曰"纲举目张，支分胪列，谛而玩之。有敬天法祖之精，有宵旰忧勤之实，有更化善治之大，有厘奸怯弊之详，有安内攘外之略"⑤，"条分缕析，纲举目张……识鉴精核，点画严正"⑥。应櫄系湖广按察使副使提督学政，赞誉廖道南《楚纪》"事

---

① 陈懿典：《陈学士先生初集》卷一《史书纂略序》，《四库禁毁书丛刊》集部第 78 册，北京出版社 2000 年版，第 626 页。

② 陈懿典：《陈学士先生初集》卷一《史书纂略序》，《四库禁毁书丛刊》集部第 78 册，北京出版社 2000 年版，第 627 页。

③ 《昭代纪略序》，朱怀吴：《昭代纪略》，《中华大典·历史典·史学理论与史学史分典》第三册，上海古籍出版社 2007 年版，第 403 页。

④ 《皇明十六朝汇纪序》，王襄：《皇明十六朝广汇纪》，《四库禁毁书丛刊》史部第 42 册，北京出版社 2000 年版，第 8~9 页。

⑤ 《李时华序》，吴瑞登：《两朝宪章录》，《续修四库全书》第 352 册，上海古籍出版社 2002 年版，第 493 页。

⑥ 《陈登云序》，吴瑞登：《两朝宪章录》，《续修四库全书》第 352 册，上海古籍出版社 2002 年版，第 495~496 页。

兼规劝，义存鉴戒，足以信令而传后"①。

作序者系平辈友人，对所序者的批评，多有介绍、赞美之意。吴之鲸系黄汝亨友人，为黄汝亨《古奏议》作序时称"余友黄贞父才情超迈，而能沉之以博识，其于史二十一家，靡所不读，间有扬榷为帐中之秘，未欲示人"②。施凤来为赵维寰朋友，赞赵维寰"慷慨激烈，卓有独见，不顾世眼诽誉。则其智识胆力，君与古人直旦暮神交，乃谓快，古人以自抒其愤懑，何哉?"③周钟称其朋友姚允明"尤工史学，尝自太昊迄胡元，上下数千年间，私以己意，裁括成书，体仍涑水，而缀事属文，删繁就约，间寓论断，折衷诸家，书不盈尺，而往古兴亡，治乱之迹，以及典章制度之沿革，君子小人之进退，要义毕陈，实史家之创体也"④。

作序者系晚辈门生，对所序著作多为极尽褒扬之辞。王兆云称："凤洲先生《笔记》与《卮言》，虽间有采取，然皆存其褒诩者，不敢尽录其弹射者。盖先生掌一代词林衡鉴，故不得不直其笔，不佞后生末学，意惟在扬善耳。他书采取亦然。"⑤因为尊者、为亲者讳，此种批评多有溢美之嫌。徐与参在其父徐学聚《国朝典汇》凡例中言"国朝纪载不啻数百十家，然或以识一时之见闻……考镜者，寻端以究委，有是书在，余不必观"⑥。陈瑞系李遂门生，称

① 《楚纪前叙》，廖道南：《楚纪》，《四库全书存目丛书》史部第47册，齐鲁书社1996年版，第286页。
② 《刻古奏议引言》，黄汝亨：《古奏议》，《四库全书存目丛书》史部第75册，齐鲁书社1996年版，第540页。
③ 《读史快编序》，赵维寰：《雪庐读史快编》，《四库全书存目丛书》史部第144册，齐鲁书社1996年版，第627~628页。
④ 《史书序》，姚允明：《史书》，《四库全书存目丛书》史部第150册，齐鲁书社1996年版，第6~7页。
⑤ 《凡例》，王兆云：《皇明词林人物考》，《四库全书存目丛书》史部第111册，齐鲁书社1996年版，第635页。
⑥ 《国朝典汇凡例》，徐学聚：《国朝典汇》，书目文献出版社1996年版，第18页。

李遂《李襄敏公奏议》"宜其流布宇内，与国史共不朽矣"①。龚一柱自称为杨以仁后学，赞其《读史集》"读史而不克如我维节先生者，犹弗读也。是诚博文约礼，统万归一之学，读之最足快心"②。

另外，还有邀请史官为序，借以提高自己作品声誉的。如谢陛请叶向高为其书作序时，言"子史官也，史之瑕瑜得失于子衷焉，能无为吾一言"③。基于这种情况，叶向高当然不遗余力地赞誉《季汉书》，称其为"史家之正印矣"④。同样，《季汉书》另一位作序者王图亦是史官。此种序跋亦是满足被批评者的心理，多为褒扬之辞。

上述的批评主体均为他序者，此类批评主体多少会与被批评者有一定的联系，溢美之见在所难免⑤。朱之蕃曾为沈越家塾师，为《皇明嘉隆两朝闻见纪》作序时，言"兹其体既典核周详，其词亦雅驯简直。信野史之良足备庙堂之采择者也"，"睹此成书，窃谓当传诸通都亟为流布，以资作史者之参考焉"，盛赞此书后，朱之蕃又称"若以谊切世交，阿私所好，则非臣蕃之义所敢出已"⑥。虽

---

① 《李襄敏公奏汉序》，李遂：《李襄敏公奏议》，《四库全书存目丛书》史部第 61 册，齐鲁书社 1996 年版，第 9 页。

② 《叙读史四集》，杨以仁：《读史集》，《四库全书存目丛书》史部第 148 册，齐鲁书社 1996 年版，第 264~265 页。

③ 《季汉书叙》，谢陛：《季汉书》，《四库全书存目丛书》史部第 30 册，齐鲁书社 1996 年版，第 1~2 页。

④ 《季汉书叙》，谢陛：《季汉书》，《四库全书存目丛书》史部第 30 册，齐鲁书社 1996 年版，第 1 页。

⑤ 按：吴漫《"明人宋史撰述"研究之回顾与前瞻》（《淮北煤炭师范学院学报》2007 年第 5 期）一文论析明代学者对明人宋史著的评价时，指出在编纂义例、编纂目的及史学的认识方面基本持肯定态度。作者参依的标准是从相关序跋中得来，如果细致分析作序者和著书者之间的关系，就不难看出作为他序者群体，一般对所序之书都是持褒扬态度。倘若以此来分析明代学者对明人宋史著的评判，所得结论似乎不太全面。

⑥ 《刻两朝闻见录题辞》，沈越：《皇明嘉隆两朝闻见纪》，《四库全书存目丛书》史部第 7 册，齐鲁书社 1996 年版，第 254 页。

然朱之蕃强调自己对沈越著述的赞誉，并非出自个人关系，但实际上在相关序跋中，这种情况确实存在。因此，这种批评应该审视对待①。

虽被邀请为他人作序，但如果作序者对此方面确有研究，那么此序的批评价值相对较大。李维桢在《晋书南北史合纂序》中称钱岱之书，"窃有会于心焉""余尝欲合南北史为一"，说明李维桢之前亦欲撰写此方面著述，他对两晋南北朝史定会有一定的研究。李维桢称《晋书南北史合纂》"删志而存纪传，复删其事之无关鉴戒、语之支蔓凡猥者，而间采他书，藻秀以埤益之，润色成章，斐然可诵，此所以明文体也"②；林希元与吴朴有一定的交往，林希元著有《荒政丛言》《林次崖先生文集》，在《龙飞纪略序》中称"吴子生长遐荒，糟糠不厌，乃能旁搜穷讨，为是纪，良亦难矣，不亦贤乎？初名《圣朝征伐礼乐书》，予弗善也，为易今名，因为之序"③。这说明林希元对吴朴的著述非常熟悉。类似李维桢、林希

---

① 按：以茅坤批评凌稚隆所为《汉书评林》为例，茅坤受凌稚隆的邀请为《汉书评林》作序，其言为"太学君博搜诸家之说，镌引之间有醇疵相参于班掾之旨，或合或不合者，君并栉而厘之。故君之所自疏者为独多。予虽不能遍读以印可否，而抑可谓勤也已……予独嘉之以请于世之善读两家之书者"（《茅鹿门先生文集》卷十四《刻汉书评林序》，《续修四库全书》第1344册，上海古籍出版社2002年版，第652页）。但茅坤在自己所刻《汉书钞》的自序中则认为"予郡凌氏刻《汉书评林》，予览其所镌评处，大略绵蕞先代儒绅所别为论列，而并及近年之读《汉书》而镌之简端者。然非出一人，故其言繁杂无次，而班固所模仿《史记》之文，而稍为增损其间，或得或失，与武帝以后之自为文处，其所与《史记》旗鼓相当，别为部曲之概，犹未及之也"（《茅鹿门先生文集》卷十八《刻汉书钞序》，《续修四库全书》第1344册，上海古籍出版社2002年版，第703页）。同一位批评者，面对同一部著作，在受邀为序中赞誉之，而在自己著述的自序中则贬斥之。可见，在分析史学批评时，应该注意批评者与被批评者之间的关系。
② 《晋书南北史合纂序》，钱岱：《晋书南北史合纂》，《四库未收书辑刊》第2辑，第16册，北京出版社2000年版，第3页。
③ 《龙飞纪略序》，吴朴：《龙飞纪略》，《四库全书存目丛书》史部第9册，齐鲁书社1996年版，第412~413页。

元，与被批评者具有一定学术交谊，且有共同的研究领域，其批评一般比较到位，很有参考价值。

还有，诸如有的系读后感之类，出现在批评主体的笔记文集中，这类评价一般较少涉及利益亲情关系，所评内容相对客观。如陶辅、胡应麟、黄佐、焦竑、王鏊对丘濬《世史正纲》的评价，因他们与丘濬在史实评价上具有相近的价值观，故对《世史正纲》皆为好评。沈德符《万历野获编》称《皇明通纪》"皆采掇野史，及四方传闻，往往失实"①。谢陛《季汉书》，叶向高、陈邦瞻、王图为之作序，均系褒扬之，而沈德符《敝帚轩剩语》言谢陛"自以为千古卓识，一时巨公如李本宁亦为之序，其推许甚至"，但在此之前，南宋萧昌作《续后汉书》，元末郝经未见此作，而为《续汉史》，"可见前人识见高出后学，遇事便出手作成，盖不特谢生之书，非出创见……"②沈德符在笔记中对《季汉书》的评价并非一味赞誉，而是根据自己知识储备予以评析。陈山毓在《陈靖质居士文集》中言"近世邓徽君高材硕隐，富于著述，尝为《函史》二编，读其下编，条贯分明，统纪该洽，详约得中。明天人之际，通治乱之故，兵食之源，礼乐之用，靡不毕具，信可以作矣，谓之曰集史可也"③；钱棻《萧林初集》评历代正史时，指出"宋辽金元四史，史之下矣。明柯氏综而摄之，命曰《新编》，规抚虽具，其于詹事所云博赡整理二者，则未之或闻"④。陈山毓、钱棻对《函史》和《宋史新编》的评价均建构于自己的理解之上，较少掺和其他因素，此种评定相对较为客观。

---

① 沈德符：《万历野获编》卷二十五《焚通纪》，中华书局 2007 年版，第 638 页。

② 沈德符：《万历野获编补遗》卷四《季汉书》，中华书局 2007 年版，第 905 页。

③ 《集史序》，陈山毓：《陈靖质居士文集》，《四库禁毁书丛刊》集部第 14 册，北京出版社 2000 年版，第 622 页。

④ 钱棻：《萧林初集》卷七，《四库未收书辑刊》第 6 辑，第 28 册，北京出版社 2000 年版，第 114 页。

明代学者作序时对学界相关著述的介绍与批评，类似当今的学术研究，要先了解学界研究动态，掌握自己研究对象的学术前史一样。在此前提下，再展开对自己所序著述的批评，从学术理路上言，这种做法是比较规范的。但是，因为批评主体所充当的角色系宣扬自己所序著作，故而对学界其他著述的批评常常是求其瑕疵而略其优点。诸如《列国史补序》中言"读古史难而易，若今则瑕瑜见而人知所趋匿矣"，"彼其金匮石室之纪，既秘如鼎书泥简而不可窥，而丛谈野记又皆蓄墨兵于心，而以途说为舆，吾谁与为证?"①亦如，对待其批评要审慎看待。叶向高亦言"天下有以书索序者，情实未必相副，揄扬未必尽真，世之通患"②。

(二) 鉴于批评效果之考察

学界对相关著述的批评，无论是赞誉，抑或是贬斥，如果能达成一定的共识，势必会对其他学者产生影响。

1. 在批评效应方面

在批评中形成"人自董狐，家自马迁"③，"百家纷纷兢胜"的局面④。学界称述《吾学编》《皇明通纪》《函史》为佳作，米万钟称徐学聚《国朝典汇》"有过海盐而无不及焉，下视陈东莞辈不啻衙官而厮役之矣"⑤。陈懿典认为《史书纂略》与《左编》《函史》《藏书》，

① 《明文海》卷二二二《列国史补序》，《中华大典·历史典·史学理论与史学史分典》第二册，上海古籍出版社 2007 年版，第 891 页。

② 《叶向高序》，朱国祯：《皇明史概》，《续修四库全书》第 428 册，上海古籍出版社 2002 年版，第 506 页。

③ 李维桢：《大泌山房集》卷八《明政统宗序》，《四库全书存目丛书》集部第 150 册，齐鲁书社 1997 年版，第 470 页。

④ 《从信录总例》，沈国元：《皇明从信录》，《续修四库全书》第 355 册，上海古籍出版社 2002 年版，第 3 页。

⑤ 《米万钟序》，徐学聚：《国朝典汇》，书目文献出版社 1996 年版，第 13 页。

"虽相类而用意周密，尤为过之"①。陈邦瞻则言："余尝读吾乡邓先生《函史》，慨然废书而叹，嘉其有经世之志。后官白下，得谢少连氏《季汉书》。今又得全之是传，此三家者，无论之才之美，足追古良史。"②以《国朝典汇》《史书纂略》《历年二十一传》和《吾学编》《皇明通纪》《函史》《季汉书》等相类比，借以彰显其价值，标杆效应一定程度上激发了学界以优秀著述为参照进行评判。

明人在批评他人著述时，指其瑕疵，承其长处。沈越著有《皇明嘉隆两朝闻见纪》，其子沈朝阳在《皇明两朝闻见纪叙》中言"朝野之间，不无私记，然未有萃焕于一编年纪之者。纪之自东莞陈建始，而以芜秽见黜。嗣是刻传于世者，薛宪副应旂则有《宪章录》，王司寇世贞则有《国朝纪要》，若郑端简公晓之《吾学编》，例从迁、固诸史，乃《大政》一记仅提纲领而未详节目。高长史岱之《皇明鸿猷纪》体依《通鉴纪事本末》，各详一事，而不记岁年。然率皆起高庙迄武庙止，而世、穆二庙，概未有录焉。世载既久，耳目易湮"③。沈越在批评前人的基础上，叙写嘉靖、隆庆两朝之事，沈朝阳又参考吴瑞登《两朝宪章录》、范守己《肃皇大纪》及旁采他书，参互订正，校刻沈越《皇明嘉隆两朝闻见纪》④。范守己认为《皇明通纪》"芜俚可厌"，郑晓《大政记》"以方麟笔，难免捧心之媸"，《宪章录》"拾唾余以当珠玑，宝武夫而充秘帑"，高岱《鸿猷录》"自我作故，不有范模者矣"，鉴于上述著作之缺憾，范守己希望自己的著作"国是从违，忠佞绌信，一惟近世名贤之话言是据，当时元夫之疏论是凭，不敢毫发自用肺肠。观者幸谅而原之，毋视为

---

① 陈懿典：《陈学士先生初集》卷一《史书纂略序》，《四库禁毁书丛刊》集部第 78 册，北京出版社 2000 年版，第 627 页。

② 《历年二十一传序》，程元初：《历年二十一传》，《四库全书存目丛书》史部第 18 册，齐鲁书社 1996 年版，第 530 页。

③ 《皇明两朝闻见纪叙》，沈越：《皇明嘉隆两朝闻见纪》，《四库全书存目丛书》史部第 7 册，齐鲁书社 1996 年版，第 255 页。

④ 《皇明两朝闻见纪叙》，沈越：《皇明嘉隆两朝闻见纪》，《四库全书存目丛书》史部第 7 册，齐鲁书社 1996 年版，第 256 页。

魏收之秽史可也"①。

2. 在学术规范方面

清代学者常常批评明人著述漫无根底、肆意为著，此种观点是不太妥当的。其实，明代学者对当下所刊史著的批评，以批评标准言，是较多考虑到著者之态度的②，无形中对明人著述亦是一种约束。

沈国元撰述《皇明从信录》时，撰述态度非常认真，参考《宪章录》《吾学编》《皇明大政记》《昭代典则》《明政统宗》《弇州史料》等书，且"必详注所出，不敢掠前人之美也"③；屠叔方撰《建文朝野汇编》二十卷，该书分为"建文逊国编年""建文传疑""建文定论"三个方面。屠叔方为之非常认真，"或检一事而反复他篇，或核一人而留连竟帙，或重复以证其迹之同，或互见以求其理之近"④。

另外，明代学者编纂史著时，已经意识到标注出所参考之书，类似当今著书所列参考文献。黄佐在《广州人物传凡例》中言"编纂之法，以史志为主，并旁采诸书，语意贯续处稍加笔削。传后必注曰用某书修，用某书某书参修者，明有据也。若阙文疑字，则不敢妄自增易"⑤。顾正谊在《顾氏诗史凡例》中言"注中所引书目出二十一史者，则曰本传；出诸家文集者，则曰别传；或虽出本史而见他传者，则曰某史某人传；若见诸他书，则遂各载本书；或词烦而

①　《皇明肃皇外史序》，范守己：《皇明肃皇外史》，《四库全书存目丛书》史部第 52 册，齐鲁书社 1996 年版，第 3 页。

②　按：胡应麟曾专论明代的因袭之风，参见王嘉川《明代抄袭之风与胡应麟对治学规范的讲求》（《史学月刊》2009 年第 11 期）。

③　《从信录总例》，沈国元：《皇明从信录》，《续修四库全书》第 355 册，上海古籍出版社 2002 年版，第 3 页。

④　《屠叔方序》，屠叔方：《建文朝野汇编》，《四库全书存目丛书》史部第 51 册，齐鲁书社 1996 年版，第 3 页。

⑤　《广州人物传凡例》，黄佐：《广州人物传》，《四库全书存目丛书》史部第 90 册，齐鲁书社 1996 年版，第 445 页。

以己意节之者，则曰按以别之"①。沈越《皇明嘉隆闻见纪》前有其所写《皇明嘉隆闻见纪书目》，在《采据书目》中详列征引之书，诸如《明伦大典》《钦明大狱录》《吾学编》《皇明鸿猷录》等 41 种明代著述②。明代类似这样在书中列举征引书目的著述较多，且名之曰"引用群书""征引书目""书目""引用书目"，如朱鹭《建文书法拟》有"征引书目"，列有征引书目 16 种；高汝栻《皇明通纪法传全录》有《皇明通纪法传录引用群书》的目录，共引用 196 种明代相关著述③；屠叔方《建文朝野汇编》列有征引书目，共征引了如《文庙圣政记》《永乐实录》《革除遗事》《革除备遗录》等 132 种明代史籍④；张朝瑞《忠节录引用书目》详列其所引书共计 17 种⑤。由此可见，明人之学问并非清人所言毫无根据，肆意空谈，也可说明明代学者对当下学风的批评，使明人认识到著述的严谨性，学术著述风格逐渐向规范化转变，此种现象亦表明史学批评对明代史著的影响。

总之，在考察明代学者对当代史著的批评时，相关序跋是必须关注的史料。一般著者在自序中，会对相关领域的史著予以批评，这些批评有些公允，但更多的是苛求。首先，在他人的序跋中，不仅要理性分析作序者对该著述的评价，更重要的是作序者对学界相关著述之褒贬。其次，应把握批评者与被批评者之间的关系，这对于考察其批评的深度比较有帮助，可能会出现严苛批评、过度赞誉及客观评价的情形。再者，应该把握这种批评对明代史学发展的影

---

①　《凡例》，顾正谊：《顾氏诗史》，《四库全书存目丛书》史部第 288 册，齐鲁书社 1996 年版，第 9 页。

②　沈越：《皇明嘉隆闻见纪》，《四库全书存目丛书》史部第 7 册，齐鲁书社 1996 年版，第 258 页。

③　高汝栻：《皇明通纪法传全录》，《续修四库全书》第 357 册，上海古籍出版社 2002 年版，第 13~15 页。

④　《书目》，屠叔方：《建文朝野汇编》，《四库全书存目丛书》史部第 51 册，齐鲁书社 1996 年版，第 7~10 页。

⑤　张朝瑞：《忠节录·引用书目》，《续修四库全书》第 537 册，上海古籍出版社 2002 年版，第 5 页。

响，即在批评他人之著述时，一定情况下能够推动己作之发展。另外，明代学者对当代史家、史著进行批评时，也存在一些难以忽视的问题，诸如出现批评中的失声，即绝大部分批评是单向的，缺乏被批评者的回应。谢陛撰写《季汉书》，当有人嘲笑其"奉心张朱，摘指司马"，谢陛则坦然接受，认为自己所作，"欲于列传之史，接踵范氏春秋之义，比肩习氏，奚不可哉？陈寿有知，固当心服地下矣"①。类似谢陛这样对他人批评有所回应的非常少。

---

① 《季汉书自序》，谢陛：《季汉书》，《四库全书存目丛书》史部第 30 册，齐鲁书社 1996 年版，第 14 页。

余论　多元视野下的明代史学批评

　　明代中叶，在文学复古运动的影响下，无论是归有光、茅坤、唐顺之等唐宋派，抑或是王世贞、徐中行、吴国伦等后七子，对《史》《汉》皆有批评。陈文烛称自己年轻时"有《史记》癖"①。王畿言唐顺之"荆川子是编自谓深得班马之髓，而于《汉书》尤精，盖所谓得其窍者也"②。徐中行《刻史记评林序》言"历代之宗《汉书》，至宋尤为盛，其宗《史记》者，乃始盛于今日之百家"，以至于"三尺童孺才搦管，制场屋，排比艺，踽踽焉，寿陵之步耳，而开口无不曰《史》《汉》、《史》《汉》"③。明代《史》《汉》风气的形成，使学者们不仅以史学审美的方法批评《史》《汉》，同时，对其他史著亦用此法予以批评。明代晚期，随着官方对思想约束逐渐放松、官修史书的废弃、历代实录的散出以及《史通》的不断刊刻，学界出现私人撰史繁盛的景象。繁盛之下亦有诸多弊病，钱谦益称此时期的史学谬误甚多，诸如读史之谬、集史之谬及作史之谬④。"盖务欲出奇胜人，而不知适所以自败。前明学者之通病也。"⑤史著本身存

---

　　①　陈文烛：《二酉园文集》卷五《汉书评林序》，《四库全书存目丛书》集部第 139 册，齐鲁书社 1997 年版，第 70 页。

　　②　王畿：《龙谿先生全集》卷十三《精选史记汉书序》，《四库全书存目丛书》集部第 98 册，齐鲁书社 1997 年版，第 503 页。

　　③　彭辂：《史记初览序》，《中华大典·历史典·史学理论与史学史分典》第二册，上海古籍出版社 2007 年版，第 687 页。

　　④　钱谦益：《牧斋有学集》卷十七《赖古堂文选序》，上海古籍出版社 2009 年版，第 768 页。

　　⑤　《钦定四库全书总目（整理本）》卷九十，第 1179 页。

在的缺憾，为文人竞胜提供了机会，使史学批评出现多元化现象，不仅批评当代史家史著，且对历代正史皆有批评。

当然，明代史学批评风气的兴盛，除了宽松的社会氛围、积极的史家批评意识外，也与明代科举选士考题内容有关，科考中第三场策问部分，以发论为主，其中不乏史学批评类型的选题，一定程度上也激发了读书人对评价史家史著方面问题的关注①。史学批评风气的形成，使史家撰述时会自觉关注学界研究的内容，使相关研究逐渐趋向规范化。明代史学批评的兴起与发展，与史学理论指导有密切关系，同时，学者们通过大量的史学批评实践，对史学批评理论水平的提升亦有很大作用。

一、明代科举策论与史学批评的相互影响

明代科举考试的程式上，第三场是策问，即士子们要对所给问题予以作答②，要求考生具有广博的知识，如果不熟识史书，很难广征博引，娴熟地论证自己的观点③。同时，如果不掌握一定的作文技巧，也很难在有限的时间里，使文章结构脉络清晰，

---

① 按：有关明代科举策问与史学批评之间的关系，系受郭培贵师的提醒，特以致谢！目前仅在余论中予以简单论析，随后会以专文详述。

② 按：洪武二十四年，朝廷对于出题、答题规则进行了专门规定，"凡出题或经或史所问，须要含蓄不显，使答者自详问意以观才识；凡对策须参详题意，明白对答。如问钱粮即言钱粮，如问水利即言水利。执得执失，务在典实，不许敷衍繁文"（杨学为等主编：《中国考试制度史资料选编》，黄山书社1992年版，第265页）。

③ 按：龚一柱在《叙读史四集》中言："世有习举子业而不读史者，亡之也。读史而不克如我维节先生者，犹弗读也。是诚博文约礼，统万归一之学，读之最足快心。"（《叙读史四集》，杨以仁：《读史集》，《四库全书存目丛书》史部148册，齐鲁书社1996年版，第264~265页）龚一柱所言参加科举之士，没有不读史书的，而杨以仁《读史集》则为士子们提供了阅读的载体。

辞藻优美，这需要士子们懂得如何对文章进行排篇布局，即为文之法。

明代前叶，朝廷在选拔人才时，已开始重视其作文评史的水平。如丘濬在《乞储养贤才奏》中言"请自今以后，立为定制，一次开科，一次选用，待新进士分拨各衙门办事之后，行文录其平日所作文字，如论、策、诗、赋、序、记、箴、铭、杂著、拟古评史之类，每人十五篇以上，限一月以里赴礼部投献。礼部阅视讫，编号封送翰林考订，其中辞藻文理有可取者，按号行取礼部，该司仍将各人试卷记号糊名封送，照依天顺八年事例，于午门里东阁前出题考试，其所试之卷与所投之文相称，不系假手，即取以预选。若其辞钩棘，而意诡僻者，不在所取。中间有年二十五以下者，果有过人资质，虽其平昔无有宿构文字，于此一月之间有新制作五篇以上，亦许投献送试，若果笔路疏通，其学可进，亦在备选之数。每科不必多选，所选不过二十人。每选不必多留，所留不过三五辈。如此则所选者，多是已成之才。目下有所论撰便堪供事，所留者多有过人之资，将来有所成就，必将名世。上有得人之实，下无遗才之叹"①。丘濬所言是针对新科进士被分配到各衙门之后，根据其平时为文的水平，主要考察其文章结构、文采词藻之类，再予以选拔。丘濬对于如何选拔这些人才，还进行了详细规划，这说明明代初期朝廷已经非常关注士子们的写作水平及为文之法。官方的呼吁，自然会引发读书人的效仿。当政治约束严厉时，读书人仅在划定区域里游戏；当政治管理宽松时，读书人便会自由跳舞，迸发出各种创造，关注为文之法的史学批评亦是如此。

从明代中叶开始，学界兴起《史》《汉》评点之风，其批评方法

---

① 丘濬：《琼台会稿》卷七《乞储养贤才奏》。

为士子们应对科举策论提供了很好的参照①。为了满足士子们备考的需要，唐顺之、归有光、茅坤等人撰有大量的范文，供应试者参考。茅坤曾编选《唐宋八大家文钞》，他在《论例》中言"宋诸贤叙事，当以欧阳公为最，何者？以其调自史迁出，一切结构剪裁有法，而中多感慨俊逸处，予故往往心醉；曾之大旨近刘向，然逸调少矣；王之结构剪裁极多镵洗苦心处，往往矜而严，洁而则，然较之曾，特属伯仲，须让欧一格；至于苏氏兄弟，大略两公者文才疏爽豪荡处多，而'结构剪裁'四字非其所长。诸神道碑多者八九千言，少者亦不下四五千言，所当详略敛散处，殊不得史体，何者？鹤颈不得不长，凫颈不得不短。两公于策论，千年以来绝调矣……予览欧苏二家论不同，欧次情事甚曲，故其论多确而不嫌于复；苏氏兄弟则本《战国策》纵横以来之旨而为文，故其论直而婟，而多疏逸遒宕之势"。苏明允为文"遒劲"，苏子瞻为文"超朗"，曾南丰为文"沉深之思，严密之法，自足以与古作者相雄长"等②。茅坤主要论文章"结构剪裁"是否得法，文字详略是否得当，叙事艺术是否得体等方面，评析八大家之文。四库馆臣称茅坤《唐宋八大家文钞》"大抵亦为举业而设"③。这种模版式的论析作文之法，使很多读书人潜移默化掌握了这套批评方法，在批评史著时，会很自然用到此种批评模式。郭绍虞论明代时文与文学批评时指出，"我们假使于一时代取其代表的文学，于汉取赋，于六朝取骈，于唐取诗，于宋取词，于元取曲，那么，于明代无宁取时文。……明代的文人殆无不与时文发生关系；明代的文学或文学批评，殆也无不直接间接受着时文的影响"④。实际上，在史学

---

① 参见高军强：《论〈史记〉评点与明清时文风气转换》，《渭南师范学院学报》2016年第21期。
② 茅坤编：《唐宋八大家文钞》第一册，黄山书社2010年版，第1~3页。
③ 《钦定四库全书总目(整理本)》卷一八九，第2647页。
④ 郭绍虞：《郭绍虞说文论》，上海古籍出版社2000年版，第185页。

批评领域里亦然，当社会上弥漫着这种文风时，史学批评的内容自然会受其影响。郭大有《新刻官板大字评史心见凡例》中言"评史诸题，凡可以为策论者，学者任意择取，以备观览，利于举业，盖遵今时之制也"①。明代史学批评中，大多是从史学审美的角度评析史著，这一定程度和学者们长期浸染于八股时文有关。

　　明代科举考试分为乡试、会试及殿试，其第三场均为策问，一般为五道题目。笔者查阅明代历次相关会试、殿试第三场的策问，其命题主要关乎国家政治、经济、军事等方面的事情，可谓是与国家治理息息相关的。而乡试中的策问则多带有一定地方特色，具体关乎地方政治、经济、文化、社会风气等相关事项。明代茅维《皇明策衡》收录了自弘治十七年至万历三十二年，"凡南宫、两畿、省闱暨武举之试，无不穷搜博讨，为岁百有二，为春秋开科六十有六，为录有七百，为文三千有奇，严采之得三百二十余首"②。《皇明策衡》中收录明代六十六科乡试试卷，很多省份的试卷中有涉及史学批评方面的内容，茅维在编纂时名之曰"史学"。科举考试中策问部分的论题有着很浓厚的意识倾向，诸如明代河南多次出现河患，隆庆元年的乡试中，便有如何解决黄河水患的议题。江西的乡试卷子策问部分多次出现关于江西地方社会风气的论题。表5.1中，有十多份乡试试卷策问的议题，都涉及史学批评中的相关问题，主要体现在：其一，论析编年、纪传二体及相关史著之优劣。如《史记》《汉书·古今人表》等；其二，评析史家素养、史文繁简及详略；其三，关注经史关系、史学与道学的关

　　①　《新刻官板大字评史心见凡例》，郭大有：《新刻官板大字评史心见》，《四库全书存目丛书》史部第288册，齐鲁书社1996年版，第305~306页。

　　②　《李衷纯序》，茅维：《皇明策衡》，《四库禁毁书丛刊》集部第151册，北京出版社2000年版，第6页。

系；其四，在批评诸史的基础上，对明朝修史提出建议。这些问题实际上是明代史学批评中常常论及的内容。尤其是对《史》《汉》的批评，兴起于正德年间，嘉靖、万历间则更是处于高潮时期，《史》《汉》评林的出现足以证明此种现象的存在。而万历癸酉（元年）顺天乡试、万历癸酉（元年）湖广乡试、万历己卯（七年）山东乡试、万历壬午（十年）湖广乡试、万历壬午（十年）广东乡试、万历甲午（二十二年）福建乡试等，均出现策问中要考察《史》《汉》的情况，这说明明代史学批评之风，一定程度上对科举命题产生了影响。像《评新唐书与两汉文章何如》《读汉史平准书食货志论》这样的论题，就属于史著比较问题，更是学者们能够发挥的议题。面对《评新唐书与两汉文章何如》，缪昌期、刘鸿训、孔贞时就给出了不同的答案，这亦是明代学者批评历代正史之风在科举考题中的充分体现。

表 5.1　　　　　　明代科举考试命题与史学批评

时间	命题内容	备注
嘉靖丁酉（十六）年云贵乡试录，策问	问：《尚书》《春秋》，仲尼裁定，虽本古史鲁史记而作，不可概谓之史也。自迁、固而下，二晋所纪，南北所载，类有讥评，或谓可与左丘明雁行，可使范晔北面，可使陈寿作衙官。《晋史》而下，以奴仆命之。又谓是非颇谬于圣人，崇势力而羞贫贱，轻仁义而贱死节，或讥其朱紫无别，鬼怪诙谐，号称秽史。作史不以难欤？迨我宪皇诞命儒臣本《朱子纲目》修《续宋元纲目》之书，其笔削之公，义例之美，殆将同符《尚书》《春秋》，而陋迁、固、晋、唐之史于下风矣。诸君子沉湎群史，诵法圣谟旧矣，其详言之毋略（《嘉靖十六年云贵乡试录》，宁波出版社 2010 年版，第 11~12 页）	该策问主要让士子们评析史学发展史上，相关史著之优劣及对明代《续宋元纲目》的评价

时间	命题内容	备注
万历癸酉（元年）顺天乡试，策问	问：古记有之，仲尼述史者三焉，由周以前治乱得失之故炳如也，乃其体裁殊致，括之数万言。而七十子之时，口授其传指，不以书见，岂当时固无可纪者与？抑因史修经，经之体固与史异。与夫剽见袭闻，珍敝帚而宝康瓠者，于大义固无当也。若必谓圣言要眇，试仿而施之后世，以一举百，其亦无楯漏否与？而昔之良史有以五十余万言叙二千四百年之事者，有以百余万言叙二百二十五年之事者。以勤若彼就效如此，而论者予夺，何其戾也。特裁以孔氏之法，则唐宋以后作者，一代数十家，一家数百卷，兹不益覆瓴乎？今天子嗣大业，务丕扬仁后盛美，而操觚之士思馨其所睹闻，效万有一报，未能也。举大纲则阔略，综细故则猥陋，征文献则后时，采风谣则失实。语曰患为之者不必知，知之者不得为。今诸士所知而欲为之者安在，吾甚愿与闻焉（茅维：《皇明策衡》卷四，《四库禁毁书丛刊》集部第151册，北京出版社2000年版，第136页）	该策问主要从史文繁简、详略方面予以设问，进而论及明代修国史出现的弊端
万历癸酉（元年）湖广乡试，策问	问：史有二家，左氏志编年，而太史公列传纪，其得失亦大略相当。自荀悦、袁宏之流祖左氏，班固、陈寿、范晔之伦业司马，由陈、范而晋南北朝，至胜国犹宗之，而左氏盖寥寥也。至宋涑水氏始略法其凡，而著《通鉴》，业以佐人主治道而已。明兴国大政闭于金匮石室而不得窥，然以修史者征之，代出人手，其贤否不一也，不至无矛盾否？国史、家乘其亦可信而征否？吾欲用班固兰台例，尽出国史之藏，而使贤而才者司其事，务合于昔贤之所谓三长者，而后成书。宋以后事别列为编年，而续涑水氏以备人主乙夜之览，不识有可以当之者否？不佞请因诸君子以观倚相之绪（茅维：《皇明策衡》卷四，《四库禁毁书丛刊》集部第151册，第147页）	按：该文又见于王世贞《弇州四部稿》卷一百十六《文部·湖广第三问》。该策问主要从编年、纪传体例对著史之影响，论及宋以后历史参依司马光《资治通鉴》之法，予以续修。要求士子们对此提出建议

时 间	命 题 内 容	备 注
万历己卯（七年）山东乡试，策问	主要是从史传信史的角度，讨论《史记·孔子世家》是否可信(茅维：《皇明策衡》卷六，《四库禁毁书丛刊》集部第151册，第237页)	
万历壬午（十年）湖广乡试，策问	评析《汉书·古今人表》 　　鉴于范晔、刘知幾、张晏对《汉书·古今人表》不同态度，来辨析《汉书·古今人表》是否得当(茅维：《皇明策衡》卷七，《四库禁毁书丛刊》集部第151册，第265页)	
万历壬午（十年）广东乡试，策问	问：史自《尚书》《春秋》《左氏》而下，世称太史迁。迁之书，学者户诵之，训故则若笃、若广、若骃、若诞生、若伯庄、若贞、若守节诸家，评骘则若固、若飑、若知幾、若辙、若周、若元量诸家，可指言之矣。有议其记烦而志寡者，有恨其博不足者，有知其有激而言之者……诚并举二十一史，次第润色，一准于迁，岂非千古快事，而世或难其人也。诸士中盖有博洽尔雅如迁者，幸相与折衷之毋让(茅维：《皇明策衡》卷七，《四库禁毁书丛刊》集部第151册，第271页)	该策主要是让士子们从不同角度评析《史记》
万历甲午（二十二年）顺天乡试，策问	考题内容是在朝廷准备开馆修史，言及史家素养、史文繁简详略等事项(茅维：《皇明策衡》卷十二，《四库禁毁书丛刊》集部第151册，第497页)	
万历甲午（二十二年）福建乡试，策问	由史家二体，言及班固、范晔于断代史之贡献，接着论述司马光《资治通鉴》及《通鉴外纪》《通鉴长编》，又有人言说"马迁之外无史，此瞽论也。诸士沉酗前史有口矣，幸折衷评之"(茅维：《皇明策衡》卷十三，《四库禁毁书丛刊》集部第151册，第538页)	主要让士子们评析纪传、编年之书的优劣
万历甲午（二十二年）陕西乡试，策问	先梳理有关宋代国史撰写情况，然后指出"方今议修正史，有能借宋为喻，究其义例，良史之羽翮，丹青莫切于此矣。幸无薄宋事不谈也"(茅维：《皇明策衡》卷十三，《四库禁毁书丛刊》集部第151册，第571页)	考察《宋史》修撰对明代修国史的借鉴意义

时间	命题内容	备　注
万历甲午（二十二年）四川乡试，策问	考题是论析经、史之关系（茅维：《皇明策衡》卷十四，《四库禁毁书丛刊》集部第151册，第581页）	
万历丁酉（二十五年）江西乡试，策问	考题是关于史学与道学之关系。"今之史难言之，吾直与诸子谈宋事足矣。若夫析道术蕲以正人心，而专谈宋儒何益其参古今而折衷之无剩说"（茅维：《皇明策衡》卷十五，《四库禁毁书丛刊》集部第151册，第648页）	
万历己酉（三十七年）浙江乡试，策问	考题是关于经、史关系的辨析（茅维：《皇明策衡》卷二十三，《四库禁毁书丛刊》集部第152册，第458页）	
天启元年浙江乡试，策问	问：史以事辞胜，亦兼道与法而有之。夫断木为棋，挠革为鞠，亦皆有法焉。而史其可以无法欤？近世之论者侈言古文，曰迁、固而下无史矣。欧阳氏之《五代史记》，君子深叹焉，以谓可与迁史同风，其信然与。宋辽金三史修自胜国，元史修自圣祖，编缀丛杂，卷帙浩烦，其间国统之离合，纪载之得失，亦可得而悉数之欤？明兴二百五十余年，文人献老亦多言史事矣，而迄无成史。万历中，尝开局纂修，未几报罢，使名山之藏有闻，石渠之业不辍，则本朝之史遂可跨唐宋而上之欤？天子初践阼，既命纂修两朝实录，留心史事，甚殷盛也。诚欲网罗十庙之书，勒成一代之史，草创润色，若何而可。宋以后四史，识者谓当亦隐括芟削，以附欧阳氏之后，不识可欤？诸士子学知古今于笔削之义，盖窃取之久矣，其以所闻悉著于篇（钱谦益：《牧斋初学集》卷九十《制科三》）	考察在评析古史的基础上，对明修本朝史提出建议

续表

时间	命题内容	备 注
馆试	评新唐书与两汉文章何如	缪昌期经过详细论述，指出： 吾故尝曰：欧阳氏之精神在五代，而不在唐也。噫！精神之所在，不必两汉，其文也而五代，成其为五代。精神之所不在，不必不两汉，其文也而唐，不成其为唐。盖有意于简者，有意于为两汉者也，而有意为两汉便非两汉，此千古文章升降之数，不独评《新唐书》然矣。（缪昌期：《从野堂存稿》卷二《评新唐书与两汉文章何如》，《续修四库全书》第1373册，上海古籍出版社2002年版，第413页） 刘鸿训经过详细论证，指出： 固知《新唐书》之病不在简略，而在不出一手，使欧阳子前无所瞻，后无所顾，一如《五代史》毅然自任为之，昔人已称其为迁固以来之未有，则《新唐书》可无评已。呜呼！信如元城言，不但欧公不服，亦未知东汉诸人，不可方于班马也。元城于是为失言矣，是为评。（刘鸿训：《四素山房集》卷八《评新唐书与两汉文章何如》，明崇祯刻清雍正印本） 孔贞时经过论析，指出：故新唐两汉之文章，自有定评，而即谓宋之永叔为汉之子长、孟坚可矣，何必拘拘于繁简之间哉。大抵世变愈下，记载愈繁，名实愈乱。史无专官，执简者依阿附会，以苟且塞责，有能质直不阿提衡其事而济之以博雅者乎？今日固自有子长、孟坚在，一代文章必有可观，何必闯马氏之室，登班氏之堂，侈口麟经之余绪，去古愈远，亦不成其为今矣（孔贞时：《在鲁斋文集》卷四《评新唐书与两汉文章如何（馆试）》，明崇祯刻本）

续表

时间	命 题 内 容	备　　注
阁试	读汉史平准书食货志论	叶向高言：愚读二书见其历历指次，则深叹迁、固之良于史也。或者谓迁论盛衰之数，由于事势相激，其说非是。固云不加赋而用足，似涉于谀。又平准所载富商储物待急轻贾收贱取贵，名与实戾。而永光之罢常平，元始之议井田，皆当时舛计。固又何取于易食货之名而叙之？以此为二史病，不知迁书中于鬻爵拜官，严刑酷诛，不啻详之，彼盖有指也。若固论食货之大原则，本之圣王制赋，分田各有定，则上无过取，下无过供，此可不谓帝之药石哉。虽然犹有说焉。迁之言曰安宁则先本绌末，以礼义防乎利。固亦云殷周之盛要在安民富而教之，此尤知本之论，周官理财之旨欤。嗟夫！世之人亦未可言史之失，自迁、固始也（叶向高：《苍霞草》卷一《读汉史平准书食货志论》，《四库禁毁书丛刊》集部第 124 册，北京出版社2000 年版，第 26~27 页）

在芸芸众生为科举疲于奔命的时代，时文的命题方向、答题方法对众多士子，起着强大的引导作用。策问中对史家修养、史书体例、史文繁简等方面的重视，必定引起读书人对此方面的关注。加之，归有光《归评史记》、茅坤《唐宋八大家文钞》、唐顺之《史》《汉》评抄中，有对史著的精彩批评，这些选文大家的示范效应，对学者们以史学审美的角度评判诸史，起到推波助澜的作用。

任何事物都不是孤立存在的，明代学者对相关史家史著的批评，蔚然成风，莫衷一是。对于大家比较纠结的问题，地方政府在选拔士子的卷子中便抛出这些议题，借以考察士子们的看法。像万历二十二年，顺天、福建、陕西、四川的考卷中都出现与史学批评相关的论题，万历二十二年四川和万历三十七年浙江的乡试中，都有经史关系辨析的考题。在科举选士这种重要的考试中，能将学界关注的东西作为考题，足以说明史学批评之风，已经引起了政府的关注，影响到科举考试的命题趋向。同样，科举策问中出现大量关于史学批评类型的题目，自然会引起士子们的重视，亦激发其按照科举答题的方法去批评众史，这一定程度上也说明为何明代学者在批评史著时，会过多从审美的角度予以评析，因为杨慎、唐顺之、茅坤、归有光等人在时文规范方面，已经为士子们做出了典范。

二、明代史学批评对史书编纂之影响

1. 批评他人著述的基础上，指出己撰之优点

南轩在《资治通鉴纲目前编原始》中，先言前人同类著述之优点，然后又指出"顾其中多不经之谈，读者率叹其非传信之书云"，进而言及自己著述之特点，"唯编年书事如《春秋》例可矣，第年月干支间有无从考者则须阙之，而直书其事亦庶乎其为传信云"①。顾锡畴在《纲鉴正史约》序中指出，"今之学者，不独病不博，兼病在不约，非不能约也，无可约也"②，顾锡畴又在《凡例》言"史学浩繁，难于卒业，世之删刻，无虑数十家，或略而弗详，或茫焉寡要，读者病者。兹编共计千八百篇，分为三十六卷。凡国统之兴亡，年号之改革，世数之修短，政治之美恶，灿如指掌，一览靡遗，斯之为约"③。顾锡畴正是鉴于前面著述之弊病，才撰写《纲

---

① 南轩：《资治通鉴纲目前编》，《四库全书存目丛书》史部第 9 册，齐鲁书社 1996 年版，第 6 页。

② 《序》，顾锡畴：《纲鉴正史约》，《四库全书存目丛书》史部第 17 册，齐鲁书社 1996 年版，第 533 页。

③ 《凡例》，顾锡畴：《纲鉴正史约》，《四库全书存目丛书》史部第 17 册，齐鲁书社 1996 年版，第 535 页。

鉴正史约》。蒋之翘撰有《删补晋书》一百三十卷，其称《晋书》"雅俗纷糅，提要不足，恐撮胜者标其最长，摘瑕者攻其独短，事有所昧则傅会以文之旨，有所乖则穿凿以逆之。其博而溺与约而遗者等也"，然后在批评晋史的基础上，根据李延寿《南北史》，"参以当时诸籍相雠正，以其诬罔者汰，冗长者节，乱雅者渐，颠错者整，脱略者补，疑而不可了了者阙，间复为评为注，以明其得失，助其未逮而止"①。

同样，张铨在《国史纪闻序》中称明代所纂实录藏之秘府，一般人很难见到，导致野史杂出，错谬甚多。惟有郑晓《吾学编》"事核言简，鉴裁精密，庶几乎一代之良"，因有所避讳，使"方技、佞幸诸传，废而不录，未免有挂漏之憾，而体非编年，于兼总条贯之义，犹若谦让未遑焉"，后来自己"以上谷理官被征"，有机会见到相关资料，得以"参校异同，披沙拣金"，撰成是书②。故徐扬先赞《国史纪闻》"讨论旧章，纪闻国史，芟稗官之浮夸，削野史之芜陋，备尚书之记载，省诸家之杂集，非剽时耳以为目，非信群吻以为笔"③。李维桢曾言涂山"见今世有为《通纪》者、为《吾学编》者、为《宪章录》者、为《大政纪》者、为《昭代典则》者，人自董狐，家自马迁，意制相诡，莫适折衷。而窃以编年之法会通衰序，使修史者便于讨论云耳"，撰成《明政统宗》，与郑晓、薛应旂、雷礼、黄允昇之书并行于世④。

南轩、顾锡畴、蒋之翘、张铨等，皆是在批评他人著述的基础上，指出自己著述的特点和长处。在批评他者的前提下再予以撰

---

① 《蒋之翘序》，蒋之翘：《删补晋书》，《四库全书存目丛书》史部第31册，齐鲁书社1996年版，第551~552页。
② 《国史纪闻序》，张铨：《国史纪闻》，《四库全书存目丛书》史部第17册，齐鲁书社1996年版，第6页。
③ 《序张忠烈国史纪闻》，张铨：《国史纪闻》，《四库全书存目丛书》史部第17册，齐鲁书社1996年版，第3页。
④ 李维桢：《大泌山房集》卷八《明政统宗序》，《四库全书存目丛书》集部第150册，齐鲁书社1996年版，第470页。

述，这种批评意识对批判者进行著述是有很大帮助的。

2. 批评他人著述的基础上，予以续写完善

史学撰述中，对于一些经典之篇，常常会出现续写之作，如对司马光《资治通鉴》、朱熹《通鉴纲目》的续写等。

王宗沐在《宋元资治通鉴义例》中，首先概括司马光《资治通鉴》"编次年月，则盛衰沿革易于考证，简缉全史则卷帙稍省，易于供携"，鉴于《资治通鉴》之优点，王宗沐称"续编悉遵用之，不敢有改焉"①。同时，王宗沐在编纂《宋元资治通鉴》时，针对《宋史》《金史》中的弊端予以修正，如"是书全择全史，不能无异同。如宋文天祥之死，挽者以丞相称之，而《续纲目》以枢密使。然旧史宰相年表不载天祥入相，今从《纲目》。宇文虚中之死，本传有赠谥立庙，而《金史》则以反书。然既受金入官爵，又曷容称之肃愍，今从《金史》"②，王宗沐是在对司马光《资治通鉴》及《宋史》《金史》《元史》批判的基础上予以继承；薛应旂在撰写《宋元通鉴》时，首先对相关续写之作予以批评，"自宋以下，虽有李焘之《长编》，刘时举、陈桱之《续编》，而纪载失次，笔削未当，仍为缺典"，然后指出"不自揆量，妄意删述，以绍司马氏之事"，续作《宋元通鉴》③。

陈建所撰《皇明通纪》被誉为明代第一部私人修撰的当代通史，自然会引起学界同道对其进行续补。诸如高汝栻、江旭奇《皇明通纪集要凡例》因《皇明通纪》分别撰成《皇明法传录嘉隆纪》和《皇明通纪集要》。高汝栻称"陈东莞辑《皇明通纪》，上自太祖，下迄武宗，览者以其编年叙事文顺理明，遂推为本朝典故权舆。然繁简之

---

① 《宋元资治通鉴义例》，王宗沐：《宋元资治通鉴》，《四库未收书辑刊》第1辑，第14册，北京出版社2000年版，第2页。

② 《宋元资治通鉴义例》，王宗沐：《宋元资治通鉴》，《四库未收书辑刊》第1辑，第14册，北京出版社2000年版，第3页。

③ 《宋元通鉴序》，薛应旂：《宋元通鉴》，《四库全书存目丛书》史部第9册，齐鲁书社1996年版，第685页。

间，长故未免鹤颈，短亦或为凫足也。予取《典则》、《统宗》、《史料》诸书，增其不足，删其腐冗，则所以扬翊圣明，铺张盛治者真可法而可传矣。嘉隆之盛，东莞无纪，补之者为卜为支"①。江旭奇《皇明通纪集要凡例》言"国朝明良相继圣谟贤烈，超轶千古，在朝在野，津津纪述者不下百余家。虽识大识小均足仰赞一班。然编年叙事，义理详明，当以陈建《通纪》为得体。第草创之初，不无芜漏，今为广采诸家而合订之。汰有余补未备，或者繁简为庶几耳。《通纪》自洪武起至正德止，今复采诸家以嘉隆至天启五朝续焉，庶成全纪，以便观览"②。高汝栻、江旭奇均赞誉《皇明通纪》为一代佳作，但亦批评其存在繁简和芜漏等问题，于是纷纷通过征集相关资料补其漏、删其冗，续修其未竟之世。

3. 批评已有相关撰述之弊病，完善自己所撰之书

因时代原因或撰者等因素，史书修撰中，常常会存在一些美中不足之处。像《三国志》《晋书》《魏书》《宋史》等，明代学者对这些著述多有批评及修正。

谢陛在《季汉书自序》中言，"近世如武进唐顺之、南昌魏靖国、建昌邓元锡、钱塘邵经邦，亦皆仿郑樵而合列传之史以成一书，欲以配涑水、考亭二史，其于三国之时，稍稍裁易，尚未犁然，顾皆未尝独改《国志》为《汉书》也"③。于是谢陛以蜀汉为正统，改写《三国志》，"即其书而宰割之，综其实事，削其诬辞，易其名称，弥其脱落，断自孝献皇帝起，直继以昭烈皇帝后皇帝，尊汉三朝为帝纪，以汉室诸臣为内传，等魏吴二国为世家，以魏吴诸

---

① 《嘉隆两朝小引》，高汝栻：《皇明法传录嘉隆纪》，《续修四库全书》第357册，第503页。

② 《皇明通纪集要凡例》，江旭奇：《皇明通纪集要》，《四库禁毁书丛刊》史部第34册，北京出版社2000年版，第7页。

③ 《季汉书自序》，谢陛：《季汉书》，《四库全书存目丛书》史部第30册，齐鲁书社1996年版，第13页。

臣为外传"①。谢陛在批评学界著述的基础上，改写《三国志》为《季汉书》。

苏文韩《晋书纂序》指出唐代所修《晋书》之弊在于："唐之去晋，历年非远，时代累迁，诸籍虽存，闻见不一，而鄙俚芜秽时复有之，画饼涸流之消，糠秕粪除之余，固所不能免也。……如一人一事或此见而彼复，或前矛而后盾，则其失也。……第至与宋元两史同类而共讥之，则予之所未安也。故予有概于中，而谬为是纂也。"②苏文韩在批评唐代所修《晋书》的基础上，撰写《晋书纂》六十卷。从其《晋书纂凡例》十九则，可见苏文韩撰写《晋书纂》用功之勤，用力之深③。

茅瑞徵撰写《皇明象胥录》时，指出"郑端简公《吾学编》，所次《四夷考》，精核简严，居然良史，而根据多略，且编纂亦止于世庙。余往在职方间，按历代史牒及耳目近事，稍为增定，以讫万历纪年，如佛郎机、鲁迷诸国，前考所缺者，并掇摭订入，庶几展卷可皙本末，蛮陬夷落，如指诸掌矣"，"貂续端简，题曰《象胥》，以志国家宾师之略，他如北虏、女直，及西南溪峒诸蛮夷，别有裒集，间与端简详略，不无异同，要以聚米画地，各畅人意，非敢斗奇"④。茅瑞徵首先批评郑晓《吾学编·四夷考》中的不足，然后指出自己的努力所在。

上述仅是略举数例，借以发窥明代学者在撰述中是如何批评他人而完善己作的。明代学者对自己的研究领域有一定的了解，对学界研究的优缺点比较熟识。从批评态度而言，基本是就事论事，指

---

① 《季汉书自序》，谢陛：《季汉书》，《四库全书存目丛书》史部第30册，齐鲁书社1996年版，第13~14页。

② 《晋书纂序》，苏文韩：《晋书纂》，《四库未收书辑刊》第1辑，第20册，北京出版社2000年版，第5页。

③ 《晋书纂序》，苏文韩：《晋书纂》，《四库未收书辑刊》第1辑，第20册，北京出版社2000年版，第6~7页。

④ 《象胥录序》，茅瑞徵：《皇明象胥录》，《四库禁毁书丛刊》史部第10册，北京出版社2000年版，第558~559页。

陈其利弊，较少出现对著者进行人身攻击的；从批评内容来说，多
是简明扼要，直言被批对象的缺点；从批评方法上讲，多是先扬后
抑，客观评析。故而，如茅瑞徵所言"各畅人意，非敢斗奇"①。
避免意气之争，是史学批评走向成熟的一个体现。理性的史学批评
就像助推器，使批评者不仅能洞悉他人著述之优劣，同时，亦有助
于自己的著述在他人基础上得以完善补充。

另外，明代史学批评对批评者而言，通过批评他人，熟悉学界
研究动态，使自己的研究尽量避免类似问题的产生，可谓有所裨
益。例如，许多明代学者批评时人著述不严谨，论无所据，经过众
多学者的批评呼吁，我们发现许多明人史著前面专门列有"引用书
目""征引书目"等，这是史学在批评中逐渐走向规范的体现，亦是
史学批评的价值所在。但对被批评者来说，受益是很小的，大部分
情况下是无效的。一方面是信息流通不畅所致，这些批评内容的载
体出版量有限，影响的范围自然无法和现在相比，被批评者一般不
易看到这些内容；另一方面，被批评者与批评者大多存在时空差，
即批评者展开批评时，被批评者多已亡故，故而很难存在相互之间
的交流，更别提对被批评者有何影响。但是，批评者所展开的批
评，对整个学界而言，有益于史学的健康发展。

三、中国传统史学理论与明代史学批评的互动关系

在明代史学批评史上，传统的史学理论、批评理念、批评方
法对明代学者而言，是一笔无形的宝贵财富，为明代学者进行史
学批评提供了理论指导和方法借鉴。尤其是刘知幾的《史通》，刘
知幾其人被梁启超誉为"自有史学以来两千年间"，与郑樵、章学
诚并为善于史书批评的学者之一②。明代学者对《史通》刻印、评

---

① 《象胥录序》，茅瑞徵：《皇明象胥录》，《四库禁毁书丛刊》史部第10
册，北京出版社2000年版，第559页。
② 梁启超：《中国历史研究法》，河北教育出版社2003年版，第26页。

析甚多，同时，《史通》对明代的史学批评亦产生深远影响。明代大量的史学批评实践，一定程度上又推动史学批评理论向更高水平发展，形成一种良性互动关系。恰如瞿林东所言"从史学自身的意义上说，甚至可以认为，中国古代史学批评史造就了中国古代史学理论"①，"史学批评中总是会闪烁出史学理论的火花，而史学理论中则往往包含着史学批评的内容，它们是相辅相成的关系"②。

1. 权舆准的：传统史学理论对明代史学批评的影响

中国传统史学理论蕴含着丰富的内容，不同历史时段特色各异，诸如经与史、文与质、繁与简、直书与曲笔、会通与断代、心术与名教、《春秋》笔法、实录、褒贬、信史、史权、史法、史意、史才、史德、良史等，这些理论似无形的指挥棒成为学人评判史家、史著及史学现象的标尺。明代史学评点兴盛，体现撰述理念的《春秋》笔法、史家素养的良史之才、史著水平的史家优劣等史学理论对明代学人产生莫大影响。

讲求属辞比事的《春秋》笔法，借助微言大义彰显其褒贬善恶的价值判断，逐渐成为著史及评判史著的一种范例。明代学者在面对华夷之辨及孰为正统的境遇下，《春秋》褒贬义例自然成为其评价史家史著的法宝。孙应鳌评丘濬《世史正纲》时言"析理严本载籍纪陈之实，故持义当其于取法《春秋》，以明人心之旨"③；何瑭称《通鉴纲目前编》"参稽诸史，旁及经传，岁月事迹之讹，悉加考订，至于大书提要，分注备言，则取法于《春秋》《纲目》，其用心

---

①　瞿林东：《史学批评怎样促进史学发展》，《人文杂志》2016 年第 10 期。

②　瞿林东：《谈中国古代的史论和史评》，《东岳论丛》2008 年第 4 期。

③　《刻世史正纲序》，丘濬：《世史正纲》，《四库全书存目丛书》史部第 6 册，齐鲁书社 1996 年版，第 150 页。

可谓劳矣"①；陈邦瞻赞誉谢陛《季汉书》，"得《春秋》之遗意"，使"正论始尽伸，僭渎不复容矣"②；李义壮言柯维骐《宋史新编》"击异以统同，纲举目随，事详文省，是诚贤者之虑，而《春秋》之旨也"③。孙应鳌、何瑭、陈邦瞻、李义壮俱以《春秋》之义为标准，对相关史著予以批评。尤其是谢陛在《季汉书》受到他人批评时，指出自己的著作，"欲于列传之史，接踵范氏春秋之义，比肩习氏，奚不可哉？陈寿有知，固当心服地下矣"④。即在史家的心目中，已经把是否以《春秋》大义为史，作为著史的一项标准。

在中国传统史学话语体系中，"良史"是评判史家主体及史学著述的重要标准，"塑造了古代史学的学术品格和史家的精神范式"，影响深远⑤，明代学者即以"良史"作为批评史家史著的标准之一。徐𤊢称《季汉书》"降魏为传，又著五十八论，真良史才也"⑥；吴应箕称姚允明《史书》，"非具良史才，又积岁覃精，行坚志特者，乌睹有是哉？"⑦唐世济赞誉沈朝阳《通鉴纪事本末前编》，"素臣之业，良史之遗也"⑧；余铎称赵弼《雪航肤见》"浩瀚繁博，自鸿荒以迄于今，国统离合，政治得失，靡不具载。然而作

---

① 《何瑭序》，许诰：《通鉴纲目前编》，《四库全书存目丛书》史部第 6 册，齐鲁书社 1996 年版，第 636 页。

② 《谢氏季汉书序》，谢陛：《季汉书》，《四库全书存目丛书》史部第 30 册，齐鲁书社 1996 年版，第 7 页。

③ 《宋史新编序》，柯维骐：《宋史新编》，《续修四库全书》第 308 册，上海古籍出版社 2002 年版，第 313 页。

④ 《季汉书自序》，谢陛：《季汉书》，《四库全书存目丛书》史部第 30 册，齐鲁书社 1996 年版，第 14 页。

⑤ 尤学工：《"良史"与中国古代史学话语体系》，《四川师范大学学报》2018 年第 6 期。

⑥ 徐𤊢：《笔精》卷六《季汉书》。

⑦ 《姚伯子史书叙》，姚允明：《史书》，《四库全书存目丛书》史部第 150 册，齐鲁书社 1996 年版，第 5 页。

⑧ 《通鉴纪事本末前编序》，沈朝阳：《通鉴纪事本末前编》，《四库未收书辑刊》第 1 辑，第 15 册，北京出版社 2000 年版，第 351 页。

者不一其间，公是非，以为实录者，信其为良史直笔，无庸喙矣"①；钱谦益言钱岱《两晋南北史合纂》，"举要钩玄，或笔或削，盖称良史"②。

在中国史学史发展的历程中，自《史》《汉》产生以后，史家们逐渐有意识地把众史放在一起，着眼于撰述体例、史料采择、叙事之美等评析史家史著优劣，进而形成一定的史学理论。如刘知幾所言"逮《史》《汉》继作，踵武相承。王充著书，既甲班而乙马；张辅持论，又劣固而优迁"③，《史》《汉》两书，"互有修短，递闻得失，而大抵同风，可为连类"④。宋代倪思《班马异同》、刘辰翁《史汉异同》系专门进行《史》《汉》比较的著述。这种研究学问的方法，对明人影响甚大⑤。如陈懿典在评价马维铭《史书纂略》时，对唐顺之《左编》、李贽《藏书》、邓元锡《函史》进行比较，"《左编》之作以二十一史为主，而旁搜稗史以成是编。近又有李卓吾之《藏书》、邓潜谷之《函史》，并行于世。然《左编》有义例，而无议论；《藏书》则本《左编》写，独见而为品骘；《函史》外篇以纂八书诸志，内篇以君典臣谟纂本纪、列传。读者于《左编》则苦其端绪之多，于《藏书》则惊其褒贬之怪，于《函史》则便其代各为系，而尤疑其挂

---

① 《雪航肤见序》，赵弼：《雪航肤见》，《四库全书存目丛书》补编第94册，齐鲁书社1997年版，第233页。

② 《序》，钱岱：《两晋南北史合纂》，《四库未收书辑刊》第2辑，第16册，北京出版社2000年版，第6页。

③ 刘知幾著，浦起龙通释，王煦华整理：《史通通释》卷七《鉴识》，上海古籍出版社2009年版，第190页。

④ 刘知幾著，浦起龙通释，王煦华整理：《史通通释》卷七《鉴识》，上海古籍出版社2009年版，第190页。按：徐兴海《刘知幾的史汉比较研究》（《渭南师范学院学报》2002年第1期）称在班马比较方面，"刘知幾的很多结论是对的，有的结论是错的，有的是值得商榷的。因而刺激后来学者发表了许许多多的看法，推动了《史》《汉》比较研究，推动了中国史学的发展"。

⑤ 按：以明代学者比较《史》《汉》为例，可参见前文《〈史〉〈汉〉批评研究》一章。

漏之未免”①，而《史书纂略》与《左编》《函史》《藏书》相比，“虽相类，而用意周密，尤为过之”②。沈朝阳在评介其父沈越《皇明嘉隆两朝闻见纪》时，更是与陈建《通纪》、薛应旂《宪章录》、王世贞《国朝纪要》、郑晓《吾学编》、高岱《鸿猷录》等逐一予以比较③。陈懿典、沈朝阳在批评史著时，非常灵活地运用史学褒贬的理论，依据体例、史料、繁简、叙事等标准对相关史著予以批评，纵横捭阖中展现了传统史学理论对明代史学批评实践的影响。

2. 史学审美：《史通》对明代史学批评的影响

刘知幾《史通》是中国史学发展史上第一部系统的史学理论著作，其间包含有丰富的史学批评理论。刘知幾《史通》在史学自身的构成上，主要从五个方面展开论述，即史学渊源、流别，史学社会功用，史书编撰要求，史学主体修养和史学批评主旨④。对于为何要展开史学批评，刘知幾指出“古之述者，岂徒然哉！或以取舍难明，或以是非相乱。由是《书》编典诰，宣父辨其流；《诗》列风雅，卜商通其义。夫前哲所作，后来是观，苟失其指归，则难以传授。而或有妄生穿凿，轻究本源，是乖作者之深旨，误生人之后学，其为谬也，不亦甚乎！”⑤只有通过对相关著述合理的批评，“辨其流”，“通其义”，明其“指归”，究其“本源”，才能使后人明

---

① 陈懿典：《陈学士先生初集》卷一《史书纂略序》，《四库禁毁书丛刊》集部第 78 册，北京出版社 2000 年版，第 626 页。

② 陈懿典：《陈学士先生初集》卷一《史书纂略序》，《四库禁毁书丛刊》集部第 78 册，北京出版社 2000 年版，第 627 页。

③ 《皇明嘉隆两朝闻见纪叙》，沈越：《皇明嘉隆两朝闻见纪》，《四库全书存目丛书》史部第 7 册，齐鲁书社 1996 年版，第 255 页。

④ 瞿林东：《论刘知幾〈史通〉关于史学构成的思想》，《苏州大学学报》2016 年第 3 期。

⑤ 刘知幾著，浦起龙通释，王煦华整理：《史通通释》卷七《探赜》，上海古籍出版社 2009 年版，第 194 页。

晰其著述之旨。况且,"明月之珠不能无瑕,夜光之璧不能无额"①。任何著述都有优点和缺憾,只有采取客观的态度,才能更好地去认识、去批评。

刘知幾《史通》蕴含着浓厚的批评意识和积极的批评态度,深深地吸引着大批明代学者去研读、批评②,乃至继承和发展其史学批评理论。像杨慎、焦竑、何乔新、何良俊、詹景凤、袁黄、胡应麟③、朱明镐等,他们的评史文章一定程度上都受到刘知幾《史通》的影响,具体体现在史家修养、史书繁简、史书体裁、史馆修史、评历代史书等方面。④《史通》卷十二《古今正史》中将《尚书》《春秋》按史书的标准来论,对明代亦影响较大,许多论析历代史著者,都将《尚书》《春秋》放在一起予以批评。

以《史记》为例,刘知幾在《史通》的大部分篇章里,对《史记》都有所批评,属于解剖式的细致分析,涉及《史记》的篇章结构、叙事风格及文字表述等。这是刘知幾对《史记》进行编辑技术层面的批评⑤,这些内容对明代学者影响很大。

在篇章结构方面,"夫史之有例,犹国之有法。国无法,则上

---

① 刘知幾著,浦起龙通释,王煦华整理:《史通通释》卷七《探赜》,上海古籍出版社 2009 年版,第 196 页。

② 按:前面已有专文论述明代学者对刘知幾《史通》的研究与批评。

③ 按:傅振伦称"胡应麟之撰《史书占毕》也,全法《史通》。有内篇,有外篇。内篇论史法,外篇论史事;各篇兼及史书,亦有《杂说篇》之作。且其内篇论史之语,几尽取刘说。而胡氏反对于刘知幾,再三驳斥"(《刘知幾年谱》,中华书局 1963 年版,第 150 页)。王嘉川在《胡应麟论刘知幾》(《史学月刊》2006 年第 4 期)中指出"胡应麟应该是明代对刘知幾史学理论继承与发展的突出代表",并且胡应麟在继承刘知幾史学理论的基础上,又予以"补弊救偏"和"批评指责"。

④ 杨艳秋:《刘知幾〈史通〉与明代史学》,《史学史研究》2002 年第 4 期。按:杨绪敏亦指出明清学者对《史通》"不仅对其进行批评、校勘和注释,而且还对其史学理论、史学主张进行阐发,有所创新并付诸实践,由此影响了明清时期史学批评和史学理论的发展及史书的编纂"(《论明清学者对刘知幾史学理论的批评、阐发和实践》,《学习与探索》2010 年第 4 期)。

⑤ 周文玖:《刘知幾史学批评的特点》,《史学史研究》2007 年第 2 期。

下靡定；史无例，则是非莫准"①。刘知幾认为史书的篇章结构，类似于国家的律令，只有规范的结构才能使历史史实很好地展现出来。如"《尚书》记言，《春秋》记事，以日月为远近，年世为前后，用使阅之者雁行鱼贯，皎然可寻。至马迁始错综成篇，区分类聚。班固踵武，仍加祖述。于其间则有统体不一，名目相违，朱紫以之混淆，冠履于焉颠倒，盖可得而言者矣"②。因此，刘知幾对文章的结构编次论之较多。

刘知幾称《史记》"同为一事，分在数篇，断续相离，前后屡出。于《高纪》则云语在《项传》，于《项传》则云事具《高纪》"，"此其所以为短也"③。对此，王世贞论曰："凡天下之言史者有二家，其编年者居其一而左氏为最，纪传者居其一而司马氏为最。左氏之始末在事，而司马氏之始末在人。重在事则束于事，而不能旁及人，苦于略而不遍；重于人则束于人，其事不能无重出而互见，苦于繁而不能竟。故法左以备一时之览，而法司马以成一代之业，可相有而不可偏废者也。"④

对于司马迁将项羽纳入本纪，刘知幾称项羽，"况其名曰西楚，号止霸王者乎？霸王者，即当时诸侯。诸侯而称本纪，求名责实，再三乖谬"⑤。"夫史之篇目，皆迁所创，岂以自我作故，而名实无准。"⑥对于史书编纂中名实不符的现象，明人亦论之较

---

① 刘知幾著，浦起龙通释，王煦华整理：《史通通释》卷四《序例》，上海古籍出版社 2009 年版，第 81 页。

② 刘知幾著，浦起龙通释，王煦华整理：《史通通释》卷四《编次》，上海古籍出版社 2009 年版，第 94 页。

③ 刘知幾著，浦起龙通释，王煦华整理：《史通通释》卷二《二体》，上海古籍出版社 2009 年版，第 25 页。

④ 王世贞：《弇州山人四部稿》卷一一六《策类·湖广第三问》。

⑤ 刘知幾著，浦起龙通释，王煦华整理：《史通通释》卷二《本纪》，上海古籍出版社 2009 年版，第 34 页。

⑥ 刘知幾著，浦起龙通释，王煦华整理：《史通通释》卷二《世家》，上海古籍出版社 2009 年版，第 38 页。按：朱明镐《史纠》中批评《宋史》时，言"凡立一传，必使名实允协，倘訾议可加，终有愧于良史"。

多。胡应麟《史书占毕》卷一称："史迁列羽纪也，班氏列羽传也，各有当焉。"郝敬亦言："羽与高帝并起，灭秦之功略相当，而羽以霸王主盟，尤一时之雄也。秦灭六国，楚灭秦，秦既纪矣，可绌楚乎？故并尊羽于秦汉间，不欲以成败论英雄也。扬子云谓嬴政二十六载而天下擅秦，秦十五载而楚，楚五载而汉，五十载之际而天下三擅，与子长之意正同。方羽分封诸侯，已擅天下为帝王，为之本纪，非过也。"①

在叙事风格方面，刘知幾讲求叙事之美。"夫史之称美者，以叙事为先。至若书功过，记善恶，文而不丽，质而非野，使人味其滋旨，怀其德音，三复忘疲，百遍无斁，自非作者曰圣，其孰能与于此乎？昔圣人之述作也，上自《尧典》，下终获麟，是为属词比事之言，疏通知远之旨"②。而"国史之美者，以叙事为工，而叙事之工者，以简要为主"③。刘知幾指出，为史之美在于叙事，讲求文辞雅致，讲求简要，这就涉及史学的审美问题。如何良俊在《四友斋丛说》卷五《史一》中称范晔《后汉书》"简而不漏，繁而不芜，亦可称名史，故世以与班固书并行，似不为过"；《三国志》"称为秽史，然其叙事简严质实，犹不失史家体格"；《晋史》成于众人之手，"最为冗杂"。何良俊是从叙事繁简的角度评析《后汉书》《三国志》及《晋史》的。王圻《稗史汇编》卷九十八《史评》从叙事审美的角度，认为《史记》"疏荡"、《汉书》"跌宕""有旨趣"、《后汉书》"无文气"。

在作史态度方面，刘知幾赞誉"肆情奋笔""仗气直书"及"善恶必书"。如其言"盖烈士徇名，壮夫重气，宁为兰摧玉折，不作瓦砾长存。若南、董之仗气直书，不避强御；韦、崔之肆情奋笔，无

---

①　转引自杨燕起、陈可青等编：《历代名家评〈史记〉》，北京师范大学出版社1986年版，第346页。

②　刘知幾著，浦起龙通释，王煦华整理：《史通通释》卷六《叙事》，上海古籍出版社2009年版，第152~153页。

③　刘知幾著，浦起龙通释，王煦华整理：《史通通释》卷六《叙事》，上海古籍出版社2009年版，第156页。

所阿容。虽周身之防有所不足，而遗芳余烈，人到于今称之"①。
因而，著史时，应"爱而知其丑，憎而知其善，善恶必书，斯为实
录"②。陆深称"史之为义也，不掩恶，不虚美。美者因其美以美
之，虽有其恶不加毁也。恶者因其恶而恶之，虽有其美，不加誉
也"③；杨慎曾言"国史亦难信，则在秉笔者之邪正也"④，"史官
直书时事以垂久远，其职分也"⑤。焦竑亦认为"夫记德之史，褒
功之诏，传信于天下，史氏职也"⑥。而郑晓《吾学编》等书"多载
懿行，而巨憝宵人幸逃斧钺，史称梼杌，义不甚然"，应"善恶并
存"⑦。陆深、杨慎、焦竑赞成刘知幾的观点，亦认为为史者应直
书其事，并以此来评判史家优劣。

3. 守先待后：明代史学批评推动传统史学理论的进一步发展

在中国古代史学发展史上，明代官修史书衰落，私人撰史兴
盛，史评风气浓厚。史家不仅对历代正史予以评判，对当代史家史
著史学现象亦是批评甚多。尤其是明代中叶以后，士人渐趋活跃，
"或专讲心学；或放浪形骸；或放言高论，批评时政，一时风气丕
变。其影响到史学，是激烈的史论出现。史学家以激昂之笔，褒贬
人物，评品史事，千古史权，握于其手"⑧。对于此种现象，仓修

---

① 刘知幾著，浦起龙通释，王煦华整理：《史通通释》卷七《直书》，上
海古籍出版社 2009 年版，第 180 页。
② 刘知幾著，浦起龙通释，王煦华整理：《史通通释》卷十四《惑经》，
上海古籍出版社 2009 年版，第 374 页。
③ 陆深：《俨山外集》卷二十六《史通会要》下《丛篇一》。
④ 杨慎：《升庵集》卷四十七《野史不可尽信》，第 373 页。
⑤ 杨慎：《升庵集》卷二《丁丑封事》，第 12 页。
⑥ 焦竑：《澹园集》卷二十五《少司农王公传》，第 355 页。
⑦ 查继佐：《罪惟录》列传卷十八《焦竑》，齐鲁书社 2000 年版，第
2535 页。
⑧ 杜维运：《中国史学史》第 3 册，商务印书馆 2010 年版，第 683～684
页。

良先生以"再度以褒贬为中心的明代史学"来概括其特征①。在史学批评的实践中，明代学者不仅以传统的史学理论为准的进行批评，同时，又丰富了史学理论的内容，推动史学理论向更高层次发展。

在史书撰述及史学批评中，史家修养起到很重要的作用，历代学者对此论之甚多②。刘知幾称史家应该"仗气直书"及"善恶必书"，元代揭傒斯言修史者，"有学问文章，而不知史事者不可与；有学问文章知史事，而心术不正者不可与。用人之道，又当以心术为本也"③。王袆称"公是公非，记善恶以志鉴诫，自非擅良史之才者，其孰能明公议，以取信于万世乎！故人主极天下之尊，而公议所以摄人主，公议极天下之正，而史官又所以持公议者"④。余继登称史官修史，"擸摭故实，备册书明示将来，用垂法戒，非一人之书，而天下之公也；非一时之书，而万世之公也"。胡应麟认为史家的素养，"才、学、识三长足尽史乎？未也。有公心焉、直笔焉，五者兼之，仲尼是也"⑤。对于史家的素养，刘知幾主张董狐直笔，元代揭傒斯讲求史家心术，明代王袆要求良史应秉持公议，余继登认为修史应有万世之公的意识，而胡应麟则认为修史者才、学、识之外，更应兼备公心与直笔。此种对史家修养的要求的变化，实际是史家在继承他人研究的基础上，在大量史学实践中感悟所得⑥。其实，在胡应麟之前，薛蕙对修史者已提出了四种要

---

① 仓修良：《中国古代史学史》，人民出版社 2009 年版，第 433～489页。

② 瞿林东：《心术与名教：史学批评的道德标准和礼法原则》，《文史知识》1991 年第 11 期。

③ 《元史》卷一百八十一《揭傒斯传》。按：明代王文禄《海沂子》中亦言："或问修史，海沂子曰：心术正，上也；文次之；学次之。"（《海沂子》卷三，《四库全书存目丛书》子部第 84 册，齐鲁书社 1995 年版，第 363 页）

④ 王袆：《王忠文集》卷十五《唐起居郎箴》。

⑤ 胡应麟：《少室山房笔丛》卷十三《史书占毕一》，第 127 页。

⑥ 按：毛春伟《明代学者论历史撰述中的"心术"与"公议"》（《求是学刊》2010 年第 5 期）专门论析明代修史过程中对心术与公议的认识。

求，"作史者不深于道德，不能定是非之论；不通于政教，不能迹治乱之原；不明于人情，不能究美恶之状；不精于文艺，不能善褒贬之辞。是非之论，万事之统也；治乱之原，将然之几也；美恶之状，忠佞之实也；褒贬之辞，劝戒之志也。四者不具而能为良史者，无有也"①。薛蕙言修史者应该"深于道德""通于政教""明于人情""精于文艺"，惟有如此，才具备良史的资格。薛蕙之论，应该是对明代学者关于史家素养要求的一个提炼，诸如明代中叶《史》《汉》评点中，很多批评者便考察《史》《汉》文字表述的情况。

四库馆臣在王世贞《弇山堂别集提要》中论及明代史学状况时，指出"盖明代史学废绝，自永乐间改修《太祖实录》，诬妄尤甚。其后累朝所修实录，皆缺漏芜疏，而民间野史竞出，又多凭私心好恶，诞妄失伦，史愈繁而是非同异之迹，愈颠倒而失其实"。四库馆臣所言系明代国史、野史的存在生态。对于明代史学存在状态的经典概述，当属王世贞所论。其言曰：

> 国史之失职，未有甚于我朝者也。故事，有不讳，始命内阁翰林臣纂修《实录》，六科取故奏，部院咨陈牍而已。其于左右史记言动，阙如也。是故无所考而不得书，国恤衮阙，则有所避而不敢书。而其甚者，当笔之士或有私好恶焉，则有所考无所避而不欲书；即书，故无当也。史失求诸野乎？然而野史之弊三：一曰挟郄而多诬。其著人非能称公平贤者，寄雌黄于睚眦，若《双溪杂记》《琐缀录》之类是也。二曰轻听而多舛。其人生长闾阎间，不复知县官事，谬闻而遂述之。若《枝山野记》《剪胜野闻》之类是也。三曰好怪而多诞。或创为幽异可愕，以媚其人之好，不核而遂书之，若《客坐新闻》《庚巳编》之类是也。无已，求之家乘铭状乎？此谀枯骨谒金言耳。虽然，国史人恣而善蔽真，其叙章典、

---

① 薛蕙：《约言》，《四库全书存目丛书》子部第 84 册，齐鲁书社 1995 年版，第 294 页。

述文献，不可废也；野史人臆而善失真，其征是非、削讳
忌，不可废也；家史人谀而善溢真，其赞宗阀、表官绩，不
可废也。①

　　按：王世贞经过一番论证，归结明代官修国史因"人恣"而"蔽
真"，私修野史因"人臆"而"失真"，私撰家史因"人谀"而"溢真"，
颇为经典，成为中国古代史学批评中的方法之一②。明代以来，学
者们在评价明代修史状况时，多会直接或间接引用王世贞此论。卫
承芳《明政统宗序》言"明无史，非无史也，夫人而能为史也。夫人
能为史，何以无史？弇州氏言之矣：'国史之人恣，野史之人臆，
家史之人谀。谀者可以盖小人，恣者不免诬君子。臆者可以乱一时
耳目之实，恣者不免淆万世衮之公'"③。卫承芳是直接引用王世
贞之论来支撑自己的观点。
　　但更多的是间接引用王世贞有关国史、野史、家史的论点，或
是因袭其说而未予以注明。如：
　　祝世禄称："夫家史兴而善失真，美而溢者也；野史兴而善涉
谬，传而误者也；稗史兴而善入伪，琐而鄙者也……至弇州以论著
高一代，国故家乘异同亡所不订，阙疑无所不考，沾沾命世。自左
史而下，若范、陈诸人，不胜乙而衙官之，及其《别集》出，掇拾
断烂，附益成文，盲史腐令，不寂寂揶揄乎哉！以此言史，史何容
易。"④
　　张岱言"第见有明一代，国史失诬，家史失谀，野史失臆，故

———————

　　①　王世贞著，吕浩校点，郑利华审订：《弇山堂别集》卷二十《史乘考
误一》，上海古籍出版社 2017 年版，第 472~473 页。
　　②　瞿林东：《国史·野史·家史的是非：史学批评的方法论举例》，
《文史知识》1991 年第 12 期。
　　③　《明政统宗序》，涂山：《明政统宗》，《四库禁毁书丛刊》史部第 2
册，北京出版社 2000 年版，第 93 页。
　　④　《祝世禄序》，黄允昇：《昭代典则》，《续修四库全书》第 351 册，上
海古籍出版社 2002 年版，第 2~3 页。

以二百八十二年总成一诬妄世界"①。

李维桢在王世贞《史料序》中称"本朝无史，而以《实录》为史，有识者病之。野史因是纷然错出，或失于寡闻，或失于好异，或失于偏信"②。"近代之为国史者少，而为野史者多。国史非一人手，容有忌惮。野史则可凭恣胸臆矣。其失在缙绅者少，而在韦布者多。缙绅闻见犹广，历练差深，韦布则因陋就寡，自用自专，弊所不免。"③

陈登云指出："世之以纂述自号者，其弊多端。一则挟隙而多诬，其著人非能称公平，徒寄雌黄云耳；一则轻听而多舛，其生长闾阎间，不能度越目谬闻而遂述之；一则好怪而多诞，或创为奇异以媚人之好，不核而遂书之。是数者尚不足以称野史，推一家言，而况可以为昭代之实录，备亿祀之型范哉？"④

按：上述祝世禄、张岱、李维桢属于对王世贞观点的间接引用，而陈登云则属于因袭王世贞之说。不管明代学者如何征引王世贞的论断，有一点可以说明，就是王世贞此说对于批评明代修史状况很有道理。实际上，王世贞此说亦是在明代众多批评中延伸而来，即明代学者对此早已有所论析，在明代史学批评史的发展中，经过不断积淀，最终形成王世贞之经典概括。如早在王世贞之前，郑晓、杨慎中对明代国史失职、野史不真，有所论析：

> 我朝虽设修撰、编修、检讨为史官，特有其名耳。《实录》进呈，焚草液池，一字不传。况中间类多细事，重大政体，进退人材，多不录。每科京师乡试考官赐宴，皆书冢宰内

① 张岱：《琅嬛文集》卷一《石匮书自序》，浙江古籍出版社2013年版，第3页。
② 《史料序》，王世贞：《弇州史料》，《四库禁毁书丛刊》史部第48册，北京出版社2000年版，第422~423页。
③ 李维桢：《大泌山房集》卷八《明政统宗序》，《四库全书存目丛书》集部第150册，齐鲁书社1997年版，第469页。
④ 《陈登云序》，吴瑞登：《两朝宪章录》，《续修四库全书》第352册，上海古籍出版社2002年版，第496页。

阁大臣，其先后相继，竟不可考，他可知矣。①

　　国朝小说书数十种中，亦有浪传不足信者。惟《野录》中一事极可恶。献陵，洪武十一年生于凤阳。长陵入金川门时，献陵守北平，年已二十五。景陵，建文元年二月生于北平。献陵得子最早，年二十九岁已有六人，凡十子。成祖爱景陵，时时称："太孙英武类我。"景陵擒汉庶人诏有"诬妄先帝，爱及朕躬"语，好事者为《野录》，遂妄言耳。②

　　古今政治之盛衰，人物之贤否，非史不足以纪治乱示褒贬。故历代皆有国史，而往往不无舛漏。于是岩穴之士，网罗散失，捃摭逸事，以为野史可以补正史之阙。然野史不可尽信。如唐之《河洛春秋》诬颜杲卿上禄山降表，而郭子仪、陆贽之贤皆加诬焉。宋代尤多……③

　　按：郑晓、杨慎有关明代国史、野史修撰中存在弊端的论述，要早于王世贞，不管王世贞在著述中，是否参依过郑晓、杨慎之说，但至少可以说明王世贞的史学批评方法并非空穴来风，应该来自明代史学批评的实践之中，即史学批评实践推动了史学批评理论的进一步发展。

　　中国传统史学理论的流播，尤其是《史通》为明代史学批评提供了很好的理论参照，有力推动了明代史学批评实践的多元发展。明代学者在前人的理论基础上，对于如何展开批评，纷纷提出自己的理论思考。明代大量的史学批评实践也拓展了史学理论的内容，使其变得更加丰富多彩。中国传统史学理论与明代史学批评之间的良性互动，明代学者批评他人著述及被他人批评，这种学术自觉一定程度上也促进明代史著的繁荣发展，"不仅表现在史书编撰，更表现在对史学理论问题的思考和对历史的批判，表现在实学精神下

---

①　郑晓：《今言》卷二，中华书局1984年版，第56页。
②　郑晓：《今言》卷一，中华书局1984年版，第15页。
③　杨慎：《升庵集》卷四十七《野史不可尽信》。

对史学经世之旨的强调和对史学严肃性的坚持"①。并且，"在这不断地自我批评和自我克服之中，涌现出了一批优秀的史家和史著，把明代史学的发展逐步推向了高潮，为明清之际出现的史学高峰，奠定了思想和学术的基础"②。

另外，明代史学批评研究中，诸如批评主体对史学批评的影响，不同学术派别对史学批评的影响③，以及史学经世对史学批评的作用等，仍有待于进一步加深研究。

---

① 瞿林东主编：《中国史学史》，高等教育出版社 2019 年版，第 252 页。

② 白寿彝主编，向燕南、张越、罗炳良著：《中国史学史》第 5 卷《明清时期 1840 年前中国古代史学的嬗变》，上海人民出版社 2006 年版，第 78 页。

③ 按：傅汝舟《与李本宁太史书》："又尝横目世上不识之无者，复连坛结社，未辨黑白者，妄谈诗论文，江左风习，恶道最甚。"（《庄管集》卷一，《四库未收书辑刊》第 6 辑，第 26 册，北京出版社 2000 年版，第 291 页）傅汝舟所言，说明明代持不同观点的学派，彼此之间存在相互批评的现象，不管其观点对否，一定程度上助长了批评风气的兴盛。当然，同一个派别内容，多为赞誉之声。如茅坤、唐顺之同为唐宋派，唐顺之曾有《精选史记汉书》，茅坤《白花楼续稿》卷二《酬张王屋书》《再与张王屋书》指出唐顺之对《史记》中《平准书》《封禅书》《秦纪》《游侠列传》《酷吏列传》等篇论之甚当，得其精髓（《四库全书存目丛书》集部第 105 册，齐鲁书社 1997 年版，第 467～468 页）。茅坤在《与唐凝庵礼部书》中言"盖以世之好《史记》者多，而能知《史记》之深，则惟先中丞公一人而已"（《四库全书存目丛书》集部第 105 册，齐鲁书社 1997 年版，第 478 页）。张王屋即张之象，撰有《太史史例》一百卷，茅坤所言中丞公即唐顺之。

附　录

一、明代有关史学批评专篇论文索引

焦竑：《论史》《修史条陈四事议》，《澹园集》卷四、卷五。

费元禄：《文部·与友人论史》，《甲秀园集》卷三十七。

王世贞：《弇州拟修史说》，《弇州史料》后集卷四十。

周叙：《论修正宋史书》，《石溪周先生文集》卷五。

杨慎：《野史不可尽信》，《升庵集》卷四十七。

徐中行：《刻史记评林序》，凌稚隆：《史记评林》卷首。

郎瑛：《王陈论史之错》，《七修类稿》续稿卷七辨证类。

陈全之：《信史》，《蓬窗日录》卷四，明嘉靖四十四年刻本。

康海：《史记序》，《对山集》卷三十三，明万历十年潘允哲刻本。

茅坤：《与凌太学书》，《茅鹿门文集》卷五，明万历刻本。

茅坤：《史记评林序》《刻汉书评林序》，《茅鹿门文集》卷十四，明万历刻本。

茅坤：《刻汉书钞序》，《茅鹿门文集》卷十八，明万历刻本。

茅坤：《刻史记钞引》，《茅鹿门文集》卷三十一，明万历刻本。

袁黄：《与项少谿书》，《明文海》卷一百七十四。

陆粲：《与华修撰子潜论修史书》，《明文海》卷一百七十四。

徐一夔：《与王待制书》，《明文海》卷一百七十四。

谢铎：《与李西涯论历代通鉴纂要》，《明文海》卷一百七十四。

袁黄：《与项少溪书》，《明文海》卷一百七十四。

许孚远：《与魏古渠学博论史书》，《明文海》卷一百七十四。

李梦阳：《论史答王监察书》，《空洞集》卷六十二。

王世贞：《史记评林序》，《弇州山人四部续稿》卷四十文部。

王世贞：《汉书评林序》，《弇州山人四部续稿》卷四十四文部。

朱之蕃：《刻两朝闻见录题辞》，沈越：《皇明嘉隆两朝闻见纪》，《四库全书存目丛书》史部第 7 册。

沈朝阳：《皇明嘉隆两朝闻见纪叙》，沈越：《皇明嘉隆两朝闻见纪》，《四库全书存目丛书》史部第 7 册。

邓元锡：《经籍记》，《函史》下编卷十三《经籍记》，《四库全书存目丛书》史部第 28 册。

王图：《季汉书叙》，谢陛：《季汉书》，《四库全书存目丛书》史部第 30 册。

陈邦瞻：《季汉书序》，谢陛：《季汉书》，《四库全书存目丛书》史部第 30 册。

谢陛：《季汉书自序》，《四库全书存目丛书》史部第 30 册。

赵志皋：《请专史职》，《内阁奏题稿》卷首，《四库全书存目丛书》史部第 63 册。

张瀚：《史职》，《皇明疏议辑略》卷十，《四库全书存目丛书》史部第 71 册。

董应举：《史裔序》，余文龙：《史裔》，《四库全书存目丛书》史部第 146 册。

沈国元：《二十一史总叙》，《二十一史论赞》，《四库全书存目丛书》史部第 148 册。

张溥：《史书序》，姚允明：《史书》，《四库全书存目丛书》史部第 150 册。

江右卿：《二十一识余序》，张墉：《二十一识余》，《四库全书存目丛书》史部第 150 册。

钱龙锡：《重刻宋史阐幽叙》，许浩：《宋史阐幽》，《四库全书存目丛书》史部第 281 册。

　　方万策：《人物论序》，郑贤：《古今人物论》，《四库全书存目丛书》史部第 286 册。

　　郭大有：《新刻官板大字评史心见凡例》，《四库全书存目丛书》史部第 288 册。

　　钟人杰：《史学》，《性理会通》卷五十五，《四库全书存目丛书》子部第 18 册。

　　张存绅：《史说》，《增定雅俗稽言》卷二十六，《四库全书存目丛书》子部第 97 册。

　　孙宜：《史论》，《遁言》卷七，《四库全书存目丛书》子部第 102 册。

　　何良俊：《史一》，《四友斋丛说》卷五，《四库全书存目丛书》子部第 103 册。

　　朱克裕：《史学》，《射林》卷五，《四库全书存目丛书》子部第 109 册。

　　安世凤：《正史》，《燕居功课》卷十一，《四库全书存目丛书》子部第 110 册。

　　詹景凤：《史学》，《詹氏性理小辨》卷三十，《四库全书存目丛书》子部第 112 册。

　　王圻：《史评》，《稗史汇编》卷九十八，《四库全书存目丛书》子部第 141 册。

　　何乔新：《诸史》，《何文肃椒丘先生策府群玉文集》卷上，《四库全书存目丛书》子部第 174 册。

　　程良孺：《正史》，《茹古略集》卷十五，《四库全书存目丛书》子部第 221 册。

　　丁奉：《史赞》，《南湖先生文选》卷四，《四库全书存目丛书》集部第 65 册。

　　黄省曾：《史说》，《五岳山人集》卷三十四，《四库全书存目丛书》集部第 94 册。

李维桢：《皇明琬琰录序》，《大泌山房集》卷八，《四库全书存目丛书》集部第 150 册。

李维桢：《明政统宗序》，《大泌山房集》卷八，《四库全书存目丛书》集部第 150 册。

余懋衡：《陈寿魏收论》，《关中集》卷一，《四库全书存目丛书》集部第 173 册。

梅之焕：《拟国子监进新刻三国志五代史》，《四库未收书辑刊》第 5 辑，第 25 册。

管绍宁：《修国史实录玉牒疏》，《赐诚堂文集》卷六，《四库未收书辑刊》第 6 辑，第 26 册。

钱棻：《萧林初集》卷七，《四库未收书辑刊》第 6 辑，第 28 册。

张师绎：《明政统宗叙》，涂山：《明政统宗》，《四库禁毁书丛刊》史部第 2 册。

江旭奇：《皇明通纪集要序》，《皇明通纪集要》，《四库禁毁书丛刊》史部第 34 册。

雷礼：《吾学编序》，《吾学编》，《四库禁毁书丛刊》史部第 45 册。

陈山毓：《集史序》，《陈靖质居士文集》，《四库禁毁书丛刊》集部第 14 册。

瞿景淳：《古今史学得失》《续史》，林德谋：《古今议论参》卷十三，《四库禁毁书丛刊》集部第 21 册。

钱谦益：《史法》，林德谋：《古今议论参》卷十三，《四库禁毁书丛刊》集部第 21 册。

张溥：《明经世文编序》，陈子龙：《皇明经世文编》，《四库禁毁书丛刊》集部第 22 册。

吴道南：《正史议》，《吴文恪公文集》卷二，《四库禁毁书丛刊》集部第 31 册。

陈懿典：《史书纂略序》，《陈学士先生初集》卷一，《四库禁毁书丛刊》集部第 78 册。

沈懋孝:《论史例四首》《与郭祠部论史事书》《与刘云峤司成论史事书》,《长水先生文钞》,《四库禁毁书丛刊》集部第 159 册,集部第 160 册。

胡维霖:《旧唐书新唐书优劣》《辽金二史》,《胡维霖集》,《四库禁毁书丛刊》集部第 164 册。

黄佐:《宋史新编序》,柯维骐:《宋史新编》,《续修四库全书》第 308 册。

康大和:《宋史新编后序》,柯维骐:《宋史新编》,《续修四库全书》第 311 册。

祝世禄:《昭代典则序》,黄允昇:《昭代典则》,《续修四库全书》第 351 册。

吴瑞登:《两朝宪章录自叙》,《续修四库全书》第 352 册。

郭正域:《皇明大政纪序》,雷礼:《皇明大政纪》,《续修四库全书》第 353 册。

陈懿典:《两朝从信录序》,沈国元:《两朝从信录》,《续修四库全书》第 355 册。

文德翼:《皇明法传序》,《皇明通纪法传全录》,《续修四库全书》第 357 册。

吴祯:《法传录序》,高汝栻:《皇明通纪法传全录》,《续修四库全书》第 357 册。

高汝栻:《嘉隆两朝小引》,高汝栻:《皇明法传录嘉隆纪》,《续修四库全书》第 357 册。

钱谦益:《名山藏序》,何乔远:《名山藏》,《续修四库全书》第 425 册。

薛应旂:《宪章录序》,《方山薛先生全集》卷十三,《续修四库全书》第 1343 册。

茅坤:《与马孟河太史论史书》,《茅鹿门先生文集》卷一,《续修四库全书》第 1344 册。

黄汝亨：《献征录序》《晋书序》《批点前汉书序》《二十一史论赞辑要序》《重刻茅鹿门先生史记抄序》，《寓林集》卷一，《续修四库全书》第 1368 册。

袁中道：《论史》，《珂雪斋前集》卷十九，《续修四库全书》第1376 册。

张大复：《吏》，《梅花草堂笔谈》卷九，上海杂志公司 1935 年版。

陈子龙：《史记测议序》，《陈子龙文集》上册，华东师范大学出版社 1988 年版。

朱明镐：《史纠》卷四、卷五评历代正史，中华书局 1991 年版。

米万钟：《国朝典汇序》，徐学聚：《国朝典汇》，书目文献出版社 1996 年版。

于慎行：《辽金元》，《读史漫录》卷十四，齐鲁书社 1996 年版。

郭孔延：《史通评释序》，上海古籍出版社 2006 年版。

钱士升：《皇明表忠记自序》，《中华大典·历史典·史学理论与史学史分典》第三册，上海古籍出版社 2007 年版。

胡维元：《昭代纪略序》，朱怀吴：《昭代纪略》，《中华大典·历史典·史学理论与史学史分典》第三册，上海古籍出版社 2007 年版。

二、明代学者对当代史家史著批评一览

明代学者	明代史家史著	批 评 语 汇	备　注
孙应鳌	丘濬《世史正纲》	析理严本载籍纪陈之实，故持义当其于取法《春秋》，以明人心之旨(《刻世史正纲序》，丘濬：《世史正纲》，《四库全书存目丛书》史部第 6 册，齐鲁书社 1996 年版，第 150 页)	系《世史正纲》的刊印者

明代学者	明代史家史著	批 评 语 汇	备　注
陶辅	丘濬《世史正纲》	义严理到，括尽幽隐，深得《麟经》之旨(陶辅：《桑榆漫志》，中华书局 1985 年版，第 12 页)	按：陶辅与丘濬属于同一个时代之人，著有《桑榆漫志》《花影集》等
胡应麟	丘濬《世史正纲》	《通鉴》之后有朱氏之《纲目》，《纲目》之后有丘氏之《正纲》，三书皆宇宙不可缺者(胡应麟：《少室山房集》卷一百一《读世史正纲二则》)	
胡应麟	丘濬	丘文庄之续《史纲》也，紫阳之法有所局焉未竟者，引而伸之矣，有所蓄焉，未发者，曲而体之矣。其矛盾之小者，其符节之大者也。故吾常谓，《春秋》之后有朱氏，而《纲目》之后有丘氏也(胡应麟：《少室山房笔丛》卷十三《史书占毕一》)	
黄佐	丘濬《世史正纲》	丘氏濬《世史正纲》闰秦隋而狄忽必烈，黜魏丕宋裕梁晃与新莽同，可谓卓识(黄佐：《庸言》卷九，明嘉靖刻本)	
焦竑	丘濬《世史正纲》	然秦隋之末有不可遽夺，汉唐之初有不可遽予者，乃作《世史正纲》，著世变之升降，明正统之偏全(焦竑：《玉堂丛语》卷四)	
王鏊	丘濬《世史正纲》	《世史正纲》一书，公所以是非古今，褒贬治政，自负不浅，虽有别说，要当以此为定(骆问礼：《续羊枣集》卷一《震泽长语论丘文庄》，清高承梃钞本)	

明代学者	明代史家史著	批评语汇	备　注
费闳	丘濬《世史正纲》	即此以考世变，求事始，是亦格物致知之先务，而修齐治平之要道，亦不外言。开卷之际，上下数千百年间，兴亡治乱之迹，是非邪正之辩，了然于心目之间。使夫天下后世之人，知善可鉴而恶可戒。销僭窃者之非望，启幽愤者之善念。其所以扶持世教，警省人心者，其功盖亦不小也（《世史正纲后序》，丘濬：《世史正纲》，《四库全书存目丛书》史部第 6 册，第 633~634 页）	费闳系丘濬门人，该序落款为弘治元年
雷礼	郑晓《吾学编》	"博洽伏宇内"，"凡关系大政者，仿朱子《纲目》，以岁系月，各为一记"，《逊国记》则记建文一朝事迹，"俱原本始核"（《吾学编序》，郑晓：《吾学编》，《四库禁毁书丛刊》史部第 45 册，北京出版社 2000 年版，第 2~4 页）	雷礼曾与郑晓为同事，系郑晓之子郑履淳求序于雷礼
邓元锡	郑晓《吾学编》	郑端简晓，法正史，作《吾学编》……义类森然，为明《史记》（邓元锡：《函史》下编卷十三《经籍记》，《四库全书存目丛书》史部第 28 册，齐鲁书社 1996 年版，第 283～284 页）	
茅瑞徵	郑晓《吾学编》	郑端简公《吾学编》所次《四夷考》，精核简严，居然良史，而根据多略，且编纂亦止于世庙（《象胥录序》，茅瑞徵：《皇明象胥录》，《四库禁毁书丛刊》史部第 10 册，北京出版社 2000 年版，第 558 页）	茅瑞徵参依《吾学编》，撰成《皇明象胥录》

明代学者	明代史家史著	批 评 语 汇	备　注
姚士麟	郑晓《吾学编》	吾盐郑端简公《吾学编》,以审慎质直为国朝信史第一(姚士麟:《吾学编余题辞》,《中国野史集成》(37),巴蜀书社1993年版,第362页)	姚士麟自称同乡后学
黄安期	郑晓《吾学编》	明兴以来,载笔不乏,至于纪传之体,独郑端简《吾学编》耳(《黄安期跋》,王惟俭:《史通训故》,《续修四库全书》第447册,上海古籍出版社1996年版,第427页)	
王夫之	郑晓《吾学编》	一代之史,阅三百年而无可观者。郑端简自命作者,而一往茝夷,如耘蕻稗,并良苗而拔之(《明纪野获序》,王夫之:《王船山诗文集》,中华书局1962年版,第659页)	
江旭奇	陈建《皇明通纪》	国朝明良相继圣谟贤烈,超轶千古,在朝在野,津津纪述者不下百余家。虽识大识小均足仰赞一班。然编年叙事,义理详明,当以陈建《通纪》为得体。第草创之初,不无芜漏,今为广采诸家而合订之。汰有余补未备,或者繁简为庶几耳。《通纪》自洪武起至正德止,今复采诸家以嘉隆至天启五朝续焉,庶成全纪,以便观览(《皇明通纪集要凡例》,江旭奇:《皇明通纪集要》,《四库禁毁书丛刊》史部第34册,北京出版社2000年版,第7页)	
沈国元	陈建《皇明通纪》	览者以其编年叙事,文顺义明,遂推为本朝典故权舆(沈国元:《皇明从信录总例》)	

明代学者	明代史家史著	批 评 语 汇	备　　注
邓元锡	陈建《皇明通纪》	于人才、风俗、政体、边防三致意焉，视宋李焘《长编》有过无不及矣（邓元锡：《函史》下编卷十三《经籍记》，《四库全书存目丛书》史部第28册，齐鲁书社1996年版，第284页）	
岳元声	陈建《皇明通纪》	皇明典故诸书垂刻者无虑数十种，而独东莞公所辑《通纪》为海内宗室（岳元声：《校定〈通纪〉凡例》）	
高汝栻	陈建《皇明通纪》	陈东莞辑《皇明通纪》上自太祖，下迄武宗，览者以其编年叙事文顺理明，遂推为本朝典故权舆。然繁简之间，长故未免鹤颈，短亦或为凫足也。予取《典则》《统宗》《史料》诸书，增其不足，删其腐冗，则所以扬翊圣明，铺张盛治者真可法而可传矣。嘉隆之盛，东莞无纪，补之者为卜为支（《嘉隆两朝小引》，高汝栻：《皇明法传录嘉隆纪》，《续修四库全书》第357册，上海古籍出版社2002年版，第503页）	按：高汝栻在批评《通纪》的基础上，参依他书撰写《皇明法传录嘉隆纪》
文德翼	陈建《皇明通纪》、郑晓《吾学编》	郑端简《吾学》一编，洁体选言，庶几太史流亚；他则传者，惟陈氏《通纪》一书而已（《皇明法传序》，《皇明通纪法传全录》，《续修四库全书》第357册，上海古籍出版社2002年版，第3页）	

明代学者	明代史家史著	批评语汇	备　注
薛应旂	陈建《皇明通纪》、郑晓《吾学编》	迩来见《通纪》仿编年而芜鄙，《吾学编》效纪传而断落，遂不辞衰惫，尽出旧所录者，摘十一于千百，汇为斯编，与经世者共之(薛应旂：《方山薛先生全集》卷十三《宪章录序》，《续修四库全书》第1343册，上海古籍出版社2002年版，第180页)	
沈德符	陈建《皇明通纪》	皆采掇野史及四方传闻，往往失实(沈德符：《万历野获编》卷二十五《焚通纪》)	
李康先	王襄《皇明十六朝广汇纪》	余嘉余友素履谨愿，必不妄为雌黄，臆加褒贬，而是凡十六朝之故实，莫不详载。扁其旨曰《广汇纪集》，诚为后学指南也(《序十六朝广汇纪旨》，王襄：《皇明十六朝广汇纪》，《四库禁毁书丛刊》史部第42册，北京出版社2000年版，第7页)	李康先系王襄友人
	王襄《皇明十六朝广汇纪》	《汇纪》此刻大率采之《通纪》《从信》等书，稍加参可，似强项而实虚心，似刑书而实宽政，似一意孤行而实无颠倒是非之咎，似自为异同而实非惊骇奇俗之听(《皇明十六朝汇纪序》，王襄：《皇明十六朝广汇纪》，《四库禁毁书丛刊》史部第42册，北京出版社2000年版，第8~9页)	作者系王襄的老师
冯琦	徐学聚《国朝典汇》	诚后学通今之巨筏(《国朝典汇·冯琦序》，书目文献出版社1996年版，第2页)	

明代学者	明代史家史著	批 评 语 汇	备　　注
周应宾	徐学聚《国朝典汇》	因各家之成书删繁就简，校雠鱼亥，上自开国至于庆历，分门叙事，囊括群籍，一代掌故，灿若日星（《国朝典汇·周应宾序》，书目文献出版社1996年版，第5页）	系徐学聚之子请其作序
周应宾	徐学聚《国朝典汇》	稗官野乘撰述多门，漫无统纪，阅者苦于望洋（《国朝典汇·周应宾序》，书目文献出版社1996年版，第5页）	
蔡毅中	徐学聚《国朝典汇》	略仿纪传而不失编年之次，简而核，赡而有体，一披览而沿革废置，法鉴是非之际，炳若日星（《国朝典汇·蔡毅中序》，书目文献出版社1996年版，第7~8页）	
米万钟	徐学聚《国朝典汇》	有过海盐而无不及焉，下视陈东莞辈，不啻衙官而厮役之矣。……其于三长可谓兼之，盖其整齐故事，类子长据行事仍人道，不失素王家法（《国朝典汇·米万钟序》，书目文献出版社1996年版，第13~14页）	
韩敬	徐学聚《国朝典汇》	包络有数，本质有辨，枝叶有依，国体既综，物章亦核，固俨然一代之史矣（《国朝典汇·韩敬序》，书目文献出版社1996年版，第15页）	
徐与参	徐学聚《国朝典汇》	国朝纪载不啻数百十家，然或以识一时之见闻……考镜者，寻端以究委，有是书在，余不必观（《国朝典汇·凡例》，书目文献出版社1996年版，第18页）	系徐学聚之子

明代学者	明代史家史著	批 评 语 汇	备　注
黄淳耀	严衍《资治通鉴补》	归于成人之美，不以成败论英雄，不以圣贤大学之道格一切非尝可喜之士。盖先生之用心为至仁矣(《吴郡严先生通鉴补序》，《资治通鉴补》，《续修四库全书》第 336 册，上海古籍出版社 2002 年版，第 506 页)	系同乡
吴瑞登	薛应旂《宪章录》	《宪章录》参之列圣宝训、实录与夫馆阁名公诸集数十种，乃克就编，义例正大，书法谨严，足以为他日征信者之左券。然事增文省，博士家尚以《新唐书》之病病焉。……兹者比次嘉靖、隆庆两朝以续应旂之尾，庶几中兴伟烈斓然彪炳(《两朝宪章录自叙》，吴瑞登：《两朝宪章录》，《续修四库全书》第 352 册，上海古籍出版社 2002 年版，第 499 页)	按：吴瑞登《自序》对《宪章录》予以批判接受
李时华	吴瑞登《两朝宪章录》	正以续应旂所未备……纲举目张，支分胪列，谛而玩之。有敬天法祖之精，有宵旰忧勤之实，有更化善治之大，有厘奸怯弊之详，有安内攘外之略。与夫一时元宰之论思，才臣之擘画，荩士之忠归，莫不丕昭景铄，巨细靡遗(《李时华序》，吴瑞登：《两朝宪章录》，《续修四库全书》第 352 册，上海古籍出版社 2002 年版，第 493~494 页)	李时华为吴瑞登的上司
陈登云	吴瑞登《两朝宪章录》	条分缕析，纲举目张……识鉴精核，点画严正(《陈登云序》，吴瑞登：《两朝宪章录》，《续修四库全书》第 352 册，上海古籍出版社 2002 年版，第 495~496 页)	陈登云为吴瑞登上司

续表

明代学者	明代史家史著	批 评 语 汇	备　　注
陈登云	吴瑞登《两朝宪章录》	世之以纂述自号者，其弊多端。一则挟隙而多诬，其著人非能称公平，徒寄雌黄云耳；一则轻听而多舛，其生长闾阎间，不能度越目谬闻而遂述之；一则好怪而多诞，或创为奇异以媚人之好，不核而遂书之。是数者尚不足以称野史，推一家言，而况可以为昭代之实录，备亿祀之型范哉？（《陈登云序》，吴瑞登：《两朝宪章录》，《续修四库全书》第352 册，上海古籍出版社 2002 年版，第 496 页）	
陈懿典	沈国元《两朝从信录》	指出明代私人著史之四难：其一，史料方面仅凭邸报；其二，在撰写方面，缺乏史识；其三，评点方面，难有持平之论；其四，当代人主当代史，"今之载列多属生存，即勇于笔而健于舌，岂能皆直达无婉转乎？"（《两朝从信录序》，沈国元：《两朝从信录》，《续修四库全书》第 355 册，上海古籍出版社 2002 年版，第 1~2 页）	曾为史官，参与万历初修史
陈懿典	沈国元《两朝从信录》	"芟繁举要，博采独断"（第2~3页）；"昔陈东莞著《通纪》既悬书累代，我郡支司理著《永昭两陵史》亦贵纸一时"，"是编也，行无论与陈东莞、支武水方轨越驾，即以备他日国史可也。观者其毋以稗官而整置，且勿以典册而求多云"（《两朝从信录序》，沈国元：《两朝从信录》，《续修四库全书》第 355 册，上海古籍出版社 2002 年版，第 2~5 页）	陈懿典在沈国元再三请求下为之作序

明代学者	明代史家史著	批评语汇	备　注
吴祯	高汝栻《皇明通纪法传全录》	我朝国史未修，实录缄史成不传，即有传者，如《大明会典》《皇明政要》《五伦全书》《殿阁词林》诸记，义例散出，贯通维艰，而熹庙实录未成，神祖历年多事，最繁剧，固未有编年概括者，此博古易而通今难也(《法传录序》，高汝栻：《皇明通纪法传全录》，《续修四库全书》第357册，上海古籍出版社2002年版，第5页)	吴祯系史官
吴祯	高汝栻《皇明通纪法传全录》	友人高时翊出入三朝，勤学好问，博通今古，其所师友人君子，故甄别去取，若奇而正，若严而恕，若疏而核，若朴而藻，可称良史(《法传录序》，高汝栻：《皇明通纪法传全录》，《续修四库全书》第357册，上海古籍出版社2002年版，第7页)	吴祯系高汝栻友人
李建泰	实录	至考实录所纪，止书美而不书刺，书利而不书弊，书朝而不书野，书显而不书微。且也序爵而不复序贤，避功而巧为避罪，文献之不足征久矣(《名山藏序》，何乔远：《名山藏》，《续修四库全书》第425册，上海古籍出版社2002年版，第434页)	
钱谦益	何乔远《名山藏》	称其有三难、三善(《名山藏序》，何乔远：《名山藏》，《续修四库全书》第425册，上海古籍出版社2002年版，第433~434页)	系应何乔远之子的邀请而作

明代学者	明代史家史著	批 评 语 汇	备 注
李建泰	何乔远《名山藏》	《名山》一书更属深切而著明(《名山藏序》,何乔远:《名山藏》,《续修四库全书》第 425 册,上海古籍出版社 2002 年版,第 435 页)	李建泰系何乔远门人
王邵沐	何乔远《名山藏》	约而该,赡而不靡,上下二百七十年修齐治平之道,包举无漏(《名山藏序》,何乔远:《名山藏》,《续修四库全书》第 425 册,上海古籍出版社 2002 年版,第 436 页)	王邵沐系何乔远门人
冯琦	余继登《典故纪闻》	盖本朝文谟武烈,识大识小,半在是矣。每见野史纪本朝事者,其书不雅驯,又递相祖述转传,转失其真。譬之贸薪者转相贸也而不知其所由。世用则躬入山而寻斧焉,非官师材则弗取焉(《国朝典故纪闻序》,余继登:《皇明典故纪闻》,《续修四库全书》第 428 册,上海古籍出版社 2002 年版,第 1~2 页)	冯琦系余继登在史局中的同事
王士骐		士大夫不考于先朝之故事,而动以野史为证则所误多矣(《皇明驭倭录小序》,王士骐:《皇明驭倭录》,《续修四库全书》第 428 册,上海古籍出版社 2002 年版,第 279 页)	
焦竑	朱鹭《建文书法拟》	"补史之缺","博收约出,宽严得衷,以校往牒,殆无遗憾"(《建文书法拟序》,朱鹭:《建文书法拟》,《续修四库全书》第 433 册,上海古籍出版社 2002 年版,第 1~2 页)	朱鹭系布衣之士撰写史书

明代学者	明代史家史著	批 评 语 汇	备　注
焦竑	《明太祖实录》	"洪武实录累修于永乐间，当时旧文半从改窜，盖一时翊戴之臣，贬损前人，自为己地"（《建文书法拟序》，朱鹭：《建文书法拟》，《续修四库全书》第 433 册，上海古籍出版社 2002 年版，第 2 页）	
钦叔阳	朱鹭《建文书法拟》	若谓鹭犹然弥封阙失，阴阳其论，非臣所知也。至鹭有史才，读《书法》者足自知焉（《建文书法拟序》，朱鹭：《建文书法拟》，《续修四库全书》第 433 册，上海古籍出版社 2002 年版，第 2 页）	钦叔阳系朱鹭同乡，朱鹭请其为书作序
陈九职	王惟俭《史通训故》	校雠翻摩，发凡立例，删赝订讹，旁援互证，抉秘补漏，提要括繁，事详而核，辞赡而雅，条分而贯，上下数百年，理乱兴衰之迹，臧否得失之林，一一如指诸掌（《史通跋》，王惟俭：《史通训故》，《续修四库全书》第 447 册，上海古籍出版社 2002 年版，第 426 页）	陈九职与王惟俭同年之谊
薛永宁	王惟俭《史通训故》	训注该博，信史家之龟鉴也（《跋史通训故》，王惟俭：《史通训故》，《续修四库全书》第 447 册，上海古籍出版社 2002 年版，第 427 页）	薛永宁与王惟俭有同年之谊
娄坚	王志坚《读史商语》	其考据详而核，其持论确而平，其剖析简而辨（《读史商语序》，王志坚：《读史商语》，《续修四库全书》第 449 册，上海古籍出版社 2002 年版，第 369 页）	娄坚与王志坚系同乡友人

明代学者	明代史家史著	批 评 语 汇	备　注
叶向高	唐顺之《右编》	"用意深而寓指微，非徒分门别类，便于寻览已也"，"网罗既广，澄汰复精，征事则得失具存，辨人则忠佞如见……"（《荆川先生右编序》，唐顺之：《右编》，《四库全书存目丛书》史部第70册，齐鲁书社1996年版，第2~3页）	叶向高系友人所请而作
朱国祯	唐顺之《右编》	靖献之准绳，而学士大夫进退驰骋之洞籔也（《右编序》，唐顺之：《右编》，《四库全书存目丛书》史部第70册，齐鲁书社1996年版，第8~9页）	为刻印者所请而为之《序》
焦竑	张朝瑞《忠节录》	"芟繁剔伪"，"幽潜悉著，祀典大备"（《忠节录序》，张朝瑞：《忠节录》，《续修四库全书》第537册，上海古籍出版社2002年版，第1页）	
张朝瑞		革除纪事不下十数种，异同详略，往往有之（《忠节录凡例》，张朝瑞：《忠节录》，《续修四库全书》第537册，上海古籍出版社2002年版，第4页）	
茅坤	凌稚隆《史记评林》	言其为研习《史记》的"渡海之筏"（茅坤：《茅鹿门先生文集》卷十四《史记评林序》，《续修四库全书》第1344册，上海古籍出版社2002年版，第641页）	茅坤系凌稚隆同乡
陈仁锡	李贽《藏书》	称量今古，独出胸臆，无所规放，闻者或河汉其言，无足多怪（陈仁锡：《陈太史无梦园初集》马集四《藏书序》，《续修四库全书》第1382册，上海古籍出版社2002年版，第603页）	按：《中华大典·历史典·史学理论与史学史分典》第三册，第195页，所载焦竑所作《藏书序》，与陈仁锡的内容一样，当核之

明代学者	明代史家史著	批评语汇	备　注
王志坚	李贽	近世有李卓吾者，好取前人成案而翻之，一洗头巾蒙气，而偏驳处亦复不少（《读史商语叙》，王志坚：《读史商语》，《续修四库全书》第449册，上海古籍出版社2002年版，第372页）	
李维桢	李贽《续藏书》	甄别去取，若奇而正，若严而恕，若疏而核，若朴而藻，可谓良史（李维桢：《大泌山房集》卷八《续藏书序》，《四库全书存目丛书》集部第150册，齐鲁书社1997年版，第468页）	
陈懿典	《左编》《藏书》《函史》	《左编》之作以二十一史为主，而旁搜稗史以成是编，近又有李卓吾之《藏书》、邓潜谷之《函史》，并行于世。然《左编》有义例，而无议论；《藏书》则本《左编》写，独见而为品骘；《函史》外篇以纂八书诸志，内篇以君典臣谟纂本纪、列传。读者于《左编》则惊其端绪之多，于《藏书》则惊其褒贬之怪，于《函史》则便其代各为系，而尤疑其挂漏之未免（陈懿典：《陈学士先生初集》卷一《史书纂略序》，《四库禁毁书丛刊》集部第78册，北京出版社2000年版，第626页）	按：陈懿典在《史书纂略序》中对《左编》《藏书》《函史》予以客观评析
陈山毓	邓元锡《函史》	近世邓徵君高材硕隐，富于著述，尝为《函史》二编，读其下编，条贯分明，统纪该洽，详约得中。明天人之际，通治乱之故，兵食之源，礼乐之用，靡不毕具，信可以作矣，谓之曰集史可也（《集史序》，陈山毓：《陈靖质居士文集》，《四库禁毁书丛刊》集部第14册，北京出版社2000年版，第622页）	陈山毓是论述集史的价值时论及《函史》

明代学者	明代史家史著	批 评 语 汇	备　注
董其昌	许重熙《嘉靖以来注略》	卷帙不病于浩繁，指陈殊快于简易，可谓义文兼美者矣(《董其昌序》，许重熙：《嘉靖以来注略》，《四库禁毁书丛刊》史部第 5 册，北京出版社 2000 年版，第 3 页) 有志当世者，可人置一编于座隅(第 4 页)	
叶向高	朱国祯《皇明史概》	寂其本末，兼诸家之体，各开门户，成一家之言，务尽事情(《叶向高序》，朱国祯：《皇明史概》，《续修四库全书》第 428 册，上海古籍出版社 2002 年版，第 506 页)	叶向高系朱国祯友人，曾看到《皇明史概》未成稿时，认为该著很好，便以《序》促稿
顾起元	焦竑《献征录》	然传诸艺林，蔚称秘典，若举一代王侯将相贤士大夫山林瓢衲之迹，巨细毕收，毋患埋蔓，实未有若澹园先生之《献征录》者(《献征录序》，焦竑：《国朝献征录》，《续修四库全书》第 525 册，上海古籍出版社 2002 年版，第 1 页)	顾起元属于焦竑的门生。落款为万历丙辰
黄汝亨	焦竑《献征录》	先生殚日夜之力，取累朝训录及海内碑铭志状表传之属，尽录之。……下及齐谐小说，靡不诠择。……其迹该，其幽阐，其是非辨而折衷严，所谓国体民谟，世务材品犁然而举(黄汝亨：《寓林集》卷一《献征录序》，《续修四库全书》第 1368 册，上海古籍出版社 2002 年版，第 617 页)	

明代学者	明代史家史著	批 评 语 汇	备　　注
张萱	尹守衡《皇明史窃》	分途别类，名义罔紊，阐幽摄显，论赞悉精，可谓括伦鉴之要，深坟素之情者矣，岂不足上班良史之才乎?（《史窃序》，尹守衡：《皇明史窃》，《续修四库全书》第316册，上海古籍出版社2002年版，第491页）	张萱与尹守衡有同年之谊，在学术交流方面甚多
汪运光	尹守衡《皇明史窃》	提要钩玄，采菲集榛（《史窃序》，尹守衡：《皇明史窃》，《续修四库全书》第316册，上海古籍出版社2002年版，第494页）	汪运光称自己为通家侍教生
戴国士	尹守衡《皇明史窃》	今读冲玄尹先生之《史窃》，庶几集诸公之成，而微窥其忧患也。先生以圣贤英杰之徒，且有良史之才，而仅终于吾邑新昌令（《史窃序》，尹守衡：《皇明史窃》，《续修四库全书》第316册，上海古籍出版社2002年版，第498页）	戴国士称自己为尹守衡通家门下生
李贞	尹守衡《皇明史窃》	"尤留心于当代之典故"，"其所论著一本之司马子长"（《史窃序》，尹守衡：《皇明史窃》，《四库禁毁书丛刊》史部第64册，北京出版社2000年版，第10页）	李贞系尹守衡通家眷侄
郭正域	雷礼《皇明大政纪》	无大鸥张其臆，以移瑕瑜之体；无大蜷局其论，以窜琬琰之用。异日载笔者，藉此显以隐，质中秘之藏；藉此总以分，质郡国之识；藉此错综以备，质会典所辑，星官所职，六尚书所留故牍。彼修马、班业，虎炳豹蔚一时者，于此即不知斑亦可见一毛也。若于诸梓，辄因自为鹰扬，而随有雌黄，古人致论目睫，不由然哉（《皇明大政纪序》，雷礼：《皇明大政纪》，《续修四库全书》第353册，上海古籍出版社2002年版，第302~303页）	系受刊印者之邀为序

明代学者	明代史家史著	批 评 语 汇	备　　注
顾起元	雷礼《国朝列卿纪》	"丰城雷公在肃皇帝朝与海盐郑公同以练习掌故，著声一代"，"编摹虽究，厘校未终，就中一人一事迭见，则重复宜删，传信传疑两存，则冗蔓宜汰，以至鲁鱼帝虎之字讹舛宜纠，叠床架屋之书参伍宜备"(《国朝列卿纪序》，雷礼：《国朝列卿纪》，《四库全书存目丛书》史部第92册，齐鲁书社1996年版，第425~426页)	顾起元系刻印者请其为序
陈继儒	王昌会《全史详要》	议论英伟，条例森严，断案简确，笺释精明(陈继儒：《白石真稿》卷一《全史详要序》，《四库禁毁书丛刊》集部第66册，北京出版社2000年版，第23页)	陈继儒与王昌会系同乡，王昌会的祖父系撰写《续文献通考》的王圻
陈继儒	黄长吉《史记定本》	以监本式合吴兴评而一之，注取其疏滞义，评取其摽远神……善本至此，岂独艺林之金篦宝筏，抑亦龙门氏之功臣也(陈继儒：《白石真稿》卷一《史记定本序》，《四库禁毁书丛刊》集部第66册，北京出版社2000年版，第23页)	陈继儒系黄长吉友人
陈懿典	马维铭《史书纂略》	认为《史书纂略》与《左编》《函史》《藏书》，"虽相类而用意周密，尤为过之"(陈懿典：《陈学士先生初集》卷一《史书纂略序》，《四库禁毁书丛刊》集部第78册，北京出版社2000年版，第627页)	陈懿典系马维铭友人
叶向高		今石渠天禄之间秉史笔者，其文既秘不传，而野史杂编又多纰缪，史学日湮，人心日诡(叶向高：《苍霞草》卷八《重刻通鉴纲目序》，《四库禁毁书丛刊》集部第124册，北京出版社2000年版，第202页)	

明代学者	明代史家史著	批 评 语 汇	备　注
胡维霖	王世贞《弇州史料》	阅《史料》中间如大政年表等，洵足一代之观，然其全不尽于此也。至于名臣传须细细查考，凡请弇州作传作志表者，其人虽中才亦得附名。未请传志者，尚十之八九，虽盖代勋名节义，亦所不载。后之耳食者未可以此为定案也（胡维霖：《胡维霖集》之《弇州史料辨》，《四库禁毁书丛刊》集部第 164 册，北京出版社 2000 年版，第 533 页）	
陈继儒	王世贞《弇州史料》	王弇州负两司马之才，若置之天禄、石渠，而以伯玉诸子为副，其史必可观，而老为文人以殁，皆本朝大恨事也。犹幸有《史料》一书，存十一于千百（《弇州史料叙》，王世贞：《弇州史料》，《四库禁毁书丛刊》史部第 48 册，北京出版社 2000 年版，第 428~429 页）	陈继儒年少时，曾游学于王世贞。《叙》落款为万历甲寅
董复表	王世贞《弇州史料》	当代史学之富无逾先生，而不及成史，一二梓行之者，漫置诗文集中，卒为诗文所掩，海内拱璧先生之诗文，而莫举其史笔（《纂弇州史料引》，王世贞：《弇州史料》，《四库禁毁书丛刊》史部第 48 册，北京出版社 2000 年版，第 429 页）	
孙应鳌	王祎《大事记续编》	大抵皆沿故旧，《纲目》《续编》亦纂于宪宗朝，诸臣纂修，皆繁复眩惑，视朱子所著远甚（《刻世史正纲序》，丘濬：《世史正纲》，《四库全书存目丛书》史部第 6 册，齐鲁书社 1996 年版，第 149 页）	

明代学者	明代史家史著	批 评 语 汇	备　注
何瑭	许浩《通鉴纲目前编》	参稽诸史，旁及经传，岁月事迹之讹，悉加考订，至于大书提要，分注备言，则取法于《春秋》、《纲目》，其用心可谓劳矣（《何瑭序》，许诰：《通鉴纲目前编》，《四库全书存目丛书》史部第 6 册，齐鲁书社 1996 年版，第 636 页）	系许诰请何瑭为序。落款为嘉靖四年
朱之蕃	沈越《皇明嘉隆两朝闻见纪》	兹其体既典核周详，其词亦雅驯简直。信野史之良足备庙堂之采择者也。先臣衣馆于越家，与观直笔，窃叹古遗。……睹此成书，窃谓当传诸通都亟为流布，以资作史者之参考焉。庶生平所目觐，躬逢不知埋没，而出金匮石室之藏，以合其据事直书者，当有益有所取信，是以夫子文献足征之道也。若以谊切世交，阿私所好，则非臣蕃之义所敢出已（《刻两朝闻见录题辞》，沈越：《皇明嘉隆两朝闻见纪》，《四库全书存目丛书》史部第 7 册，齐鲁书社 1996 年版，第 253~254 页）	朱之蕃曾为沈越家塾师
沈朝阳		纪之自东莞陈建始，而以芜秽见黜。嗣是刻传于世者，薛宪副应旂则有《宪章录》，王司寇世贞则有《国朝纪要》，若郑端简公晓之《吾学编》，例从迁、固诸史，乃《大政》一记仅提纲领而未详节目。高长史岱之《皇明鸿猷纪》体依《通鉴纪事本末》，各详一事，而不记岁年。然率皆起高庙迄武庙止，而世、穆二庙，概未有录焉。世载既久，耳目易湮（《皇明嘉隆两朝闻见纪叙》，沈越：《皇明嘉隆两朝闻见纪》，《四库全书存目丛书》史部第 7 册，齐鲁书社 1996 年版，第 255 页）	沈朝阳系《皇明嘉隆两朝闻见纪》作者沈越之子。落款为万历己亥

明代学者	明代史家史著	批 评 语 汇	备　注
杨光训	南轩《资治通鉴纲目前编》	本之圣经而变其体，参之外纪而怯其纰。其所厘解率根极理道，又皆发前人未发，而万世复有作者，莫以易言也，则于涑水、新安足鼎力而裨助仁山氏者，良匪眇鲜矣。岂兀兀呫嚅剽袭故摩之为眩骋者哉？（《资治通鉴纲目前编序》，《四库全书存目丛书》史部第 9 册，齐鲁书社 1996 年版，第 2 页）	杨光训系南轩的门人。
林希元	吴朴《龙飞纪略》	吴子生长遐荒，糟糠不厌，乃能旁搜穷讨，为是纪，良亦难矣，不亦贤乎？初名《圣朝征伐礼乐书》，予弗善也，为易今名，因为之序（《龙飞纪略序》，吴朴：《龙飞纪略》，《四库全书存目丛书》史部第 9 册，齐鲁书社 1996 年版，第 412～413 页；又见于林希元《同安林次崖先生文集》卷七《龙飞纪录序》，《四库全书存目丛书》集部第 75 册，齐鲁书社 1997 年版，第 568 页）	吴朴《龙飞纪略》的书名系林希元所拟定，该序落款为嘉靖甲辰
徐扬先	张铨《国史纪闻》	讨论旧章，纪闻国史，芟稗官之浮夸，削野史之芜陋，备尚书之记载，省诸家之杂集，非剽时耳以为目，非信群吻以为笔（《国史纪闻序》，张铨：《国史纪闻》，《四库全书存目丛书》史部第 17 册，齐鲁书社 1996 年版，第 3 页）	徐扬先以门下士自称。徐扬先《序》落款为天启四年

续表

明代学者	明代史家史著	批评语汇	备　注
陈邦瞻	邓元锡《函史》	余尝读吾乡邓先生《函史》，慨然废书而叹，嘉其有经世之志（《历年二十一传序》，程元初：《历年二十一传》，《四库全书存目丛书》史部第18册，齐鲁书社1996年版，第530页）	陈邦瞻《序》落款为万历甲辰
邹德溥	邓元锡《皇明书》	兹编虽未及杼轴经纬，要亦能考览国故，参以野史家乘，后有修司马班氏之业者，亦足为之倪矣。夫岂合营不如独匠，承诏不如兴心？（《皇明书序》，邓元锡：《皇明书》，《续修四库全书》第315册，上海古籍出版社2002年版，第495页）	邹德溥系受刊刻者所托为之作序
赵贤	陈士元《荒史》	钩深索隐，疑信并传（《刻荒史序》，陈士元：《荒史》，《四库全书存目丛书》史部第23册，齐鲁书社1996年版，第215页）	陈士元系应城人，赵贤为楚地官员。落款为万历二年
张弦	陈士元《荒史》	义例仿诸史，记载厥事实详矣，余有味乎其言也……今观《荒史》上下数万载，贯穿百余家，勒成一家言，述古帝世次，并其帅臣，炳如指掌。其叙事爽，其文驯雅，其旨要不诡于理，其用心亦勤矣哉！（《读荒史序》，陈士元：《荒史》，《四库全书存目丛书》史部第23册，齐鲁书社1996年版，第217~218页）	张弦系陈士元同乡，且同年中进士，张弦《序》落款为嘉靖乙丑

明代学者	明代史家史著	批 评 语 汇	备 注
叶向高	谢陛《季汉书》	书虽因于陈氏，而其所错综拟议，辩名实，核是非，酌丰约，审微阐，不但窃取其义，而且损益其辞，则少连氏之所苦心极力，岁十更而草屡易，信陈氏之忠臣，而史家之正印矣（《季汉书叙》，谢陛：《季汉书》，《四库全书存目丛书》史部第30册，齐鲁书社1996年版，第1页）	按：谢陛请叶向高作序时言，"子史官也，史之瑕瑜得失于子衷焉，能无为吾一言"（《季汉书叙》，谢陛：《季汉书》，《四库全书存目丛书》史部第30册，齐鲁书社1996年版，第1~2页）
王图	谢陛《季汉书》	盖取后主诏策之文，并杨戏所作《季汉辅臣赞》而定名也，其思苦，其力深，其文错综离合于陈氏旧史，并裴氏旧注，故简质而不俚。其事贯穿上下于范晔、习凿齿以及张敬夫、朱考亭之纪述，故详赡而有体，不特可以纠陈寿之谬，亦可以正涑水氏之失，不特可以正涑水氏之失，亦可以竟刘知幾、范祖禹、谢翱诸君子未竟之业，斯不亦称艺林之鸿宝，史家之正鹄也哉！（《季汉书叙》，谢陛：《季汉书》，《四库全书存目丛书》史部第30册，齐鲁书社1996年版，第5页）	系史官

续表

明代学者	明代史家史著	批 评 语 汇	备 注
陈邦瞻	谢陛《季汉书》	（谢陛）自早岁嗜学于书，无所不睹，而尤淹于史，慨然显黜陈志，自为《季汉》一书。余得而读之，见其义例森严，体裁确正，离合进退，备有微旨，信乎，其有司马氏之志，而得《春秋》之遗意也。盖至是而正论始尽伸，僭渎不复容矣（《季汉书序》，谢陛：《季汉书》，《四库全书存目丛书》史部第 30 册，齐鲁书社 1996 年版，第 7 页）	陈邦瞻系谢陛友人。陈邦瞻《序》落款为万历己卯
吴士奇	谢陛《季汉书》	"少连（谢陛）又谓于微言别例，自有不容泯者，似也，而亦非寿初心也"，"而病少连者又谓不自成一家言，乃名为书而实仍志"，吴士奇驳之，认为此乃"拘挛之议"（吴士奇：《绿滋馆稿》卷一，《四库全书存目丛书》集部第 173 册，齐鲁书社 1997 年版，第 641 页）	吴士奇系谢陛同乡友人，在《季汉书》内容方面与之多有讨论。但吴士奇此叙，不见于《季汉书》，可能系《季汉书》刊行后，吴士奇的读后感。其《叙》中有"间去少连新书与陈氏旧志，总挈而互参之"
沈德符	谢陛《季汉书》	"自以为千古卓识，一时巨公如李本宁亦为之序，其推许甚至"，"可见前人识见高出后学，遇事便出手作成，盖不特谢生之书，非出创见……"（沈德符：《敝帚轩剩语》卷上，《四库全书存目丛书》子部第 248 册，齐鲁书社 1996 年版，第 480 页）	

明代学者	明代史家史著	批 评 语 汇	备　　注
徐㷿	谢陛《季汉书》	新安友人谢少连，作《季汉书》，自足千古。然国初庐陵贡士萧常有《续汉书》起昭烈至少帝为纪，魏吴皆为载记，而择裴注之善者并书之。至于少连并降魏为传，又著五十八论，真良史才也(徐㷿:《笔精》卷六《季汉书》)	系谢陛友人
曹学佺	谢陛《季汉书》	《季汉书》者，取陈寿之《三国志》厘正之而为书也……或以内传而入孔荀，不无牵合；本传而入裴注，间露成心。则未察乎作者之指矣。夫矫枉过正，亦理所然，欲挽其重曷遗余力之。有圣人之言平常而使人悟，贤者执权衡以称物，而时高下其手。要之，有所裨益于世道，非为己私也，作者谢陛少连，新安人，盖习于史者也(《季汉书序》，曹学佺:《石仓文稿》卷一，万历刻本)	
谢陛		昭代作者如林，云蒸霞蔚，诸集并出，诸体并工，无不家拥连城，人怀履水，而独于史学大是寥寥。近世如武进唐顺之、南昌魏靖国、建昌邓元锡、钱塘邵经邦，亦皆仿郑樵而合列传之史以成一书，欲以配涑水、考亭二史，其于三国之时，稍稍裁易，尚未犁然，顾皆未尝独改《国志》为《汉书》也(《季汉书自序》，谢陛:《季汉书》，《四库全书存目丛书》史部第30册，齐鲁书社1996年版，第13页)	系《季汉书自序》

明代学者	明代史家史著	批 评 语 汇	备　注
胡维元	朱怀吴《昭代纪略》	皇明虽有《通纪》，有《典则》，有《实录》诸书，然挂漏者疑于疏，繁芜者伤于赘。公了《纪略》简而尽，显而典，龙门之藻，扶风之则，兼有之矣（《昭代纪略序》，朱怀吴：《昭代纪略》，《中华大典·历史典·史学理论与史学史分典》第三册，上海古籍出版社 2007 年版，第 403 页）	为他人著述作序
应槚	廖道南《楚纪》	事兼规劝，义存鉴戒，足以信令而传后（《楚纪前叙》，廖道南：《楚纪》，《四库全书存目丛书》史部第 47 册，齐鲁书社 1996 年版，第 286 页）	应槚系湖广按察使副使提督学政，落款为嘉靖二十五年
陈继儒	屠叔方《建文朝野汇编》	继述之善者也（《建文朝野汇编序》，《四库全书存目丛书》史部第 51 册，齐鲁书社 1996 年版，第 6 页）	陈继儒与屠叔方系友人，陈继儒曾校订《建文朝野汇编》
王泮	诸葛元声《两朝平攘录》	"博闻遐识，研精理要，尤加意时务"，"其于疆域源流，攻取始末，靡不胪列区分，纤巨毕载"（《两朝平攘录叙》，诸葛元声：《两朝平攘录》，《四库全书存目丛书》史部第 54 册，齐鲁书社 1996 年版，第 698 页）	王泮为诸葛元声同乡，该《叙》系刊印者请王泮为之，落款为万历丙午
王守仁	方凤《改亭奏草》	类皆言人所不能言，绝无附会套语，而大礼一疏，力折奸谀，存天理正人心（《读方侍御奏议》，方凤：《改亭奏草》，《四库全书存目丛书》史部第 60 册，齐鲁书社 1996 年版，第 1~2 页）	

明代学者	明代史家史著	批 评 语 汇	备　　注
陈瑞	李遂《李襄敏公奏议》	宜其流布宇内，与国史共不朽矣（李遂：《李襄敏公奏议序》，《四库全书存目丛书》史部第 61 册，齐鲁书社 1996 年版，第 9 页）	陈瑞系李遂门生，陈瑞《序》落款为万历二年
李幼滋	顾尔行《皇明两朝疏抄》	是书以备所未备者，而十圣之事详，天下之属耳目者众矣（《皇明两朝疏抄序》，顾尔行：《皇明两朝疏抄》，《四库全书存目丛书》史部第 73 册，齐鲁书社 1996 年版，第 518 页）	此书内容主要是嘉靖、隆庆间相关奏疏。系顾尔行请李幼滋为《序》，落款为万历戊寅
吴之鲸	黄汝亨《古奏议》	余友黄贞父才情超迈，而能沉之以博识，其于史二十一家，靡所不读，间有扬榷为帐中之秘，未欲示人（《刻古奏议引言》，黄汝亨：《古奏议》，《四库全书存目丛书》史部第 75 册，齐鲁书社 1996 年版，第 540 页）	吴之鲸系黄汝亨友人，《引言》落款为万历辛丑
姚涞	黄佐《广州人物传》	黄子之精于史也，综之群典，以辑其逸，参之故实，以定其讹，监前史之得失，以辨其微，遵名家之义例以肆其指，主儒先之绪论，以要其归；事核以审矣，志详以章矣，义严以断矣（《广州人物传序》，黄佐：《广州人物传》，《四库全书存目丛书》史部第 90 册，齐鲁书社 1996 年版，第 443 页）	姚涞与黄佐同为史官，姚涞《序》落款为嘉靖五年

明代学者	明代史家史著	批 评 语 汇	备　　注
黄士吉	李廷机《刻汉唐名臣录》	其所择舍视王氏《琬琰》严矣，夫严而不阂其公，兹录具焉（《汉唐名臣录序》，李廷机：《刻汉唐名臣录》，《四库全书存目丛书》史部第99册，齐鲁书社1996年版，第513页）	系刻印者请其为序，落款为万历丙午
陈仁锡	吴亮《名世编》	是编继《遁世编》而作，意在斯乎。若夫典而核，赡而洁，体要而该翳。惟选人抑亦选言必传也夫。嘻！世笃忠贞，追躅于唐虞三代之班，劲辞于典谟风雅之后，洵惟其有之哉！（《名世编序》，吴亮：《名世编》，《四库全书存目丛书》史部第110册，齐鲁书社1996年版，第133页）	陈仁锡自称"年家子"，系吴亮有交谊之晚辈，陈仁锡《序》落款为天启甲子
高世泰	周圣楷《楚宝》	其书摘志之精，补志之缺，亦史亦子，亦集亦林，埤益菁秀，发人心目，而长人意智，其功良多（《楚宝序》，周圣楷：《楚宝》，《四库全书存目丛书》史部第118册，齐鲁书社1996年版，第2页）	高世泰系当时楚地学使
蔡道宪	周圣楷《楚宝》	书载楚地楚人楚事，皆有所论断，不苟与昔人同，又不肯为昔人作注脚（《楚宝董工序》，周圣楷：《楚宝》，《四库全书存目丛书》史部第118册，齐鲁书社1996年版，第7页）	
朱朝聘	穆文熙《四史鸿裁》	取姿也多，为体也弘，或扬榷古今，或指陈利害，或比物丑类，或模象抒情，或阐要眇之理，或辨妍媸之形（《四史鸿裁序》，穆文熙：《四史鸿裁》，《四库全书存目丛书》史部第139册，齐鲁书社1996年版，第183页）	系刻印者请朱朝聘作序，《序》落款为万历己丑

明代学者	明代史家史著	批评语汇	备　注
石星	穆文熙《四史鸿裁》	联络不紊，而评语精当（《刻左氏引》，穆文熙：《四史鸿裁》，《四库全书存目丛书》史部第 139 册，齐鲁书社 1996 年版，第 184 页）	石星与穆文熙比较熟识，曾为其《史记节略》作序，《刻左氏引》落款为万历十年
康大和	项笃寿《全史论赞》	并而不淆，约而能该，虽仅存什一于千百，而其大指咸在（《刻全史论赞叙》，项笃寿：《全史论赞》，《四库全书存目丛书》史部第 140 册，齐鲁书社 1996 年版，第 3 页）	康大和系受邀作序，落款为嘉靖丙寅
董其昌	赵维寰《雪庐读史快编》	网罗检镜，率取正史为纲，中有标新领异，角怪斗奇者，随读而随录之，前迨两汉，下迄宋元。比之吕氏《十七史详节》较为典赡，上可参庙断军书，次可资骚坛艺圃（《董其昌序》，赵维寰：《雪庐读史快编》，《四库全书存目丛书》史部第 144 册，齐鲁书社 1996 年版，第 624 页）	董其昌系赵维寰友人
施凤来	赵维寰《雪庐读史快编》	当世慷慨激烈，卓有独见，不顾世眼诽誉，则其智识胆力，君与古人直旦暮神交，乃谓快古人以自抒其愤懑，何哉？（《读史快编序》，赵维寰：《雪庐读史快编》，《四库全书存目丛书》史部第 144 册，齐鲁书社 1996 年版，第 627～628 页）	施凤来系赵维寰友人

明代学者	明代史家史著	批 评 语 汇	备　注
陈熙昌	赵维寰《雪庐读史快编》	瑕瑜好丑，一一献状，以听当世之取材而绝不以己见锢之（《读史快编序》，赵维寰：《雪庐读史快编》，《四库全书存目丛书》史部第 144 册，齐鲁书社 1996 年版，第 630 页）	赵维寰请陈熙昌阅其稿，《序》落款为天启壬戌
顾天埈	赵维寰《雪庐读史快编》	盖以古人娱己，不以己见阱古人。（《读史快编序》，赵维寰：《雪庐读史快编》，《四库全书存目丛书》史部第 144 册，齐鲁书社 1996 年版，第 632 页）	按：顾天埈曾为赵维寰的考试官
顾国宝	赵维寰《雪庐读史快编》	研览诸史，缘文披藻，就事标奇，有当于中，存其独是……罗百代于胸臆，以独行其是非者耶（《读史快编序》，赵维寰：《雪庐读史快编》，《四库全书存目丛书》史部第 144 册，齐鲁书社 1996 年版，第 635 页）	系赵维寰友人
朱国祯	余文龙《史㠃》	以性理兼经济，工于史学，其言至精，展卷了然，举千古得失进退之概，收之一掬，奇而不诡于正，乃知儒者异用同归，即不立文字可也（《史㠃序》，余文龙：《史㠃》，《四库全书存目丛书》史部第 146 册，齐鲁书社 1996 年版，第 201 页）	系余文龙友人
苏茂昶	余文龙《史㠃》	数千年来国家之成败，风俗之污隆，人物之□懋，采掇靡所挂漏（《史㠃序》，余文龙：《史㠃》，《四库全书存目丛书》史部第 146 册，齐鲁书社 1996 年版，第 202 页）	系余文龙友人，《序》落款为万历戊午

明代学者	明代史家史著	批 评 语 汇	备　注
董应举	余文龙《史窬》	董应举认为《史窬》价值有三：夫全史至博，难于尽阅，今撮而聚之，阅者不烦可以引人读史，一也；其所聚撮多异事隽语，事料掌故灿然列陈，可以资博，二也；人不知古今，如三家村老农局迹蓬户，夕忘其朝，问其世氏，呀然而不能对，有此一书以耳以目，可以丑陋，三也（《余中拙先生史窬序》，余文龙：《史窬》，《四库全书存目丛书》史部第146册，齐鲁书社1996年版，第205页）	系余文龙同乡，《序》落款为万历戊午
龚一柱	杨以仁《读史集》	世有习举子业而不读史者，亡之也。读史而不克如我维节先生者，犹弗读也。是诚博文约礼，统万归一之学，读之最足快心（《叙读史四集》，杨以仁：《读史集》，《四库全书存目丛书》史部第148册，齐鲁书社1996年版，第264~265页）	龚一柱自称后学
涂必泓	沈国元《二十一史论赞》	去其本纪冗文，止录断制，敏中慧手，搜隐昭微，事取已然，义多未发，真可训治戒乱，存是厘非，于以裨益世道，绍隆史源，岂小补乎？（《叙二十一史论赞》，沈国元：《二十一史论赞》，《四库全书存目丛书》史部第148册，齐鲁书社1996年版，第538页）	系沈国元邀请涂必泓为序，落款崇祯丙子

续表

明代学者	明代史家史著	批 评 语 汇	备　注
张溥	姚允明《史书》	（自上古迄元至正年间）前人旧文宁减毋增，意欲一句一字包含本末，极其苦心，亦邓潜谷《函史》、张九岳《史余》之流也，但邓、张之书，卷帙众多，钩深致远，学者难尽。伯子独以约造功，便人稽览(《史书序》，姚允明：《史书》，《四库全书存目丛书》史部第150册，齐鲁书社1996年版，第1~2页)	张溥系姚允明友人
吴应箕	姚允明《史书》	上下数千载，取古人编年纪事者，行论断于其中，以自为一家言，于古无是也。予观其书不名一体，裁缩已成之事以为文，缀附独见之义以立断，词不病于好微意不苦于难属，其言约，其义诙，其包络辽邈，使居今者巡复其意而可以措之为用。非具良史才，又积岁覃精，行坚志特者，乌睹有是哉？(《姚伯子史书叙》，姚允明：《史书》，《四库全书存目丛书》史部第150册，齐鲁书社1996年版，第4~5页)	吴应箕系姚允明友人，受邀为序，落款为崇祯丁丑
周钟	姚允明《史书》	尤工史学，尝自太昊迄胡元，上下数千年间，私以己意，裁括成书，体仍涑水，而缀事属文，删繁就约，间寓论断，折衷诸家，书不盈尺，而往古兴亡，治乱之迹，以及典章制度之沿革，君子小人之进退，要义毕陈，实史家之创体也(《史书序》，姚允明：《史书》，《四库全书存目丛书》史部第150册，齐鲁书社1996年版，第6~7页)	系姚允明友人

明代学者	明代史家史著	批评语汇	备　注
程允德	姚允明《史书》	综前人之行事，而义自备也（《史书叙》，姚允明：《史书》，《四库全书存目丛书》史部第150册，齐鲁书社1996年版，第10页）	系姚允明友人之子，《叙》落款为崇祯十年
江右卿	张溥《二一史识余》	录二十一史中事辞之极隽者，规摹《世说》，增定名汇，为《何氏语林》所未有者……此便当与《世说》并垂，《语林》不足道也。先师钟伯敬有《史怀》、赵无声有《快编》盛为远近所传。此集别是史家一种佳书（《序》，张溥：《二十一史识余》，《四库全书存目丛书》史部第150册，齐鲁书社1996年版，第573~574页）	系张溥友人
钱龙锡	许浩《宋史阐幽》	剖决是非，指斥邪正，凛如秋霜，于以扶公道正人心，行将与史书共垂千古。且当时以淹雅著闻，明朝自丘文庄、杨修撰、王司寇而外，恐莫与先生匹也（《重刻宋史阐幽叙》，许浩：《宋史阐幽》，《四库全书存目丛书》史部第281册，齐鲁书社1996年版，第400~401页）	钱龙锡与许浩有一定交往，《叙》落款为崇祯元年
丘濬	许浩《宋史阐幽》	沉酣六籍，综揽百家，出其衷所，称量提衡，进退不减班马（《宋史阐幽叙》，许浩：《宋史阐幽》，《四库全书存目丛书》史部第281册，齐鲁书社1996年版，第402页）	丘濬系许浩友人，《叙》落款为弘治八年
谢迁	许浩《宋史阐幽》	发宋人所未发……正《宋史》得失之定评，可以作千秋衡鉴者也（《叙》，许浩：《宋史阐幽》，《四库全书存目丛书》史部第281册，齐鲁书社1996年版，第403页）	系同邑友人

明代学者	明代史家史著	批评语汇	备　注
	邹泉《尚论编》	扬微阐幽，的的可表正，亦多借托古人以风切当世者。非但述故事，整齐其世传而已也。其或昔人评骘得当，意必掇取，而显书其姓氏，不以相陵掩。兹所谓综古之捷径者，非耶（《刻峄山邹先生人物尚论编》，邹泉：《尚论编》，《四库全书存目丛书》史部第282册，齐鲁书社1996年版，第52页）	按：未显示作序者情况
李复初	戴璟《新编汉唐通鉴品藻》	随事品藻，一皆根据六经，错综百家，而彰善瘅恶，崇正黜邪，发前人之未发者，尤凛凛然（《诸史品藻序》，戴璟：《新编汉唐通鉴品藻》，《四库全书存目丛书》史部第282册，齐鲁书社1996年版，第471~472页）	按：此书始周威烈王至五代。系戴璟巡抚陕西时携带此书，李复初见之作序，落款为嘉靖十七年
马理	戴璟《新编汉唐通鉴品藻》	义祖《春秋》、《纲目》是宗，宗祖维何，敦厥典常，褒善贬恶，或略或详（《通鉴品藻题辞》，戴璟：《新编汉唐通鉴品藻》，《四库全书存目丛书》史部第282册，齐鲁书社1996年版，第473页）	按：由戴璟《新编汉唐通鉴品藻凡例》，可知戴璟论史是以六经为准的（《四库全书存目丛书》史部第282册，齐鲁书社1996年版，第474页）

明代学者	明代史家史著	批 评 语 汇	备　注
王九思	戴璟《新编汉唐通鉴品藻》	穷探力索，推见至隐，有出于独得之见者，有往哲所尝是论而未协于义者，断之以六经，参之以群籍，而品藻具焉（《刻汉唐通鉴品藻序》，戴璟：《新编汉唐通鉴品藻》，《四库全书存目丛书》史部第282册，齐鲁书社1996年版，第473~474页）	系刻印者请其为序，落款为嘉靖戊戌
吴仁度	洪垣《觉山洪先生史说》	若考据皆前人究括所未及，若发挥皆先儒思虑所未周，甄别材贤直洞肺腑，折衷机宜，如指彀的（《史说序》，洪垣：《觉山洪先生史说》，《四库全书存目丛书》史部第283册，齐鲁书社1996年版，第2页）	系洪垣同科友人之子，刻印者请其为序，落款为万历己酉
汪世德	洪垣《觉山洪先生史说》	随事折衷，因人品评，援彼证此……贤否判于析尘，去取辨于观火（《叙》，洪垣：《觉山洪先生史说》，《四库全书存目丛书》史部第283册，齐鲁书社1996年版，第4页）	系洪垣晚辈，汪世德曾受洪垣之子的委托，校勘《史说》，《叙》落款为万历甲寅
李思纯	吴崇节《古史要评》	上下三千年，其人其事，提纲节要……褒诛予夺，例仿《春秋》，抉摘品评，书同《博议》（《记》，吴崇节：《古史要评》，《四库全书存目丛书》史部第284册，齐鲁书社1996年版，第567页）	李思纯自称"年通家教弟"，《记》落款万历庚戌
祝世禄	吴崇节《古史要评》	史学之津梁，蹄筌殊无是过（《重刻古史要评序·吴宗琰》，吴崇节：《古史要评》，《四库全书存目丛书》史部第284册，齐鲁书社1996年版，第573页）	与吴崇节有同年之谊，吴宗琰系吴崇节玄孙

明代学者	明代史家史著	批 评 语 汇	备　　注
张毓睿	何详《史取》	追芳轨于鲁史，续直笔于三代，且条分缕析(《史取序》，何详：《史取》，《四库全书存目丛书》史部第 285 册，齐鲁书社 1996 年版，第 9 页)	张毓睿自称后学，曾撰有《二十一代史瑜》
何邵	何详《史取》	上综累朝世纪之盛衰，博考兵屯钱谷之经纬，以及性行勋业，成德显功之纪，旁搜异声奇志稗史之言，名言大义炳焉，与日月争光，千百年后，其书必传，较之柱史、班马之流，何敢谦让焉(《跋》，何详：《史取》，《四库全书存目丛书》史部第 285 册，齐鲁书社 1996 年版，第 10 页)	何邵系何详之子
叶向高	于慎行《读史漫录》	其论世超，其持衡审，殚元会之变，综得失之林，别善败如列眉，烛忠佞如观火。至于军国机宜，华夷厄塞，莫不备举。盖经世之书，而非占毕之业已(《读史漫录题辞》，于慎行：《读史漫录》，《四库全书存目丛书》史部第 285 册，齐鲁书社 1996 年版，第 457 页)	受于慎行门人之邀为序
张所望	于慎行《读史漫录》	于文定公慎行《读史漫录》一书，于古今治乱成败之故，多所发明，有与时事相类，则必反复详论……此书无论学士大夫所宜究心君人者，常当置之座侧(张所望：《阅耕余录》卷三《读史漫录》，《四库全书存目丛书》子部第 110 册，齐鲁书社 1996 年版，第 187 页)	

续表

明代学者	明代史家史著	批 评 语 汇	备 注
刘廷谟	杨一奇《史谈补》	今国家方开局修辑正史，搜罗至广，而公以是时成此书，直可作兰台石室之司南，行且与龙门扶风诸大家并垂不朽（《史谈补叙》，杨一奇：《史谈补》，《四库全书存目丛书》史部第286册，齐鲁书社1996年版，第372页）	刘廷谟系受邀杨一奇之邀而为《叙》
陈经邦	郑贤《古今人物论》	是宁独世代升降，风气沿革具是，抑亦古今文运忠质文烦简之大都也（《人物论序》，郑贤：《古今人物论》，《四库全书存目丛书》史部第286册，齐鲁书社1996年版，第522页）	系郑贤友人，郑贤《古今人物论》在体例上模仿《通鉴》以时代为顺序，摘录历代正史中对君臣的论赞，把不同的观点汇集一起以供世人参阅（郑贤《叙》，第526页）
方万策	郑贤《古今人物论》	至国朝若《宋史新编》、《史钺》、《史评》、《日抄》、《余冬录》等书，率能□绎往绪，提揭群蒙，岂不斌斌？独郑元直博士上下千万年，采人物论断辑而成编。俾尚论者，一开卷如见往喆颜面，不出户如寻千古丘貉（《人物论序》，郑贤：《古今人物论》，《四库全书存目丛书》史部第286册，齐鲁书社1996年版，第524~525页）	系郑贤友人，《序》落款为万历戊申

明代学者	明代史家史著	批 评 语 汇	备　注
林希元	陆僎《宋元史发微》	显以推隐，仗义以伐叛，搜遗以补缺，撼实以辩诬，异而弗凿，约而成章，信史氏之折衷，晦冥之日月也（林希元：《同安林次崖先生文集》卷七《宋元史发微序》，《四库全书存目丛书》集部第 75 册，齐鲁书社 1997 年版，第 567 页）	系陆僎友人
许孚远	魏显国《史书大全》	上自羲皇，下迄胜国，书法仿于《春秋》、《纲目》，而叙事取于迁固诸家，既详编年，复兼纪传，故称大全也（许孚远：《敬和堂集》卷一《史书大全序》，《四库全书存目丛书》集部第 136 册，齐鲁书社 1997 年版，第 502 页）	许孚远受魏显国之邀为其作序
李维桢	王世贞《皇明琬琰录》	上自王侯将相，下逮四民女妇状、表、志、传、家乘、地志、丛谈、杂记及实录所收，巨细精粗，捃摭囊括，以备史氏之用，而莫有用者（李维桢：《大泌山房集》卷八《皇明琬琰录序》，《四库全书存目丛书》集部第 150 册，齐鲁书社 1997 年版，第 468 页）	
李维桢		明兴，礼乐文章远过前代，而史独废缺，仅有实录。于臣下事不详……至于野史如《琐缀录》、《皇明通纪》、《九朝野记》、《永昭二陵编》，横议恣行（李维桢：《大泌山房集》卷八《皇明琬琰录序》，《四库全书存目丛书》集部第 150 册，齐鲁书社 1997 年版，第 469 页）	按：此系李维桢在为王世贞《琬琰录》作序时，论及明代史学状况

明代学者	明代史家史著	批　评　语　汇	备　　注
李维桢	涂山《明政统宗》	(涂山)见今世有为《通纪》者、为《吾学编》者、为《宪章录》者、为《大政纪》者、为《昭代典则》者，人自董狐，家自马迁，意制相诡，莫适折衷。而窃以编年之法会通衰序，使修史者便于讨论云耳。……涂生即事论事，无所揣摩，其书信当与郑、薛、雷、黄诸家并行也(李维桢：《大泌山房集》卷八《明政统宗序》，《四库全书存目丛书》集部第150册，齐鲁书社1997年版，第470页)	李维桢受涂山之友的邀请为其作序
李维桢		近代为国史者少，而为野史者多。国史非一人手，容有忌惮。野史则可恣恣胸臆矣。其失在缙绅者少，而在韦布者多，缙绅闻见犹广历练差深，韦布则因陋就寡，自用自专，弊所不免(李维桢：《大泌山房集》卷八《明政统宗序》，《四库全书存目丛书》集部第150册，齐鲁书社1997年版，第469页)	
张师绎	涂山《明政统宗》	编年叙事，悉皆网罗金匮石室之储，以至百司掌故馥语稗记巷谈野述，诸所胪列于汗青者，要皆捃摭其根胎，戴咀其菁华而成者也(《明政统宗叙》，涂山：《明政统宗》，《四库禁毁书丛刊》史部第2册，北京出版社2000年版，第101页)	

明代学者	明代史家史著	批　评　语　汇	备　　注
张师绎		我明自《通鉴》、《续编》大成之后，仅于东莞陈建《通纪》称晨星，然竟以芜秽见黜。嗣有京山《鸿猷》、毗陵《宪章》、槜李之《吾学》、吉州之《大政》、琅琊之《史料》诸集，均为世所拱璧（《明政统宗叙》，涂山：《明政统宗》，《四库禁毁书丛刊》史部第 2 册，北京出版社 2000 年版，第 100~101 页）	
郑晓	徐咸《近代名臣言行录》	我朝八开史局，往往焚草液池，虽庙堂缨绣之士，且不得睹，而况乡徼儒生乎？东滨斯录，博而确，善善而不讳……君子于斯录也可以观世矣（《近代名臣言行录跋》，徐咸：《近代名臣言行录》，《中华大典·历史典·史学理论与史学史分典》第三册，上海古籍出版社 2007 年版，第 291 页）	
祝世禄	黄允昇《昭代典则》	恭肃之于端简，官品同、人品同、立朝建白略同，及纂述而史亦无乎不同，方之汉世，不庶几马班乎哉？（《祝世禄序》，黄允昇：《昭代典则》，《续修四库全书》第 351 册，上海古籍出版社 2002 年版，第 5 页）	祝世禄受刻印者之邀为序
唐世济	沈朝阳《通鉴纪事本末前编》	取胜国金履祥氏之《前编》、陈桱氏之《外纪》，而益之以经传之所散见，荟粹成之。……素臣之业，良史之遗也……赡而核，详而有体，尊六经典正之书，而议论不诡于圣（沈朝阳：《通鉴纪事本末前编》，《通鉴纪事本末前编序》，《四库未收书辑刊》第 1 辑，第 15 册，北京出版社 2000 年版，第 350~351 页）	唐世济系巡按御史，该本的刻印者，称"抑古者柱下之史掌先代藏书而献纳焉，以备教戒轩辎而录之，亦余备员巡方者之职也"（第 353 页）

明代学者	明代史家史著	批 评 语 汇	备　注
李之藻	沈朝阳《通鉴纪事本末前编》	对《通鉴纪事本末前编》评价甚高，"阐事物之本原，溯清穆之皇风，备经营之霸略"，"于史学更有光焉"（《通鉴纪事本末前编序》，沈朝阳：《通鉴纪事本末前编》，《四库未收书辑刊》第1辑，第15册，第356页）	李之藻《序》落款为万历丁巳
李维桢	钱岱《两晋南北史合纂》	删志而存纪传，复删其事之无关鉴戒，语之支蔓凡猥者，而间采他书，藻秀以坤益之，润色成章，斐然可诵，此所以明文体也（《晋书南北史合纂序》，钱岱：《晋书南北史合纂》，《四库未收书辑刊》第2辑，第16册，北京出版社2000年版，第3页）	李维桢《序》中称钱岱之书，"窃有会于心焉"，"余尝欲合南北史为一"
钱谦益	钱岱《两晋南北史合纂》	举要钩玄，或笔或削，盖称良史（《两晋南北史合纂序》，钱岱：《两晋南北史合纂》，《四库未收书辑刊》第2辑，第16册，北京出版社2000年版，第6页）	按：钱谦益以兄称钱岱，且比喻钱岱作史为下棋中的"国手"，钱谦益《序》落款为万历癸丑
钱希言	钱岱《两晋南北史合纂》	非以肤衷臆见而漫焉，取古人之文辞苍素而雌黄之也。彼能读太史公而味其旨，故以太史公之神情递而求玄龄、延寿诸君之脉络，鲜不胶合（《两晋南北史合纂序》，钱岱：《两晋南北史合纂》，《四库未收书辑刊》第2辑，第16册，第11页）	钱希言系钱岱叔父辈，其言钱岱最喜《史记》，其次是《晋书》《南北史》

明代学者	明代史家史著	批 评 语 汇	备　注
黄佐	柯维骐《宋史新编》	覃思博考，乃能会通三史，以宋为正，删其繁猥，厘其错乱，复参诸家纪载可传信者，补其阙遗……简而详，赡而精，严而不刻，直而有体，南董之笔，西汉之书，不得专美于前矣（《宋史新编序》，柯维骐：《宋史新编》，《续修四库全书》第308册，上海古籍出版社2002年版，第311页）	黄佐与柯维骐系朋友关系
李义壮	柯维骐《宋史新编》	删其芜累，补其阙遗，或核实以稽疑，或阐幽以微显，或究终以明始，或击异以统同，纲举目随，事详文省，是诚贤者之虑，而《春秋》之旨也（《宋史新编序》，柯维骐：《宋史新编》，《续修四库全书》第308册，上海古籍出版社2002年版，第313页）	李义壮与柯维骐有同年之谊
康大和	柯维骐《宋史新编》	首《本纪》而次《志》、《表》，先《道学》而后《循吏》，为得其叙。略细务而挈宏纲，刊繁误而存典实，为得其要。论赞之词，直而不刻，辩而不浮，为得其体。其最大者，尊宋之统，附辽、金为《外国传》，尤为得义例之精。于是数百年之书，一旦厘正，视元人所修，何啻千百，其有功于史大矣（《宋史新编后序》，柯维骐：《宋史新编》，《续修四库全书》第311册，上海古籍出版社2002年版，第269页）	康大和系柯维骐友人

明代学者	明代史家史著	批 评 语 汇	备　注
钱棻	柯维骐《宋史新编》	宋辽金元四史，史之下矣。明柯氏综而摄之，命曰《新编》，规抚虽具，其于詹事所云博赡整理二者，则未之或闻（钱棻：《萧林初集》卷七，《四库未收书辑刊》第6辑，第28册，北京出版社2000年版，第114页）	
张溥	柯维骐《宋史新编》	莆田柯氏，《新史》肇兴，辽金二国，降列载记，规模反正，卷帙微省，而取材未广，阙如生恨（《叙》，冯琦原编：《宋史纪事本末》，中华书局1955年版，第1页）	
于慎行	柯维骐《宋史新编》	元人修三史，各为一书，是也。《通鉴》编年之史，不相照应，即当如《南北史》之例，不必有所低昂可也。近世文雅之士，有为《宋史新编》者，尊宋为正统，而以辽、金为列国，则名实而不相中矣。彼南、北二《史》，互相诋诃，南以北为索虏，北以南为岛夷，此列国相胜之风，有识者视之，已以为非体矣。乃今从百世之后，记前代之实，而犹以迂阔之见，妄加摈斥，此老生之陋识也。辽、金绳以夷狄僭号，未克混一，而中国土宇，为其所有，亦安得不以分行之体归之？而欲夷为列国，附于《宋史》之后，则不情也（《读史漫录》卷十四《辽金元》，齐鲁书社1996年版，第511页）	

明代学者	明代史家史著	批 评 语 汇	备　注
胡应麟	柯维骐《宋史新编》	本朝柯维骐《宋史新编》稍去芜蔓，而笔力痿弱无发明，殆若节抄耳（胡应麟：《少室山房集》卷一百一《读宋辽金三史及宋史新编》）	
钱棻		列朝实录藏诸秘府，学士家罕得窥，即有缮录成帙者，大氐体裁疏漫，是非淆杂，不足观。野史如郑、邓、雷、薛诸本为世所称。然以方南董，侗侗然不及远矣。矧隆、万以后，益泬漫靡所成就（钱棻：《萧林初集》卷七，《四库未收书辑刊》第6辑，第28册，北京出版社2000年版，第115页）	钱氏在论国史时，对明代当代史的整体批评
钱棻	唐顺之《左编》《右编》，邓元锡《函史》上下	近代唐应德有左右《编》，邓徵君有《函史》上下编。唐以《左》胜，胜在识也。邓以《下》胜，胜在核也。他虽有作，弗敢知也（钱棻：《萧林初集》卷七，《四库未收书辑刊》第6辑，第28册，北京出版社2000年版，第115~116页）	钱氏论集史时，论及唐顺之、邓元锡之著述
余铎	赵弼《雪航肤见》	其于外纪之迂诞，史氏褒贬之不公，历代名臣之谬误，皆论辩考正，以卓异之识超出人意表，足以扩前贤之所未发也……其为书浩瀚繁博，自鸿荒以迄于今，国统离合，政治得失，靡不具载。然而作者不一其间，公是非，以为实录者，信其为良史直笔，无庸喙矣（《雪航肤见序》，赵弼：《雪航肤见》，《四库全书存目丛书》补编第94册，齐鲁书社1997年版，第232~233页）	受刊印者之邀为序，落款为正统戊辰，余铎言赵弼《雪航肤见》以《通鉴纲目》为准，说明此书亦是义理史学之体现

明代学者	明代史家史著	批 评 语 汇	备　注
唐汝询	程至善《史砭》	颇与旧断相抵牾，刻者济以宽，冗者纳于约，泥者通而广……此书醒世之目者也(《史砭小引》，程至善：《史砭》，《四库全书存目丛书》补编第94册，齐鲁书社1997年版，第575~576页)	唐汝询系程至善友人，受邀而为序
茅坤	凌稚隆《汉书评林》	太学君博搜诸家之说，镌引之间有醇疵相参于班掾之旨，或合或不合者，君并椠而厘之。故君之所自疏者独为多。予虽不能遍读以印可否，而抑可谓勤也已……予独嘉之，以请于世之善读两家之书者(茅坤：《茅鹿门先生文集》卷十四《刻汉书评林序》，《续修四库全书》第1344册，上海古籍出版社2002年版，第652页)	系受邀为序
茅坤	凌稚隆《汉书评林》	予郡凌氏刻《汉书评林》，予览其所镌评处，大略绵蕞先代儒绅所别为论列，而并及近年之读《汉书》而镌之简端者。然非出一人，故其言繁杂无次，而班固所模仿《史记》之文，而稍为增损其间，或得或失，与武帝以后之自为文处，其所与《史记》旗鼓相当，别为部曲之概，犹未及之也(茅坤：《茅鹿门先生文集》卷十八《刻汉书钞序》，《续修四库全书》第1344册，上海古籍出版社2002年版，第703页)	系茅坤自序《汉书钞》

明代学者	明代史家史著	批 评 语 汇	备　注
钱士升		综其大者，如《逊国臣记》简而多漏，《朝野汇编》博而寡裁，《忠节录》核矣而取义未精，《拊膝录》详矣而鲁鱼或误。因搜辑诸家，参以逸事，与太常马公鸣起、蔡公思充商榷义例，论次列传。……于圣朝表忠风世之指，庶有补乎？(《自序》，钱士升：《皇明表忠记》，《中华大典·历史典·史学理论与史学史分典》第三册，上海古籍出版社 2007 年版，第 299 页)	
朱睦㮮		革除间，史臣远嫌，不纪建文之事，以致四年政令阙而不传。自仁、宣以后，山林之士稍稍出逸文，谈往事，于是有撰《靖难录》者，有撰《革除录》者。余尝观二录，其辞或抑或扬，俱失太过，而《革除录》失实尤多。……呜呼！一倡群和，至今百余年。疑者半，信者半，即海盐、玉山、东莞皆称博雅之儒，而不能辨诸说之误，可慨也已(《革除逸史自序》，朱睦㮮：《革除逸史》，《中华大典·历史典·史学理论与史学史分典》第三册，上海古籍出版社 2007 年版，第 398~399 页)	
张溥		明兴以来未有也。右文之朝，人尚史学。综览昭代，著作多涂，郑、邓体仿《史记》，焦、雷传记、人物、典章挦捃于劳徐，治法述于吴邓，书虽通行，义例未显；王弇州、朱乌程、郑上饶、李湘阴、饶进贤、周梁谿各有论撰，雅称史裁，然或功半而人亡，或身没而言隐，孰有分别政事，明白谠言，如《文编》者哉？(《明经世文编序》，陈子龙：《皇明经世文编》，《四库禁毁书丛刊》集部第 22 册，北京出版社 2000 年版，第 24 页)	张溥与陈子龙系友人关系，张溥自称"社弟"

参 考 文 献

一、古籍类

司马迁:《史记》,中华书局 1959 年版。

司马迁著,泷川资言考证:《史记会注考证》,文学古籍刊行社 1955 年版。

班固:《汉书》,中华书局 1962 年版。

刘知幾著,浦起龙通释,王煦华整理:《史通通释》,上海古籍出版社 2009 年版。

刘知幾著,刘占召注:《史通评注》,中央编译出版社 2010 年版。

白居易著,丁如明、聂世美校点:《白居易全集》,上海古籍出版社 1999 年版。

陈振孙:《直斋书录解题》,中华书局 1985 年版。

王应麟:《困学纪闻》,四部丛刊三编景元本。

徐𤊹:《鳌峰集》,明天启五年南居益刻本。

于若瀛:《弗告堂集》,明万历刻本。

叶向高:《苍霞草》,万历刻本。

冯琦原编:《宋史纪事本末》,中华书局 1955 年版。

谈迁:《国榷》,古籍出版社 1958 年版。

朱国祯:《涌幢小品》,中华书局 1959 年版。

李贽:《续藏书》,中华书局 1974 年版。

王洙：《宋史质》，大化书局 1977 年版。

归有光：《震川先生集》，上海古籍出版社 1981 年版。

郑晓：《今言》，中华书局 1984 年版。

陶辅：《桑榆漫志》，中华书局 1985 年版。

钱谦益：《牧斋初学集》，上海古籍出版社 1985 年版。

钱谦益：《列朝诗集》，中华书局 2007 年版。

钱谦益：《牧斋有学集》，上海古籍出版社 2009 年版。

钱谦益：《牧斋杂著》，上海古籍出版社 2009 年版。

陈霆：《两山墨谈》，中华书局 1985 年版。

袁中道：《雪珂斋集》，上海古籍出版社 1989 年版。

陈霆：《宣靖备史》，丛书集成续编史部第 23 册，上海书店出版社 1994 年版。

史仲彬：《致身录》，中华书局 1991 年版。

朱明镐：《史纠》，中华书局 1991 年版。

于慎行著，黄恩彤参订，李念孔等点校：《读史漫录》，齐鲁书社 1996 年版。

徐学聚：《国朝典汇》，书目文献出版社 1996 年版。

凌稚隆：《史记评林》，天津古籍出版社 1998 年版。

凌稚隆：《汉书评林》，日本东京明治年间印刷会所版本。

凌稚隆纂，马雅琴整理：《史记纂》，商务印书馆 2013 年版。

焦竑：《澹园集》，中华书局 1999 年版。

焦竑：《玉堂丛语》，中华书局 2007 年版。

焦竑：《焦氏笔乘》，中华书局 2008 年版。

查继佐：《罪惟录》，齐鲁书社 2000 年版。

胡应麟：《少室山房笔丛》，上海书店出版社 2001 年版。

谢肇淛：《五杂俎》，辽宁教育出版社 2001 年版。

陈子龙撰，孙启治校点：《安雅堂稿》，辽宁教育出版社 2003

年版。

王惟俭：《史通训故》，上海古籍出版社 2006 年版。

郭孔延：《史通评释》，上海古籍出版社 2006 年版。

沈德符：《万历野获编》，中华书局 2007 年版。

陈建、钱茂伟点校：《皇明通纪》，中华书局 2008 年版。

茅坤编：《唐宋八大家文钞》，黄山书社 2010 年版。

何良俊：《四友斋丛说》，上海古籍出版社 2012 年版。

张岱：《瑯嬛文集》，浙江古籍出版社 2013 年版。

王世贞著，吕浩校点，郑利华审订：《弇山堂别集》上海古籍出版社 2017 年版。

吴炎：《吴赤溟先生文集》，国学保存会 1906 年版。

章学诚：《校雠通义》，古籍出版社 1956 年版。

王夫之：《王船山诗文集》，中华书局 1962 年版。

张廷玉等：《明史》，中华书局 1974 年版。

纪昀：《钦定四库全书总目（整理本）》，中华书局 1997 年版。

缪荃孙等撰，吴格整理点校：《嘉业堂藏书志》，复旦大学出版社 1997 年版。

钱大昕：《十驾斋养新录》，江苏古籍出版社 2000 年版。

钱大昕：《二十二史考异》，凤凰出版社 2008 年版。

钱大昕：《潜研堂序跋》，上海古籍出版社 2010 年版。

顾炎武著，黄汝成集释：《日知录集释》，上海古籍出版社 2005 年版。

赵翼著，王树民校证：《廿二史劄记》，中华书局 2005 年版。

章学诚著，叶瑛校注：《文史通义校注》，中华书局 2005 年版。

万斯同：《石园文集》，上海古籍出版社 2010 年版。

陈鹏年撰，李鸿渊校点：《陈鹏年集》，岳麓书社 2013 年版。

杨士奇：《东里集》，《景印文渊阁四库全书》第 1238 册，台湾"商务印书馆"1986 年版。

李清馥著，何乃川点校：《闽中理学渊源考》，商务印书馆 2018 年版。

项笃寿：《今献备遗》，《景印文渊阁四库全书》第 453 册，台湾"商务印书馆"1986 年版。

王世贞：《弇州续稿》，《景印文渊阁四库全书》第 1282 册，上海古籍出版社 1987 年版。

王世贞：《读书后》，《景印文渊阁四库全书》第 1285 册，上海古籍出版社 1987 年版。

陈埴：《木钟集》，《景印文渊阁四库全书》第 703 册，台湾"商务印书馆"1986 年版。

杨慎：《丹铅余录》，《景印文渊阁四库全书》第 855 册，台湾"商务印书馆"1986 年版。

杨慎：《升庵集》，《景印文渊阁四库全书》第 1270 册，台湾"商务印书馆"1986 年版。

许相卿：《史汉方驾》，《四库全书存目丛书》史部第 1 册，齐鲁书社 1996 年版。

郝敬：《批点史记琐琐》，《四库全书存目丛书》史部第 1 册，齐鲁书社 1996 年版。

项梦元：《读宋史偶识》，《四库全书存目丛书》史部第 1 册，齐鲁书社 1996 年版。

丘濬：《世史正纲》，《四库全书存目丛书》史部第 6 册，齐鲁书社 1996 年版。

顾应祥：《人代纪要》，《四库全书存目丛书》史部第 6 册，齐鲁书社 1996 年版。

　　沈越：《皇明嘉隆两朝闻见纪》，《四库全书存目丛书》史部第 7 册，齐鲁书社 1996 年版。

　　南轩：《资治通鉴纲目前编》，《四库全书存目丛书》史部第 9 册，齐鲁书社 1996 年版。

　　吴朴：《龙飞纪略》，《四库全书存目丛书》史部第 9 册，齐鲁书社 1996 年版。

　　薛应旂：《宋元通鉴》，《四库全书存目丛书》史部第 9 册，齐鲁书社 1996 年版。

　　顾锡畴：《纲鉴正史约》，《四库全书存目丛书》史部第 17 册，齐鲁书社 1996 年版。

　　张铨：《国史纪闻》，《四库全书存目丛书》史部第 17 册，齐鲁书社 1996 年版。

　　程元初：《历年二十一传》，《四库全书存目丛书》史部第 18 册，齐鲁书社 1996 年版。

　　邓元锡：《函史》，《四库全书存目丛书》史部第 28 册，齐鲁书社 1996 年版。

　　谢陛：《季汉书》，《四库全书存目丛书》史部第 30 册，齐鲁书社 1996 年版。

　　蒋之翘：《删补晋书》，《四库全书存目丛书》史部第 31 册，齐鲁书社 1996 年版。

　　钱士升：《南宋书》，《四库全书存目丛书》史部第 31 册，齐鲁书社 1996 年版。

　　廖道南：《楚纪》，《四库全书存目丛书》史部第 47 册，齐鲁书社 1996 年版。

　　屠叔方：《建文朝野汇编》，《四库全书存目丛书》史部第 51 册，齐鲁书社 1996 年版。

范守己：《皇明肃皇外史》，《四库全书存目丛书》史部第 52 册，齐鲁书社 1996 年版。

李遂：《李襄敏公奏议》，《四库全书存目丛书》史部第 61 册，齐鲁书社 1996 年版。

黄汝亨：《古奏议》，《四库全书存目丛书》史部第 75 册，齐鲁书社 1996 年版。

黄佐：《广州人物传》，《四库全书存目丛书》史部第 90 册，齐鲁书社 1996 年版。

王兆云：《皇明词林人物考》，《四库全书存目丛书》史部第 111 册，齐鲁书社 1996 年版。

陈深：《诸史品节》，《四库全书存目丛书》史部第 132 册，齐鲁书社 1996 年版。

赵维寰：《雪庐读史快编》，《四库全书存目丛书》史部第 144 册，齐鲁书社 1996 年版。

杨以仁：《读史集》，《四库全书存目丛书》史部第 148 册，齐鲁书社 1996 年版。

沈国元：《二十一史论赞》，《四库全书存目丛书》史部第 148 册，齐鲁书社 1996 年版。

张墉：《二十一史识余》，《四库全书存目丛书》史部第 150 册，齐鲁书社 1996 年版。

姚允明：《史书》，《四库全书存目丛书》史部第 150 册，齐鲁书社 1996 年版。

陈霆：《唐余纪传》，《四库全书存目丛书》史部第 162 册，齐鲁书社 1996 年版。

许浩：《宋史阐幽》，《四库全书存目丛书》史部第 281 册，齐鲁书社 1996 年版。

顾正谊：《顾氏诗史》，《四库全书存目丛书》史部第 288 册，齐鲁书社 1996 年版。

郭大有：《新刻官板大字评史心见》，《四库全书存目丛书》史部第 288 册，齐鲁书社 1996 年版。

薛蕙：《约言》，《四库全书存目丛书》子部第 84 册，齐鲁书社 1995 年版。

谢肇淛：《文海披沙》，《四库全书存目丛书》子部第 110 册，齐鲁书社 1995 年版。

张所望：《阅耕余录》，《四库全书存目丛书》子部第 110 册，齐鲁书社 1995 年版。

王圻：《稗史汇编》，《四库全书存目丛书》子部第 141 册，齐鲁书社 1995 年版。

何乔新：《策府群玉文集》，《四库全书存目丛书》子部第 174 册，齐鲁书社 1995 年版。

周叙：《石溪周先生文集》，《四库全书存目丛书》集部第 31 册，齐鲁书社 1997 年版。

周复俊：《泾林诗文集》，《四库全书存目丛书》集部第 98 册，齐鲁书社 1997 年版。

王畿：《龙谿先生全集》，《四库全书存目丛书》集部第 98 册，齐鲁书社 1997 年版。

茅坤：《白花楼续稿》，《四库全书存目丛书》集部第 105 册，齐鲁书社 1997 年版。

陈文烛：《二酉园文集》，《四库全书存目丛书》集部第 139 册，齐鲁书社 1997 年版。

李维桢：《大泌山房集》，《四库全书存目丛书》集部第 150 册，齐鲁书社 1997 年版。

吴士奇：《绿滋馆稿》，《四库全书存目丛书》集部第 173 册，齐鲁书社 1997 年版。

赵弼：《雪航肤见》，《四库全书存目丛书》补编第 94 册，齐鲁书社 1997 年版。

邵经邦：《弘简录》，《续修四库全书》第 304 册，上海古籍出版社 2002 年版。

柯维骐：《宋史新编》，《续修四库全书》第 308 册，上海古籍出版社 2002 年版。

黄允昇：《昭代典则》，《续修四库全书》第 351 册，上海古籍出版社 2002 年版。

吴瑞登：《两朝宪章录》，《续修四库全书》第 352 册，上海古籍出版社 2002 年版。

雷礼：《皇明大政纪》，《续修四库全书》第 353 册，上海古籍出版社 2002 年版。

沈国元：《皇明从信录》，《续修四库全书》第 355 册，上海古籍出版社 2002 年版。

高汝栻：《皇明通纪法传全录》，《续修四库全书》第 357 册，上海古籍出版社 2002 年版。

朱国祯：《皇明史概》，《续修四库全书》第 428 册，上海古籍出版社 2002 年版。

王惟俭：《史通训故》，《续修四库全书》第 447 册，上海古籍出版社 2002 年版。

过廷训：《本朝分省人物考》，《续修四库全书》第 533 册，上海古籍出版社 2002 年版。

张朝瑞：《忠节录》，《续修四库全书》第 537 册，上海古籍出版社 2002 年版。

李廷机：《宋贤事汇》，《续修四库全书》第 1189 册，上海古籍出版社 2002 年版。

薛应旂：《方山薛先生全集》，《续修四库全书》第 1343 册，上海古籍出版社 2002 年版。

茅坤：《茅鹿门先生文集》,《续修四库全书》第 1344 册, 上海古籍出版社 2002 年版。

徐中行：《天目先生集》,《续修四库全书》第 1349 册, 上海古籍出版社 2002 年版。

黄凤翔：《田亭草》,《续修四库全书》第 1356 册, 上海古籍出版社 2002 年版。

曹学佺：《石仓文稿》,《续修四库全书》第 1367 册, 上海古籍出版社 2002 年版。

黄汝亨：《寓林集》,《续修四库全书》第 1368 册, 上海古籍出版社 2002 年版。

涂山：《明政统宗》,《四库禁毁书丛刊》史部第 2 册, 北京出版社 2000 年版。

茅瑞徵：《皇明象胥录》,《四库禁毁书丛刊》史部第 10 册, 北京出版社 2000 年版。

陈龙可：《皇明二祖十四宗增补标题评断实纪》,《四库禁毁书丛刊》史部第 32 册, 北京出版社 2000 年版。

江旭奇：《皇明通纪集要》,《四库禁毁书丛刊》史部第 34 册, 北京出版社 2000 年版。

钟惺撰, 王汝南补：《明季编年》,《四库禁毁书丛刊》史部第 35 册, 北京出版社 2000 年版。

王襄：《皇明十六朝广汇纪》,《四库禁毁书丛刊》史部第 42 册, 北京出版社 2000 年版。

郑晓：《吾学编》,《四库禁毁书丛刊》史部第 45 册, 北京出版社 2000 年版。

王世贞：《弇州史料》,《四库禁毁书丛刊》史部第 48 册, 北京出版社 2000 年版。

尹守衡：《皇明史窃》,《四库禁毁书丛刊》史部第 64 册, 北京出版社 2000 年版。

　　陈山毓：《陈靖质居士文集》，《四库禁毁书丛刊》集部第 14 册，北京出版社 2000 年版。

　　林德谋：《古今议论参》，《四库禁毁书丛刊》集部第 21 册，北京出版社 2000 年版。

　　费元禄：《甲秀园集》，《四库禁毁书丛刊》集部第 62 册，北京出版社 2000 年版。

　　陈懿典：《陈学士先生初集》，《四库禁毁书丛刊》集部第 78 册，北京出版社 2000 年版。

　　茅维：《皇明策衡》，《四库禁毁书丛刊》集部第 151 册，北京出版社 2000 年版。

　　沈懋孝：《长水先生文钞》，《四库禁毁书丛刊》集部第 159 册，北京出版社 2000 年版。

　　王宗沐：《宋元资治通鉴》，《四库未收书辑刊》第 1 辑，第 14 册，北京出版社 2000 年版。

　　沈朝阳：《通鉴纪事本末前编》，《四库未收书辑刊》第 1 辑，第 15 册，北京出版社 2000 年版。

　　苏文韩：《晋书纂》，《四库未收书辑刊》第 1 辑，第 20 册，北京出版社 2000 年版。

　　钱岱：《两晋南北史合纂》，《四库未收书辑刊》第 2 辑，第 16 册，北京出版社 2000 年版。

　　管绍宁：《赐诚堂文集》，《四库未收书辑刊》第 6 辑，第 26 册，北京出版社 2000 年版。

　　傅汝舟：《庄管集》，《四库未收书辑刊》第 6 辑，第 26 册，北京出版社 2000 年版。

　　钱棻：《萧林初集》，《四库未收书辑刊》第 6 辑，第 28 册，北京出版社 2000 年版。

　　陈黄中：《东庄遗集》，《四库未收书辑刊》第 10 辑第 21 册，北京出版社 2000 年版。

二、今人论著类

1. 专著

傅振伦：《刘知幾之史学》，景山书社 1931 年版。

姚觐元编：《清代禁毁书目》（附补遗），商务印书馆 1957 年版。

贺次君：《史记书录》，商务印书馆 1958 年版。

鲁迅：《汉文学史纲要》，人民文学出版社 1973 年版。

陈寅恪：《陈寅恪先生全集》，里仁书局 1979 年版。

黄云眉：《史学杂稿订存》，齐鲁书社 1980 年版。

陈寅恪：《金明馆丛稿二编》，古籍出版社 1981 年版。

杜维运：《与西方史家论中国史学》，东大图书股份有限公司 1981 年版。

傅增湘撰：《藏园群书经眼录》，中华书局 1983 年版。

李宗侗：《中国史学史》，中国友谊出版公司 1984 年版。

谢国桢：《史料学概论》，福建人民出版社 1985 年版。

谢国桢：《晚明史籍考》，华东师范大学出版社 2011 年版。

张大可：《史记研究》，甘肃人民出版社 1985 年版。

杨燕起等编：《历代名家评〈史记〉》，北京师范大学出版社 1986 年版。

林纾选评，慕容真点校：《林纾选评古文辞类纂》，浙江古籍出版社 1986 年版。

林时民：《刘知幾史通研究》，文史出版社 1987 年版。

钱基博：《韩愈志》，中国书店 1988 年版。

王文才：《杨慎学谱》，上海古籍出版社 1988 年版。

覃启勋：《史记与日本文化》，武汉大学出版社 1989 年版。

张新科、俞樟华：《史记研究史略》，三秦出版社 1990 年版。

张新科、俞樟华等：《〈史记〉研究史及〈史记〉研究家》，华文出版社 2005 年版。

牟复礼编：《剑桥中国明代史》，中国社会科学出版社 1992 年版。

杨学为等主编：《中国考试制度史资料选编》，黄山书社 1992 年版。

陈学霖：《宋史论集》，东大图书股份有限公司 1993 年版。

瞿林东：《中国古代史学批评纵横》，中华书局 1994 年版。

瞿林东：《中国史学史纲》，北京出版社 1999 年版。

瞿林东：《中国史学史》（第三卷），上海人民出版社 2006 年版。

瞿林东等：《中华大典·历史典·史学理论与史学史分典》，上海古籍出版社 2007 年版。

瞿林东、葛志毅主编：《史学批评与史学文化研究》，黑龙江人民出版社 2009 年版。

瞿林东编著：《史学理论与史学史学刊 2009 年卷》，社会科学文献出版社 2009 年版。

瞿林东主编：《中国史学史》，高等教育出版社 2019 年版。

朴宰雨：《〈史记〉〈汉书〉比较研究》，中国文学出版社 1994 年版。

施蛰存：《灯下集》，开明出版社 1994 年版。

蒙文通：《蒙文通文集》第三卷《经史抉原》，巴蜀书社 1995 年版。

吴文治主编：《明诗话全编》（五），江苏古籍出版社 1997 年版。

郭绍虞：《郭绍虞说文论》，上海古籍出版社 2000 年版。

张三夕：《通往历史的个人道路：中国学术思想史散论》，社会科学文献出版社 2001 年版。

张三夕：《批判史学的批判——刘知幾及其史通研究》，华中师范大学出版社 2010 年版。

向燕南：《中国史学思想通史·明代卷》，黄山书社 2002 年版。

梁启超：《中国历史研究法》，河北教育出版社 2003 年版。

钱茂伟：《明代史学的历程》，社会科学文献出版社 2003 年版。

余嘉锡：《四库提要辨证》，云南人民出版社 2004 年版。

周国林主编：《历史文献研究》（总第 23 辑），华中师范大学出版社 2004 年版。

陈洪：《中国小说理论史》，天津教育出版社 2005 年版。

杨艳秋：《明代史学探研》，人民出版社 2005 年版。

高津孝著，潘世圣等译：《明代评点考》，《科举与诗艺：宋代文学与士人社会》，上海古籍出版社 2005 年版。

孙卫国：《王世贞研究》，人民文学出版社 2006 年版。

周祥森：《史学的批评与批评的史学》，河南大学出版社 2007 年版。

王水照：《历代文话》第四册，复旦大学出版社 2007 年版。

刘咸炘著：《刘咸炘论史学》，上海科学技术文献出版社 2008 年版。

内藤湖南著，马彪译：《中国史学史》，上海古籍出版社 2008 年版。

白云：《中国古代史学批评史论纲》，人民出版社 2010 年版。

李焯然：《丘濬评传》，南京大学出版社 2011 年版。

金毓黻：《中国史学史》，上海古籍出版社 2012 年版。

吴漫：《明代宋史学研究》，人民出版社 2012 年版。

谢贵安：《中国史学史》，武汉大学出版社 2012 年版。

杨翼骧编著：《增订中国史学史资料编年》（元明卷），商务印书馆 2013 年版。

张齐政：《西方古典史学理论与世界历史专题研究》，中南大学出版社 2013 年版。

王嘉川：《清前〈史通〉学研究》，社会科学文献出版社 2013 年版。

赵园：《明清之际士大夫研究》，北京大学出版社 2014 年版。

郭丹：《先秦两汉史传文学史论》，上海古籍出版社 2014 年版。

林庆彰：《明代考据学研究》，华东师范大学出版社 2015 年版。

辛德勇：《那些书和那些人》，浙江大学出版社 2016 年版。

刘开军：《晚清史学批评研究》，上海古籍出版社 2017 年版。

朱志先：《明人汉史学研究》，湖北人民出版社 2011 年版。

2. 论文

容肇祖：《焦竑及其思想》，《燕京学报》1938 年第 23 期。

陈桥驿：《关于〈越绝书〉及其作者》，《杭州大学学报》1979 年第 4 期。

朱仲玉《明代福建史学家柯维骐和〈宋史新编〉》，《福建论坛》1984 年第 1 期。

丁毅华：《〈汉书·古今人表〉识要》，《华中师范大学学报》1987 年第 5 期。

瞿林东：《史学的审美：史书的体裁体例和文字表述》，《文史知识》1991 年第 9 期。

瞿林东：《国史·野史·家史的是非：史学批评的方法论举

例》，《文史知识》1991 年第 12 期。

瞿林东：《谈中国古代的史论和史评》，《东岳论丛》2008 年第 4 期。

瞿林东：《论刘知幾〈史通〉关于史学构成的思想》，《苏州大学学报》2016 年第 3 期。

瞿林东：《史学批评怎样促进史学发展》，《人文杂志》2016 年第 10 期。

瞿林东：《关于中国古代史学批评史的几个问题》，《北京师范大学学报》2018 年第 5 期。

王记录：《〈汉书·古今人表〉撰述旨趣新探》，《山西师大学报》1996 年第 2 期。

丁宏宣：《论焦竑与〈国史经籍志〉》，《图书馆论坛》1997 年第 1 期。

孙卫国：《论王世贞〈弇山堂别集〉对〈史记〉的模拟》，《南开学报》1998 年第 2 期。

王国强：《论〈国史经籍志〉》，《郑州大学学报》1998 年第 6 期。

白云：《胡应麟的史学批评》，《红河学院学报》2009 年第 1 期。

白云：《史学审美——略论中国古代史学批评的重要标尺》，《淮阴师范学院学报》1999 年第 2 期。

王培华：《归有光的史学批评及其意义》，《史学史研究》1999 年第 6 期。

钱茂伟：《论王世贞对理学化史学的批评》，《华东师范大学学报》2002 年第 3 期。

杨艳秋：《刘知幾〈史通〉与明代史学》，《史学史研究》2002 年第 4 期。

杨艳秋：《论焦竑的史学思想——兼评其〈国史经籍志·史类〉》,《史学月刊》2002 年第 11 期。

表野和江：《明末吴兴凌氏刻书活动考——凌蒙初和出版》,《中国典籍与文化》2003 年第 3 期。

易孟醇：《从比较史学论〈史记〉和〈汉书〉》,《贵州社会科学》2003 年第 5 期。

贝京：《归有光〈史记〉评点研究》,《中国文学研究》2005 年第 2 期。

贝京：《归有光散文与〈史记〉关系辨析》,《中国文化研究》2006 年夏之卷。

王齐：《〈归评史记〉对〈史记〉的接受》,《文艺研究》2005 年第 6 期。

邹兆辰：《把中国史学史和史学理论研究提升到新的高度——访瞿林东教授》,《首都师范大学学报》2006 年第 1 期。

邓国光：《古文批评的"神"论——茅坤〈史记钞〉初探》,《首都师范大学学报》2006 年第 1 期。

靳宝：《论钱谦益的史学观》,《辽宁大学学报》2006 年第 2 期。

王嘉川：《胡应麟论刘知幾》,《史学月刊》2006 年第 4 期。

王嘉川：《明代抄袭之风与胡应麟对治学规范的讲求》,《史学月刊》2009 年第 11 期。

王嘉川：《郭孔延〈史通评释〉编纂考》,《扬州大学学报》2017 年第 1 期。

周文玖：《刘知幾史学批评的特点》,《史学史研究》2007 年第 2 期。

杨绪敏,《论明清时期〈史通〉的流传、整理和研究》,《史学月刊》2008 年第 11 期。

李黎：《〈史记评林〉之〈项羽本纪〉评点探析》，《阜阳师范学院学报》2009年第1期。

向燕南、张林：《历史批判与学术总结：明清史学发展中相互联系的两个方面》，《廊坊师范学院学报》2009年第6期。

周建渝：《从〈史记评林〉看明代文人的叙事观》，《复旦学报》2010年第3期。

毛春伟：《明代学者论历史撰述中的"心术"与"公议"》，《求是学刊》2010年第5期。

丁修真：《士人交往、地方家族与建文传说：以〈致身录〉的出现为中心》，《史林》2011年第3期。

伍成泉：《杨慎史学述略》，《湖南科技学院学报》2011年第10期。

段晓亮：《略论钱谦益对明代史学的认识》，《史学史研究》2012年第2期。

杨昊鸥：《明代史学转向与〈史记〉的文章学接受：以宋濂和归有光为中心》，《广东第二师范学院学报》2013年第2期。

刘海波、谢贵安：《郭孔延〈史通评释〉探析》，《理论学刊》2013年第9期。

乔治忠：《〈越绝书〉成书年代与作者问题的重新考辨》，《学术月刊》2013年第11期。

师帅：《〈史记纂〉：一部普及和研究《史记》的优秀选本》，《博览群书》2014年第1期。

华海燕：《重师藏明凌稚隆〈春秋左传评林测义〉版本考》，《图书馆杂志》2015年第2期。

王晓红：《茅坤〈史记抄〉的文学价值探微》，《社会科学辑刊》2015年第3期。

杨海峥：《从〈史记评林〉到〈史记读本〉——作为教材的

〈史记〉与日本汉学教育》,《文学遗产》2015 年第 4 期。

张新科:《论清代的〈史记〉文学评论》,《陕西师范大学学报》2016 年第 1 期。

高军强:《论〈史记〉评点与明清时文风气转换》,《渭南师范学院学报》2016 年第 21 期。

黄卓颖:《茅坤〈汉书钞〉及其评点价值》,《新世纪图书馆》2017 年第 6 期。

朱志先:《凌稚隆〈史记评林〉探析》,《古籍整理研究学刊》2009 年第 4 期。

朱志先:《杨慎汉史考据学探论》,《西华大学学报》2010 年第 5 期。

朱志先:《〈汉书评林〉探微》,《史学史研究》2011 年第 3 期。

朱志先:《明代"〈史〉、〈汉〉风"与归有光著述探析》,《湖南科技学院学报》2011 年第 9 期。

3. 学位论文

王琅:《焦竑学术研究》,台湾高雄师范大学国文所博士学位论文,1998 年。

王燕:《王世贞史学研究——兼论明代中后期的私人修史》,苏州大学硕士学位论文,2003 年。

刘海滨:《焦竑与晚明会通思潮》,复旦大学博士学位论文,2005 年。

王磊:《陈霆研究》,复旦大学博士学位论文,2005 年。

王齐:《〈史记〉在明代的接受与传播》,北京师范大学博士学位论文,2005 年。

简硕成:《郑晓〈吾学编〉之研究》,台湾"中央大学"硕士学位论文,2006 年。

刘宁：《〈史记〉叙事学研究》，陕西师范大学博士学位论文，2006 年。

周录祥：《凌稚隆〈史记评林〉研究》，南京师范大学博士学位论文，2008 年。

张妍妍：《笔力乱神：〈致身录〉流传前后黄溪史氏家族史的建构》，中山大学硕士学位论文，2008 年。

傅范维：《明代〈史通〉学研究——以陆深、李维桢与郭孔延父子为中心》，台湾佛光大学硕士学位论文，2009 年。

高远：《清代〈宋史〉学研究》，武汉大学博士学位论文，2010 年。

卜鑫：《从〈史记评林〉看明代学者的〈史记〉研究》，陕西师范大学硕士学位论文，2011 年。

范文静：《〈史记评林〉的文学价值研究》，安庆师范学院硕士学位论文，2011 年。

贺诗菁：《〈史记〉文学评点研究从〈史记评林〉到金圣叹〈史记〉评点》，复旦大学硕士学位论文，2012 年。

俞宏杏：《胡应麟〈史书占毕〉及其史学理论》，云南师范大学硕士学位论文，2013 年。

张信丽：《〈史学要义〉及其史学思想研究》，云南师范大学硕士学位论文，2013 年。

陈妙妙：《黄凤翔研究》，闽南师范大学硕士学位论文，2016 年。

后　　记

对一名学习和研究史学批评的人来说，我深知倘若请自己的导师或业内名家给该著写一篇序，美好地"批评"一下，势必会增加拙著的影响力。扪心自问，思量许久，我还是没有足够的勇气拿着这样的书稿去请导师或名家写序，惟有闭门造车，自我批评吧，谈一下自己的写作历程，也算是对阅读者一个交代。

该书稿系我博士学位论文的后续产品，我博士学位论文题目为"明人汉史学研究"（2011 年由湖北人民出版社出版），主要是探究明代学者对汉代史家、史著、史实、史学现象等方面的研究，在搜集资料及撰写博士学位论文的过程中，我发现明代史学批评是值得予以研究的一个方向。2009 年，我在参考学界已有研究成果的基础上，开始着手梳理相关资料，拟定写作提纲，按照自己的想法一个问题一个问题进行解决。2011 年，以"明代史学批评研究"为题申报教育部社科基金青年项目，感谢评审专家的认可与鼓励，很幸运获得立项资助。2016 年年底完成书稿的撰写，2017 年结项。项目结项之后，断断续续在进行相关修改，内心希望尽可能写完整一点，力图展现明代史学批评的魅力景象。就这样一拖又是几年过去了，想要完善之处仍未能达到自己的心愿，只好先面世让方家批评吧。

一本著述的产生，总是有许多机缘聚力促成，有的是精神层面的支持，有的是知识层面的指导，有的是技术层面的启发，等等。

每次见到我的导师谢贵安先生和王玉德先生，在汇报我的工作状况时，两位先生多是鼓励我沉下心来，继续做自己喜欢的研究，尽量拿出有分量的成果，我谨遵老师的教诲，尽量不虚度时日。

　　我大学时期的学年论文指导老师郭培贵先生在明代科举方面研究成果丰硕，在和先生通电话时谈到我正在进行明代史学批评研究，郭先生便建议我多关注明代科举策问中史学批评的相关问题，我做了大量的资料搜集，但目前仅能在书稿中呈现一些片段研究。

　　瞿林东先生《中国古代史学批评纵横》一书翻过多遍，也仔细拜读瞿先生其他有关史学批评方面的论述，从中受益很多。2013 年 12 月，我在上海图书馆查阅资料时，旁听华东师大举办纪念吴泽先生百年诞辰的学术会议，纯属蹭会，首次见到瞿先生，拙于口舌的我也没敢直接向瞿先生请教一二，甚是遗憾。钱茂伟先生《明代史学的历程》及《明代史学编年考》、杨艳秋先生《明代史学探研》、孙卫国先生《王世贞研究》、王嘉川先生《清前〈史通〉学研究》等有关明代史学研究的著述，都是经常阅读的书目。还有就是四川师大的刘开军教授，我们同时获得教育部社科基金青年项目，均为史学批评研究，开军教授是做清代研究的，我则做明代的，史学史属于史学研究中的冷门，史学批评则为冷门中的冷门，当年有两项此种研究获得立项实属难得。开军教授在清代史学批评研究方面成果甚多，此方面研究又相继获得国家社科基金，开军教授的成果我学习较多，并和他有一些电话交流，羡慕开军教授不断有史学批评的成果面世，真是心向往之而力所不逮。

　　在拙作将要交给出版社时，从微信朋友圈看到瞿林东先生主编《中国古代史学批评史》七卷本由湖南人民出版社出版，其中明代卷是中国社科院历史理论研究所廉敏先生和云南大学历史与档案学院毛春伟博士所撰，网上尚不能买到，从目录上看此著以专题的方式来论析明代史学批评。几年前就获悉瞿先生在组织这个大工程，总是盼望着能早日看到这套书，作为学习之用。至今鄙人未能读到此著，参考其中的内容，深以为憾，待以后的研究中再予以学习补充。

　　在一个难以言及科研的学校，和别人谈读书恐怕就是一种笑话，更别提进行有效的学术交流。实际上，这只能是为自己未能拿出高水平成果找一个借口，自我阿 Q 式安慰下，学术研究毕竟是个人的事情。当然，在这种工作环境中亦有其好处，就是可以按照自己的想法做点自娱自乐的所谓研究。

回望过去，从事明代史学批评研究已过十年，十多年来虽然也做了其他一些不成体系的研究，但史学批评研究始终是自己努力坚持的方向，只要看到学界同道有相关成果刊出，便予以仔细拜读学习。就这样，慢慢形成了目前的稿子。在拙稿写作过程中，自以为有所得之处，多源于师友们的提点和鼓励，或者受学界同道研究成果启发，或者是自己阅读资料中的思索感悟，或者是自己在操场跑圈时的突发奇想，不一而足，形成诸种片段、不成熟的想法。拙作虽已完稿，但仍有诸多遗憾，计划撰写的内容尚未完成，已写出的内容还是比较浅显，甚至可能错谬。

该著在研究及出版中，感谢师友们的帮助与鼓励，感念在心，不一一致谢了。感谢教育部社科基金的立项资助，感谢武汉大学出版社李程老师为出版本书所付出的辛劳。感谢我的爱人张霞女士，作为书稿的忠实读者，不厌其烦地帮我审读书稿，尽量减少书稿中的错误。

书稿就要面世了，作为书稿的撰写者，鄙人力图写得更好、更完善，尽量展示心中所想，现实却总是不尽人意。期待学界同道批评指正，以便后续研究中予以完善补充，谢谢！

是为记。2021 年元月 12 日于咸安双璧斋。